公認会計士による
税務判例の分析と実務対応

日本公認会計士協会 東京会 編

日本公認会計士協会出版局

はしがき

　私ども公認会計士は、職業専門家として、わが国の経済活動の基盤を支える幅広い役割を果たしています。その専門分野には「監査」及び「会計」はもとより、重要な分野として、「税務」が含まれており、多くの公認会計士が依頼者に対して「会計」に関する助言のみならず、確定決算主義の下で「会計」を基礎とする「税務」に関する助言を行っております。

　公認会計士が「税務」に関する助言を行う場合に、「税務」の計算技術的な助言に目を奪われることなく、租税法令の解釈と適用に関する助言、すなわち租税法令の適用に当たり個々の法令の文言・趣旨・立法経緯等からどのように解すべきかという法解釈の姿勢を意識しながら業務に臨むことを心がけております。

　日本公認会計士協会東京会では、このような問題意識から、調査研究活動の一環として税務第二委員会を設置して、「税務」に関する裁判例の原文を各委員が熟読し、その内容の検討を通じて、租税法の法解釈論に対する理解を深めて、その成果を会員の皆様と共有することを目的として活動しております。

　この委員会活動の成果は、日本公認会計士協会東京会に所属している公認会計士に対して研究報告書という形で公表しておりましたが、この度、当委員会が設置5年の節目を迎えたことを機に、会員である公認会計士だけでなく、税務・法律実務の専門家や研究者、さらには企業の経営・経理にかかわる方々にもご活用いただけるものとして、研究報告書の内容の再確認及び編纂を行ってまいりました。

　本書の特色は、当委員会に所属していた公認会計士が裁判例に関して検討を行った結果を纏めたことであり、公認会計士の視点から実務における対応について考察していることです。租税法裁判例について、各事案の概要、当事者の主張、裁判所の判断を確認するとともに、最近の傾向も示す資料となっています。各公認会計士による評釈等は様々な意見がある中の一つの意見ではありますが、読者の皆様の議論の材料として、参考にして頂ければ幸いです。

　最後に、本書刊行のために献身的に尽力された編纂プロジェクトチームの構成員をはじめ、執筆者である税務第二委員会の委員各位に対し深く感謝の意を表します。

平成24年4月

日本公認会計士協会東京会
会長　小西彦衞

●目　次●

I　国際税務

1
アドビ事件―移転価格税制における初の納税者勝訴事案
　　東京高裁　平成20年10月30日判決 …………………………………… *2*

2
子会社がガーンジー島に納付した税金が法人税法69条１項に定める外国法人税に該当するとされた事例
　　最高裁第一小法廷　平成21年12月３日判決 ………………………… *22*

3
来料加工取引とタックス・ヘイブン対策税制の適用除外規定
　　東京高裁　平成23年８月30日判決 …………………………………… *38*

4
特定外国子会社等に生じた欠損を合算することの可否
　　最高裁第二小法廷　平成19年９月28日判決 ………………………… *58*

5
オランダ法人との匿名組合契約と租税条約　～日本ガイダント事件～
　　最高裁第一小法廷　平成20年６月５日決定 ………………………… *68*

6
レポ取引において発生するレポ差額について貸付金の利子であるか否かの認定を巡り源泉徴収の可否が争われた事例
　　最高裁第三小法廷　平成20年10月28日決定 ………………………… *85*

iii

7
外国税額控除余裕枠取引により生じた所得に対する外国税額控除適用の可否
最高裁第二小法廷　平成17年12月19日判決 ……………………… *99*

Ⅱ　法人税—資本

8
DES及び自己株式の譲渡における債務消滅益の存否
最高裁第三小法廷　平成23年3月29日決定 ……………………… *114*

9
第三者割当増資と親会社への受贈益課税について
〜オウブンシャ・ホールディング事件〜
東京高裁　平成19年1月30日判決 ……………………………… *129*

10
欠損子会社に対する過大な増資払込みの寄附金該当性
最高裁第三小法廷　平成14年10月15日判決 ……………………… *141*

Ⅲ　法人税—租税回避

11
私法上の法律構成を租税回避目的として否認できるか
最高裁第三小法廷　平成18年1月24日判決 ……………………… *152*

Contents

12
債務超過にあるグループ会社を経由した株式売却
　〜租税回避を目的とする通謀虚偽表示〜
　　東京高裁　平成21年7月30日判決 …………………………………… 163

13
同族会社の行為計算否認
　〜同族グループ法人間での不動産売買契約の正当性〜
　　最高裁第二小法廷　平成20年6月27日判決 ………………………… 174

14
子会社を経由した土地売却〜租税回避を目的とする通謀虚偽表示〜
　　最高裁第三小法廷　平成19年12月11日判決 ………………………… 184

Ⅳ　法人税─収益・費用

15
従業員による横領被害損失の損害賠償請求権の計上時期
　　最高裁第二小法廷　平成21年7月10日決定 ………………………… 194

16
法人税法上の売上原価と費用見積金額
　〜牛久市売上原価見積事件〜
　　最高裁第二小法廷　平成16年10月29日判決 ………………………… 205

17
経営指導料の寄附金性について争われた事例
　　東京地裁　平成12年2月3日判決 ……………………………………… 214

V　法人税―固定資産

18
有姿除却の損金性と公正処理基準
　　東京地裁　平成19年1月31日判決 …………………………………… 222

19
回線使用権の判定と少額減価償却資産該当性〜NTTドコモ事件〜
　　最高裁第三小法廷　平成20年9月16日判決 …………………………… 232

VI　法人税―公益

20
宗教法人のペット葬祭事業は収益事業にあたるとされた例
　　最高裁第二小法廷　平成20年9月12日判決 …………………………… 250

21
NPO法人における有償ボランティア活動と収益事業課税
　　東京高裁　平成16年11月17日判決 ……………………………………… 262

VII　法人税―その他

22
米国ニューヨーク州LLCの日本での租税法上の取扱い
　　東京高裁　平成19年10月10日判決 ……………………………………… 270

IX 資産評価

29
社団医療法人の増資に係る出資持分の評価
　最高裁第二小法廷　平成22年7月16日判決 …………………………… *366*

30
非上場株式の時価につき納税者全面勝訴で確定した事案
　東京地裁　平成17年10月12日判決 ……………………………………… *381*

31
固定資産税における「適正な時価」の評価方法
　東京高裁　平成19年6月7日判決 ………………………………………… *394*

X 消費税

32
給与所得と事業所得の区分・外注費の課税仕入該当性について
　東京高裁　平成20年4月23日判決 ………………………………………… *406*

●判例索引 ………………………………………………………………… *418*

23
所得税額控除の計算誤りと更正の請求
　最高裁第二小法廷　平成21年7月10日判決 ……………………………… *282*

24
株主総会又は社員総会の承認を得ていない決算書類に基づく確定申告の有効性
　福岡高裁　平成19年6月19日判決 ………………………………………… *297*

Ⅷ　所得税

25
組合契約に係る利益分配金の所得区分と信義則の適用の可否
　東京高裁　平成19年10月30日判決 ………………………………………… *308*

26
ホステス報酬の源泉徴収時における計算期間の意義
　最高裁第三小法廷　平成22年3月2日判決 ………………………………… *325*

27
実質所得者の判定
　横浜地裁　平成19年5月30日判決 ………………………………………… *340*

28
ストックアワード・プランの所得の種類と収入の時期について争われた事例
　最高裁第三小法廷　平成21年5月26日決定 ………………………………… *349*

vii

I

国際税務

1 アドビ事件──移転価格税制における初の納税者勝訴事案

東京地裁　平成19年12月7日判決（納税者敗訴）（平成17年（行ウ）第213号、法人税更正処分取消等請求事件）
東京高裁　平成20年10月30日判決（納税者勝訴）〔確定〕（平成20年（行コ）第20号、法人税更正処分取消等請求控訴事件）
〔参照条文〕　租税特別措置法66条の4、租税特別措置法施行令39条の12

ポイント

　本事案は、数少ない移転価格税制に係る裁判事例のうち、最終的に納税者の勝訴で確定した初めての事案である。
　本事案は、納税者の役務提供取引について、課税庁が採用した独立企業間価格の算定方法が、取引内容に適合し、かつ、基本3法の考え方から乖離しない合理的な方法といえるかどうかが主な争点となり、第一審では納税者敗訴となったものの、控訴審では独立企業間価格の算定方法に関する立証責任が課税庁にあるとの判示がなされ、課税庁側が立証しきれなかったことから、納税者が勝訴した。一方、本事案で課税庁が行った同業他社に対する質問検査権限の行使により得られた非公開情報（いわゆるシークレット・コンパラブル）に基づき行われた移転価格課税処分の適法性については、控訴審では判断されず、将来の課題として持ち越された。

1．事　実

(1) 前提事実等

　本件で原告となったA社は、平成10年12月1日から平成11年11月30日までの

事業年度においては、米国の100％親会社であるＰ社からプロフェッショナル向けコンピュータ用グラフィックソフトウェア製品及びその他のソフトウェア製品（以下「本件製品」という。）を直接仕入れ、Ａ社がそれを日本国内の卸売業者に対して販売していた。

平成11年12月以後は、Ｐ社がケイマン諸島に設立したリミテッド・パートナーシップ（以下「ケイマンＬＰ」という。）が日本国内の卸売業者に対して本件製品を直接販売し、Ａ社はその販売された本件製品について、販売支援、マーケティング、製品サポート事業等を行うこととされた。なお、ケイマンＬＰは、オランダ法人であるＰ１社の発行済株式等の100％を保有しており、Ｐ１社は、Ａ社の発行済株式等の100％を保有しており、Ａ社に係る国外関連者に該当する。

平成13年12月以後は、上記ケイマンＬＰは清算され、Ｐ社が設立したアイルランド法人が直接日本国内の卸売業者に販売を行った。なお、アイルランド法人はＰ２社の発行済株式等の100％を保有しており、Ａ社の発行済株式等の100％を間接的に保有しており、Ａ社に係る国外関連者に該当する。

Ａ社は、平成12年11月期及び平成13年11月期においてはＰ１社と、平成14年11月期においてはＰ２社との間で、それぞれ業務委託契約を締結している。各業務委託契約の内容は、契約書記載のソフトウェア製品（以下「製品α」という。）について、Ａ社が卸売業者等（卸売業者、リセーラー、エンドユーザー）に対して、契約書に規定されている役務を提供し、Ｐ１社又はＰ２社から手数料を収受するものである。なお、手数料の金額は「（経費）＋（製品αの日本国内売上高）×1.5％」というものである。

(2) 課税対象となった国外関連取引及び課税庁が用いた独立企業間価格の算定方法

本事案において課税対象となった国外関連取引は、上述の業務委託契約に基づき、Ａ社が同卸売業者等に対する役務を提供し、その対価として本件各国外関連者から手数料を受領した取引である。

一方、本件において課税庁が適用した独立企業間価格の算定方法は「製品α」

と同種又は類似のソフトウェア（グラフィックソフト）について非関連者間で行われた受注販売方式の再販売取引を比較対象取引（以下「本件比較対象取引」という。）に選定した上で、我が国における「製品α」の売上高にその売上利益率（必要な調整を加えた後のもの）を乗じて、本件国外関連取引において原告が受け取るべき通常の手数料の額（独立企業間価格）を算定するものである（以下「本件算定方法」という。）。なお、本件算定方法に用いられた本件比較対象取引は、いわゆる非公開情報（以下「シークレット・コンパラブル」という。）として、本件各更正処分においても、また、争訟の過程においても明らかにされていない。

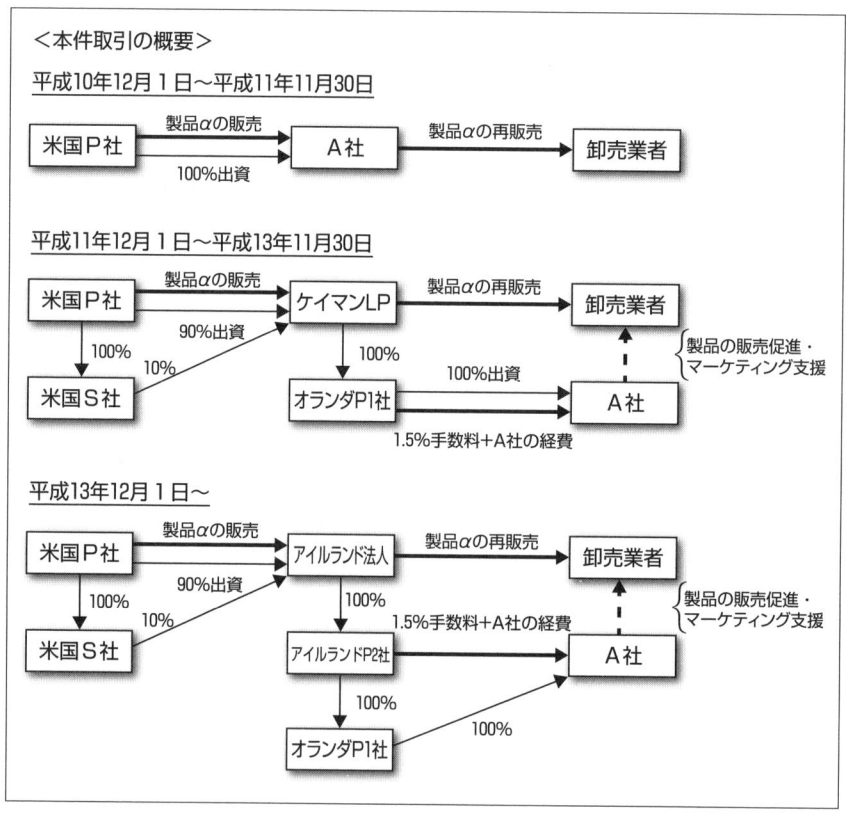

(3) 処分等の経緯

処分等の経緯を要約すると次のとおり。

年月日	内　　　容
平成16年4月27日	処分行政庁は、A社の平成12年11月期から平成14年11月期における各本件国外関連取引に関し、それぞれ本件国外関連取引における手数料の金額が、独立企業間価格に満たないものとして、更正処分及び過少申告加算税の賦課決定処分を行った。
平成16年6月25日	A社は、東京国税局長に対し本件各処分につき異議申立をした。
平成16年11月15日	東京国税局長は、上記異議申立を棄却する旨の決定をした。
平成16年12月14日	A社は、国税不服審判所長に対し、本件各処分につき審査請求をした。
平成17年5月12日	A社は、東京地方裁判所に対し、本件訴えを提起した。
平成17年12月9日	国税不服審判所長は、上記審査請求をいずれも棄却する旨の裁決をした。

2. 争　点

租税特別措置法66条の4第1項は「法人が、………各事業年度において、当該法人に係る国外関連者………との間で資産の販売、資産の購入、役務の提供その他の取引を行った場合に、当該取引………につき、<u>当該法人が当該国外関連者から支払を受ける対価の額が独立企業間価格に満たないとき、………当該国外関連取引は、独立企業間価格で行われたものとみなす。</u>」（下線筆者。以下同。）と規定していることから、本事案では、(I)本件手数料の額が独立企業間価格に満たないものであるかどうか、が争点となった。

また、課税庁が本件算定方法に本件比較対象取引は、租税特別措置法66条の4第9項（平成22年度税制改正後の8項）の比較対象企業への質問検査権で得たシークレット・コンパラブルに基づくものである。シークレット・コンパラブルは、税務職員の守秘義務を理由として納税者に対して開示されないため、納税者側において課税庁が行った課税処分の妥当性を検証することが極めて困難となるという問題点がある。本事案では、(II)同項の「法人が帳簿書類又はその写しを遅滞なく提示し、又は提出しなかった」との要件を充足していないにもかかわらず（ただし、この点に関しては争いがある。）質問検査権を行使し

て得たシークレット・コンパラブルに基づき、行われた移転価格課税は違法かという点も争点となった。

上記2つの争点のうち、(Ⅱ)の論点については、結局、控訴審では判断が示されることなく、(Ⅰ)の論点が焦点となった。そのため、以下では、(Ⅰ)の論点に焦点を絞って記述する。

まず、論点整理の前提として、租税特別措置法66条の4、租税特別措置法施行令39条の12、並びに租税特別措置法関係通達（法人税編）66条の4に規定されている独立企業間価格の算定方法の適用関係を整理すると、下表のとおりとなる。

	(A)棚卸資産の売買取引	(B)棚卸資産の売買取引以外の取引	優先関係 H23年度税制改正前	優先関係 H23年度税制改正後
①	原則的算定方法（基本3法） (イ)独立価格比準法（CUP法） (ロ)再販売価格基準法（RP法） (ハ)原価基準法（CP法）	基本3法と同等の方法 (イ)CUP法と同等の方法 (ロ)RP法と同等の方法 (ハ)CP法と同等の方法	②及び③に優先して適用。	①～③の間に相互に優先劣後関係はない（最も適切な方法によるべき）
②	基本3法に準ずる方法 (イ)CUP法に準ずる方法 (ロ)RP法に準ずる方法 (ハ)CP法に準ずる方法	基本3法に準ずる方法と同等の方法 (イ)CUP法に準ずる方法と同等の方法 **(ロ)RP法に準ずる方法と同等の方法** (ハ)CP法に準ずる方法と同等の方法	②③の適用に優先関係はなし。	
③	その他政令で定める方法 (イ)取引単位営業利益法（TNM法） (ロ)TNM法に準ずる方法 (ハ)寄与度利益分割法（CTPS法） (ニ)比較利益分割法（CPS法） (ホ)残余利益分割法（RPS法）	その他政令で定める方法と同等の方法 (イ)TNM法と同等の方法 (ロ)TNM法に準ずる方法と同等の方法 (ハ)CTPS法と同等の方法 (ニ)CPS法と同等の方法 (ホ)RPS法と同等の方法		

※上表の**太字箇所**の②(ロ)「RP法に準ずる方法と同等の方法」が本件算定方法。

すなわち、平成23年度税制改正前の我が国の移転価格税制上、本件のような役務提供取引については、まず、上表(B)の①の「基本3法と同等の方法」（CUP法と同等の方法、RP法と同等の方法、CP法と同等の方法）の適用が検討され、それらのいずれをも適用できない場合に初めて、上表(B)の②又は③の方法の適用が可能とされていた。なお、②と③の各方法に優先関係はないものとされていた（なお、平成23年度税制改正後は「当該国外関連取引の内容及び当該国外関連取引の当事者が果たす機能その他の事情を勘案して、当該国外関連取引が独立の事業者の間で通常の取引の条件に従って行われるとした場合に当該国外関連取引につき支払われるべき対価の額を算定するための最も適切な方法」（租税特別措置法66条の4第2項）とされ、①～③の間に相互に優先劣後関係はないものとされた。）。

本件において、課税庁が適用した独立企業間価格の算定方法は、(B)②(ロ)の「RP法に準ずる方法と同等の方法」（租税特別措置法66条の4第2項2号ロ参照。）である。RP法は、棚卸資産の売買取引について適用される算定方法である。RP法に「準ずる方法」については、法文上、棚卸資産の売買取引について再販売価格基準法等のいわゆる基本3法が適用できない場合に、基本3法に準ずる方法が適用できると規定している。さらに、法文上「同等の方法」については、棚卸資産の販売又は購入取引以外の取引について適用があると規定している。

本件では、本件国外関連取引は棚卸資産の販売又は購入取引のいずれにも該当しない役務提供取引であるところ、RP法と同等の方法を用いることができないため、課税庁は「RP法に準ずる方法と同等の方法」を適用した。そして、本裁判における第一審及び控訴審において、下表のとおり、(1)「RP法に準ずる方法と同等の方法」を適用することができるケースかどうか（＝基本3法と同等の方法を用いることができないといえるか）、(2)本件において処分行政庁が用いた独立企業間価格の算定方法が「RP法に準ずる方法と同等の方法」といえるか、が主な争点となった。

争点	納税者	課税庁
(1)「RP法に準ずる方法と同等の方法」を適用できるケースといえるか（基本3法と同等の方法を用いることができないといえるか）	（主旨） 　課税庁は、本件において基本3法を用いることができないことを立証していないから、基本3法以外の方法を用いてなされた本件各処分は違法である。 （理由） 　「基本3法が適用できないこと」の立証責任は課税庁にある。 　なぜなら、租税訴訟（取消訴訟）においては、原則として課税庁が課税根拠事実の立証責任を負うと解されているところ「基本3法を用いることができない場合であること」は課税根拠事実であり、しかも、 ①移転価格税制を適用した課税は、実際の取引価額に基づき算定される所得に対して課税するという法人税課税の原則の例外であって、納税者に不利な要件であること ②独立企業間価格の算定のための資料は法人内部には存在しないことが多く、独立企業間価格について被告よりも原告の方が証拠に近く容易に立証し得るとはいえないこと ③我が国の税法は納税者に文書化義務を課していないから、原告の支配領域内に証拠が存在するともいえないこと ④課税庁には比較対象企業に対する質問検査権が一定の要件の下に認められていることから、課税庁の方が原告よりも独立企業間価格の立証が容易であるといえること などからすれば、移転価格課税の取消訴訟において、上記原則の修正を要する特別の事情は認められない。	（主旨） 　納税者は、本件に基本3法と同等の方法を用いることができることを具体的に主張立証していないから、基本3法と同等の方法を用いることができない場合に当たる。 （理由） 　課税庁において「合理的な調査」を尽くしても基本3法と同等の方法の適用対象となる比較対象取引を見いだすことができなかったことが立証されれば、これによって、基本3法と同等の方法を用いることができないことが事実上推定され、これを争う納税者側において基本3法と同等の方法を用いることができることを具体的に主張立証することになるものと解すべきである。 　本件について見ると、本件各更正処分に係る調査を担当した国税調査官は、本件に基本3法と同等の方法を適用するために必要な比較対象取引が存在するか否かについて調査を尽くしたが、………（中略）………基本3法と同等の方法の適用対象となり得る比較対象取引を見いだすことができなかったものである。
(2) 本件において処分行政庁が用いた独立企業間価格の算定方法が「RP法に準ずる方法と同等の方法」といえるか	（主旨） 　本件算定方法は、基本3法の考え方から乖離しない合理的な方法とはいえない。 （理由） 　本件算定方法は、①役務提供取引にはなじまないと一般に考えられているRP法に準ずる方法であり、②原告の役務提供取引について独立企業間価格を算定できない不合理な方法であり、③比較対象企業（以下「X社」とい	（主旨） 　本件算定方法は「RP法に準ずる方法と同等の方法」である。 （理由） 　RP法は、主として再販売者の果たす機能や負担するリスクに着目するものである。 　まず、A社が提供する役務の内容は、棚卸資産の再販売取引において再販売業者が行っている活動と基本的に同様のものであるから、A社が果たし

I 国際税務

う。）が役務提供だけでなく棚卸資産の売買を行っていることの差異調整を行っていない（行うことができない）方法である。
(「機能」の比較)
　X社の活動は本件比較ソフトのメーカーのための活動とは到底いえず、機能面においてもX社とA社とでは明白な著しい差異があることから、X社の取引とA社の役務提供取引との間に比較可能性がないことは明白である。
　本件算定方法は、モノとサービスを販売する本件比較対象取引の売上総利益率を本件国外関連者の卸業者への売上高に乗じて通常の利潤の額を算定し、その利潤の額をもってサービスの販売取引の利潤の額とするものであるが、サービスの販売取引の利益率を算定するためには、モノとサービスを販売する本件比較対象取引の利益率からモノを販売する取引の利益率を控除する必要があるのであって、本件算定方法は合理的な方法とはいえない。
(「リスク」の比較)
　本件各業務委託契約上、A社は役務提供活動によって必ず利益を取得し、損失を被るリスクを負担しない。
　これに対し、再販売取引における再販売業者は、その売上高が損益分岐点を下回れば損失を被り、これを上回れば利益を取得するのであって、A社と再販売取引における再販売者とはその負担するリスクにおいて類似しない。

ている機能は、仕入販売取引において再販売者が果たしている機能と同様に解することができる。
　また、A社が在庫リスクを負っていないことは、受注販売方式を採っている仕入販売業者（再販売者）においても基本的に同様である。
　そして、同様の機能、リスクを有する再販売者であれば、売上総利益率も同等の水準となるのが通常であると考えられるので、我が国における製品αの売上高に対する手数料の額の割合は、受注販売方式を採る再販売者の売上総利益率と同等の水準になるものと解される。
　したがって、本件国外関連取引において原告が受け取るべき通常の手数料の額（独立企業間価格）は、製品αと同種又は類似のソフトウェアについて非関連社間で行われた受注販売方式の再販売取引を比較対象取引に選定した上で、その売上総利益率（必要な調整を加えたもの）を製品αの我が国における売上高に乗じることによって算定することが可能である。
　以上より、本件算定方法は「棚卸資産の販売又は購入」の場合におけるRP法の考え方から乖離するものではなく、本件における原告の事業内容や本件国外関連取引の取引内容に適合した合理的な方法といえるから、RP法に準ずる方法と同等の方法に当たるというべきである。

3. 判　旨

〔第一審判旨〕　東京地裁　平成19年12月7日判決
　請求棄却（納税者敗訴）

(1) 「基本3法と同等の方法」を用いることができないといえるか
　「課税庁が合理的な調査を尽くしたにもかかわらず、基本3法と同等の方法を用いることができない場合にあっては、それでもなお、基本3法に準ずる方

法と同等の方法を適用することができないとすると、」租税特別措置法66条の4第2項2号ロ「を適用することは事実上困難となり、同号ロを規定した趣旨を没却するおそれが大きいといわざるを得ない。

　したがって、国において、<u>課税庁が合理的な調査を尽くしたにもかかわらず、基本3法と同等の方法を用いることができないことについて主張立証をした場合</u>には、<u>基本3法と同等の方法を用いることができないことが事実上推定され、納税者側において、基本3法と同等の方法を用いることができることについて、具体的に主張立証する必要がある</u>ものと解するのが相当である」。

　本件では「<u>課税庁が合理的な調査を尽くしたにもかかわらず、基本3法と同等の方法を用いることができないことについて被告の立証があった</u>というべきである。」

　「したがって、本件国外関連取引に係る独立企業間価格を算定するにつき、」租税特別措置法66条の4第2項2号「イ所定の基本3法と同等の方法を用いることができない場合であると認めるのが相当である。」

(2)　本件算定方法が「RP法に準ずる方法と同等の方法」といえるか

　「<u>基本3法に準ずる方法と同等の方法とは、棚卸資産の販売又は購入以外の取引において、①取引内容に適合し、かつ、②基本3法の考え方から乖離しない合理的な方法をいうものと解するのが相当である。</u>

　そうすると、本件算定方法が、再販売価格基準法に準ずる方法と同等の方法であるというためには、取引内容に適合し、かつ、再販売価格基準法の考え方から乖離しない合理的な方法であることを要するところ、再販売価格基準法は、取引当事者の果たす<u>機能</u>や負担する<u>リスク</u>が重要視される算定方法であることから（租税特別措置法施行令39条の2第6項、租税特別措置法（法人税法関係）基本通達66の4(2)-3(6)(7)参照）、この<u>機能</u>や<u>リスク</u>の点から検討することが有益であると解される」。

　A社の「役務の内容は、再販売取引において再販売業者が行う活動内容と類似しているということができるから、製品αの販売においてA社が果たす機能は、再販売取引において再販売者が果たす機能と類似しているということがで

きる。」

「製品αの販売においてA社が負担するリスクは、受注販売方式を採る再販売取引における再販売者の負担するリスクと、在庫リスクを負担していないという点において類似しているということができる。

以上のとおり、製品αの販売においてA社が果たしている機能及び負担しているリスクが、受注販売方式を採る再販売取引における再販売者の機能及びリスクと「類似」しているということができるから、受託販売方式を採る再販売取引に係る売上総利益率をもって独立企業間価格である通常の手数料の額を算定しようとする本件算定方法は、取引内容に適合し、かつ、再販売価格基準法の考え方から乖離しない合理的な方法であるということができる」。

〔控訴審判旨〕 東京高裁　平成20年10月30日判決
　原判決取消（納税者勝訴）〔確定〕

(1)　「基本３法と同等の方法」を用いることができないといえるか
　第一審判決と同旨。

(2)　本件算定方法が「RP法に準ずる方法と同等の方法」といえるか
　「『基本３法に準ずる方法と同等の方法』とは、棚卸資産の販売又は購入以外の取引において、それぞれの取引の類型に応じ、取引内容に適合し、かつ、基本３法の考え方から乖離しない合理的な方法をいうものと解するのが相当である。

　そして、本件算定方法が租税特別措置法66条の４第２項２号ロ所定の再販売価格基準法に準ずる方法と同等の方法に当たることは、課税根拠事実ないし租税債権発生の要件事実に該当するから、上記事実については、処分行政庁において主張立証責任を負うものというべきである」。

　「そこで、本件算定方法が、それぞれの取引の類型に応じて、取引の内容に適合し、かつ、基本３法の考え方から乖離しない合理的な方法といえるかを検討する。」

この点、RP法が「独立企業間価格の算定方法とされているのは、再販売業者が商品の再販売取引において実現するマージン（上記の『通常の利潤の額』）は、その取引において果たす機能と負担するリスクが同様である限り、同水準となると考えられているためである。すなわち、再販売価格基準法は、取引当事者の果たす機能や負担するリスクが重要視される取引方法であることから（租税特別措置法施行令39条の12第6項、租税特別措置法（法人税法関係）基本通達66の4(2)-3(6)(7)参照）、本件算定方法が、取引の内容に適合し、かつ、基本3法の考え方から乖離しない合理的な方法であるか否かを判断するに当たっても、上記の機能やリスクの観点から検討すべきものと考えられる」。
① 機能の比較
　「本件国外関連取引においてA社が果たす機能と、本件比較対象取引においてX社が果たす機能とを比較するに、上記認定事実のとおり、本件国外関連取引は、本件各業務委託契約に基づき、本件国外関連者に対する債務の履行として、卸売業者等に対して販売促進等のサービスを行うことを内容とするものであって、法的にも経済的実質においても役務提供取引と解することができるのに対し、本件比較対象取引は、X社が対象製品であるグラフィックソフトを仕入れてこれを販売するという再販売取引を中核とし、その販売促進のために顧客サポート等を行うものであって、A社とX社とがその果たす機能において看過し難い差異があることは明らかである」。
　課税庁は「A社と異なる再販売者固有の機能は、販売促進の機能から純粋な商品の受発注及び配送手配、仕入金額の支払及び販売代金の受領等の事務処理作業にすぎず、このような事務処理作業を通じて商品の取引価格や売上総利益率に影響するような多大な利益が生じうることは想定し難いとし、したがって、A社の利益率を算定するには、モノとサービスを販売する本件比較対象取引の利益率から、モノを販売する取引の利益率を控除する必要はないとしている。
　しかしながら、再販売業者が行う販売促進等の役務の内容がA社の提供する役務の内容と類似しているとしても、およそ一般的に価格設定にかか

わるそれ以外の国税庁主張の上記要因等が単なる事務処理作業としてほとんど考慮する必要性がないものとはいい難いのであって（本件において、考慮する必要性がないことを裏付けるに足りる具体的な証拠はない。）、本件役務提供取引においてA社の果たす機能とX社の果たす機能との間には捨象できない差異があるものといわざるを得ない」。

② リスクの比較

「本件国外関連取引においてA社が負担するリスクと、本件比較対象取引においてX社が負担するリスクとを比較するに、A社は、本件各業務委託契約上、本件国外関連者から、日本における純売上高の1.5％並びにA社のサービスを提供する際に生じた直接費、間接費及び一般管理費配賦額の一切に等しい金額の報酬を受けるものとされ、報酬額が必要経費の額を割り込むリスクを負担していないのに対し、X社は、その売上高が損益分岐点を上回れば利益を取得するが、下回れば損失を被るのであって、本件比較対象取引はこのリスクを想定（包含）した上で行われているのであり、A社とX社とはその負担するリスクの有無においても基本的な差異があり、これは受注販売形式を採っていたとしても変わりがない。本件比較対象取引において、この負担リスクが捨象できる程度軽微であったことについては、これを認めるに足りる的確な証拠はない」。

(3) 結論

「以上によれば、本件国外関連取引においてA社が果たす機能及び負担するリスクは、本件比較対象取引においてX社が果たす機能及び負担するリスクと同一又は類似であるということは困難であり、他にこれを認めるに足りる証拠はない。本件算定方法は、それぞれの取引の類型に応じ、本件国外関連取引の内容に適合し、かつ、基本3法の考え方から乖離しない合理的な方法とはいえないものといわざるを得ない」。

「そうすると、国税庁が本件取引に適用した独立企業間価格の算定方法は、租税特別措置法66条の4第2項2号ロに規定する『再販売価格基準法に準ずる方法と同等の方法』に当たるということはできない」。

「したがって、本件において、本件算定方法を用いて独立企業間価格を算定した過程には違法があり、結局、租税特別措置法66条の4第1項に規定する国外関連取引につき『当該法人が当該国外関連者から支払を受ける対価の額が独立企業間価格に満たない』との要件を認めることはできないことになるから、上記独立企業間価格を用いてした本件各更正は違法であり、これを前提とする本件各賦課決定も違法である」。

4. 評釈

(1) 主張立証責任の所在

本事案は、第一審では課税庁勝訴、控訴審では納税者逆転勝訴となり、課税庁側が上告を断念したため、納税者の勝訴が確定している。

第一審も控訴審も「基本3法と同等の方法」以外の独立企業間価格の算定方法を用いることができるための要件である「基本3法と同等の方法を用いることができないこと」の主張立証責任は課税庁の側にあるとし「課税庁が合理的な調査を尽くしたにもかかわらず、基本3法と同等の方法を用いることができないことが事実上推定され、納税者側において、基本3法と同等の方法を用いることができることについて、具体的に主張立証する必要がある。」と判断した。その上で、具体的な事案への当てはめにあたり、合理的な調査を課税庁が尽くしているとし、課税庁は主張立証責任を果たしているという判断をした。

しかし、課税庁が用いる独立企業間価格の算定方法が「RP法に準ずる方法と同等の方法」に当たるかどうかの判断について、第一審は、主張立証責任の所在を明確にすることなく、製品αの販売においてA社が果たしている機能及び負担しているリスクと、X社の果たす機能と負担しているリスクとの間に類似点が存在することから、直ちに課税庁が採用した独立企業間価格の算定方法は「RP法に準ずる方法と同等の方法」に該当すると判断したのに対し、控訴審では「RP法に準ずる方法と同等の方法」といえるかどうかは、課税根拠事実ないし租税債権発生の要件事実に当たることから、課税庁側が主張立証責任を負うべきものと明確に判示し、RP法が取引当事者の果たす「機能」と負担

している「リスク」を重視する算定方法であることから、本件算定方法が「RP法に準ずる方法と同等の方法」に当たるというためには、本件国外関連取引と本件比較対象取引における取引当事者の機能・リスクの類似性についての比較検討が必要と判示した。その上で、本件においては、機能において「看過し難い差異」があり、リスクにおいても「基本的な差異」があると認定し、他に課税庁側の主張を認めるに足りる証拠が認められないことから、課税根拠事実ないし租税債権発生の要件事実があるとは認められず、課税庁の行った課税処分を違法と判定した。

このように、第一審と控訴審の判決の分かれ目となったのは、本件算定方法が租税特別措置法66条の4第2項2号ロに規定する「RP法に準ずる方法と同等の方法」に当たるかどうかについての主張立証責任を、課税庁側と納税者側のどちらが負うべきか、という点であった。

後述のとおり、シークレット・コンパラブルの問題も含め、課税庁と納税者との間には情報の非対称性があることからすると「RP法に準ずる方法と同等の方法」に当たることについての立証責任を課税庁に分配した控訴審の判断はバランスの取れたものであるといえる。

なお、本件では、A社は平成10年11月期及び平成11年11月期においては、製品αの全部又は一部をP社から仕入れて日本の卸売業者等に販売する仕入販売方式を採っていたが、平成12年11月期よりA社の収益が役務提供方式に変更されたことに伴いA社の利益水準が10％程度減少した（33～35％→24～25％）という背景があった。

このような背景事情からすれば、課税庁が役務提供取引について再販売業者の売上総利益率を適用して課税処分を行ったことや、また、第一審が課税庁側勝訴の判断をしたことについて理解できなくもない。

しかし、本事案においては、A社が行っていた機能は非関連者である卸売業者等に移管されたものとされており、控訴審が判示しているとおり、実態から見ても形式から見ても、A社が顧客に対して行っていたのは役務提供取引であることからすれば、やはり再販売業者の売上総利益率を用いた課税庁の主張には無理があったといわざるを得ない。

いずれにしても、今回本判決によって立証責任の所在が明らかになったことにより、課税庁側及び納税者側の双方にとって、どの水準まで主張立証が求められるのかが明らかとなった点で、大きなメリットがあると考えられる。

(2) シークレット・コンパラブルについて

上述のとおり、いわゆるシークレット・コンパラブルの問題については、控訴審では判断がなされなかった。そもそも、シークレット・コンパラブルについては、公務員の守秘義務等との関連から、納税者側に情報が開示されないため、納税者側において課税庁が行った課税処分の妥当性を検証することが極めて困難（ほとんど不可能）という、決定的な問題点がある。

本事例では、租税特別措置法66条の4第9項（平成22年度税制改正後の8項）の「法人が第7項に規定する帳簿書類又はその写しを遅滞なく提示し、又は提出しなかった場合」という要件を満たしていないにもかかわらず、課税庁がA社の同業他社への質問検査権を行使しているように思えることから、第一審においては同項の趣旨が争点となっている。

この点につき、A社（納税者）は、同項が定める書類等不提出の要件は課税処分を受ける法人の保護を目的とした要件であり、シークレット・コンパラブルを用いた移転価格課税の処分要件であること、A社は東京国税局が求めた「独立企業間価格を算定するために必要と認められる帳簿書類又はその写し」をすべて遅滞なく提出して、東京国税局からの事業内容の聴取等にも積極的に協力したことから、シークレット・コンパラブルの調査の要件は満たされていない旨を主張した。

一方、課税庁は、同項の趣旨は質問検査権についての創設的規定であって、法人税の更正処分の処分要件ではなく、本件各更正に係る調査手続が「重大な違法を帯び、何らの調査なしに更正処分をしたとの評価を受ける」に足りる事実関係を主張するものでもないから、そもそも本件各更正の取消原因たり得ず、原告（A社）の主張（質問検査権限の行使要件が充足されていない）自体失当というべきである、との理論構成を展開している。

また、第一審判決も概ね課税庁の主張を支持しており、租税特別措置法66条

の4第9項（平成22年度税制改正後の8項）は、税務職員による比較対象法人に対する質問検査権限を創設したものである旨、同項所定の要件を満たすことなくされた質問又は検査の結果得られた資料に基づき課税処分がされた場合に、直ちに重大な違法があると解することはできない旨の判断を行っている。

ところが、控訴審においては、課税庁は主張の力点を変更しているように見受けられる。すなわち「A社は、独立企業間価格を算定するために必要と認められる帳簿書類等を遅滞なく提示（又は提出）しなかった」旨の主張を追加している。

これは、第一審で課税庁が行った理論構成（創設的規定説）について、課税庁自身も脆弱な部分があったものと考え、理論構成の問題から、必要書類の適時提出という事実認定の問題に置き換えようとしたものと見ることもできる。

いずれにしても、このシークレット・コンパラブルの問題点については、控訴審では判断されることなく、将来の課題として持ち越されることとなった。とはいえ、シークレット・コンパラブルが適用された本事案が結果的に納税者勝訴となったこと、その中でシークレット・コンパラブルが将来の訴訟の段階で必ず争点になり得ることが明らかになったことから、シークレット・コンパラブルの安易な適用を未然に防止する効果をもつものといえ、実務に重要な影響を及ぼす事案であったということができる。

5．実務上の対応

移転価格税制は、一般的に追徴税額が多額になりがちである。これは、もともと国外関連者を有する企業は一定の規模を有する企業であること、独立企業間価格の算定方法は極めて抽象的であるため、理屈の付け方次第で巨額の更正処分が行われる可能性があること、などに起因する。

また、移転価格税制は租税回避の意図の有無を問うのではなく、企業が行っている国外関連取引が独立企業間価格によっているかどうかという客観的事実が問われるものであるため、役務提供取引や無形資産の使用などについては、納税者自身が税務リスクをそもそも認識していないケースも多い。特に、我が

国の製造業においては、国内需要の構造的停滞を受けて、製造拠点や販売拠点の海外へのシフトが認められるところ、日本の税務当局としても、日本国内で創出された製造ノウハウ、あるいはブランド等の無形資産が海外で使用されている場合の当該無形資産の使用対価の妥当性については、従来以上に注視してくるポイントと考えられる。

よって、リスク管理の観点からは、企業グループが抱える移転価格課税リスクをいかにコントロールし、合理的な水準まで減少させるかが課題となる。

では、納税者（あるいは納税者側をサポートする立場となった場合の会計・税務の専門家）としては、どのような方法をとることが考えられるか。この点につき、事前の文書化の有効性について以下に記述する。

まず、我が国においては、国外関連者との取引について、法人税申告書の別表17(3)「国外関連者に関する明細書」において移転価格算定方法を記載することが求められているものの、移転価格の算定根拠資料（以下「移転価格算定文書」という。）の作成は義務付けられていない。

しかし、平成22年度税制改正により、租税特別措置法第66条の4第6項（旧第7項）、及び租税特別措置法施行規則第22条の10第1項が改正され、移転価格の調査の際に提示・提出を求められる書類として、次の書類が明記された。

項目	提示・提出を求められる書類
国外関連取引の内容を記載した書類	(イ) 国外関連取引に係る資産の明細・役務の内容を記載した書類 (ロ) 国外関連取引において法人・国外関連者が果たす機能（並びに負担するリスク）に係る事項を記載した書類 (ハ) 法人・国外関連者が当該国外関連取引において使用した無形固定資産その他の無形資産の内容を記載した書類 (ニ) 国外関連取引に係る契約書又は契約内容を記載した書類 (ホ) 法人が、国外関連取引において当該法人に係る国外関連者から支払を受ける対価の額、又は国外関連者に支払う対価の額の設定方法、及び設定に係る交渉内容を記載した書類 (ヘ) 法人・国外関連者の国外関連取引に係る損益の明細を記載した書類 (ト) 国外関連取引に係る資産の販売、購入、役務提供その他の取引について行われた市場に関する分析その他当該市場に関する事項を記載した書類 (チ) 法人・国外関連者の事業の方針を記載した書類

	(リ) 国外関連取引と密接に関連する他の取引の有無及びその内容を記載した書類	
独立企業間価格を算定するための資料	(イ) 法人が選定した独立企業間価格の算定方法、及びその選定理由を記載した書類その他当該法人が独立企業間価格を算定するに当たり作成した書類 (ロ) 法人が採用した国外関連取引に係る比較対象取引の選定に係る事項及び当該比較対象取引等の明細を記載した書類 (ハ) 法人が利益分割法を選定した場合における当該法人・国外関連者に帰属するものとして計算した金額を算出するための書類 (ニ) 法人が複数の国外関連取引を一の取引として独立企業間価格の算定を行った場合のその理由、及び各取引内容を記載した書類 (ホ) 比較対象取引等について差異調整を行った場合のその理由、及び当該差異調整方法を記載した書類	

　以上は、従来から移転価格事務運営要領に規定されていた内容と実質的には同等であり、事務運営要領から法令に格上げされたものである。

　移転価格調査の際に、納税者が上表の書類を遅滞なく提示・提出しない場合には、調査官は、①推定課税（租税特別措置法66条の4第6項）や、②いわゆるシークレット・コンパラブルに関する同業他社への質問検査権限（租税特別措置法66条の4第8項）を行使することが可能となる。

　納税者サイドとしては、上表のような移転価格算定文書を事前作成しておくことによって、移転価格の調査の際に、税務当局職員からの求めに応じて適時に移転価格の算定根拠を提出することが可能となり、①推定課税、②同業他社への質問検査権限の行使といった不利な取扱いが行われるリスクを減少させることができる。

　ただし、移転価格算定資料であればどのようなものでも良いというわけではなく、逆に不適切な記述が課税庁側に誤解を生じさせるリスクもある。現に本事案においても、A社は会計事務所が作成した移転価格分析報告書を調査官に提出しているが、その中に「RP法に準じた方法」の採用を検討した記述があったことが、課税庁側の主張を裏付けるものとして、第一審判決の中で採用されている。

　また、移転価格算定文書の作成は、企業グループ全体の理解、各企業が果たしている機能、負担しているリスクなどの分析を行った上で、外部情報をも広

く収集しながら、企業の移転価格算定方法を選出する必要があるため、会計事務所などの外部専門家への委託費用や企業内部における各種資料作成・価格決定方針についての議論など、相当なコストと時間を要するものである。したがって、すべての国外関連取引について移転価格算定方法を用いることができるにこしたことはないものの、現実的にはやはり費用対効果を勘案し、重要な取引を優先して対応することになろう。

　特に、無形資産の使用や役務提供取引について、そもそも対価を受領していない場合には、課税のリスクが高いといえるため、自社の税務リスクを分析することは必須と考えられる。なお、無形資産の使用や役務提供取引は企業グループごとの個別性が強いものであり、本来であれば納税者側がもっともその情報を入手し得るところであることからすれば、適切な移転価格算定資料を事前に作成することによって、上述の推定課税やシークレット・コンパラブルによる課税を避けることが得策と考えられる。

　また、本件のA社のように契約方式に変更が行われた場合には、課税当局としても、当該契約変更が本当に実態を伴ったものであるかどうかといった事実認定の部分にまず着目する可能性が高いため、説得力のある反証を準備しておくべきと考えられる。

　いずれにしても、移転価格の調査が入った段階からの対応では、上表の書類を遅滞なく提示・提出することは困難である。事前に書類を整備するのか、あるいはリスクを受容するのか等、企業自身がリスクの大小に応じてあらかじめ判断しておくことが肝要であろう。

参考文献

- 北村導人「移転価格課税に関する裁判例の分析と実務上の留意点（下）」『税務事例』第41巻第1号　40頁〜50頁（2009年）
- 加藤俊行「国際課税を巡る諸問題」『税務事例』第41巻第9号　23頁〜27頁（2009年）
- 中井稔「移転価格税制における役務提供の機能と評価」『税務弘報』第57巻第11号　161頁〜168頁（2009年）
- 細川健「役務提供取引とマーケティング・インタンジブルズの税務（上）　東京高

裁平成20.10.30（アドビシステム事件）を題材に」『税務弘報』第57巻第3号　184頁〜196頁（2009年）
・村田守弘・藤澤鈴雄「移転価格税制適用事案の判例―アドビ事件（業務委託契約におけるリスク負担に対する裁判所の判断について）」『NBL』第916号　20頁〜27頁（2009年）
・太田洋・手塚崇史「アドビシステムズ事件東京高裁判決」『移転価格税制のフロンティア』44頁〜73頁（有斐閣／2011年）

2

子会社がガーンジー島に納付した税金が法人税法69条1項に定める外国法人税に該当するとされた事例

東京地裁　平成18年9月5日判決（納税者敗訴）（平成16年（行ウ）第271号、法人税更正処分取消等請求事件）
東京高裁　平成19年10月25日判決（納税者敗訴）（平成18年（行コ）第252号、法人税更正処分取消等請求控訴事件）
最高裁第一小法廷　平成21年12月3日判決（納税者勝訴）〔確定〕（平成20年（行ヒ）第43号、法人税更正処分取消等請求事件）

〔参照条文〕　法人税法69条1項、法人税法施行令141条1項・3項、租税特別措置法66条の6第1項、租税特別措置法施行令39条の14第1項2号

ポイント

　本件は、英国領チャネル諸島ガーンジーに本店を有し、再保険を業とするP社の100％親会社である内国法人X社に対し、P社が租税特別措置法66条の6第1項所定の特定外国子会社等に該当するとして、X社及びP社の所得を合算課税する更正処分等がされたため、これを不服としたX社が、本件更正処分等の取消しを求めた事案である。

　X社は、第一審及び控訴審においてその請求が棄却されたことから上告に及んだものである。最高裁において、法人税法69条1項及び法人税法施行令141条1項・3項に定める外国法人税に係る法解釈が明らかにされた。すなわち、P社がガーンジーと交渉して定めた26％の税率に基づく納税は外国法人税に該当するため、P社はX社の特定外国子会社等に該当せず、合算課税の対象にならないと判断されたことから、一部破棄自判として納税者の逆転勝訴となった。

1. 事　実

(1) 事案の概要

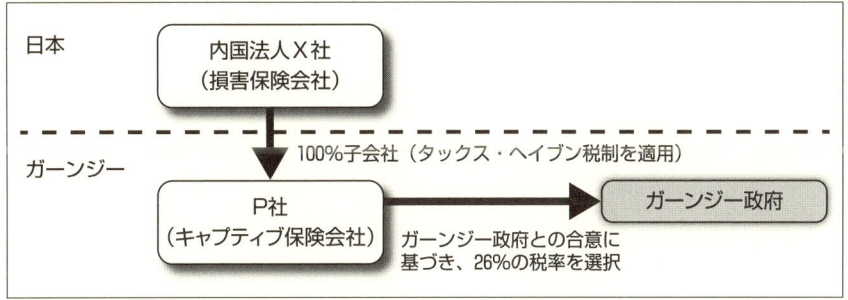

(2) ガーンジーの法人所得税制の概要

　租税特別措置法66条の6第1項の適用上、本件各事業年度に対応する本件子会社の各事業年度である平成11年から同14年までの期間におけるガーンジーの法人所得税制の概要は、次のとおりである。

① ガーンジーに本店を有する法人は、事業年度の全所得を課税標準として20％の標準税率により所得税を課される（以下、この課税を「標準税率課税」という。）。

② 税務当局は、所定の要件を満たす団体から法令で定められた申請料を納付して免税の申請がされたときは、これを免税とすることができる。

③ 所定の要件を満たす保険業者は、所定の所得のみを課税標準として、当該所得の金額に応じて段階的に異なる税率により所得税を課されること（所得の金額が一定の金額に達するまでは20％の税率であるが、それを超えると、超えた部分についてはこれより著しく低い税率が適用され、しかも、金額が増えるにつれて段階的に、その税率が下がっていくという仕組みである。以下、この課税を「段階税率課税」という。）を選択することができる。

④ 所定の要件を満たす法人は、申請により「国際課税資格」という税制上の資格を取得することができる。国際課税資格を取得した法人（以下「国

際課税法人」という。）の所得に対して適用される税率は、当該法人が、０％を上回り30％までの間で申請し、税務当局により承認された税率となる。申請書には、適用を申請する税率を明記するとともに、当該税率が申請者に適しており、ガーンジーの経済的利益からも妥当な水準であることを記載する。税務当局は、資格取得要件が満たされている場合には、申請を承認し、国際課税資格の証明書（以下「資格証明書」という。）を発行することができるが、申請を拒絶することもできる。

⑤　免税とされた団体は、税務当局に対し事業年度終了後３年以内に書面で通知することにより、当該事業年度につき段階税率課税又は標準税率課税を受けることができる。一方、段階税率課税又は標準税率課税を受けている法人は、事業年度終了後３年以内であればいつでも、当該事業年度につき申請料を納付して、さかのぼって免税の申請をすることができる。

(3) ガーンジーにおける本件子会社に対する課税

①　本件子会社（Ｐ社）は、平成10年12月にガーンジーにおいて設立された再保険業を営む法人であり、設立以来Ｘ社がその発行済株式のすべてを有している。

②　Ｐ社は、Ｘ社が自ら又はグループ会社のリスクを専門に引き受けさせるために設立した保険会社、すなわち、キャプティブ保険会社である。キャプティブ保険会社は、上記(1)のガーンジーの税制上、免税及び段階税率課税を選択するための要件を満たし、また、国際課税資格を申請するための要件を満たすものとされている。

③　Ｐ社は、税務当局に対し、平成11年から同14年までの各事業年度につき、いずれも、適用期間を１年間とし適用税率を26％とする国際課税資格の申請をし、税務当局からこれを承認する資格証明書の発行を受けた。税務当局は、Ｐ社に対し、上記各事業年度について適用税率26％の国際課税法人として所得税（以下「本件外国税」という。）の賦課決定をし、Ｐ社はこれを納付した。

Ⅰ 国際税務

(4) ガーンジーにおける法人所得税制の運用の実態

ガーンジー金融当局は、保険業者に適用されるガーンジーの税制等に関して、ガーンジーは保険業者にとって有利かつ柔軟な税制構造を有しており、キャプティブ保険会社は、標準税率課税を受けるか、免税若しくは段階税率課税を選択するか、又は国際課税資格の申請をして0％超30％以下の範囲で適用税率について税務当局と交渉することができると説明しており、その作成したパンフレットには「国際課税資格の申請に先立って、国際課税資格を取得しようとする法人の事業計画が税務当局担当者との間で議論され、または担当者に書面で通知される。これにより適用税率の設定が可能となる。申請者と税務当局との間で仮に合意された諸条件は、正式な国際課税資格の取得申請における税務当局の承認を必要とする」との記述がある。

また、ガーンジー税務当局は、ガーンジーにおける法人所得税制に関して、国際課税法人が所得税を納付する際の税率は、合意によって決めることができると説明している。

(5) 税額等に関する当事者の主張

X社の本件各事業年度の法人税の課税標準等及び税額等についての当事者の主張は、租税特別措置法66条の6第1項の規定を適用し、本件子会社に係る同項所定の課税対象留保金額を上告人の所得の金額の計算上益金の額に算入すべきか否かという点を除いては、その計算の基礎となる金額及び計算方法を含め、争いがない。

(6) 訴訟の経過

日付	経過内容
平成14年7月30日	X社の平成12年3月期、平成13年3月期の法人税について、更正処分等
平成14年9月26日	上記更正処分等について審査請求
平成16年3月30日	審査請求の裁決（棄却）
平成16年6月25日	訴え提起

平成18年9月5日	東京地方裁判所判決（納税者敗訴）
平成19年10月25日	東京高等裁判所判決（納税者敗訴）
平成21年11月5日	最高裁判所第一小法廷で口頭弁論
平成21年12月3日	最高裁判所判決（納税者勝訴）

2．争　点

　租税特別措置法66条の6第1項は「本店又は主たる事務所の所在する国又は地域におけるその所得に対して課される税の負担が本邦における法人の所得に対して課される税の負担に比して著しく低いものとして政令で定める外国関係会社に該当するもの」がタックス・ヘイブン税制の適用対象になると規定し、租税特別措置法施行令39条の14第1項2号は、租税特別措置法66条の6第1項に規定する「政令で定める外国関係会社」につき「その各事業年度の所得に対して課される租税の額が当該所得の金額の100分の25以下である外国関係会社」であるとしている。（下線筆者。以下同。）

　そして、租税特別措置法施行令39条の14第2項1号の括弧書きは、同条第1項2号の「所得に対して課される租税の額」は法人税法69条1項の「外国法人税」をいうと規定しており、法人税法69条1項は、外国法人税を「外国の法令により課される法人税に相当する税で政令で定めるものをいう。」と規定している。

　この法人税法69条1項の規定を受けて、法人税法施行令141条は外国法人税の範囲を定めているが、本件ではＰ社がガーンジーにおいて租税として納付したものが、法人税法施行令141条1項から3項に規定される外国法人税に該当するか否かが明らかではないことから、この点が争点となった。

3．判　旨

〔第一審判旨〕　東京地裁　平成18年9月5日判決

　請求棄却（納税者敗訴）

「一般的に『租税』とは、国又は地方公共団体が、特別の給付に対する反対給付としてではなく、公共サービスを提供するための資金を調達する目的で、法律の定めに基づいて私人に課する金銭給付であると解されている。そして、租税の特性及び他の国家収入との違いとして、租税は、〈1〉公共サービスの提供に必要な資金を調達することを目的とし（租税の公益性）、それ以外の目的で課される罰金・科料・過料・交通反則金等のような違法行為に対する刑事上・行政上の制裁の性質を持つ金銭給付とは区別され、〈2〉国民の富の一部を一方的・強制的に国家の手に移す手段であり（租税の強行性）、租税が国民の財産権の侵害の性質を有することから、租税の賦課・徴収が必ず法律の根拠に基づいて行われなければならない（租税法律主義）とされ、〈3〉特別の反対給付の性質を持たない点で、各種の使用料・手数料・特権料等と区別され、〈4〉国民にその能力に応じて一般的に課される点で、特定の事業の経費に充てるために、その事業に特別の関係のある者から、その関係に応じて徴収される負担金と区別され、〈5〉金銭給付であることを原則とする点を挙げることができ、以上のような租税概念及び租税の特性については、当事者間にほぼ争いがないところである」。

　第1に「ガーンジー島においては、同一の法人の同一の収入に対して、基本的性格を異にする4つの税制が、当該法人の選択によって適用され得る（別の言い方をすれば、同種の法人の同種の収入に対して、基本的性格を異にする税制に基づく課税が行われ得る）という極めて不自然な事態が生じているのであり、これを特例規定の適用を受けるかどうかを納税者の選択に委ねるといった、税制における調整的な選択制度と同質のものとして理解することは到底困難であるといわざるを得ない。そうすると、このような制度は、我が国の法人税においてはおよそ考えられない制度であるのみならず、租税の一般的概念の観点からしても、税の強行性（更には、税において一般的に要請されると考えられる平等性）の概念とは相容れないところがあるものといわざるを得ない。」

　第2に「本件外国税は、税率という重要な課税要件が、納税者とガーンジー税務当局との合意により決定されるものであって、課税に関する納税者の自由が広範に認められる租税といわざるを得ないのであり、この点において、納付

や還付に関し納税者の裁量が広範に認められている税として法人税法施行令141条3項1号、2号に掲げられた租税に類似した側面を有するものというべきであるし、租税の特質である強行性と相容れない面があることも否定し難いところである。」

　第3に「本件外国税には自力執行力がなく、かつ租税に対する一般的優先権を承認する制度も存しないため、税の徴収手段において実効性に欠ける点があることも否定し難い。Xも主張しているように、自力執行力を有するかどうかは、租税であることの必須の要素とまでは断定できないとしても、本件外国税においては、それに止まらず租税に対する一般的優先権を承認する制度も存しないのであるから、このことが、租税該当性の判断にマイナスに働く要素になることは否定し難いところである。」

　「以上のとおり、<u>本件外国税を含むガーンジー島における法人税制は、我が国における法人税制とはおよそかけ離れた制度になっていることはもとより、一般的な租税概念を前提に照らしてみても、不自然なものであると評さざるを得ないものである。</u>」

　「<u>ガーンジー島においてこのような『税制』が採用されているのは、外国法人に対し、本国におけるタックスヘイブン税制の適用を回避するためのメニューを提供するためではないかと疑わざるを得ないのであり、この観点からすると、ガーンジー島において徴収される『税』なるものは、その名称にもかかわらず、その実質は、タックスヘイブン税制の適用を回避させるというサービスを提供するための対価であるということも可能なのであって（このような強い誘因を持つ制度であるからこそ、自力執行力等、徴収のための実効性担保措置を必要としないと考えることもできなくはない。）、この点からしても、一般的な租税の概念（特定のサービスに対する対価ではないこと。）に反するものであるといわざるを得ない。</u>

　そうすると、本件外国税は、我が国の法人税概念とはおよそかけ離れたものであるばかりでなく、一般的な租税概念に照らしてみても、到底その概念の範疇に含まれるものであるとはいい難いのであるから、これを外国法人税に当たらないとした被告の判断に誤りはないものというべきである」。

〔控訴審判旨〕　東京高裁　平成19年10月25日判決
控訴棄却（納税者敗訴）

　Xは控訴し、第一審と同様の主張をした。しかし、控訴審においても、次のとおり判示し、控訴人（X社）の主張を退け、控訴を棄却した。
　「本件外国税が外国法人税に当たるかどうかは、法人税法施行令141条1項等の規定に照らして判断するほかないところ、上記の各規定が『税』という概念によって控除の対象を限定しようとしていることも明らかなのであるから、結局、上記各規定は、我が国を含め先進諸国で通用している一般的な租税概念を前提とし、そのうち、『法人税』、『法人の所得を課税標準として課される税』に相当するものをいうと解するのが相当である。このように解さなければ、外国税額控除の可否は全面的に外国の税制に依存することになって、納税者間の平等ないし税制の中立性の維持が不可能になり、我が国の財政主権が損なわれる結果となるが、そのような結果が容認できないことは明らかである。
　ところで、一般的に『租税』とは、国又は地方公共団体が、特別の給付に対する反対給付としてではなく、公共サービスを提供するための資金を調達する目的で、法律の定めに基づいて私人に課する金銭給付であると解されている。そして、租税の特性としては、〈1〉公共サービスの提供に必要な資金を調達することを目的とし（租税の公益性）、〈2〉国民の富の一部を一方的・強制的に国家の手に移す手段であり（租税の強行性）、〈3〉特別の反対給付の性質を持たず（租税の非対価性）、〈4〉国民にその能力に応じて一般的に課される点が挙げられる。
　そして、我が国を含め先進諸国においては、近代法治主義に基づいて、国民の財産権の侵害の性質を有する租税の賦課・徴収は、必ず法律の根拠に基づいて行われなければならない（租税法律主義）とされ、また、近代法の基本原理である平等取扱の原則に基づいて、公共サービスの資金となる租税の負担は国民の間の担税力に即して公平に配分されなければならず、各種の租税関係において国民は平等に取り扱われなければならない（租税公平主義ないし租税平等主義）とされているところである」。

「ガーンジー島の上記『法人税』税制は、我が国を含む先進諸国の租税概念の基本である強行性、公平性ないし平等性と相容れないものであるといわざるを得ず、上記税制の実態に照らせば、ガーンジー島において上記のような『税制』が採用されているのは、外国法人に対し、本国におけるタックス・ヘイブン対策税制の適用を回避するためのメニューを提供するためであり、それ故、ガーンジー島において徴収される「税」なるものは、税という形式をとるものの、その実質は、タックス・ヘイブン対策税制の適用を回避させるというサービスの提供に対する対価ないし一定の負担としての性格を有するものと評価することができるというべきである」。

「そして、かかる法人税を外国法人税と認めることは、外国税額控除の可否がガーンジー島の税制に依存することになり、また、同税制を利用する結果として発生する税名目の経済的負担の額と、我が国の実効税率が適用された場合の税額との差額に相当する税負担を免れるいわゆる租税回避を許容することになって、納税者間の平等ないし税制の中立性の維持が不可能になり、我が国の財政主権が損なわれる結果を招来するが、このような結果が許容できないことは明らかである。

したがって、本件外国税は法人税法69条1項の外国法人税には該当しないというべきである。」

〔最高裁判旨〕　最高裁第一小法廷　平成21年12月3日判決
　一部破棄自判（納税者勝訴）〔確定〕

　最高裁では、原判決のうち各法人税更正処分の取消請求に関する部分を破棄し、同部分につき第一審判決を取り消した。判示の概要は次のとおりである。

(1)　**本件外国税が租税に該当するか否か**

「選択の結果課された本件外国税は、ガーンジーがその課税権に基づき法令の定める一定の要件に該当するすべての者に課した金銭給付であるとの性格を有することを否定することはできない。また、本件外国税が、特別の給付に対

する反対給付として課されたものでないことは明らかである。

　したがって、本件外国税がそもそも租税に該当しないということは困難である」。

(2) 本件外国税が外国法人税に該当する旨

　「法人税法施行令141条は、1項において外国法人税の意義を『外国の法令に基づき外国又はその地方公共団体により法人の所得を課税標準として課される税』と定めるほか、外国又はその地方公共団体により課される税のうち、外国法人税に含まれるものを2項1号から4号までに列挙し、外国法人税に含まれないものを3項1号から5号までに列挙している」。

　「以上の規定の仕方によると、外国法人税について基本的な定義をしているのは同条1項であるが、これが形式的な定義にとどまるため、同条1項にいう外国法人税の範囲を明確にしようとしているものと解される。」

　「以上の理解を前提にすると、同項1号又は2号に該当する税のみならず、該当しない税であってもこれらに類する税、すなわち、実質的にみて、税を納付する者がその税負担を任意に免れることができることとなっているような税は、法人税に相当する税に当たらないものとして、外国法人税に含まれないものと解することができるというべきである。しかし、租税法律主義にかんがみると、その判断は、飽くまでも同項1号又は2号の規定に照らして行うべきであって、同項1号又は2号の規定から離れて一般的抽象的に検討し、我が国の基準に照らして法人税に相当する税とはいえないとしてその外国法人税該当性を否定することは許されないというべきである。」

　「ガーンジーの法令に基づきガーンジーにより本件子会社の所得を課税標準として課された税に当たるということができ、形式的に法人税法施行令141条1項にいう外国法人税の定義である「外国の法令に基づき外国またはその地方公共団体により法人の所得を課税標準として課される税」に該当するものというべきである」。

　「そこで、本件外国税が実質的にみて外国法人税に含まれないものとされる同条3項1号又は2号に規定する税に該当するかをみると、まず、ガーンジー

において国際課税法人が納付した税については、納付後、遡って免税の申請をすることができるとはされておらず、また、これについて還付請求をすることができるともされていない。そうすると、本件外国税は、同項1号に規定する税に該当するということはできない。

また、本件外国税は、納付が猶予される期間を本件子会社が任意に定めることができたとはされていないから、同項2号に規定する税にも該当しない」。

さらに「本件外国税は、その税率が納税者と税務当局との合意により決定されるなど、納税者の裁量が広いものではあるが、その税率の決定については飽くまで税務当局の承認が必要なものとされているのであって、納税者の選択した税率がそのまま適用税率になるものとされているわけではない。また、ガーンジーにおいて、所定の要件を満たす団体が免税の申請をした場合（標準税率課税又は段階税率課税を受けた法人がさかのぼって免税の申請をした場合を含む。）に、常にそれが認められるという事実は確定されていない。したがって、本件子会社は、その任意の選択により税負担を免れることができたのにあえて国際課税資格による課税を選択したということもできない。むしろ、前記のとおり、本件子会社は、税率26％の本件外国税を納付することによって実質的にみても本件外国税に相当する税を現に負担しており、これを免れるすべはなくなっているものというべきである。そうすると、本件外国税を同項1号または2号に規定する税に類する税ということもできないというべきである」。

「結局、前記事実関係等の下において、本件外国税が法人税に相当する税に該当しないということは困難である。」

4．評釈

(1) 「租税」該当性

最高裁判決は、最高裁として租税法律主義の重要性を示しており、事実関係を確定した後に課税要件に当てはめるという基本的な作業が重要であることを改めて確認する判決であったといえる。

本最高裁判決は、サラリーマン税金訴訟（最高裁大法廷昭和60年3月27日判

決)や旭川市国民健康保険条例訴訟(最高裁大法廷平成18年3月1日判決)において判示された租税の定義、すなわち租税とは「国又は地方公共団体が、課税権に基づき、その経費に充てるための資金を調達する目的をもって、特別の給付に対する反対給付としてではなく、一定の要件に該当するすべての者に対して課する金銭給付」という定義を用いている。

第一審判決及び控訴審判決は、租税について「先進諸国で通用している一般的な租税概念」を持ち出し「国又は地方公共団体が、特別の給付に対する反対給付としてではなく、公共サービスを提供するための資金を提供するための資金を調達する目的で、法律の定めに基づいて私人に課する金銭給付」であるとし、そこから租税の特性として、強行性、非対価性、公平性・平等性等を導き出し、それらの特性を、税法上の租税概念を規定する規範として構成した上で、ガーンジー島の税制はそれらの規範に当てはまらないと判断していた。

これに対し、本最高裁判決は、租税概念に「租税の特性」を加えるといった解釈的操作をせず、前記サラリーマン税金訴訟や旭川市国民健康保険条例事件の最高裁の判例で定義された租税概念をそのまま用い、この定義にガーンジー島の税制を当てはめ、検討している。租税をこのように定義する以上、ガーンジー島の税制は、租税に該当しないとすることは困難であるが、このような最高裁の法解釈の態度は、租税法律主義に忠実であるといえる。

(2) 「外国法人税」該当性

まず、本件では、第一審判決から最高裁判決まで、いずれも法人税法施行令141条3項の解釈として限定列挙説は採用しなかった。そして、いずれの判決も、同条項に該当しない税であっても、実質的にみて税を納付する者が、その税負担を任意に免れることが出来ることとなっている税は、外国法人税に該当しないとした。

しかし、第一審判決や控訴審判決が「我が国を含め先進諸国で通用している一般的な租税概念」にまで解釈を広げて外国法人税に該当するか否かを判断したのに対し、本最高裁判決は、外国法人税に該当するか否かについては、あくまで各号の規定に照らして判断することとし、各号の規定から離れ、一般的抽

象的に検討し、我が国の基準に照らして法人税に相当しないと判断すべきでないとの見解を示し、租税法律主義への準拠を明らかにしている。このような厳格な解釈適用の態度は高く評価すべきである。

本最高裁判決は、海外子会社において納付した税金が、形式的にみて、法人税施行令141条3項1号に定める「税を納付する者が、当該税の納付後、任意にその金額の全部または一部の還付を請求することができる税」及び同条同項2号に定める「税の納付が猶予される期間を、その税の納付をすることとなる者が任意に定めることができる税」に該当しないと判断し、また、実質的にみても、税負担を任意に免れることが出来ないと判断される限りにおいては、たとえ、その税率が課税国との合意により決定されており、税率の根拠を我が国のタックス・ヘイブン対策税制を回避することに求めていても、海外で納付した税金は法人税法69条1項及び法人税法施行令141条に定める外国法人税に該当するという判断を明確に示している。

ただし、本最高裁判決の前提として、ガーンジーの法令に基づき支払った税を我が国の外国法人税に該当すると認定するに際し、納税後に遡って免税の申請又は還付請求をすることができず、また、所定の要件を満たす団体が免税の申請をした場合に、常にそれが認められるという事実は確定されていないことが求められている。よって、単に課税国の法令に準拠して納付した税金であることのみを根拠として、即座にそれが我が国において外国法人税として取り扱われるわけではない点に留意が必要である。

5．実務上の対応

本最高裁判決は我が国のタックス・ヘイブン対策税制が、本邦外国子会社が実質的にトリガー税率以上の課税を受けていれば、租税特別措置法66条の6に基づく合算課税の対象とならないことを示した。

しかし、平成23年度税制改正により、外国法人税の範囲から除外されるものに「複数の税率の中から納税者と税務当局等との合意により税率が決定される税について、<u>最も低い税率を上回る部分</u>」が新たに加えられた。この改正は、

本件における最高裁判決を受けた改正であり、2011年4月1日以後に納付することとなる外国法人税に適用される。ガーンジーにおける「複数の税率の中から納税者と税務当局等との合意により税率が決定される税について、最も低い税率」は0％であり、これを「上回る部分」としては、ガーンジーにおける納税額全額が該当する。よって、今後は、ガーンジー政府との合意により定めた税率に基づく税金が、我が国において外国法人税として取り扱われない点に留意することが必要である。

　なお、平成22年度税制改正前は、海外子会社が特定外国子会社等に該当し、タックス・ヘイブン税制の適用を受けた場合、海外子会社で生じた所得のうち、配当をせず留保した所得が親会社において合算課税の対象となり、日本の税率で課税されていた。しかし、平成22年度税制改正後は、海外子会社が特定外国子会社等に該当した場合、その所得を配当するか否かにかかわらず、所得全額が合算課税の対象となったことに留意することが必要である。ただし、課税済利益を配当する場合には、二重課税を調整するため、外国子会社配当益金不算入制度による95％益金不算入ではなく、配当金全額が益金不算入の対象となる。また、配当に係る源泉所得税も日本親会社において損金算入されることとなる。

・特定外国子会社等（＊）の課税関係

タックス・ヘイブン税制に基づく課税対象留保金額

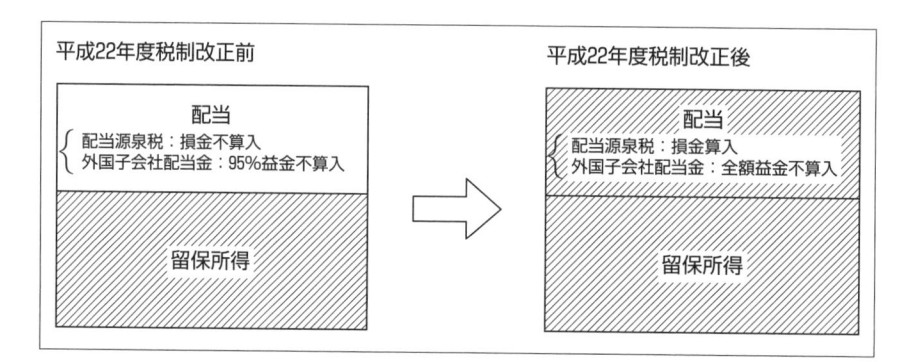

平成22年度税制改正前	平成22年度税制改正後
配当 ｛配当源泉税：損金不算入 　外国子会社配当金：95％益金不算入｝	配当 ｛配当源泉税：損金算入 　外国子会社配当金：全額益金不算入｝
留保所得	留保所得

（＊）　特定外国子会社等とは、外国関係会社（発行済み株式等の総数の50％超を内国法人等に保有されている法人）のうち、租税負担割合が一定割合以下のものをいう（平成22年税制改正により、当該一定割合が25％から20％に変更された）。特定外国子会社等の株式等の保有割合が5％以上である内国法人はタックス・ヘイブン税制の適用対象とされる。

　上図のとおり、平成22年度税制改正後は、海外子会社等が特定外国子会社等に該当した場合、留保所得のみならず配当部分も合算課税の対象になるため、特定外国子会社等に該当するか否かの判定は、引き続き重要となる。本最高裁件判決は、外国法人税の定義を巡る原則論まで遡り、法人税法69条1項及び法人税法施行令141条1項・3項に対する明確な解釈を付すことにより、今後の実務上における特定外国子会社等の判定に、一定の指針を示したという点において意義深いものであったといえる。

参考文献

・宮塚久・北村導人「タックス・ヘイブン対策税制」『国際租税訴訟の最前線』132頁～191頁（有斐閣／2010年）
・北村導人「タックス・ヘイブン対策税制と外国法人税の意義」『税務事例』第42巻第4号　20頁～25頁（2010年）
・望月文夫「外国税額控除における外国法人税の該当性」『税理』第53巻第13号　28頁～35頁（2010年）

- 豊田孝二「租税法 No.35 子会社がガーンジー島に納付した税金が法人税法69条1項に定める外国法人税に該当するとされた事例」 速報判例解説 – TKCローライブラリー（2010年5月7日掲載）
- 関谷浩一・西田宏之 「外国子会社配当益金不算入制度創設による国際税務戦略への影響」『税務弘報』第57号第4号 170頁～176頁（2009年）
- 西村あさひ法律事務所 「外国で支払った税の外国法人税該当性（ガーンジー島事件最高裁判決）」ビジネス・タックス・ロー・ニューズレター （2010年）
- 「平成23年度税制改正大綱」104頁 （財務省／2010年）

3

来料加工取引とタックス・ヘイブン対策税制の適用除外規定

東京地裁　平成21年5月28日判決（納税者敗訴）（平成18年（行ウ）第322号、法人税更正処分取消等請求事件）
東京高裁　平成23年8月30日判決（納税者敗訴）（平成21年（行コ）第236号、法人税更正処分取消等請求控訴事件）

〔参照条文〕　租税特別措置法66条の6第1項、第3項、租税特別措置法施行令39条の17第5項

ポイント

本件は、内国法人の子会社を香港に設立し、当該法人を通じていわゆる来料加工取引を行った際に、香港の子法人はタックス・ヘイブン税制の適用があるとして課税処分されたことにつき争ったものである。

来料加工取引を行っている企業は現実に多く存在していることから、本件判決及び今後の動向が注目されるところである。

1.　事　実

(1)　A社は、精密金型・成型製品の製造・販売及びレンズを中心とした光学設計、光学機器の製造販売等を業とする内国法人である。A社は、本件訴訟で問題となっている2002年4月1日から2005年3月31日までの3事業年度を含め、香港に本店を有するB社を通じて、いわゆる来料加工取引[1]を行って

---

[1] 注文者（委託者）である外資が生産設備・原材料を委託先である中国企業に無償で提供し、かつ保税通関扱い（輸入関税・増値税の免税）を受け、委託先である中国企業は安い労働力を提供して製品の加工を受託して加工賃を受け取り、加工製品の全部を注文者に引渡すという双方が補完する特色を持つ委託加工の特殊な契約方式をいう。

いた（下記参照）。

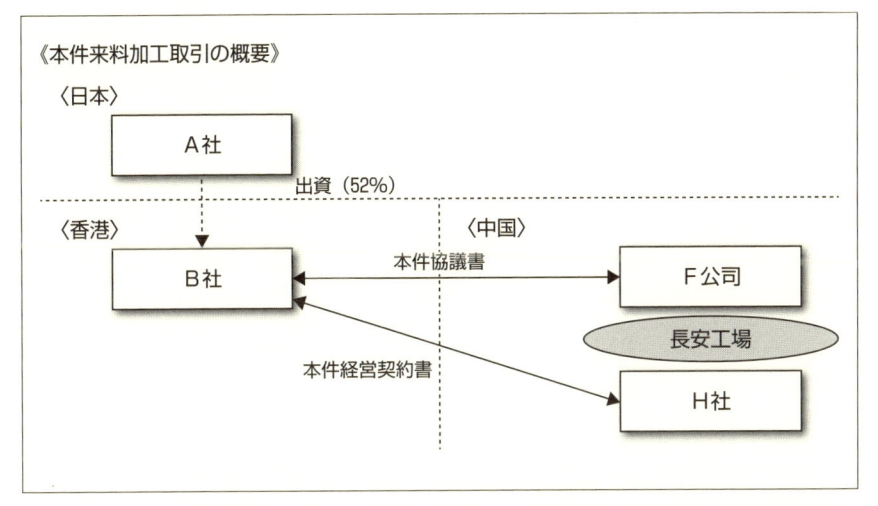

《本件来料加工取引の概要》

〈日本〉
A社

出資（52%）

〈香港〉　　　　　　　　　〈中国〉
B社　←――本件協議書――　F公司
　　　　　　　　　　　　　長安工場
　　　本件経営契約書　　　H社

(2) B社は、中国企業であるF公司との間で、中国企業であるG公司を商務代理として、1995年に、長安工場における精密金型等の来料加工業務に係る契約書（以下「本件協議書」という。）を締結し、そのころから長安工場で製造された金型製品等の販売等を行っていた。本件契約書の定める主たる項目は以下のとおりである。

① F公司は、相応の工場建物、電力及び労働力を提供し、B社のために加工生産を行い、B社から加工費又は工場賃貸料、土地使用料及び管理費を受領する。

② B社は、長安工場での加工生産設備を無償で提供し、自ら所有する。

③ B社は、無償ですべての原料・補助材料等を提供する。

④ B社は、自己の費用で技術者を長安工場に派遣し、設備の取り付け、技術指導を行う。

⑤ B社は、長安工場へ派遣した技術者の資金、出張旅費等を負担する。

(3) B社は、中国企業であるH社との間で、2004年に、契約期間を2005年から2015年とし、B社を請負人、H社を委託者として、B社が長安工場の経営を請け負うことを内容とする契約書（以下「本件経営契約書」という。）を締結した。本件経営契約書の概要は、以下のとおりである。

①　B社は、H社から長安工場の経営を請け負い、同工場の生産経営管理につき権利を有し、全面的に責任を負い、すべての生産経営管理権を行使し、企業のすべての経営コストを負担する。
　②　B社は、加工費をH社指定の銀行口座に振り込み、その後両当事者が協議した実際の金額に従いH社から金員の返還を受ける。
　③　H社は、B社による長安工場の資産を管理監督し、企業の適法な経営及び法に従った納税を監督し、適切に指導する。
(4)　B社の香港本社の従業員はA社からB社への出向者1名及び現地従業員8名であり、同社は香港のオフィスビルの一室を賃借し、輸出入業務、販売業務及び経理財務業務を行っていた。一方、A社からB社への出向者のうち長安鎮に居住し長安工場で稼働していた者は、8名〜16名おり、総経理等の長安工場の管理職に就いていた。
(5)　A社は、2003年3月期から2006年3月期（以下「本件各事業年度」という。）について、B社につきタックス・ヘイブン税制の適用除外を受けられることを前提に法人税の確定申告を行った。これに対し、同税制の適用があるとして本件各事業年度につき、増額更正処分及び過少申告加算税の賦課決定処分が行われた。そのため、A社はこの処分の取消しを求めて本件訴訟を提起した。

2. 争　点

　外国関係会社が特定外国子会社等に該当する場合には、原則として、タックス・ヘイブン対策税制の合算課税の対象となる。しかし、タックス・ヘイブン対策税制は、例外的に、一定の要件（適用除外基準）を満たす場合には、適用されないこととなっている。その趣旨は、特定外国子会社等が、所在地国において独立企業としての実体を備え、かつ、それぞれの実態に応じ、その地において事業活動を行うことにつき、十分な経済的合理性がある場合にまで、タックス・ヘイブン対策税制を適用することは、我が国の企業の正常な海外投資活動を阻害する結果を招くことになるので、一定の場合にはその適用を除外する

というものである。

適用除外基準は、①事業基準、②実体基準、③管理支配基準、④非関連者基準又は所在地国基準の4つであり、その内容は、以下のとおりである。

①	事業基準	外国子会社の主たる事業が以下の事業以外のものであること。 ⅰ　株式若しくは債券の保有 ⅱ　工業所有権その他の技術に関する権利、特別の技術による生産方式等若しくは著作権の提供 ⅲ　船舶若しくは航空機の貸付け
②	実体基準	特定外国子会社等が、その本店又は主たる事務所の所在する国又は地域において、その主たる事業を行うに必要と認められる事務所、店舗、工場その他の固定施設を有していること。
③	管理支配基準	特定外国子会社等が、本店又は主たる事務所の所在する国又は地域において、主たる事業の管理、支配及び運営を自ら行っていること。
④	A　非関連者基準	主たる事業が卸売業、銀行業、信託業、証券業、保険業、水運業又は航空運送業である場合、その事業を主として非関連者との間で行っていること。
	B　所在地国基準	主たる事業が、上記以外の事業について、その事業を主として本店又は主たる事務所の所在する国又は地域において行っていること。

　本件では、A社の特定子会社であるB社が①事業基準、②実体基準、③管理支配基準を満たすことについては、争いがなかった。第一審では、(1)A社の特定外国子会社であるB社が非関連会社基準を充足するか、具体的には、B社の「主たる事業」が卸売業に該当するか、(2)卸売業に該当せず、製造業に該当する場合、所在地国基準を充足するか、(3)目的論的解釈により本件にタックス・ヘイブン対策税制が適用されないといえるかどうか、という点が争いとなり、控訴審では、さらに(4)タックス・ヘイブン税制は、日本と香港政府との間で締結された「投資の促進及び保護に関する日本政府と香港政府との間の協定」（平成9年6月18日条約7号）（以下「香港投資協定」という。）に反しないかが争点となった。

争　点	納税者	課税庁
(1) 非関連者基準の充足の有無について（B社の「主たる事業」は、卸売業か製造業のいずれに該当するか）	（第一審） 　租税法律主義の目的である法的安定性を確保するためには、課税は、原則として私法上の法律関係に即して行われるべきである。 （第一審） 　措置法通達66の6-14（現措置法通達66の6-17）は、特定子会社等の営む事業を分類する判断基準は、原則として「日本標準産業分類」が参考とされており、これに照らせばB社の事業は製造問屋、すなわち卸売業に該当する。 （控訴審） 　タックス・ヘイブン対策税制運用の前提として特定子会社等の主たる事業は、現実の当該事業の経済活動としての実質・実体によって判定すべきとし、B社の主たる事業を製造業と判断することは、経済的実質主義に基づくものであり、法律的実質主義を採用した最高裁判所平成19年9月28日第二小法廷判決に反する。 （控訴審） 　委託元である会社が委託先である工場における委託加工取引の事業計画を立てることはよくあることであり、だからといって、独立の法的主体を有する委託加工取引の相手方当事者の工場における製造行為が、委託元の事業になるものではない。また、委託加工取引では委託元が委託先に材料を無償で提供することはよくあることである。したがって、A社が外注管理等を行っていたことをもってB社の主たる事業が長安工場における製造業であると認定することは、委託取引における外注管理の重要性という社会通念を無視した経験則に反するものである。	事業の判定を行うに当たっては、製造行為に基づく損益の帰属や私法上の契約関係のみならず、当該事業の目的、生産管理及び財務管理の状況等の事情を総合し、経営主体としての実態を有する者が誰であるかを社会通念によって判断するべきである。 　日本標準産業分類は、一定の「経営主体」の下「事業所で行われている経済活動」によってその事業所の産業を決定することとされており、長安工場における製造行為がB社の事業といえるか否かを判断するという考え方と軌を一にするものである。

(2)	所在地国基準の充足の有無について	B社の本店が所在する香港と製造行為を行っている長安工場の所在する東莞市も、①来料加工が定着している一体的な「地域」であること、②いずれの場所も同じ中国という「国」の一部であることから、所在地国基準を満たすというべきである。	B社は、本店が租税の負担が著しく低い「地域」たる香港に所在する一方、長安工場における製造行為の経営主体として、その主たる事業である製造業を中国本土で行っているものであるから、所在地国基準の要件を充足しない。
(3)	目的論的解釈によりタックス・ヘイブン対策税制が適用されないといえるか	措置法66条の6第3項の立法趣旨に鑑みれば、当該国において実体のある特定外国子会社等（実体基準及び管理支配基準のいずれも満たすもの）が、経済的合理性のある活動を行っているにもかかわらず、同条3項の適用除外要件のうち、特に「事業」によって基準が異なる形式を採用している非関連者基準及び所在地国基準について、これを形式的に適用すると適用除外とならず、同条1項が適用される結果、我が国企業の国際競争力を弱めるというような事態が生じる場合には、同条1項は適用されないという目的論的解釈を採るべきである。	措置法66条の6第3項の適用除外要件を充足しない特定外国子会社等は、同法の適用上、租税の負担軽減以外の積極的な経済合理性がないものとみなされるというべきであるから、同条1項の規定が適用されることは明らかであって「我が国企業の国際競争力を弱めるというような事態が生じる場合」には同条1項が適用されないと解することは、当該要件が不明確かつ抽象的である上、法律に規定が置かれていない適用除外要件を創設するに等しいものであり、法執行の安定性を著しく害するものである。
(4)	タックス・ヘイブン対策税制が、香港投資協定に違反するかについて	香港投資協定3条は「いずれの一方の締約政府の投資家も、他方の締約政府の地域内において、投資財産、収益及び投資に関連する事業活動に関し、当該地方の締約政府又は両締約政府以外の政府の投資家に与えられる待遇よりも不利でない待遇を与えられる。」と規定するところ、タックス・ヘイブン対策税制は、B社に対して、不利な待遇を与えるものである。	香港投資協定3条は、文言上、租税特別措置法66条の6の適用を排除していない。 香港投資協定3条は、日本国政府が香港の投資家に対し、最恵国待遇をすべきことを定めるものであり、日本国内の法人に対する課税を制限する規定であるとは解されない。

3. 判 旨

〔第一審判旨〕 東京地裁　平成21年5月28日判決

請求棄却（納税者敗訴）

(1) 非関連者基準の充足の有無について

「適用除外制度の趣旨及び『その行う主たる事業』、『その事業を主として（中略）行っている場合』等とする根拠条文の事実状態に即した文言・内容等にか

んがみると、非関連者基準又は所在地国基準のいずれが適用されるかを決するための特定外国子会社等の『主たる事業』の判定（製造業又は卸売業のいずれであるか等の判定）は、現実の当該事業の経済活動としての実質・実体がどのようなものであるかという観点から、事業実態の具体的な事実関係に即した客観的な観察によって、当該事業の目的、内容、態様等の諸般の事情（関係当事者との間で作成されている契約書の記載内容を含む。）を社会通念に照らして総合的に考慮して個別具体的に行われるべきであり、関係当事者との間で作成されている契約書の記載内容のみから一般的・抽象的に行われるべきものではないと解するのが相当である。」

「卸売業と製造業との相違点をみるに、一般的にみて、製造業が、自ら製品を製造した上で販売する事業であるのに対して、卸売業は、同じく製品の販売を行うものの、自ら製品を製造するのではなく、他者が製造した製品（委託加工製品を含む。）を購入した上で販売する事業であると解される。そこで進んで、製造行為の内容をみるに、その本質は、〈１〉製造を行うための生産設備（工場建物、製造設備等）を整え、〈２〉製造を行うための人員（監督者、技術者、単純労働者等）を配置して製造ラインを整え、〈３〉原材料・補助材料等を調達して製造ラインに投入することによって製品の生産を行うことにあると考えられる（製造行為は、このように物的施設、人的態勢等を必要とするからこそ、前記アのとおり、所在地国基準が導入されたのであって、卸売業については、これらの施設等を必ずしも必要としないために、所在地国基準ではなく非関連者基準が導入されたものと考えられる。）。そして、製造行為を行うことによって、最大の利潤を獲得するためには、品質・コスト・納期を適切に管理して、顧客の満足を得ることが不可欠であるところ、上記管理を適正かつ効果的に行うために、製造業においては、一般的に、〈Ａ〉当該会社の設立目的を踏まえつつ、〈Ｂ〉(a)人員の組織化、(b)事業計画の策定、(c)生産管理（品質管理、納期管理を含む。）の策定・実施、(d)生産設備の投資計画の策定、(e)財務管理（損益管理、費用管理、原価管理、資産・資金管理等を含む。）の実施、(f)人事・労務管理の実施が行われているところである。」

「これらの製造業の特質を踏まえ、………『主たる事業』の判定に当たって

の基本的な考え方に従って考えると、特定外国子会社等の主たる事業が製造業に当たるか卸売業に当たるか、すなわち、販売する製品の製造を自ら行っているか否かを判断するに当たっては、現実の当該事業の経済活動としての実質・実体がどのようなものであるかという観点から、㋐製品製造のための〈１〉生産設備（工場建物、製造設備等）の整備、〈２〉人員（監督者、技術者、単純労働者等）の配置及び〈３〉原材料・補助材料等の調達等への当該特定外国子会社等の関与の状況を踏まえた上で、㋑〈Ａ〉当該特定外国子会社等の設立の目的、〈Ｂ〉製品製造のための(a)人員の組織化、(b)事業計画の策定、(c)生産管理（品質管理、納期管理を含む。）の策定・実施、(d)生産設備の投資計画の策定、(e)財務管理（損益管理、費用管理、原価管理、資産・資金管理等を含む。）の実施及び(f)人事・労務管理の実施等への当該特定外国子会社等の関与の状況等を総合的に考慮した上で、㋒製品の製造・販売を行うために関係当事者との間で作成されている契約書の記載内容も勘案しつつ、事業実態の具体的な事実関係に即した客観的な観察によって、社会通念に照らして個別具体的に判断すべきものと解される。」

　本件では、㋐Ｂ社は、長安工場における販売製品製造のための生産設備の整備、人員の配置及び原材料・補助材料等の調達等のすべての面において主体的に関与していたこと、㋑Ｂ社は、〈Ａ〉香港本社及び長安工場の一体的な運営による製品の製造販売を行うことを目的として当該運営に係る事業展開を予定して設立され、香港の商業登記簿でも業務性質は製造業と登記されていたこと、〈Ｂ〉(a)長安工場の製造業務を掌握・管理し、同工場の製造業務の人員を組織的に統括・管理していたこと、(b)香港事務所及び長安工場を一体のものとして各年度の事業計画を策定していたこと、(c)長安工場における生産管理を主体的に実行していたこと、(d)各年度ごとに、長安工場の各製造部門の設備投資計画を定めていたこと、(e)香港本社と長安工場を一体のものとして扱った上で、長安工場に関する財務管理を行っていたこと、そして、(f)Ｂ社自体、中国本土における製造活動による販売所得のうち50％を非課税所得（中国本土内所得）として認める取扱いを受けるに当たって、香港税務当局に対し、自らの長安工場における事業等につき、香港において卸売業を、中国本土において製造業を行

っており、B社の役員において、製造指示書に従って、長安工場のすべての製造工程を監督・指揮していることなどを自ら申告していること、(ウ)B社が実質的な一体性の伺われる上記3企業と提携して遂行する事業の全体を本件各契約書の全体を勘案しつつ具体的な事実関係に即して客観的に観察すれば、B社が実質的に長安工場において自ら販売製品の製造を行っていたと解するのが自然であることなどの諸般の事情を総合的に考慮すると、社会通念上、B社は長安工場において自ら販売製品の製造を行っていたものと認めるのが相当である。

(2) 所在地国基準の充足の有無について

「B社は、その人員及び資本の大半を長安工場における製造業務に集中的に投下していると認められるから、その主たる事業である製造業を主として行っているのは、長安工場の所在する東莞市α、すなわち中国のうち香港以外の地域であると認めるのが相当である。」

「香港は、タックス・ヘイブン税制の適用上、中国本土とは税制が異なり租税の負担が著しく低く定められた『地域』に該当するというべきであるから、本店所在地が香港であるB社が所在地国基準を満たすためには、その事業を主として本店の所在する『地域』たる香港において行っていると認められることを要するものと解される。

そうすると、本件では、B社は、………その主たる事業である製造業を主として香港以外の『地域』で行っているため、措置法66条の6第3項2号、同法施行令39条の17第5項3号に掲げる要件を満たしていないことになるから、所在地国基準を満たさないといわざるを得ない。」

(3) 目的論的解釈による適用除外の可否について

「租税法規は、多数の納税者間の税負担の公平を図る観点から、法的安定性の要請が強く働くから、その解釈は、原則として文理解釈によるべきであり、文理解釈によっては規定の意味内容を明らかにすることが困難な場合にはじめて、規定の趣旨・目的に照らしてその意味内容を明らかにする目的的解釈が行われるべきであって、みだりに拡張解釈や類推解釈を行うべきではないと解さ

れる。」A社の主張は「要するに、措置法の条文にはない独自の適用除外要件を創設して同条3項の適用除外の範囲を拡大すべき旨を主張するものであって、実質的には立法論の範疇に属するものといわざるを得ず、しかも、原告が主張する同条1項への付加要件、すなわち、同条3項の適用除外の範囲拡大の要件自体（我が国企業の国際競争力の低下等）が極めて不明確なものであって、それによって課税執行面における安定性を確保することは到底不可能と考えられるから、上記のとおりの租税法規の解釈の在り方に照らし、措置法66条の6の解釈論として所論を採用することはできない。」

〔控訴審判旨〕　東京高裁　平成23年8月30日判決
　　控訴棄却（納税者敗訴）

(1) **非関連者基準及び所在地国基準の充足の有無について**
「当裁判所も、①B社は、香港本社及び長安工場の一体的運営による製品の製造販売を目的として設立され、商業登記簿でも業務性質は製造業と登記されていたこと、②B社は、長安工場における販売製品製造のための生産設備の整備、人員の配置及び原材料・補助材料等の調達等のすべての面において主体的に関与して、長安工場における生産管理を実行していたこと、③長安工場の製造業務を掌握・管理し、同工場の製造業務の人員を組織的に統括・管理していたこと、④B社は、香港本社と長安工場を一体のものとして、各年度の事業計画を策定し、設備投資計画を定め、財務管理を行い、人事・労務管理を行っていたこと、⑤B社は、中国税務当局に対し、香港において卸売業を、中国本土において製造業を行っており、B社の役員において、長安工場の全ての製造工程を監督・指揮していることなどを申告し、中国本土における製造活動による販売所得のうち50％を非課税所得として認める取扱いを受けていたこと、⑥B社が中国当局の100％出資により設立された経済合作社及び長安対外公司との間に締結した本件借用証書、本件経営契約書及び本件協議書等によっても、B社は実質的に長安工場において自ら販売製品の製造を行っていたと解されることなどの事情からすると、B社は長安工場において自ら販売製品の製造を行っ

ていたものと認められる。そして、長安工場で行っていた製品製造がB社の主たる事業であり、しかも長安工場はB社の本店所在地以外の『地域』に所在し、措置法66条の6第3項2号、同法施行令39条の17第5項3号に掲げる要件（所在地国基準）を満たさないから、B社をA社の特定外国子会社等として税務署長が行った本件各更正処分等は適法であると判断する。」

「法律的実質主義か経済的実質主義かは所得の帰属の判定をめぐる問題であり、本件ではそれとは異なる措置法66条の6第3項の適用の前提となる特定子会社等の主たる事業の判定を問題としているのであるから、事業の実体に即して主たる事業を判定するという」第一審の「判断の枠組みが法律的実質主義に反するとの批判は当たらない。」

「特定外国子会社等の主たる事業が何であるかについての判断は、前記のとおり、現実の当該事業の経済活動としての実質・実体がどのようなものであるかという観点等から、社会通念に照らして個別具体的に行われるべきものであり、上記判定に当たっては、契約書等の内容及びそれに基づく法律関係は、総合判断の一要素にすぎないというべきであり、準拠法である中国法令に基づく本件各契約書等の解釈に基づく法律関係によって判定されるべきである旨の控訴人の主張は採用できない。」

「B社が長安工場において自ら販売製品の製造を行っていたとの認定は、当該事業の目的、内容、態様等の諸般の事情に加え、契約書の記載内容等も加味した上での総合判断によって行ったものであり、B社が長安工場に対し外注管理を行い、委託加工取引の事業計画を立てていたことなどの事情のみから上記認定をしたものではないから、控訴人の経験則違反の上記主張も採用できない。」

(2) **目的論的解釈による適用除外の可否について**

「B社の主たる事業の判定は、事業実態の具体的な事実関係に即した客観的な観察によって、社会通念に照らして総合的に考慮して判定されるべきことは前記判示のとおりであり、主観的な租税回避の意図や所得の国外移転の意図がなかったとしても、前記基準による判定を左右するものではない。」

(3) 香港投資協定違反の有無について

「一般に、自国における税負担の公平性や中立性に有害な影響をもたらす可能性のある他国の制度に対抗する手段として、いわゆるタックス・ヘイブン対策税制を設けることは、国家主権の中核に属する課税権の内容に含まれるものと解される。したがって、租税条約その他国際約束等によってこのような税制を設ける我が国の権能が制約されるのは、当該国際約束におけるその旨の明文規定その他の十分な解釈上の根拠が存する場合でなければならないと解される（最高裁判所平成21年10月29日第一小法廷判決、最高裁判所同年12月4日第二小法廷判決）。

 したがって、措置法66条の6の規定が、租税条約等の国際約束等に反するとされるのは、当該国際約束等におけるその旨の明文規定その他の十分な解釈上の根拠がある場合に限られるところ、香港投資協定には、そのような明文規定は存在しない。」

 また「①タックス・ヘイブン対策税制は、我が国の内国法人に対する課税権の行使として行われるものである以上、香港投資協定3条が措置法66条の6の適用を排除する規定とは解されない、②同協定の前文及び2条の規定からも、同協定が日本・香港双方の『地域内』（領域内）での投資促進を目指したものであることが看取できるのであり、同協定3条において、香港子会社が中国（第三国）で行っている第三国向け投資については何ら規定されていないと理解できる、③同協定9条の仲裁の対象は、『当該地方の締約政府の地域内における当該投資家による投資』に限定しており、このことからも同協定3条が『第三国向け投資』に最恵国待遇が与えられると定めていると理解するのは不自然である、④同協定3条は、その規定の文言上からも措置法66条の6の適用を排除するものと理解されない、という事情を考えると、香港投資協定はタックス・ヘイブン対策税制を排除しているものとは解されず、少なくともそのことについて十分な解釈上の根拠が存するということはできない」。

 「そうすると、香港投資協定が措置法66条の6の規定を排除しているとの十分な解釈上の根拠があるということもできない。」

4. 評釈

(1) 非関連者基準の充足の有無について

　ア　第一審判決の判示内容

　　第一審判決は、B社の「主たる事業」が製造業であるという結論を導いているが、その結論の前提をなすのは、長安工場で行われた製造行為がB社に帰属するという判断である。

　　問題は、第一審判決がいかなる基準に基づき、係る判断に至ったかであるが、この点につき第一審判決は「現実の当該事業の経済活動としての実質・実体がどのようなものであるかという観点から、事業実態の具体的な事実関係に即した客観的な観察によって、当該事業の目的、内容、態様等の諸般の事情を社会通念に照らして総合的に考慮して個別具体的に行われるべきであり、関係当事者との間で作成されている契約書の記載内容のみから一般的・抽象的に行われるべきではない。」とした。すなわち、第一審判決は、本件関連契約書の記載内容も斟酌するものの、主として事業実態の具体的な事実関係に即した客観的な観察によって判断するという基準を定立した。そして「現実の当該事業の経済活動としての実質・実体」をB社とは別の法人格を有する別企業の工場で行われている製造行為も「B社が行っている事業」に取り込んで、B社が製造行為を行っていると認定した。

　イ　第一審判決に対する批判

　　第一審判決に対しては、①課税の前提となる私法上の法律関係の検討が不十分であるとの批判がなされていた。すなわち、第一審の事実認定によると、関係当事者間で作成されている契約書の記載内容を考慮するとしつつ、B社とF公司との間の契約の準拠法について触れられていないなど、私法上の法律関係の検討が十分でないと思われるところが存在した。

　　また、②双輝汽船事件最高裁判決（最高裁判所平成19年9月28日判決）との整合性という観点から、本件判決のような経済的観察を重視する判断の枠組み自体が妥当であるかという批判もなされた。

双輝汽船事件は、海運業を営む内国法人であるＪ社がパナマに100％子会社であるＴ社（特定外国子会社等に該当）を設立したが、設立以来、Ｊ社はＴ社名義の資産、負債及び損益がすべて親会社であるＪ社に帰属するものとして、日本で法人税の確定申告等を行ってきたところ、所轄税務署長から、Ｔ社の欠損をＪ社の損金に算入することは認められないとして、法人税に係る更正処分等が行われたので、Ｊ社がこれを争ったものである。

　双輝汽船事件において、最高裁は、Ｊ社が本店所在地であるパナマに事務所を有しておらず、その事業の管理、支配及び運営をＪ社が行っており、タックス・ヘイブン税制の適用除外要件は満たさないが、他方において、Ｔ社はＪ社とは別法人として独自の活動を行っていたことを前提とした上で、Ｔ社の損益はＴ社に帰属し、Ｔ社の欠損の金額をＪ社の損金の額に算入することはできない旨判示した。

　そして「法人は、法律により、損益の帰属すべき主体として設立が認められるものであり、その事業として行われた活動に係る損益は、特殊な事情がない限り、法律上その法人に帰属するものと認めるべきであって、そのことは、ある法人が、経営上は実質的に他の法人の事業部門であるような場合であっても変わるものではないというべきである。（中略）本件において、Ｔ社における船舶の保有、その運用等がすべて上告人の決定によるものであるとしても、これらは、措置法66条の6の上記趣旨をも考慮すれば、法律上Ｔ社の事業活動と認めるべきものであることは明らかであり、したがって、これらの活動に係る損益は同社に帰属するものであって、上告人に帰属するものではないというべきである。」とした。

　このように、双輝汽船事件の最高裁判決は、損益を発生させる活動が誰に帰属するかは、あくまでも法律上の判断であり、当該活動への第三者の関与のような経済的な実態によって、その結論が左右されないことを明らかにしたものであると考えられる。

　そのため、法律的な帰属の問題は副次的なものとし、長安工場の製造行為へのＢ社の関与の内容と程度等を最重要視し、主に経済的な観察をもって製造行為の帰属の問題を判断するという枠組みを採用した第一審判決は、

双輝汽船事件の判示と整合性を欠くと批判されていた。
　ウ　批判に対する考察
　　本件協議書の存在は、B社が別法人であるF公司に対して、F社が長安工場で加工することを依頼した事実を推認させる証拠である。しかし、第一審判決では、さらに、B社がF公司とは別のH社から同じ長安工場の賃貸借契約及びH社がB社に経営を委託する経営契約の存在を認定した。かかる契約の存在は、B社がH社から長安工場を賃借し、B社が長安工場を経営するという事実を推認させる証拠である。これらの事実からすると、B社はF公司に対して本件協議書に基づいて長安工場での加工を委託しながら、H社から同じ長安工場を借用するとともに、H社から譲り受けた経営権に基づき長安工場を経営するという相互に矛盾する契約を締結していたことになる。
　　また、第一審判決では、B社は長安工場の口座に支払いをしていたものの、F公司への支払いはなされておらず、長安工場からF公司に対する支払いもなされていなかったことから、F公司への委託加工費の支払いはなされていなかったと認定した。
　　さらに、B社から、H社に対し、賃借料が支払われていた形跡はなく、管理料が支払われていただけであると認定され、人件費についても、本件協議書ではF公司が工具を雇い給料を支払うことになっていたものの、実際には、長安工場から支払われていたと認定した。
　　このような認定からすると、当事者が選択した法律関係は不明ということになる。また、上記認定を前提とすると、損益を発生させる活動が誰に帰属するのか法律上で判断することは困難であった。したがって、本件に関しては、①私法上の法律関係の検討が十分でないとか、②経済的実態・実質に従った判断を行うことが双輝汽船事件の最高裁判決と整合性を欠くといった批判はあたらないといえよう。
　　控訴審判決は、上記①の問題点に対しては「契約書等の内容及びそれに基づく法律関係は、総合判断の一要素にすぎない」とし、上記②の問題点に対しては、法律的実質主義か経済的実質主義かは所得の帰属の判定をめ

ぐる問題であり、特定子会社等の主たる事業の判定とは異なる問題であるとあっさり判示しているが、本件ではいずれにしても当事者が選択した法律関係が不明であるので、控訴審判決の結論は支持できる。

(2) 所在地国基準の充足の有無について

第一審判決は、B社は、その主たる事業である製造業を主として香港以外の「地域」で行っているため、所在地国基準を満たさないといわざるを得ないと判示し、控訴審判決も係る結論を支持している。

所在地国基準を満たすためには、製造業を香港で行っていることが必要となる。本件では、製造行為そのものは中国本土にある長安工場で行われているが、事業計画の策定、生産管理の策定、生産設備の投資計画の策定といった行為は香港で行われていることから、製造業が香港、中国本土のいずれの地域で行われているといえるかが問題となった。

第一審判決は、その人員及び資本の大半を長安工場における製造業務に集中的に投下していることから、B社がその主たる事業である製造業を主として行っていたのは長安工場のある地域であったと判断した。

しかしながら、係る人員及び資本の大半の投下という判断基準は、法令で定められたものではなく、絶対的なものではない。第一審判決は、非関連者基準の充足の判断で、(i)製造行為の本質は、①製造を行うための生産設備を整え、②製造を行うための人員を配置して製造ラインを整え、③原材料・補助材料等を調達して製造ラインに投入することによって製品の生産を行うことにあるとする一方で、(ii)製造行為を行うことによって、最大の利潤を獲得するためには、品質・コスト・納期を適切に管理して、顧客の満足を得ることが不可欠であるところ、上記管理を適切かつ効果的に行うために、製造業においては、一般的に、〈A〉当該会社の設立目的を踏まえつつ、〈B〉(a)人員の組織化、(b)事業計画の策定、(c)生産管理の策定・実施、(d)生産設備の投資計画の策定、(e)財務管理の実施、(f)人事・労務管理の実施が行われているといったことに触れておきながら、所在地国基準の充足の判断では、人員や資本の投下という面しか取り上げていない。

このように、所在地国基準の充足性の判断基準は、法令上の明確な根拠規定もなく、多くの考え方があり得るところであるから、さらなる検討が必要ではないかと思われる。

(3) 目的論的解釈による適用除外の可否について

第一審判決は「租税法規は、多数の納税者間の税負担の公平を図る観点から、法的安定性の要請が強く働くから、その解釈は、原則として文理解釈によるべきであり、文理解釈によっては規定の意味内容を明らかにすることが困難な場合にはじめて、規定の趣旨・目的に照らしてその意味内容を明らかにする目的的解釈が行われるべきであって、みだりに拡張解釈や類推解釈を行うべきではないと解される。」と判示し、控訴審判決もこれを支持している。第一審判決も控訴審判決も、法律の解釈論の原則に従った判断をしたものといえる。

しかし、タックス・ヘイブン税制については、近時、導入当初の趣旨を逸脱して適用されているのではないか、すなわち、租税回避以外の場面でも適用されているのではないかとの批判がなされている。昭和53年にタックス・ヘイブン税制を導入した当時の「改正税法のすべて（昭和53年度改正）（大蔵財務協会）」には「行政当局においてはタックスヘイブンを利用する納税回避は、従来法人税法第11条の実質所得課税の規定により、それを適用し得る範囲において規制してきましたが、この規定の適用に当たっての実質帰属の具体的な判定基準が明示されていないため、執行面での安定性に必ずしも問題なしとしない面がありました。このため、租税法律主義を堅持しつつ課税の執行の安定性を確保するという観点からも、租税回避対策のための明文規定の整備が強くされていたわけです。」とあり、タックス・ヘイブン対策税制の趣旨、つまり導入当時、課税の対象として考えていたのは、租税回避案件である。そうすると「日本企業の健全な海外事業展開に対してタックス・ヘイブン対策税制が適用され、結果、海外子会社の事業所得に対して日本の親会社に法人税が課される現状は、日本企業そのものの健全な海外事業展開に対する意欲を抑えることとなるならば、他国企業との競争力の観点から明らかに避けなくてはならない事態であろう」といえる（日本公認会計士協会租税調査会研究報告第21号「タックスヘイ

ブン対策税制から外国子会社合算税制へ―問題点の分析と提言―」。以下「第21号」とする)。

したがって、タックス・ヘイブン対策税制を適用するに当たっては、課税庁は慎重に行うべきである。もし、課税庁がタックス・ヘイブン対策税制を形式的に適用し、本来の政策目的と異なる効果を生じさせるような事態が生じることをとめることができないのであれば、本来の制度趣旨に立ち返り、本来の政策目的が実現できるように法令改正を行う必要があるといえるであろう(第21号)。

(4) 日本香港投資協定違反の有無について

一般に、投資協定は租税事項を除外しているところ、香港投資協定はあえてこれを除外していないということが、議論の出発点となっている。

確かに、租税条項が除外されなかった理由等を探ることは重要であるが、裁判例が示すとおり、香港投資協定がタックス・ヘイブン対策税制を排除する規定とは解されないこと、②同協定が日本・香港双方の「地域内」(領域内)での投資促進を目指したものであることが看取できるのであり、同協定3条において、香港子会社が中国(第三国)で行っている第三国向け投資については何ら規定されていないと理解できること、③同協定9条の仲裁の対象は「当該地方の締約政府の地域内における当該投資家による投資」に限定しており、このことからも同協定3条が「第三国向け投資」に最恵国待遇が与えられると定めていると理解するのは不自然であること、④同協定3条は、その規定の文言上からもタックス・ヘイブン対策税制の適用を排除するものと理解されないことから、十分な解釈上の根拠が存するということは困難であろう。

(5) 来料加工取引に関する他の裁決例

来料加工取引に関する他の裁決例として、国税不服審判所平成16年6月16日裁決(裁決事例未登載)、国税不服審判所平成19年10月16日裁決(裁決事例集74集26頁)、国税不服審判所平成20年1月24日裁決(裁決事例集未登載)、国税不服審判所平成20年2月20日裁決(裁決事例集75集415頁)、大阪地方裁判所平

成23年6月24日判決がある。

5．実務上の対応

　来料加工取引は1,000社以上の日系企業が行っているが、タックス・ヘイブン対策税制の適用対象となると指摘されたケースは、まだ少ないと思われる。本件は、前述したとおり、当事者がいかなる私法上の法律関係を選択したのか不明であることから、B社の「主たる事業」の判定に当たり「現実の経済活動としての実質・実体」を重視したものと考えられる。当事者が選択した法形式を尊重して事実認定を行うというのが多くの裁判例であることからすれば、まずは、私法上の法律関係を矛盾なく、明確にしておく必要がある。

　また、第一審判決や控訴審判決を前提とするならば、香港法人が来料加工工場を実質的に経営管理していると事実認定されないことが重要となろう。そのためには、来料加工工場の労務管理、生産管理、会計帳簿の記帳及び保管、その他の業務執行に係る重要事項の決定等を工場自らの意思で決定していると主張できるように備えておくことが肝要であると考えられる。

　なお、租税当局は、タックス・ヘイブンを利用した租税回避に対して、厳しく対応している。そのため、仮に、来料加工貿易取引について、タックス・ヘイブン対策税制での課税が困難と思われる場合でも、外国法人の高い利益率に着目して、移転価格税制を適用して課税処分がなされる可能性があることには十分留意する必要がある。

参考文献

・井上康一「来料加工とタックス・ヘイブン税制の適用除外―東京地裁平成21年5月28日判決について」『国際税務』第29巻第8号（2009年）
・山田二郎「タックス・ヘイブン対策税制と来料加工取引」『税務事例』第41巻第10号（2009年）
・品川克己「来料加工貿易に対するタックス・ヘイブン税制の適用について（上・下）」『税經通信』第63巻第1～2号（2008年）
・宮塚久・北村導人「タックス・ヘイブン対策税制」『国際租税訴訟の最前線』132

頁～191頁（有斐閣／2010年）
・北村導人「来料加工とタックス・ヘイブン対策税制―近時の裁判例の検討と課題―」『T＆A master』第436号　22頁～28頁（2012年）

4

特定外国子会社等に生じた欠損を合算することの可否

松山地裁　平成16年2月10日判決（納税者勝訴）（平成14年（行ウ）第4号、法人税、消費税及び地方消費税更正処分取消請求事件）
高松高裁　平成16年12月7日判決（納税者敗訴）（平成16年（行コ）第7号、法人税、消費税及び地方消費税更正処分取消請求控訴事件）
最高裁第二小法廷　平成19年9月28日判決（納税者敗訴）〔確定〕（平成17年（行ヒ）第89号、法人税、消費税及び地方消費税更正処分取消請求事件）
〔参照条文〕　法人税法11条、同22条3項、租税特別措置法66条の6、租税特別措置法施行令39条の15

ポイント

タックス・ヘイブン対策税制下では、特定外国子会社等に留保所得がある場合には、これを親会社である内国法人の所得に合算して課税がなされる。本件は、S社（原告）が特定外国子会社等に生じた欠損をS社の所得の計算上損金として算入したことについて、タックス・ヘイブン対策税制の立法趣旨に鑑みて、その可否が争われた事案である。

1．事　実

本件は、海運業を営む同族会社S社が、タックス・ヘイブン国に設立した特定外国子会社T社に生じた欠損を同社の課税所得の金額の計算上、損金の額に含めて申告を行ったところ、S社の所轄税務署長が、T社は租税特別措置法（以下「措置法」という。）66条の6に規定する特定外国子会社等に該当し、S社の申告所得におけるT社の欠損金の損金算入を否認し更正処分を行ったため、

S社がその取消しを求めた事案である。

(1) S社は、昭和58年6月にパナマ共和国にT社を設立したが、設立以来、S社はT社の資産、負債及び損益はすべてS社に帰属するものとして法人税等の確定申告を行ってきた。

(2) T社は、S社の平成7年7月期、平成8年7月期及び平成9年7月期に、それぞれ約3,010万円、約7,737万円、約1億65万円の損失を計上したが、S社はこれらT社の欠損をS社の課税所得の計算上の損金に含めて申告を行った。

(3) 税務署長は、T社は措置法66条の6第1項及び第2項に規定される特定外国子会社等に該当し、その欠損金については租税特別措置法施行令39条の15に5年間（現行7年間）の繰越控除が規定されていることから、特定外国子会社の欠損金は親会社の損金とすることは禁止されているとして、T社欠損金のS社所得への損金算入を否認する法人税等の更正を行った。

(4) そこでS社は、措置法66条の6の規定は、同1項に規定している「適用対象留保金額」があることを適用要件としているが、T社は欠損であり、その要件を欠くと主張し、また、措置法66条の6の規定の立法趣旨からして租税回避の意図がない場合には同条の適用がないというべきであるが、T社は実質的にはS社の一部門であり、それ故にT社の損益はその設立以来、一貫してS社の課税所得に含めて確定申告をしてきており、何ら租税回避のおそれがないものであるから同条の適用はないとし、同条を根拠とする本件更正処分は違法であると主張し、上記賦課決定処分の取消しを求めた。

2．争点

争点	納税者	課税庁
(1) 特定外国子会社等に係る欠損を内国法人の損金の額に算入することは、措置法66条の6によって禁止されるか。〔第一審〕	措置法66条の6は、課税要件として同条1項所定のとおり、①特定外国子会社等であること、及び②適用対象留保金額があることを規定するものであり、②を充たさない本件においては、同条は適用されない。 また、措置法66条の6第2項2号は、適用対象留保金額の基礎となる未処分所得の金額の計算方法を規定しているものに過ぎず、同条によって特定外国子会社等に係る欠損は翌事業年度以降の未処分所得の会社の計算において控除すべきものとして繰り越すことが強制され、単年度ごとに親会社たる内国法人の所得の金額の計算上、損金の額に算入することが禁止されるということはできない。	措置法66条の6第2項2号は、適用対象留保金額の基礎となる未処分所得の金額について、特定外国子会社等の欠損金を調整の上で算出する仕組みを採用しているが、当該欠損繰越控除規定が設けられた趣旨は、措置法第7節の4に規定される税制（以下「タックス・ヘイブン対策税制」という。）が特定外国子会社等に留保所得がある場合にのみ、これを親会社たる内国法人の所得の金額の計算上益金の額に算入するべきものであるから、欠損についても一定の手当を講じるとともにその処理につき統一的な取扱いを定める点にある。従い、同条は特定外国子会社等に係る欠損について未処分所得の金額の計算において控除すべきものとして5年間は繰越が強制され、親会社たる内国法人の所得の金額の計算上、損金の額に算入することを禁止している規定であると解すべきである。
(2) 租税回避のおそれがない場合には、措置法66条の6の適用が否定されるか。〔第一審〕	措置法66条の6は、海外子会社等を利用した租税回避行為について法人税法11条（実質所得者課税の原則）に基づく否認手続では限界があるため、課税の公平を図るとともに納税者の自発的かつ誠実な申告を促すものであり、その立法趣旨等からすれば、措置法66条の6は、租税回避のおそれがない場合には、適用されないというべきである。	措置法66条の6は、文理上、租税回避目的それ自体を要件とはせず、特定外国子会社等について課税対象留保金額がある場合に、これを内国法人の益金の額に算入するとしたものであるから、当該外国関係法人が特定外国子会社等に該当する場合であれば、租税回避のおそれの有無にかかわらず、同条が適用されると解すべきである。
(3) 措置法66条の6は本件更正処分の根拠となり得るか。〔第一審〕	仮に、T社に係る欠損の金額をS社の所得の金額の計算上損金に算入することができないとしても、その根拠は措置法66条の6ではなく、別個の法人については所得の金額の計算も別個に行うとの法人税法の一般原則に求められるべきである。	措置法66条の6は、T社における欠損の金額をS社の所得の金額の計算上損金に算入することができない根拠となり得るから、措置法66条の6を適用して本件更正処分の適法性を基礎付ける理由としたことは適法である。
(4) 措置法66条の6及び実質課税原則を定める法人税法11条はどのような関係に	(2)の主張参照。 T社はペーパーカンパニーであり、S社の一部門であって、その設立以来T社名義の資産、負債及び損益はすべて実質的にはS社に帰属するものとし	タックス・ヘイブン対策税制は、課税執行面の安定を確保しながら、税負担の実質的公平を図るために導入されたものであって、一般法である法人税法11条との関係では特別法の関係に立

あるのか。〔第二審〕	て申告してきたものであるから、何ら租税回避のおそれはなく、T社が形式的には特定外国子会社等に該当するにしても、該当しないものとして取り扱い、措置法66条の6の適用は否定されるべきである。	つ。したがって、措置法66条の6に規定する特定外国子会社等に該当する限り、その課税関係については、法人税法11条の規定の適用は排除され、課税対象留保金額の有無を問わず、措置法66条の6の規定のみが一律適用される。
(5)（本件に措置法66条の6が適用されない場合）本件に実質課税の原則を適用し、T社の欠損をS社の損金に算入できるか。〔第二審〕	法人税法11条はいわゆる否認規定であり、S社は法人税法11条ではなく、申告納税制度の下で、租税法上の条理とされた実質課税の原則に基づいて、単なる名義上の存在で実体を有せずS社の単なる一営業部門に過ぎないT社の名義の資産、負債及び損益をS社の所得に合算して申告できる。	T社とS社は法人格を異にする別法人であり、T社に生じた欠損金について内国法人であるS社の所得と合算することが否定されるのは法人税法上当然である。また、S社はT社をしてパナマ共和国の船籍を取得させるという本質的な意義のもとT社を設立し、T社は自らが船舶の発注者として造船契約を締結するなどの事情に照らせば、T社はS社とは独立した法人として存在し、かつ企業活動を行っているのであって法人税法11条の「単なる名義人」には該当しない。

3. 判 旨

〔第一審判旨〕 松山地裁 平成16年2月10日判決

請求認容（納税者勝訴）

第一審判決は、タックス・ヘイブン対策税制の立法趣旨について、タックス・ヘイブンを利用した国際的租税回避「に対し、課税庁は、実質所得者課税の原則を定めた法人税法11条を適用し、子会社の損益が内国法人に帰属するものとして課税するなどの方法により対処していたが、同条の適用に当たっての所得の実質的な帰属の判断基準が明確でないため、課税執行面における安定性の点で問題があり、同条の適用による対処には一定の制約ないし限界があった。そこで、課税執行面の安定性を確保しながら、外国法人を利用することによる税負担の不当な回避又は軽減を防止して税負担の実質的公平を図る」ところにあった旨を示し「立法趣旨等に照らすと、措置法66条の6は、特定外国子会社等の所得の金額に所定の調整を加えた上でなお所得が生じていると認められる場合に、これを一定限度で内国法人の所得の計算上、益金の額に算入する取扱いを規定したものにすぎず、特定外国子会社等に欠損が生じた場合にそれを内国

法人との関係でどのように取り扱うべきかということまでも規定したものではないというべきである。」と判示し、措置法66条の6に基づく本件更正処分は違法であるとしてＳ社の主張を認めた。

〔控訴審判旨〕　高松高裁　平成16年12月7日判決
　原判決取り消し・請求棄却（納税者敗訴）

　控訴審は「法人税法22条3項は、内国法人の損金の額に算入すべき金額として、別段の定めがあるものを除き、同項1ないし3号所定の額と定めているところ、内国法人と法人格を異にする外国の子会社に係る欠損の金額がこれに含まれないことが原則であることは明らかであるが、実質所得者課税の原則（法人税法11条）により、外国の子会社に係る欠損の金額を内国法人の損金に算入できるのかが、タックスヘイブン対策税制との関係で問題となる。」
　「実質所得者課税の原則とは、収益の法律上帰属するとみられる者が単なる名義人であって、その収益を享受せず、その者以外の法人がその収益を享受する場合には、その収益はこれを享受する法人に帰属するものとして、法人税法を適用するというものであり（法人税法11条）、法律上の所得の帰属の形式とその実質が異なるときには実質に従って租税関係が定められるべきであるという租税法上当然の条理を確認的に定めた規定である。」
　「タックスヘイブン対策税制とは、本店又は主たる事務所の所在する国又は地域におけるその所得に対して課される税の負担が我が国における法人の所得に対して課される税の負担に比して著しく低いなどの所定の要件を満たす外国法人を特定外国子会社等とした上で、特定外国子会社等が未処分所得の金額から留保したものとして、未処分所得に必要な調整を加えて算出される適用対象留保金額を有する場合に、そのうち一定の金額（課税対象留保金額）を内国法人の所得の金額の計算上、益金の額に算入することとし（措置法66条の6第1項）、他方で、特定外国子会社等の未処分所得の金額につき、特定外国子会社等の所得に、その所得に係る事業年度開始の日前5年以内に開始した各事業年度において生じた欠損の金額に係る調整を加えたものとすることとした（措置

法66条の6第2項2号）ものである。」とした上で「立法趣旨に鑑みれば、措置法66条の6は、特定外国子会社等に欠損が生じた場合には、それを当該年度の内国法人の損金には算入することはできず、当該特定外国子会社等の未処分所得算出において控除すべきものとして繰り越すことを強制しているものと解すべきである。」として「『S社には措置法66条の6が適用されるため、同社の欠損を被控訴人の所得金額から減額できない』旨を更正の理由として附記した法人税に係る本件更正処分等は、その余の点について検討するまでもなく、適法である。」と判示した。

〔最高裁判旨〕　最高裁第二小法廷　平成19年9月28日判決
　　上告棄却（納税者敗訴）〔確定〕

　最高裁は「（措置法66条の6第1項）の規定は、内国法人が、法人の所得等に対する租税の負担がないか又は極端に低い国又は地域に子会社を設立して経済活動を行い、当該子会社に所得を留保することによって、我が国における租税の負担を回避しようとする事例が生ずるようになったことから、課税要件を明確化して課税執行面における安定性を確保しつつ、このような事例に対処して税負担の実質的な公平を図ることを目的として、一定の要件を満たす外国会社を特定外国子会社等と規定し、これが適用対象留保金額を有する場合に、その内国法人の有する株式等に対応するものとして算出された一定の金額を内国法人の所得の計算上益金の額に算入することとしたものである。他方において、特定外国子会社等に生じた欠損の金額は、法人税法22条3項により内国法人の損金の額に算入されないことは明らかである。以上からすれば、措置法66条の6第2項2号は、上記のように特定外国子会社等の留保所得について内国法人の益金の額に算入すべきものとしたこととの均衡等に配慮して、当該特定外国子会社等に生じた欠損の金額についてその未処分所得の金額の計算上5年間の繰越控除を認めることとしたものと解される。そうすると、内国法人に係る特定外国子会社等に欠損が生じた場合には、これを翌事業年度以降の当該特定外国子会社等における未処分所得の金額の算定に当たり5年を限度として繰り越

して控除することが認められているにとどまるものというべきであって、当該特定外国子会社等の所得について、同条1項の規定により当該特定外国子会社等に係る内国法人に対し上記の益金算入がされる関係にあることをもって、当該内国法人の所得を計算するに当たり、上記の欠損の金額を損金の額に算入することができると解することはできないというべきである。」と判示し「本件においては上告人に損益が帰属すると認めるべき事情がないことは明らかであって、本件各事業年度においては、T社に損益が帰属し、同社に欠損が生じたものというべきであり、上告人の所得の金額を算定するに当たり、T社の欠損の金額を損金の額に算入することはできない。」と結論づけた。

古田佑紀裁判官の補足意見は、以下のとおりである。

「法人は、法律により、損益の帰属すべき主体として設立が認められるものであり、その事業として行われた活動に係る損益は、特殊な事情がない限り、法律上その法人に帰属するものと認めるべきものであって、そのことは、ある法人が、経営上は実質的に他の法人の事業部門であるような場合であっても変わるものではないというべきである。

措置法66条の6は、特定外国子会社等に関し、その事業として行われた活動に係る個々の損益について、それ自体が当該特定外国子会社等に係る内国法人に帰属するものとせず、当該特定外国子会社等における事業活動に係る損益の計算に基づく未処分所得につき、内国法人が保有する株式数等に応じて所定の範囲で、これを内国法人の所得に算入することとした規定であることは文理上明らかであり、法人の事業活動に係る損益の帰属について前記の理解を前提として、特定外国子会社等が外国の法人であることをも踏まえて特別の措置を定めた規定と解すべきであると考える。」

4. 評 釈

(1) 第一審判決について

本件においては、課税庁が措置法66条の6を根拠としてT社の欠損をS社の損金とすることを否認したことに問題があったと考えられる。すなわち、本来、

企業が所得の金額の計算上、損金の額に算入すべき金額は、法人税法22条3項1号ないし3号に掲げる額であり、同項1号ないし3号に該当する場合であっても「別段の定め」がある場合には、損金の額に算入することができない、というのが条文の構造である。本件では、特定外国子会社等に係る欠損の金額は、同項1号ないし3号のいずれにも該当しないのであるから、そもそも損金の額に計上する根拠がないことを指摘すれば十分なはずである。それをわざわざ措置法66条の6を持ち出し、同条の規定があることを根拠に否認をしたことから、議論が混乱したのである。

　第一審も、この点については十分理解せずに判断しているようである。すなわち、第一審では、法人税法22条3項によって特定外国子会社等に係る欠損の金額が内国法人の損金の額に算入されないことは明らかであると述べながらも、措置法66条の6は、特定外国子会社等の所得の金額に所定の調整を加えた上で、なお所得が生じていると認められる場合に、これを一定限度で内国法人の所得の計算上、益金の額に算入する取扱いを規定したものにすぎず、特定外国子会社等に欠損が生じた場合に、それを内国法人との関係でどのように取り扱うべきかということまでも規定したものではないとして、措置法66条の6に基づく本件更正処分は違法として納税者の主張を認めた。

　しかし、措置法66条の6の規定がY社の欠損をS社の損金とすることを否認する根拠にならないとしても、T社の欠損は、所得の計算上損金の額に算入することを認めた法人税法22条3項1号ないし3号に該当しないと判断したのであるから、T社の欠損が別法人であるS社の損金の額に算入される根拠について別途示すべきところ、この点について判断しなかった第一審判決は、かなり疑問の残る判決であった。

(2)　控訴審判決について

　控訴審では、T社は特定外国子会社に該当するので適用対象留保金額があるかないかにかかわらず、法人税法11条の適用の余地はなく、措置法66条の6を適用すべきとしている。その上で、同条は、特定外国子会社が欠損金を有する場合には、その欠損金は当該特定外国子会社等の未処分所得の計算上繰越控除

されることとなっているのであるから、本件においてT社の欠損金をS社の所得から減額する余地はないとして、本件更正処分を適法であるとした。

措置法66条の6の課税執行の安定を図るという立法趣旨に鑑みれば、特定外国子会社に該当するT社について、納税者であるS社が、租税法上の条理とされた実質課税の原則（法人税法11条）に基づいて、T社の欠損をS社に合算できるとの主張は認められないとした控訴審の判決は、妥当なものであったと考えられる。

(3) 最高裁判決について

最高裁は、措置法66条の6の立法趣旨については、タックス・ヘイブンにある子会社に所得を留保することによって、わが国における租税負担を回避する事例が多くなったことから、課税要件を明確化して課税執行面における安定性を確保しつつ、税負担の実質的公平を図ることを目的としたものであると指摘した。その一方で、特定外国子会社等に生じた欠損の金額は、法人税法22条3項により内国法人の損金の額に算入されないことは明らかであると示した。そして、措置法66条の6第2項2号が、特定外国子会社等の留保所得が内国法人の益金に算入されることとの均衡等に配慮して、欠損については5年間の繰越控除を認めることとしているので、当該特定外国子会社等の所得について、同条1項の規定により当該特定外国子会社等に係る内国法人に対し、上記の益金算入がされる関係にあることをもって、特定外国子会社等の欠損金を内国法人に損金算入することはできないと判断した。

なお、古田裁判官の補足意見は、S社とT社は別の法人格を持つものであり、実質所得者課税の原則により、それぞれの事業に係る活動の損益の帰属は、まずは、それぞれの法人に帰属させた上で、特別の措置たる措置法66条の6を適用するという判断枠組みを示したものであると考えられる。実質所得者課税の原則が、経済上の帰属に即して課税物件の帰属を判定すべきことを定めたものであることからすると、実質的所得者課税の原則により子会社に帰属すると判断される損益を、さらに親会社に帰属させるとする理由はないであろう。このような理由からも、実質的所得者課税の原則により、特定外国子会社等の欠損

金を損金算入することは認められないとした最高裁の判断は、当然の結論であったと考える。

5. 実務上の対応

措置法66条の6は、内国法人の特定外国子会社等が適用対象金額を有する場合に、特定外国子会社等の課税対象金額をその内国法人の収益の額として、その内国法人の益金の額に算入することを規定する「みなし規定」である。したがって、租税特別措置法に定める一定の要件を充たす場合には、適用対象金額の有無にかかわらず、本法を適用しなければならないと思料する。

本来、タックス・ヘイブン対策税制は連結納税制度的な考えに基づくものではない。特定外国子会社の法人格を認めた上で、税負担の実質的な公平を図る目的で、その適用対象金額の全部又は一部を内国法人の所得に合算するという特別な措置である。したがって、実務上は、条文に従って厳格に運用されるべきであり、いたずらに拡大解釈することは妥当でない。

実務上は、内国法人の海外子会社が租税特別措置法に規定する特定外国子会社等に該当し、当該特定外国子会社に課税対象留保金額がある場合には、租税回避のおそれの有無にかかわらず、同条が適用されると解すことになると思料する。

参考文献

- 平石雄一郎「特定外国子会社に生じた欠損金の損金算入の是否―松山地判平成16・2・10」『ジュリスト』第1279号　165頁～167頁（2004年）
- 山下学「特定外国子会社の欠損を内国法人の損金に算入することの可否」『税務弘報』第53巻第8号　80頁～96頁（2005年）
- 細川健「特定外国子会社等に生じた欠損金額を内国親会社の損金に算入できないとした事例」『税務事例』第39巻第1号　14頁～18頁（2007年）
- 奥谷健「タックスヘイブン子会社に生じた欠損の合算の可否」『税務Ｑ＆Ａ』第69号　36頁～38頁（2007年）
- 今村隆「タックス・ヘイブン対策税制の課税要件と立法趣旨―最近の裁判例を分析して」『租税研究』第697号　114頁～130頁（2007年）

5

オランダ法人との匿名組合契約と租税条約
～日本ガイダント事件～

東京地裁　平成17年9月30日判決（納税者勝訴）（平成15年（行ウ）第529号、法人税決定処分等取消請求事件）

東京高裁　平成19年6月28日判決（納税者勝訴）（平成17年（行コ）第278号、法人税決定処分等取消請求控訴事件）

最高裁第一小法廷　平成20年6月5日決定（納税者勝訴）〔確定〕（平成19年（行ヒ）第300号、法人税決定処分等取消請求上告受理事件）

〔参照条文〕　法人税法（平14法15号改正前）138条1号・11号、139条、法人税法施行令177条4号、184条1号、所得に対する租税に関する二重課税の回避のための日本国政府とオランダ王国政府との間の条約（1970年締結、1992年に一部改正）8条1項、23条、商法（平17法87号改正前）535条

ポイント

　本件は、税負担の軽減を目的として作成された匿名組合契約に基づく匿名組合分配金について、課税庁が、当該契約は任意組合契約又は非典型的匿名組合契約であり、日本における恒久的施設を通じた事業所得（企業の利得）であると主張したため、その契約の性質決定（納税者が選択した私法上の法形式が真の合意内容か否か）が主な争点となった事案である。裁判所は、当該匿名組合契約は租税回避を主な目的として作成されたものであると正面から認定しながら、当事者間に匿名組合契約を締結する真の合意がある場合には、明文規定によらない私法上の法形式の否認を認められないとして、匿名組合契約の成立を認め、納税者勝訴の判決を下した。

1. 事実

(1) 事案の骨子

　日本法人であるB社とオランダ法人であるC社は、平成6年11月1日付けで、B社を営業者、C社を匿名組合員とする匿名組合契約を締結した（以下、当該契約を「本件契約」といい、本件契約の契約書を「本件契約書」といい、その各条項を「本件各条項」という。）。原告（＝被控訴人。以下「納税者」という。）は、本件契約上の匿名組合員としての地位をC社から承継したオランダ法人である。本件は、納税者が本件契約に基づく匿名組合分配金（以下「本件分配金」という。）を、日本においてもオランダにおいても課税されずに、受領していたところ、被告（＝控訴人。以下「課税庁」という。）が、納税者が本件契約に基づきB社から受領した金員は、任意組合契約又は非典型的匿名組合契約に基づく共同事業によって生じた所得であり、法人税法138条1号の「国内源泉所得」及び日蘭租税条約（日蘭租税条約は2011年12月29日に発効した新条約により全面改正されているが、本稿では、特に断りのない限り、改正前の条約を「日蘭租税条約」という。）8条1項の「企業の利得」に当たり、かつ当該所得は納税者の日本国内に有する恒久的施設を通じて行う事業から生じたものであることを理由として、納税者に対して法人税決定及び無申告加算税賦課決定をしたため、納税者が、当該決定は違法であると主張して、その取消しを求めた事案である。

(2) 事実経緯

No	日付	事実概要
①	平成6年7月15日	米国法人A社の100％出資の子会社である米国法人E社は、1,000万円の資本金全額を出資して、日本法人B社を設立した。
②	平成6年7月18日	日本法人B社は、日本法人D社から医療機器事業の譲渡を受けた。
③	平成6年10月21日	米国法人E社は、100％子会社となるオランダ法人C社を設立した。
④	平成6年10月27日	米国法人E社は、B社株式のすべてをオランダ法人C社に譲渡した。
⑤	平成6年11月1日	C社とB社は、C社を匿名組合員、B社を営業者とする匿名組合契約を締結した。
⑥	平成6年11月16日	C社は匿名組合出資金として9億7,336万512円をB社宛に送金した。
⑦	平成6年11月17日	C社はB社に9,000万円の追加出資をした（B社の資本金は1億円）。
⑧	平成7年12月5日	C社は、B社株式のすべてを現物出資する方法により、オランダ法人F社を設立した。
⑨	平成7年12月5日	C社は、本件契約に係る出資持分を現物出資する方法により、オランダ法人である納税者を設立し、B社は、同日、当該移転に同意し、納税者が匿名組合員の地位を承継した。
⑩	平成10年12月31日	本件契約の終了

I 国際税務

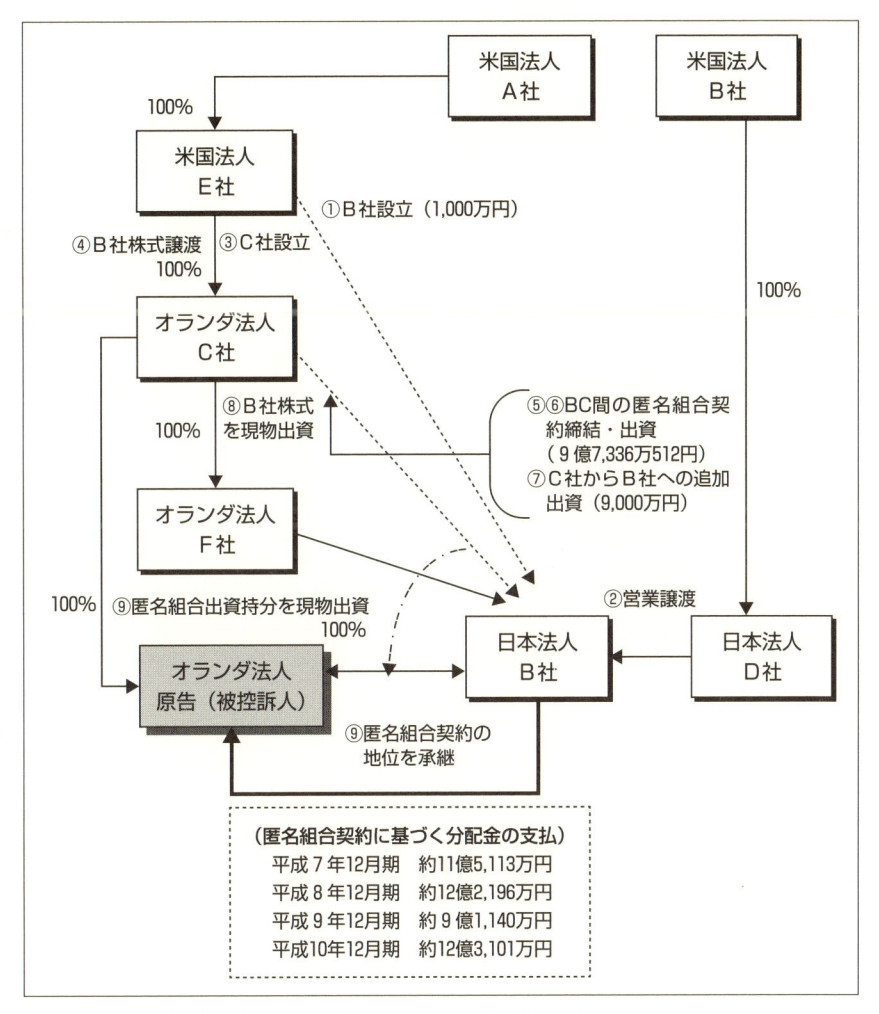

```
                          米国法人        米国法人
                          A社            B社
              100%         │              │
                ↓          │①B社設立(1,000万円)
          米国法人          │              │
          E社              │              │
           │ │             │              │100%
     ④B社株式譲渡 ③C社設立  │              │
      100% │               │              │
           ↓               │              │
      オランダ法人          │              │
      C社 ────────────┐    │              │
       │              │⑤⑥BC間の匿名組合契
      100%            │約締結・出資
       │    ⑧B社株式 │(9億7,336万512円)
       │    を現物出資│⑦C社からB社への追加
       ↓              │出資 (9,000万円)
      オランダ法人     │
      F社             │
100%   │             ②営業譲渡
       │⑨匿名組合出資持分を現物出資
       │     100%              日本法人 ←── 日本法人
       ↓                       B社         D社
    オランダ法人 ←────────→
    原告（被控訴人）
              ⑨匿名組合契約の
              地位を承継
```

（匿名組合契約に基づく分配金の支払）
平成 7 年12月期　約11億5,113万円
平成 8 年12月期　約12億2,196万円
平成 9 年12月期　約 9 億1,140万円
平成10年12月期　約12億3,101万円

上記の事実経緯の他、裁判所は以下の事実を認定している。

A．米国法人A社は、日本法人D社から、日本国内における医療機器事業（以下「本件事業」という。）を買収することを決めたが、買収のための資金（以下「本件資金」という。）は約10億円と試算された。

B．買収資金の拠出方法として、上記 1．(2)⑥⑦方法が採用されたのは、本件資金をB社の資本金として出資するという方法によりB社に提供する場合には、<u>B社が行った本件事業から生じた利益の全額がB社の課税所得と</u>

71

なってしまう上、出資によってＢ社の資本金が５億円を超えるときは、Ｂ社は、旧商法特例法に規定する大会社に該当することになるから、会計監査人及び常勤監査役の設置が強制される等の規制を受け、会社の運営コストが増加することになるのに対し、Ｃ社がＢ社との間で日本の商法上の匿名組合契約を締結し、本件資金を匿名組合出資金として出資するという方法によりＢ社に提供する場合には、Ｂ社が行った本件事業から生じた利益のうち匿名組合契約に基づく利益分配金に相当する分は、Ｂ社の課税所得金額の計算上、損金の額に算入されて、課税されないことになる上、匿名組合員についても、オランダにおいても日本においても上記利益分配金につき課税されない可能性があったことから、Ａ社が、租税負担の回避を目的として、Ｃ社とＢ社との間において、匿名組合を組成させることを決めた。

Ｃ．Ａ社、Ｃ社及びＢ社は、平成６年10月後半以降、日本の課税当局の細部にわたる精査を受けたとしても、万が一にも匿名組合契約が否定されることがないようにするために、匿名組合契約の内容について更に弁護士及び税理士とともに検討を重ね、平成７年１月ころには最終案が完成した。その後も、Ｃ社がＢ社の親会社であり、同時に匿名組合員であることが追加的リスクを生じさせるのではないかなどという指摘がされ、あらゆる安全策が考慮されるべきであるとして、Ｂ社の株式を保有する別のオランダ法人の設立について検討することになった。その結果、Ｂ社とＣ社は、平成７年12月５日、本件契約書10条１項を改正して、Ｂ社の同意があれば、Ｃ社は本件契約の匿名組合員たる地位を第三者に譲渡することができるとした上で、Ｃ社が、同日、その保有するＢ社の全株式を現物出資してＦ社を設立するとともに、Ｃ社が保有する本件契約に係る出資持分を現物出資して納税者を設立し、Ｂ社の同意の下、Ｃ社から匿名組合員の地位を承継した。

2. 争　点

　平成14年度税制改正前には、外国法人と匿名組合契約を締結した営業者が支払う利益の分配は国内源泉所得ではあるものの、匿名組合員が10名以上の場合に源泉徴収の対象とされていた（平成14年改正前法人税法138条1号、141条4号イ）。課税庁は、本件契約は匿名組合ないしこれに準ずる契約ではなく、任意組合であると主張したため、本件契約が匿名組合契約であるか、任意組合契約であるかが争点となった。

　また、日蘭租税条約上、匿名組合契約からの分配金について、いずれの所得に該当するか明らかでなかったことから、この点が争点となった。

		争　点	納税者	課税庁
第一審	(1)	本件契約は、匿名組合契約であるか、任意組合契約であるか。	本件契約の当事者の意思、本件各条項の内容及び本件契約の運用の実態のいずれの観点からも、本件契約は匿名組合契約であり、任意組合契約であると解することはできない。	本件契約の内容及び本件事業の実態を総合すると、本件契約は、匿名組合契約ないしこれに準ずる契約ではなく、納税者とB社を構成員とし、B社を業務執行組合員とする任意組合契約に当たると解すべきである。
	(2)	B社から匿名組合分配金という名目で受領した金員は、日蘭租税条約に規定するいずれの所得に該当するか。	本件分配金は、納税者が匿名組合契約に基づきB社から受領した匿名組合分配金であるところ、匿名組合分配金は、日蘭租税条約23条に規定する「一方の国の居住者の所得で前諸条に明文の規定がないもの」に当たる。	本件事業は、納税者とB社との共同事業であり、納税者の企業活動そのものであるから、本件事業から生じた所得である本件分配金は、日蘭租税条約8条1項にいう「企業の利得」に該当する。
控訴審	(3)	国際課税の基本ルール並びに契約の性質決定と恒久的施設の認定	租税条約の条文の構造は、企業のある所得が条約のどの条項の所得に該当するかを第一に検討する構造となっており、第一の争点は、本件契約が匿名組合契約であるか、任意組合契約であるかの契約の性質決定である。 　納税者が恒久的施設を有していたかどうかという問題を考えるに当たって、日本の法令及び日蘭租税条約に関する解釈を示したものではないオランダ及び米国の裁判例は、単なる参考以上の意味を有しない。	契約の性質決定と恒久的施設の有無の認定とは必ずしも論理必然的には結び付かない問題である。租税条約の適用に当たり、第一に検討すべきは、恒久的施設の存否である。そして、オランダのリミテッド・パートナーシップに関する最高裁判決の結論・解釈によれば、持分という要件を充たすか否かが不明な場合でも、その事業形態が共同して事業を運営していると認められるときは、他方のパートナーの事業施設は他方のパートナーの恒久的施設に当たると認定することも可能である。

控訴審	(4)	仮に、本件契約が匿名組合契約の一種であると性質決定されたとしても、非典型的匿名組合契約であり、納税者が日本に恒久的施設を有するというべきか否か。	典型的匿名組合契約と非典型的匿名組合契約の区分は法律上も、租税条約上も存在しないのであり、この主張は、租税条約にも、我が国の法令にも根拠のない課税を主張するものであるから、憲法の定める国際法規の遵守及び租税法定主義に反するものである。	本件契約は、業務執行型及び財産参加型の非典型的匿名組合契約であって、納税者は、本件契約に基づく本件事業の経営方針に対する強い権利を有し、組合財産に対する参加を通じてその経営に影響を及ぼし得るという立場にあり、共同して事業を運営管理していたといえるのであるから、B社の事業所は、納税者の日本における恒久的施設であると認めることができる。
	(5)	租税回避スキームは租税条約の趣旨にも反することが課税の根拠となるか。	日蘭租税条約ないしモデル条約上、居住地国が実際に課税権を行使したか否かは、他方の国の課税権の行使に影響を及ぼさない。 二重非課税の回避という租税条約の目的をもって、本件における課税の根拠とすることは、論理的に不可能である。租税回避の防止は、法律や租税条約の改正で対応すべきものである。	恒久的施設の判断は、日蘭租税条約の解釈、判断の問題であり、両国の判断の結果が齟齬するということは生じ得ない。また、このような租税回避スキームは、租税回避行為の防止という租税条約の趣旨にも反するものであり到底容認されるものではない。

3．判　旨

〔第一審判旨〕　東京地裁　平成17年9月30日判決

請求認容（納税者勝訴）

(1)　争点(1)（本件契約は、匿名組合契約か、任意組合契約か）について

①　本件各条項の検討

　　まず、第一審は「税法上の匿名組合契約」の意義を「商法上の匿名組合契約」を指すものと解し、商法上の匿名組合契約の要件等につき本件各条項を具体的に検討し、本件契約書のいずれの規定も匿名組合契約の本質に反するものではなく、本件契約書は、B社を営業者、C社を匿名組合員として日本の商法に基づいて設立される匿名組合について、B社及びC社の権利義務等についてB社及びC社が合意した内容を取りまとめた書面であると認めるのが相当であると判示した。

②　本件契約の締結経過並びに本件契約書の作成者の意思及び目的と本件契

約の性質

　次に、裁判所は、本件契約の締結経過によると、米国法人Ａ社の意を受けて、Ｂ社が行った医療機器事業から生じた利益のうち匿名組合契約に基づく利益分配金に相当する分についての課税を免れる目的で、Ｃ社とＢ社の間に匿名組合契約を成立させる意思の下に、本件契約書を作成し、また、日本の課税当局から本件契約が匿名組合契約であることを万が一にも否定されないようにするための措置として、Ｃ社の匿名組合員の地位を納税者に承継させるために、修正後の本件契約書を作成したものと認めるのが相当であるとして、課税を免れる目的を正面から認定している。他方で、裁判所は、Ａ社からＢ社に多額の本件資金を提供しようとする場合、我が国の法令上大きく分けて、新株の発行、社債の発行、借入れ、任意組合契約、匿名組合契約等を考えることができるが、任意組合契約は、組合員が無限責任を負うものであるから、特段の事情がない限り、本件資金をＢ社に提供する方法として任意組合契約が選択されることはないと考えることができ、実際に本件契約の締結経過において任意組合契約という方法を採用することも全く検討されていない。Ｃ社又は納税者とＢ社との間で、事実上は、本件契約書と異なる法律関係、取引実態等があったことをうかがわせる証拠は見当たらないことから、Ｃ社とＢ社が任意組合契約を締結する意思を有していたと認めることはできないと判示した。

③　本件契約書の作成者が租税回避を目的として本件契約書等を作成した点

　裁判所は「当事者間に匿名組合契約を締結するという真の合意がある場合には、それにもかかわらず、匿名組合契約を締結する主な目的が税負担を回避することにあるという理由により当該匿名組合契約の成立を否定するには、その旨の明文の規定が必要であるところ、法人税を課するに当たってそのような措置を認めた規定は存しない。したがって、<u>当事者間に匿名組合契約を締結するという真の合意がある場合には、税負担を回避するという目的が併存することから、直ちに当該匿名組合契約の成立を否定することはできない。</u>

　<u>もっとも、契約書上匿名組合契約を締結するとの記載があり、あるいは</u>

外観上匿名組合が存在する場合でも、実際の当事者間の法律関係、事業状況、経営実態等が契約書の記載の外観と異なるのであれば、匿名組合ではないという認定判断をする余地があることは当然である」とした上で、本件では「本件の全証拠を精査しても、Ｃ社とＢ社との間における真の合意が、Ｃ社とＢ社との間において匿名組合を組成するという方法以外の方法によって本件資金をＢ社に提供することであるとか、Ｃ社又は納税者とＢ社との法律関係や事業状況等が本件契約書に定められたものとは異なるものであるという事実を認めるに足りる証拠はない。」とし「本件においては、Ｃ社とＢ社との間における合意は、前示のとおり、Ｃ社とＢ社との間において匿名組合を組成するという方法によって本件資金をＢ社に提供することであったと認めるほかない。」と判示した。（下線筆者。以下同。）

(2)　争点(2)（日蘭租税条約に規定するいずれの所得に該当するか）について
　裁判所は「本件契約が任意組合を成立させる契約であれば、原告も日本国内において事業を行っていることになり、日蘭租税条約８条１項に規定する『他方の国にある恒久的施設を通じて当該他方の国において事業を行なう場合』に当たるから、日本国に課税権が認められる。しかし、匿名組合契約に基づき内国法人である営業者から外国法人である匿名組合員に支払われる分配金については、匿名組合では、匿名組合員が恒久的施設を通じて事業を行っているわけではないので、同項に該当せず、そのほか、日蘭租税条約７条から22条に掲げる所得のいずれにも該当しない。したがって、上記分配金は、日蘭租税条約23条に規定する『一方の国の居住者の所得で前諸条に明文の規定がないもの』に該当するというべきである」とし、我が国には課税権がないと判示した。

〔控訴審判旨〕　東京高裁　平成19年６月28日判決
　　控訴棄却（納税者勝訴）

　争点(1)及び争点(2)については、第一審判決を引用してこれを支持した。

(1) 争点(3)（契約の性質決定と恒久的施設の認定）について

　控訴審裁判所は「日蘭租税条約は、所得の種類を7条から22条までにおいて定め、居住地国と所得源泉地国とに課税権を配分し、そのいずれにも該当しない所得については居住地国のみに課税権を認めている（23条）。これに対し、5条の恒久的施設の条項は、恒久的施設の定義等を定めたいわば総則的な規定であり、同条は課税関係を定めたものではない」とした上で「租税条約の適用に当たり、第一に検討すべきは、当該問題となっている所得（利益）が日蘭租税条約7条から22条までのいずれの所得に該当するかということである」と判示した。その上で、本件では「<u>納税者が、同社と本件契約に基づく契約関係のあるB社が我が国に有する恒久的施設を通じて我が国において事業を行ったと見られるか否かが問題となっている</u>」のであり、この問題は本件契約の法的な性質の解釈の問題に基本的に帰着する問題であると解されるとした。

　また、課税庁は、本件契約の「interests」という文言は「持分」と訳すべきであり、そのことは匿名組合契約と相容れず、本件契約が任意組合契約であることを示すと主張したが、裁判所は「本件契約締結の意図・経過や、本件契約書においても、我が国の商法に基づく匿名組合を設立したこと及び本件契約は日本法に準拠することがそれぞれ規定されていることなどから、本件契約書の『interests』という文言が、本件契約で意図した匿名契約と相反する任意組合の徴憑ともいえる『持分』を意味するとの解釈は到底採用できない」と判示した。

(2) 争点(4)（本件契約は非典型的匿名組合契約であり、納税者が日本に恒久的施設を有するという主張）について

　裁判所は「本件契約書の前文に、日本国商法に基づく匿名組合を設立したこと、本件契約は日本法に準拠することがそれぞれ規定されているから、本件契約は我が国の商法を準拠法として締結されたものであるとして、本件契約の性質は、我が国の商法、その他我が国の法律及び日蘭租税条約に基づき決定すべきである」とし、その上で「我が国の商法、民法などのその他我が国の法律には、匿名組合、民法上の組合という制度を設けているが、業務執行型及び財産

参加型非典型的匿名組合という制度に関する規定は存在しない」ことを論拠として、課税庁の主張を排斥した。

(3) 争点(5)（二重非課税（租税回避）が租税条約に反するか）について
　課税庁は、租税回避スキームは租税条約の趣旨にも反すると主張するが、裁判所は、納税者が「本件契約締結前において、日本の法人税の課税対象にならないように検討を重ねたことが認められるから、租税回避の目的があったことは認められる。一般論として、租税回避という目的が認定された場合には、その選択された手段、態様によっては、違法という認定がされることはありうるが、そのような目的自体、自由主義経済体制の下、企業又は個人の合理的な要求・欲求として是認される場合もある。そして、税負担を回避するという目的それ自体は是認し得ないときもあろうが、税負担を回避するという目的から、本件資金をB社に提供する方法としてC社とB社との間において匿名組合を組成するという方法を採用することが許されないとする法的根拠はないといわざるを得ないことは、原判決が判示するとおりである」。課税庁が主張するような二重非課税の排除という目的は「匿名組合利益について源泉地国が課税ができることを租税条約の明文において明らかにするなどの措置により解決することが可能であり、それが相当な事柄である」と判示した。

〔最高裁判旨〕　最高裁第一小法廷　平成20年6月5日決定
　上告不受理〔納税者勝訴〕〔確定〕

4．評釈

(1) 本件で利用されたスキーム（匿名組合契約に係る課税と日蘭租税条約）
　本件は、日本及びオランダ両国の税制及び日蘭租税条約を巧みに利用して両国において課税を免れる匿名組合契約スキーム（以下「Dutch TKスキーム」という。）に対する課税処分の取消が争われた事案である。まず、このDutch TKスキームがどのようなものか簡単に解説したい。

配当金と匿名組合分配金とは、出資者に対する利益の還元として類似した経済的意義を有するが、我が国の税法上は異なった取扱いがなされている。すなわち、配当は支払時に損金に算入することができないのに対し、匿名組合契約に基づき営業者から匿名組合員（日本法人か外国法人かを問わない）に対して匿名組合分配金が支払われる場合には、法令上の明文の規定はないものの、当該営業者の課税所得の算定上、当該匿名組合分配金を損金に算入することができる（法人税基本通達14-1-3）。他方で、匿名組合員である外国法人に対して支払われる匿名組合分配金は、我が国の税法上、20％の源泉所得税が課せられる（現行所得税法212条、213条。なお、本件事案の当時は源泉所得税が課されていなかった。）。もっとも、我が国の税法に優先して適用されることとなる日蘭租税条約は、所得の区分ごとに居住地国と所得源泉地国とに課税権を配分し（同条約7条から22条）、そのいずれにも区分されない所得については「その他所得」として、居住地国のみに課税権を認めている（同条約23条）。すなわち、オランダ法人に分配された匿名組合分配金に対しては、日蘭租税条約により、オランダ国のみが課税権を有することとなることから、日本には課税権がなく、上記国内法上の源泉所得税は日本で課されないことになる（ただし、新しい日蘭租税条約では、議定書9項において「その他所得」条項の定めにかかわらず、日本が匿名組合分配金に源泉所得課税することは、妨げられないとされている。）。さらに、本件のように、オランダ税務当局が日本に恒久的施設があると認定して、オランダに課税権がないと判断した場合は、オランダにおいても課税されない。このように、我が国で稼得した所得を無税でオランダに移転させることができる可能性があることが、Dutch TK スキームの特徴である（新日蘭租税条約の下では、日本において匿名組合分配金に20％の源泉所得税が課せられている。）。

(2) 租税回避目的の存在と私法上の法形式の否認

　本件のように、租税回避を主な目的として契約が締結された場合に、そのことを理由として、明文の規定なくして、納税者が選択した私法上の法形式を否認し得るのか（上記争点(1)）。本件の第一審判決はこの点について以下のとお

り明確に判示し、控訴審判決もこれを支持している。

① 租税回避目的による違法性

本件の第一審判決及び控訴審判決（以下、まとめて「本判決」という。）は、本件契約が租税回避を主な目的として作成されたことを認定した上で「一般論として、租税回避という目的が認定された場合には、その選択された手段、態様によっては、違法という認定がされることはありうるが、そのような目的自体、自由主義経済体制の下、企業又は個人の合理的な要求・欲求として是認される場合もある」として、租税回避目的自体はその行為の違法性の直接の根拠となるものではなく、むしろ当該目的は合理的経済人の要求・欲求として是認され得ることを示している。欧米では、税はコストであるという考え方が浸透しているため、合法的な範囲でコストである税の負担の軽減を図ることは企業として当然行うべきという考え方を取る企業が多い。他方で、我が国では、租税回避目的をもって作成されたスキーム等はそれ自体違法性を帯びるかのような誤解があり、現に、課税庁は、これまで「租税回避目的があれば当事者が私法上選択した法形式を否認できる」という法理論があるかのように主張してきたところであるが、上記判示はかかる誤解を払拭するものであり、我が国における企業の合法的なタックス・プランニングを容認するものと考えられる。

② 租税回避目的で作成された契約の否認

本判決は「当事者間に匿名組合契約を締結するという真の合意がある場合には、それにもかかわらず、匿名組合契約を締結する主な目的が税負担を回避することにあるという理由により当該匿名組合契約の成立を否定するには、その旨の明文の規定が必要であるところ、法人税を課するに当たってそのような措置を認めた規定は」存在せず「税負担を回避するという目的が併存することから、直ちに当該匿名組合契約の成立を否定することはできない」として、当事者間に匿名組合契約を締結するという真の合意がある以上、租税回避目的を理由に私法上の形式を否認するには、法律上の個別否認規定が必要であることを明確にしている。

上記判示は「岩瀬事件（補足金付相互売買契約事件）」（平成11年6月21

日東京高裁判決、平成15年6月13日最高裁不受理決定）や「航空機リース事件」（名古屋地裁平成16年10月28日判決、名古屋高裁平成17年10月27日判決）と同様に、契約当事者の真の合意により選択した私法上の法形式を尊重し、当該法形式を否認する場合には、個別否認規定を適用する場合以外には否認することができないとするものであり、租税法律主義を重視し、納税者の予測可能性及び経済的取引における法的安定性を担保する重要な判示ということができる。

　もっとも、上記判示は、前提として「当事者間に匿名組合契約を締結するという真の合意がある」ことを必要としている点には留意が必要である。すなわち「契約書上匿名組合契約を締結するとの記載があり、あるいは外観上匿名組合が存在する場合でも、実際の当事者間の法律関係、事業状況、経営実態等が契約書の記載の外観と異なるのであれば、匿名組合ではないという認定判断をする余地があることは当然である」として、単に外観上、匿名組合契約という形式を揃えたに過ぎず、当事者間に当該契約を締結するという「真の合意」がない場合には、（仮装行為等として）否認される場合があることを指摘している。

　本件では、裁判所は、かかる「真の合意」の有無について、①本件契約書等の各条項を仔細に検討し、本件契約書が商法上の匿名組合契約の合意を取りまとめた書面であるか（商法上の匿名組合契約の性質に反する条項が規定されていないか）について確認した上で、②本件契約書の作成経緯や作成者の意思及び目的を詳細に認定し、本件契約は「B社が行った医療機器事業から生じた利益のうち匿名組合契約に基づく利益分配金に相当する分についての課税を免れる目的で、C社とB社の間に匿名組合契約を成立させる意思の下に」作成されたものであり、また、A社グループからB社に資金を提供する方法として任意組合契約という方法を採用することは全く検討されておらず、契約当事者間で、事実上、本件契約書と異なる法律関係、取引実態等があったことをうかがわせる証拠は見当たらないとして、当事者間には匿名組合契約を締結するという真の合意があるものと認定している。

このように、当事者が作成した契約書の各条項が仔細に検討され、当該法形式の本質的な内容を変質する又はそれと矛盾するものがないかを確認の上、契約の作成・締結経緯や作成者の意思と法形式に齟齬が生じていないか、当事者間の法律関係や事業状況等が本件契約書に定められたものと異なるとする証拠がないかといった点を確認することにより、契約当事者の「真の合意」を認定するアプローチは「レポ取引事件」（東京高裁平成20年3月12日判決）や「船舶リース事件」（名古屋高裁平成19年3月8日判決）にも見られるところであり、今後のタックス・プランニングの実務においても重要な意義を有するといえる。

　上記判示に対しては、昨今の租税回避スキームへの対応は、個別規定の改正・創設とその適用だけでは後追いになり、租税公平主義の観点から問題があるとの指摘がある。しかし、だからといって、当事者間に当該契約を締結する「真の合意」がある場合において、法令の根拠が不明確なままに「租税回避目的があれば当事者が私法上選択した法形式を否認できる」という法理論を認めることは、課税庁による恣意的な課税を容認・促進するおそれがあり、租税法律主義が蔑ろにされるおそれがある。租税法律主義を憲法上の原則としている我が国においては、租税回避スキームを否定して課税庁の想定するあるべき課税を実現するためには、①慎重な事実認定によって、当事者が選択した私法上の法形式を選択する「真の合意」がないとして「納税者が選択した私法上の法形式は仮装行為である」とするか、②法律で個別否認規定を置くか、③個別規定の法解釈によって納税者が適用を望んだ規定を適用しないとするよりほかない。それでも足りなければ、立法論として租税回避行為の一般否認規定を国税通則法に創設するなどの方法（昭和36年7月の政府税制調査会提案参照）を採らざるを得ないものと考えられる。

5．実務上の対応

　本判決は、当事者の選択した私法上の形式、すなわち匿名組合契約の締結が

「真の合意」に基づくものであると認定した上で（このことは、裏を返せば、仮装行為ではないということを意味するものと考えられる）、このように、私法上の形式の選択が「真の合意」に基づくものである場合には、個別否認規定の適用がない限り、租税回避目的という理由をもって当該私法上の形式を否認することができないことを明確にしたものであり、法令の根拠のない課税庁の恣意的な否認を防止し、合理的経済人たる納税者が行う課税負担を軽減する合法的なタックス・プランニングを容認するものとして重要な意義を有する。

本判決の判示において、匿名組合契約の締結に関する「真の合意」の有無の認定において、本件契約書の条項を仔細に検討していること等からも明らかであるとおり、当事者が作成する契約書等の書面は「訴訟」という場面では非常に重要な証拠となる。これは一般に当該契約書等は、その作成者の作成当時の意思を反映させた客観的資料であると考えられているためである。したがって、タックス・プランニングを行う場合には、当事者の意思の確認と当該当事者の意思を的確に契約書等の書面に反映させることが肝要であると考える。

もっとも、本判決の一部のみを読み、単に契約書等の書面さえ揃えれば否認されないと考えるべきでないことはいうまでもない。同族会社の行為計算否認規定などの個別否認規定が適用される場合はもちろん、仮にこのような規定が適用されない場合でも、そもそも、単に契約書等の外観を揃えているだけであり、契約当事者が当該契約を締結するという「真の合意」がないとして、納税者が選択した私法上の法形式は「仮装」行為であると判断され、私法上の法形式が否認される可能性があることに留意しなければならない。すなわち、このように「仮装行為が存在する場合には、仮装された事実や法律関係でなく、隠ぺいないし秘匿された事実や法律関係に従って課税が行われなければならない。これは特段の規定をまつまでもなく、課税要件事実は外観や形式に従ってではなく、実体や実質に従って認定されなければならないことの、当然の論理的帰結である」（金子宏『租税法〔第16版〕』131頁）。実際に、このような仮装行為の否認により私法上の形式が否認される事例も少なくない。また「映画フィルムリース事件」（最高裁平成18年1月24日判決）や「オウブンシャホールディング事件」（東京高裁平成16年1月28日判決、最高裁平成18年1月24日判決）

のように、個別規定の法解釈（減価償却資産の「事業の用に供する」の要件該当性、法人税法22条2項の「取引」の解釈）により課税庁の想定するあるべき課税を実現するということも考えられる。さらには、所得の帰属の問題として、実質所得者課税の原則に基づき、全体のスキームを組んだ背後にある実質的支配者に課税するという事案も存在する。

このように、実務上は、租税回避スキームは否認リスクが常に伴っているものと考えざるを得ないのであり、タックス・プランニングにおいては、公認会計士、税理士、弁護士等の専門家とそのリスク等も含めて慎重に検討すべきものと考える。

参考文献

- 『判例タイムズ』1266号　127頁（2008年）
- 『判例タイムズ』1275号　185頁（2008年）
- 錦織康高「居住地国課税と源泉地国課税―日本ガイダント事件を考える―」『フィナンシャル・レビュー』94号（2009年）
- 五十嵐一徳「匿名組合の分配金が日蘭租税条約の『その他条項』に該当するとされた事例」『税務弘報』第54巻第12号（2006年）
- 細川健「匿名組合の税務とその問題点―東京地裁平成17.9.30判決を題材にして―」『税務弘報』第54巻第11号（2006年）
- 金子宏『租税法〔第16版〕』131頁（弘文堂／2011年）

6

レポ取引において発生するレポ差額について貸付金の利子であるか否かの認定を巡り源泉徴収の可否が争われた事例

東京地裁　平成19年4月17日判決（納税者勝訴）（平成17年（行ウ）第126号、誤納金返還等請求事件）

東京高裁　平成20年3月12日判決（納税者勝訴）（平成19年（行コ）第171号、誤納金返還等請求控訴事件）

最高裁第三小法廷　平成20年10月28日決定（納税者勝訴）〔確定〕（平成20年（行ヒ）209号、誤納金返還等請求上告受理申立事件）

〔参照条文〕　所得税法6条、161条6号（平14法15号改正前）、212条1項、2項、213条1項1号、租税特別措置法42条の2第1項、国税通則法67条1項

ポイント

　源泉徴収による所得税の納税義務は所得の支払時に自動的に成立・確定するため、その課税要件が明確にされていることは重要である。その要件を巡って争われたのが、本件である。すなわち、レポ取引に伴う再譲渡価格と当初受入価額との差額であるレポ差額につき、源泉徴収の可否が争点となった。この判決で、裁判所は、租税法規の解釈には実質的な経済効果よりも、法的安定性を重視した、法令等の言葉の通常の用法の究明という文理解釈重視の立場を明確にした。加えて、企業会計上の取扱いが税務には必ずしも影響しない、との見解も合わせて示した。いずれの要点も、今後の判例動向を占う上で重要な判決と考えられる。

1. 事　実

　原告本邦銀行A社は、A社のケイマン支店の名義でA社100％出資米国子会社B社を代理人として、平成11年12月から平成13年6月までに、米国法人とは

米国債の、英国法人とはドイツ国債の、それぞれRepurchase Transaction（以下「レポ取引」という。）を計330件行った。レポ取引とは、有価証券取引の一類型であり、一般的には、当初売買する有価証券と同種・同量の有価証券を将来一定価格で再売買するとの条件の下で、当該有価証券を売買し、その後に当該有価証券と同種・同量の有価証券を一定価格で再売買する取引をいうもので、債券担保の資金取引、現金担保の債券調達といった債券と資金を相互に融通する内容をもつものである。

本件でのレポ取引契約は、米国法人との間は全米債券市場協会が作成した「Master Repurchase Agreement」（以下「MRA」という。）に、英国法人との間は国際証券市場協会が作成した「Global Master Repurchase Agreement」（以下「GMRA」という。）に準拠していたが、MRA、GMRAとも取引当事者間の信用リスクからそれぞれを保護する条項を備えた、取引の安全に配慮された国際市場での標準様式となっているものである。

レポ取引のおおよその仕組みは以下のとおりである。

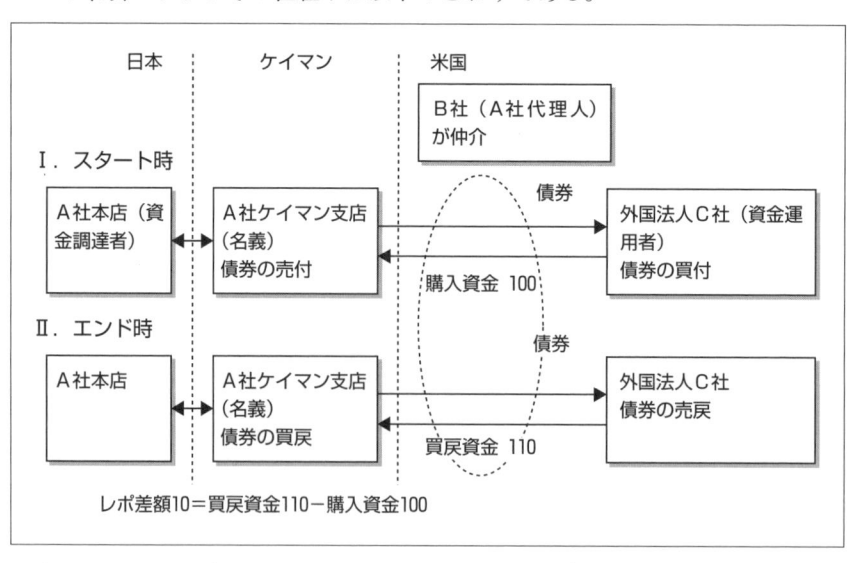

```
            日本          ケイマン          米国
                                      ┌──────────────┐
                                      │ B社（A社代理人）│
                                      │ が仲介         │
                                      └──────────────┘
Ⅰ．スタート時
┌──────────┐   ┌──────────┐     債券      ┌──────────────┐
│A社本店（資 │◄─►│A社ケイマン支店│─────────────►│外国法人C社（資金運│
│金調達者）  │   │（名義）       │              │用者）             │
└──────────┘   │債券の売付     │◄─────────────│債券の買付         │
                └──────────┘    購入資金 100   └──────────────┘

Ⅱ．エンド時                          債券
┌──────────┐   ┌──────────┐◄─────────────┐┌──────────────┐
│A社本店    │◄─►│A社ケイマン支店│              │外国法人C社       │
│           │   │（名義）       │              │債券の売戻         │
└──────────┘   │債券の買戻     │─────────────►└──────────────┘
                └──────────┘    買戻資金 110

        レポ差額10＝買戻資金110－購入資金100
```

取引のスタート時に、A社はレポ取引の対象となる有価証券（以下「対象債券」という。）を必要とする買主である外国法人Ｃ（売買時の買主であり再売買時の売主となる）を見つけ、Ｃに対象債券の同日の相場に応じた価格（譲渡

価格）100で売却する。取引のエンド時（再売買時）に、Cは、対象債券を、譲渡価格に一定の率（以下「レポレート」という。）を乗じて得た利子相当10（以下「レポ差額」という。）を付加して決定された価格（以下「再譲渡価格」という。）110でAに譲渡する。Cは取引期間中にAから受け取った債券を第三者に転売することが可能であり、この場合、エンド時にAから受け取った債券と同種・同量のものを譲渡すれば足りるとされている。

　A社は合計330件のレポ取引（以下「本件レポ取引」という。）で生じたレポ差額（以下「本件各レポ差額」という。）について、所得税法212条1項のもとでの源泉徴収による所得税（以下「源泉所得税」という。）を徴収してこなかった。すなわち、同条項は、同法161条1号に該当する所得は源泉徴収義務がなく、同条1号の2以下に該当する所得は源泉徴収義務があるとしているところ、同条1号は「国内源泉所得」について、国内にある資産の譲渡により生ずる所得で、同条1号の2以下に該当するもの以外が、これに該当するとしている。レポ取引は、私法上の法形式としては売買と再売買の組み合わせであるのでレポ差額は目的物が国内にある資産であれば資産の譲渡により生ずる所得として1号に該当するものの、本件では目的物が国外にあることから、結局、これに該当しないとして源泉徴収してこなかったのである。そこで、被告・控訴人D（課税庁）は、平成14年8月30日付けでA社に対して本件各レポ差額について、所得税法161条6号に規定する利子に当たるとして、源泉所得税の納税告知処分（合計約90億円）及び不納付加算税賦課決定処分（合計約9億円。以下「本件各処分」という。）を行った。

　これを受け、A社は平成14年8月30日に合計約99億円、延滞税約4億円を同年9月30日に支払った。租税条約の適用を受け、45億円の還付を受けたが、納付源泉税の求償権不行使によるグロスアップ課税により、さらに5億円追加納付した。それと同時に、平成14年10月以降、A社は、本件各レポ差額が当該利子に該当せず源泉徴収義務は存しないとして、D（国）に対して納付した金員等を誤納金として返還請求、本件処分取消しを求めて、異議申し立て、不服審判所審査請求を経て、平成17年3月本件訴訟を提起した。

2. 争　点

　本件では、(1)本件各レポ差額が所得税法161条6号の「貸付金（これに準ずるものを含む）」の「利子」に該当するか否か、が中心争点となり、裁判所も本争点にしか判断を示していないため、本稿では、(1)のみ双方の主張の対比を行い、他の争点については割愛する。なお、他の争点の内容は次のとおりである。

(2)　本件各レポ差額の支払につき、Aが所得税法212条1項、2項の「支払をする者」に該当するか否か。
(3)　Aのケイマン支店及びBがAの恒久的施設に該当するか。
(4)　不納付加算税賦課決定処分について、国税通則法67条1項但書の「正当な理由があると認められる場合」に該当する事由があるか否か。

争　点	納税者	課税庁
「貸付金」の意義	・「貸付金」は、私法上の貸付金という概念を租税法に借用した概念であって、金銭消費貸借契約に基づく貸金を指す。 ・租税法律主義の下では、租税法規の解釈は文言に即して厳格になされなければならない。 ・国際取引においては、源泉徴収義務者の不利益等を考慮すると、その課税要件は、一層明確に規定されていることが必要である。 ・経済的実質に照らして貸付金を解釈するという場合の経済的実質が意義不明である。所得税法施行令283条1項は、履行期間から6ヶ月を超えないものは「利子」を生まないことを明らかにしているにすぎない。 ・取引の経済的実質というあいまいな概念を規範にして課税範囲の外延を不明確にするのは納税者の予測可能性を著しく損ない、租税法律主義の崩壊を意味する。	・「貸付金（これに準ずるものを含む。）」は、租税法におけるいわゆる固有概念であるから、その意義は、租税法独自の見地から決すべき。 ・「貸付金」とは、債務者に対して信用を供与する目的で弁済期日まで一定期間が設けられた金銭債権で、その金銭債権から果実（利子ないし利息）が発生し得る元本債権をいうものであり、私法上の金銭消費貸借契約によるものに限らない。 ・私法上の性質に左右されることなく、租税法規の趣旨に照らし、その経済的実質に着目して意義を解釈すべきである。所得税法施行令283条1項でも売買、請負等多様な契約に基づき発生する債権が利子を生み得る貸付金とみなし得ることを示している。
本件レポ取引への当てはめ	・売買による差額と利子の概念は明確に区分されている。 ・旧現先取引は、売買として扱われていた。	・債券の売買及び再売買の形式が採用されているが、マージン・コール条項により買主はエンド取引において対象債券の価格変動リスクを負担し

		・当事者は私的自治に基づき、同一の経済効果が得られる複数の法律行為から一つを選択できるはずで、その意図を無視して選択した法律行為以外の法律行為を擬制して課税要件の当てはめをすることは許されない。	ない上、単一契約によりスタート取引とエンド取引は相互に約因する一体の契約であるなど、エンド時の買主の譲渡価格相当が貸付となる信用供与取引である。
措置法42条の2の解釈		・措置法42条の2は本件レポ取引が実行された後の改正であり、また、売買と再売買の組合せにつき非課税を確認するセーフハーバー規定とみるべき。	・措置法42条の2第1項はレポ差額が国内源泉所得であることを前提に非課税を規定。
企業会計上の取扱い		・主張なし。	・企業会計上、レポ取引の取扱いは金融取引である。現に、A社も貸借取引として処理している。

3. 判旨

〔第一審判旨〕東京地裁　平成19年4月17日判決
請求認容（納税者勝訴）

　「所得税法は、『利子』について定義を設けていないものの、租税関係法令の用例にかんがみれば、利息（民法404条等）と同義であるといえることから、『利子』とは、元本債権から定期的に一定の割合で発生する法定果実を指すと解される。この意義自体を巡っては、当事者間に争いがあるわけではなく、本件において問題となるのは、あくまでも所得税法161条6号にいう『貸付金（これに準ずるものを含む。）』の意義についてであるといえる。」

　「法令において用いられた用語がいかなる意味を有するかを判断するに当たっては、まず、当該法文自体及び関係法令全体から用語の意味が明確に解釈できるかどうかを検討することが必要である。その上で、なお用語の意味を明確に解釈できない場合には、立法の目的、経緯、法を適用した結果の公平性、相当性等の実質的な事情を検討の上、その用語の意味を解釈するのが相当である。」

　「税法の解釈において使用される用語の用法が通常の用語の用法に反する場合、当該税法が客観性を失うことになるため、納税者の予測可能性を害し、また、法的安定性をも害することになることからすれば、税法中に用いられた用

語が法文上明確に定義されておらず、他の特定の法律からの借用した概念であるともいえない場合であっても、その用語は、特段の事情がない限り、言葉の通常の用法に従って解釈されるべきである。

　そして、貸付金という言葉自体は、民商法等の私法において、明確に定義されている用語ではない。また、所得税法161条6号は、『貸付金（これに準ずるものを含む。）』と規定しているところ、その法文からすれば、貸付金として一般的に理解されている概念に、更に『これに準ずるものを含む。』と貸付金以外のものを付け加えた概念をもって『貸付金（これに準ずるものを含む。）』と規定している。したがって、同条における『貸付金（これに準ずるものを含む。）』は、一般的に理解されている貸付金という概念に加えて、一般的には貸付金そのものとは理解されていないがこれに準ずるものという限度において広がりをもつものが含まれるという趣旨で規定されたものといわざるを得ない。」

　「したがって、付帯する合意いかんでは資産の譲渡や役務の提供の対価として発生する債権に付随して発生した利益をも含むと解する余地があるといえ、その意味で、原因となる法律行為の法形式のみからその適用の有無を判断できるものではない（この点において、原告の主張は採用できない。）が、他方、社会通念上、私法上の消費貸借契約における貸付債権とその性質、内容等がおおむね同様ないし類似するか否かが問題となる。その意味において、その法形式等を全く考慮することなく、経済的効果のみに着目して、同条号の『貸付金（これに準ずるものを含む。）』の『利子』に該当するか否かを判断することもできない（この点において、被告らの主張も採用できない。）というべきである。

　そうであるとすれば、結局のところ、本件各レポ取引（正確にはこれに基づくエンド取引時における売買代金債権）が所得税法161条6号『貸付金（これに準ずるものを含む。）』に該当するか否かは、本件各レポ取引の法形式及び経済的効果を踏まえ、本件各レポ取引のエンド取引における売買代金債権が、上述したように、消費貸借契約における貸付債権とその性質、内容等がおおむね同様ないし類似するか否かによって判断するのが相当であると解する。」

　「本件各基本契約は、倒産隔離を果たすため、契約条項において売買及び再売買により構成されることを明確に定めたものであって、他方、金融的取引の

側面が存在し、それを示唆するかのような条項の存在によっても、その法的性質を変容させるまでのものとはいえない。本件各基本契約に基づく本件各レポ取引は、売買・再売買を一つの契約で実行する複合的な性格を有する契約であると解するのが相当である。

したがって、本件各レポ取引において、買主がエンド取引において有する再譲渡価格相当額の代金債権は、あくまでエンド取引時において、売主（原告又はＰ１銀行）に対して対象債券と同種・同量の債券の移転することと引換えに再譲渡価格相当額の代金の支払を請求する権利を意味するということになる。

そうであるとすれば、本件各レポ取引のエンド取引における売買代金債権が消費貸借契約における貸付債権とその性質、内容等がおおむね同様ないし類似するとはいえない。換言すれば、被告らが主張するように、買主は、売主に対し、エンド取引の日までの信用を供与する目的で譲渡価格相当の金員を交付したものであって、これらの契約関係を一体としてみると、エンド取引における再譲渡価格のうち、上記譲渡価格相当額の部分は、その部分から果実が発生し得る債権に当たるので、所得税法161条６号『貸付金（これに準ずるものを含む。）』に該当し、当該レポ差額が『利子』に該当すると解することはできない。」

〔控訴審判旨〕東京高裁　平成20年３月12日判決

　　控訴棄却（納税者勝訴）

所得税法161条６号にいう「貸付金（これに準ずるものを含む。）」の「利子」の意義及び本件各レポ取引についての具体的検討については第一審判決を引用した。

また、控訴審では、課税庁が「措置法42条の２は、所得税法の特例として所得税を課さないことを定めた創設的な規定であり、租税特別措置法施行令27条の２第１項の『債券の売買又は売戻条件付売買』が『所得税法161条６号の国内源泉所得の基因となら』ないとするなら、措置法42条の２の適用の余地がないことになるが、これは、立法者の意思に反するものである」と主張したことから、控訴審判決は以下のように判示した。

「措置法42条の2の規定は、平成14年度税制改正（平成14年法律第15号）により創設されたものであって、本件各レポ取引がされた当時には制定されていなかったものであるから、そもそも上記規定をもって本件各レポ取引について所得税法161条6号の適用があると解釈すべきことにはならず、本件各レポ取引について所得税法161条6号の適用があるかどうかはあくまでも課税要件を定めた所得税法161条6号自体の解釈が重視されるべきものである。」

「本件各レポ取引がもともと所得税法161条6号の国内源泉所得の基因とならないのであれば、措置法42条の2の適用の余地がないことになるが、それは、課税根拠規定である所得税法161条6号自体の解釈による結果であって、本件各レポ取引がされた後に制定された措置法42条の2の規定をもって所得税法161条6号を解釈しようとすること自体に無理があるからにほかならない。」

「この点からみても、措置法42条の2の規定の新設によって、従前レポ差額に対して所得税法161条6号の課税がされていたことを前提に、その特例としてそのうちの一定のものについて所得税を免除することが定められたと認めることはできない。」

〔最高裁判旨〕　最高裁第三小法廷　平成20年10月28日決定
　上告不受理（納税者勝訴）〔確定〕

4. 評　釈

　控訴審判決は、第一審判決を補う形で、本件レポ取引におけるレポ差額が「貸付金」の「利子」に該当するかどうかの事実認定を詳細に行っている。すなわち、控訴審判決は、第一審判決の判断の核心である「本件各レポ取引が売買及び再売買を本質とするものであると解するのが相当である」という部分の説明をより詳細なものに差し替えている。さらに、課税庁の補充主張に応えて、①本件各レポ取引は買主が売主に対して信用を供与する取引ではないこと、②本件各レポ取引後に平成14年度改正により制定された租税特別措置法42条の2は所得税法161条6号の解釈を左右しないことを述べている。

第一審判決では、まず、所得税法161条6号にいう「利子」について「利子」の意義を確定し、続いて「貸付金」の意義を問題としている。この「貸付金」の意義について、納税者側は、私法上の貸付金という概念を租税法に借用した概念であると主張し、課税庁側は法規の趣旨、目的に照らして租税法独自の見地で決めるべきであるとする固有概念であると主張した。しかし、本判決は、借用概念であるか固有概念であるかという当事者の主張を排斥し、法令上の用語は言葉の通常の用法にしたがって解釈されるべきであるとし「貸付金」の意義について、一定の広がりを許容しつつ、その拡大解釈に歯止めをかけている。この点について、金子名誉教授も「所得税法161条6号の『貸付金（これに準ずるものを含む。）の利子』という概念も、金融取引法からの借用概念であると解すべきであるが、仮にそのように考えないとしても、法的安定性と予測可能性の確保の観点からは、その意義と範囲について経済的実質に着目してみだりに拡大解釈を行うことは妥当でない。」と述べ、本件判決を評価している[1]。

そして、本件各レポ取引については「売買及び再売買を本質とするものであると考えるのが相当である」とし、エンド取引において有する再譲渡価格相当額の代金債権が上記の定式に該当するとはいえないとした。

このように、本件は、いわば、極めてオーソドックスな手法により、検討・判示されているものであり、課税庁による経済的効果にのみ着目した安易な「実質課税の原則」という租税法の文言にとらわれない規律対象の経済事象に適合させようとする解釈は濫用に過ぎないとしてこれを諫めるものとなっている。この趣旨は、租税法律主義の立場から課税要件明確主義を重視し、もって納税者の予測可能性と取引の法的安定性を図ろうとする昨今の判例の傾向に沿っている（「航空機リース事件」（平成16年10月28日名古屋地裁、平成17年10月27日名古屋高裁）等）。

なお、本件判決後の平成21年度税制改正により、所得税法161条6号は改正され、同号の「貸付金（これに準ずるものを含む。）」の「利子」にレポ差額が含まれることが明記された。

---

1) 金子宏『租税法〔第16版〕』112頁（弘文堂／2011年）

5．実務上の対応

(1) 金融取引における源泉徴収対象取引捕捉の困難化

　本件は、レポ取引という金融取引について、源泉徴収対象となる所得の支払いの有無を争点とする訴訟事案であるが、金融取引の世界においては、金融技術の発達と金融のグローバル化に伴って、取引構造、担い手が従前に増して一層複雑化、多様化しており、それにつれて、源泉徴収対象となるような所得が発生しているのか、発生しているのであればそれはいつのタイミングなのか、またその所得については、いつ支払われていると考えるべきなのか、判断に困難が伴う局面が増えているといわざるを得ない。

　金融商品のなかには、貸付金、預金、債券、株式といった伝統的な商品もあれば先物、スワップ等デリバティブ、証券化商品等の金融の最新技術による商品及びこれを他の商品と合成させた複合金融商品など、取引の法律構成の複雑さも加わり、商品の内容が難解であり、その結果、所得捕捉の認定自体が困難なものも少なくない。

(2) 源泉徴収対象の取引における課税要件明確化の重要性

　一方で、源泉徴収による所得税の納税義務は所得の支払いの時に成立する（国税通則法15条2項2号）。また、源泉徴収による国税は納税義務の成立と同時に特別の手続を要しないで納付すべき税額が自動的に確定する（同条3項3号）。法人税・所得税のように、確定申告という手続、所得計算といった確定行為を必要としないので、税額の多寡に議論を持ち込むことはできない。

　さらに、源泉徴収税が法定納期限（源泉徴収の所得税は翌月10日）までに納付されないと、納税告知（同法36条）及び督促（同法37条）の手続を経て滞納処分がなされる（同法40条）。このように所得の支払いがなされると、待ったなしで源泉徴収に係る納税義務違反の法的スケジュールが走り出すので、源泉徴収義務の有無について検討する時間は少ない。

　加えて、源泉徴収を巡る問題は、源泉徴収義務者（徴収納付義務者）と納税義務者は別で、納税義務者と課税庁との間が分断されており、両者は徴収納付

義務者を通じて間接的に対立し合うに過ぎない。直接、課税庁を相手に納税義務者が争えず、たいていの場合、後日の課税庁による調査により源泉徴収義務懈怠の指摘を受けて、源泉徴収義務者と課税庁との裁判も含めた調停結果が明確になって納税義務者はこれを受け入れざるを得ないという立場に立たされる。納税義務者は、源泉徴収義務者からその納付した源泉所得税について求償権の行使を受けたときは、源泉徴収義務の存否及び範囲を争うことができる（最高裁第一小法廷昭和45年12月24日判決民集24巻13号2243頁）。しかしながら、徴収義務懈怠が後日発覚するといった背景もあり、おおよそ納税告知取消訴訟（又はこれに応じた上での過誤納金等還付請求訴訟）で、源泉徴収義務者が課税庁の主張を受け入れ源泉税相当を納める場合、納税義務者に対する当該源泉税相当の求償権もこれを行使せず、源泉徴収義務者自身が負担することとなる。課税庁もそれを予定していて、求償権不行使の場合、さらに所得が発生したとみてグロスアップして所得税を納める通達を用意している（所得税基本通達221-1(2)）。

したがって、源泉徴収義務者は、源泉徴収の要件を充足するかもしれない所得の支払いを行おうとしている場合、これが所得の支払いになるのか、ならないといえるのであれば、来る納税告知処分の取消しに向けて争う準備、論拠を備えているかをあらかじめ確認しておくことが重要な要点となるのだが、金融取引の形態によっては、上記(1)に記載したとおり、この所得の支払いの存在の認識が困難、あるいは争いが生じやすい。

本件では、課税庁はレポ取引を通じてA社が貸付金の利子という所得の支払いがCに対して行われたとの構成の下、納税告知を発したことが契機となったが、これも源泉徴収義務者と目されたA社サイドからみれば、所得の支払いは起こしていないとの確信は当初よりあったのであろう。しかし、課税庁指摘の懸念もあってか、取引そのものは本店直接ではなくケイマン支店を通じて行うことで、所得の支払いが国内で行われたとの体裁を避けようとしたところがうかがえる。本件でもケイマン支店の取引主体としての正当性が争点となったが、これについては本件では裁判所は明示的な判断を示していない。

(3) 大阪地裁平成20年7月24日判決

　所得税法161条6号の「貸付金」の「利子」については、本件の他に、造船契約の解除によって外国法人に対して支払われた、既に受領していた金員に対する約定の割合に基づく金員が、これに当たるかどうかが問題となった事案がある。

　大阪地裁は、本件判決と同様に、関連法令や貸付けという用語の一般的な意味を検討した上「『貸付金（これに準ずるものを含む。）』の意義については、消費貸借に基づく貸付債権を基本としつつ、その性質、内容等がこれとおおむね同様又は類似の債権をいうものと解するのが相当である。」とし「典型契約としての純然たる消費貸借や準消費貸借に該当しないというような契約類型であっても、将来の返還を約した上で金銭その他の代替物の授受があれば、その部分をとらえてみる限り、消費貸借の本質的要素に欠けるところはない」と判示し、そのようなものは「貸付金（これに準ずるものを含む。）」に該当するということに妨げはないと述べた。

　そして、大阪地裁は、本件の造船契約は、船舶の売買を主たる内容としており、分割払金も前払による代金の一部であって、通常であれば、買主から売主に渡しきりとなる性質のものであること、さらに、前払した分割払金が返還される場合は想定されてはいるが、それは解約権を行使したときに限定されており、実際にも造船契約において解約により契約関係が終了することは、まれであるという認定の下に「このように、将来返還の余地があるものとして金銭の授受が行われた場合であっても、その可能性は小さく、例外的な事象にとどまるような場合についてまで、消費貸借の本質的要素である返還約束があるものとみて、これを『貸付金（これに準ずるものを含む。）』に当たるものとするのは、かえって納税者の予測可能性や法的安定性を損なう結果を招きかねず、妥当ではないというべきである」と判示して、本件の前払金の返還のようなものは、将来の返還約束に該当すると考えるべきではない旨述べている。

　大阪地裁では、本件判決で示された「貸付金（これに準ずるものを含む。）」の基準に、①消費貸借とその性質、内容等がこれとおおむね同様又は類似か否かという点に関しては、将来の返還約束があったか否かが重要な検討要素とな

ること、②その将来の返還約束について検討する際には、例外的な事象の場合に返還される可能性があるからといって、それを返還約束とはみない、といった点を加えた。かかる大阪地裁が示した判断基準は、実務上「貸付金（これに準ずるものを含む。）」に該当するかどうかを判断する上で、参考になるといえよう。

(4) 結び

最後に、以下の2点について触れて結びとしたい。

一つは、今後の金融商品・取引の開発に際して、課税要件を明確にするとの立場から取り組むことが必要であり、専門家は係る視点からアドバイスを行う必要がある。

現下の金融危機を受け規制の強化は予想されるものの、今後も金融商品・取引については金融機関において様々な開発が活発に行われることが想定されるところである。そうした商品・取引に対する課税のあり方について、裁判所の着眼点は、これまでみてきたように租税法に係る解釈原理である、文言解釈を究明するということにあるので、この基調を踏まえて、法律上の構成を調製し、課税要件を明確に整理しておくことは重要であろう。

もう一つは、レポ取引の判決に関連して多くの論者も触れていることだが、何が源泉徴収の対象であるかについては、納税者サイドにとって極めて重要な点なので、課税庁に対して問題意識を持ってもらいたいということである。すなわち、源泉徴収の対象となり得るような所得の支払いについて、その認定にかかる課税要件を明確にしてもらいたいという点である。特に、金融取引はグローバルな金融市場で行われる局面も多く、何が課税取引となるのかを明確にしないままにすると、日本の金融市場の空洞化にも結びつく深刻な影響が懸念されかねないところとなるからである。

参考文献

・弘中聡浩・伊藤剛志「非居住者への支払に関する源泉徴収」『国際租税訴訟の最前線』192頁〜231頁（有斐閣／2010年）

- 中里実・神田秀樹『ビジネス・タックス　企業税制の理論と実務』（有斐閣／2005年）
- 金子宏『租税法〔第16版〕』（弘文堂／2011年）
- 増井良啓・宮崎裕子『国際租税法〔第2版〕』（東京大学出版局／2011年）
- 宮崎裕子「いわゆるレポ取引の進化と課税」『ジュリスト』第1253号（2003年）
- 渡辺裕泰『ファイナンス課税』（有斐閣／2006年）
- 菅野浩之・加藤毅「現先取引の整備・拡充に向けた動きについて〜グローバル・スタンダードに沿った新しいレポ取引の導入〜」マーケット・レビュー（日本銀行金融市場局／2001年掲載）http://www.boj.or.jp/research/wps_rev/mkr/data/kmr01j09.pdf
- 「平成21年度税制改正大綱」（自由民主党／2008年）

7

外国税額控除余裕枠取引により生じた所得に対する外国税額控除適用の可否

大阪地裁　平成13年12月14日判決（納税者勝訴）（平成9年（行ウ）第77号、法人税更正処分取消請求事件）

大阪高裁　平成15年5月14日判決（納税者勝訴）（平成14年（行コ）第10号、法人税更正処分取消請求控訴事件）

最高裁第二小法廷　平成17年12月19日判決（納税者敗訴）〔確定〕（平成15年（行ヒ）第215号、法人税更正処分取消請求事件）

〔参照条文〕　法人税法69条1項、法人税法施行令141条、142条、142条の2、142条の3

ポイント

　法人税法69条1項の「控除対象外国法人税の額」については、租税制度における効率性と簡便性の要請等から、当該事業年度のすべての国外所得を一括して外国税額控除の控除限度額を算定するという一括限度額方式が採られている。そのため、非課税国又は低率課税国において所得を生じた場合などには、外国税額控除の枠に余りを生じることがある。

　本件は、銀行業を営む被上告人Xが、自己の外国税額控除の余裕枠を外国法人である第三者に利用させて対価を得ること等を目的として、本来は外国法人が負担すべき外国税額について手数料その他の対価を得て引受け、外国法人税を納付した上で、国内において納付すべき法人税の額から上記外国法人税の額を控除して申告をしたのに対し、上告人Y税務署長が上記控除は認められないとして法人税の更正及び過少申告加算税の賦課決定をしたので、Xがこれを争った事案である。

　争点は、①本件取引は私法上の法律構成によって否認できるか、②本件は法人税法69条の限定解釈によって否認できるか、の2点である。

なお、本件は同様の事案が2つあり、それについても最高裁判所で同様の判決がなされている。

1. 事　実

　ニュージーランドで設立された法人であるA社は、投資家から集めた資金をクック諸島に持ち込んで債券投資に利用するに当たり、運用益に対して課される法人税を軽減するために、クック諸島に完全子会社B社を設立し、これに運用させることとした。さらに、投資家からの投資に対してクック諸島において源泉税が課されることを回避するために、当該源泉税が課されないクック諸島法人（オフショア法人）で、A社がその株式の28％を保有するC社に当該資金を一旦取得させることとした。

　この場合に、C社からB社に対して直接資金を貸し付ける方法を採ったときは、B社からC社へ支払われる利息に対して15％の割合の源泉税が課されることになる。そこで、銀行業を営む内国法人である被上告人XとC社及びB社との間で、Xの外国税額控除の余裕枠を利用して上記源泉税の負担を軽減する目的で、次のような内容の各契約が締結され、実行された（以下、これらの各契約に基づく取引を「本件取引」という。）。これは、XのB社に対するローン契約（以下「本件ローン契約」という。）とXのC社からの預金契約（以下「本件預金契約」という。）から成り立っている。

　本件ローン契約は、XがB社に対して年利10.85％で5,000万米国ドルを貸し付けることを内容とするものであり、同契約によれば、B社は、Xに対し、利息として、当該貸付金利息からクック諸島において課される源泉税を控除して支払うこととされていた。また、本件預金契約は、Xが本件ローン契約に基づいてB社に供与する資金全額に相当する金員を預金としてC社から預け入れを受けること、XのC社に対する預金元本の支払いは、XがB社から貸付金元本の弁済を受けた範囲においてのみ行うこと、そしてXがB社から貸付金利息を受領した場合には、それに源泉税相当額を加算した金額からXの取得する手数

料を控除した金額を、預金利息としてＣ社に支払うことを内容とするものであった。

本件取引によって、Ｃ社はクック諸島における源泉税の支払いを免れるという利益を得る。また、Ｘは、手数料を取得する一方、手数料を上回る額のクック諸島における源泉税を負担することとなり、取引自体によっては損失を生ずるが、我が国で外国税額控除を受けることによって最終的には利益を得ることができる。

Ｘは、本件ローン契約に基づきクック諸島において源泉税を負担したとして、平成３年４月１日から同６年３月31日までの３事業年度の各所得に対する法人税の額から、それぞれ外国税額の控除をして申告をした。これに対し、課税庁Ｙは、３事業年度の各法人税につき、外国税額の控除は認められないとして、各更正処分及び過少申告加算税賦課決定処分（以下「本件各処分」という。）を行った。

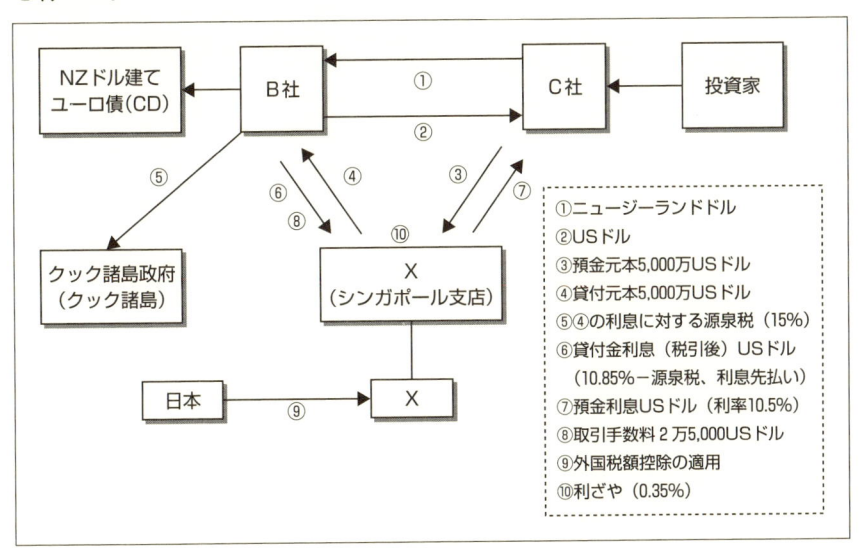

```
NZドル建て      B社 ←──①──→ C社 ←── 投資家
ユーロ債(CD)  ←─       ──②──→
        │  ⑥ ④      ③ ⑦
        ⑤  ⑧         ⑩
        ↓             ↓
  クック諸島政府       X
  （クック諸島）   （シンガポール支店）
                      │
   日本 ──⑨──→     X
```

①ニュージーランドドル
②ＵＳドル
③預金元本5,000万ＵＳドル
④貸付元本5,000万ＵＳドル
⑤④の利息に対する源泉税（15％）
⑥貸付金利息（税引後）ＵＳドル
　（10.85％－源泉税、利息先払い）
⑦預金利息ＵＳドル（利率10.5％）
⑧取引手数料２万5,000ＵＳドル
⑨外国税額控除の適用
⑩利ざや（0.35％）

101

2. 争点

本件訴訟の争点は、外国税額控除（法人税法69条）の摘要の可否であるが、係る争点について納税者側及び課税庁側の主張をまとめると次のとおりとなる。

争　点	納税者	課税庁
(1) 本件取引は私法上の法律構成によって否認できるか。	課税当局の主張は、まさに課税庁が否認したいと望む取引について、税務的観点から当事者の意思を推測し、真実に存在する私法上の法律関係を無視するものに他ならず「真実の」法律関係の認定の下に、明文の規定なくして租税回避行為の否認を認める結果になる。	課税は、第一義的に私法の適用を受ける経済的取引の存在を前提として行われるものであるから、私法上の法律構成においても、当事者間の表面的形式的合意に捉われることなく経済的実態を考慮して実質的に認定し、当事者が真に意図した私法上の法律構成による私法上の合意内容に基づいて課税を行うこととなる。
(2) 本件は法人税法69条の限定解釈によって否認できるか。	外国税額控除制度は、二重課税排除の方式として国際的にも確立された制度であり、政策的恩恵的措置ではない。そもそも外国税額控除制度は、外国の法令により前払いした法人税額の清算の規定であり、いわば納税者の権利ともいうべきものである。また、外国税額控除制度を利用するに当たり、法は納税者に何らの資格要件を設けておらず、むしろ利用するか否かについては納税者の自由な選択に委ねている。したがって、係る法人税法69条の限定解釈による否認は不当である。	課税減免規定（法人税法69条を指す）については、その趣旨及び目的にかなう事業活動が行われ、それにより政策目的が実現されることを前提として制定されたのであるから、当該規定の趣旨及び目的に合致しない行為に対してまで課税の減免を認めなければならない理由はない。そもそも当事者が課税減免規定の適用を受けることのみを目的として行った取引は、事業目的を欠いた不自然な取引として当該課税減免規定の適用の射程外であり、課税減免規定を適用することはできない。

3. 判　旨

〔第一審判旨〕　大阪地裁　平成13年12月14日判決
　　請求認容（納税者勝訴）

(1) 私法上の法律構成による否認の可否

　「所得に対する課税は、私法上の行為によって現実に発生している経済効果に則して行われるものであるから、第一義的には私法の適用を受ける経済取引の存在を前提として行われる。

　しかしながら、その経済取引の意義内容を当事者の合意の単なる表面的、形

式的な意味によって判断するのは相当ではなく、裁判所は、私法上の真実の法律関係に立ち入って判断すべきであって、このような裁判所による事実認定の結果として、納税者側の主張と異なる課税要件該当事実を認定し、課税が行われることは私法上の真実の法律関係に即した課税であり、当然のことであるといえる。そして、係る事実認定を行い得る場合としては、(1)当該取引が実体のない仮装取引である場合と(2)表面的、形式的に存在する法律関係とは別に真実の法律関係が存する場合が考えられる。」

「Xは、ユーロピアン社がクック諸島源泉税を軽減する目的で原告の外国税額控除の余裕枠を利用するために本件ローン契約・本件預金契約を締結したことを理解し、そのための対価を得ることを目的として、本件ローン契約・本件預金契約を締結したものと認められる。」

「本件取引の当事者らは、本件取引により、所期の目的を達成するために、本件取引の形式を選択し、それに応じた法的効果を意図して本件ローン契約・本件預金契約を締結したのであって、当該法的形式と法的効果は一致しており、これをもって、仮装行為であると解することは困難である。」

「当事者が求めた経済的目的は、ユーロピアン社及びファースト社にとっては、ユーロピアン社からファースト社へより低いコストで資金を移動させるため、原告を介して、その外国税額控除の余裕枠を利用してクック諸島源泉税を軽減することであり、原告にとっては、外国税額控除の余裕枠を提供し、利得を得ることにあるのである。このように、当事者の経済的目的を法律関係として端的に構成すると、原告からユーロピアン社への役務の提供契約ということができそうであるが、この場合の『役務』は単なる事実行為ではなく、必然的に何らかの法律関係を介在して行う役務である。」

(2) 法人税法69条の限定解釈

第一審は「文言上は限定解釈の余地は極めて狭く、また、………外国税額控除の制度趣旨である、国際二重課税の排斥及び資本輸出中立性の確保も一定後退せざるを得ない事情がうかがわれる。しかし、その根底には、あくまでも内国法人の海外における事業活動を阻害しないという政策があるのであるから、

およそ正当な事業目的がなく、税額控除の利用のみを目的とするような取引により外国法人税を納付することとなるような場合には、納付自体が真正なものであったとしても、法69条が適用されないとの解釈が許容される余地がある。」とし「Xは、自らの金融機関としての業務の一環として、自らの外国税額控除枠を利用してコストを引き下げた融資を行ったのであり、これらの行為が事業目的のない不自然な取引であると断ずることはできない。」として、処分を取り消した。

〔控訴審判旨〕　大阪高裁　平成15年5月14日判決
　　控訴棄却（納税者勝訴）

(1)　私法上の法律構成による否認の可否
　　控訴審判決は、第一審判決を引用した。

(2)　法人税法69条の限定解釈
　　控訴審判決は、第一審判決を引用したが、Yが、本件取引は、Xが故意に二重課税を生じさせたものであり、法69条の適用が否定される可能性もXは知っていたものであって、外国税額控除制度の濫用事案であるから、同条の適用は否定されるべきである旨の主張を補強したので「Xが自らの金融機関としての業務の一環として自らの外国税額控除枠を利用してコストを下げた融資を行ったこと、本件取引は事業目的のない不自然な取引ではなく銀行として事業目的のある取引であることは前記のとおりである。しかるところ、前記認定の本件事実関係のもとにおいては、Xが二重課税を生じさせたとの面はあるものの本件取引が外国税額控除の制度を濫用したとまでいうことはできない。そして、本件取引は外国税額控除枠の利用を前提として採算が検討された取引である以上、外国税額控除枠の利用ができなくなった場合に被控訴人において取引を中止することができる権利を留保することは合理的なものということができるから、この点をとらえて、本件取引が外国税額控除のみを目的とした取引であると断定することはできない。したがって、本件取引が外国税額控除制度の濫用

であるから法69条の適用を否定すべしとするYの主張は、採用することができない。」と判示した。

　また、控訴審判決は、この事件を受けて平成13年と平成14年に法69条及び同法施行令141条4項が改正され、本件同様の取引には外国税額控除が不適用とされたことについて「前記のとおりの改正に伴う第1、第2の経過規定は、施行令141条4項に掲げられた取引に該当する取引について、改正後は法69条が適用されないことを明文をもって明らかにしたものということができる。したがって、平成13年の改正法及び改正施行令で適用を否定された取引は、改正後に法69条の適用がはじめて除外されることになったというべきである。『このような取引は、改正以前からも限定解釈によって適用を否定することができたが、改正でこのような限定解釈を確認的に明らかにしたにすぎない』と解することは、新規定の適用される取引を平成13年4月1日以後のものとした第1経過規定の明文に反する解釈といわざるを得ない。また、法69条の適用が否定される取引が追加された平成14年改正においても、新規定の適用される取引を施行日以後のものとした第2経過規定がおかれたことからみて、平成13年改正で規定され平成14年改正でさらに追加して掲げられた取引は、法69条にいう『通常行われる取引と認められないもの』の単なる例示であると解することは相当でない。そうとすれば、明文で掲げられた取引以外にも『通常行われる取引と認められないもの』があるとしても、これについて、適用を除外することができると解することは、前記の税額控除枠の利用以外におよそ事業目的がないような場合等を除き困難といわざるを得ない。」として、控訴を棄却した。

〔最高裁判旨〕　**最高裁第二小法廷　平成17年12月19日判決**
　破棄自判（納税者敗訴）〔確定〕

(1)　**私法上の法律構成による否認の可否**
　最高裁は、この点について、触れていない。

(2) 法人税法69条の限定解釈

「法人税法69条の定める外国税額控除の制度は、内国法人が外国法人税を納付することとなる場合に、一定の限度で、その外国法人税の額を我が国の法人税の額から控除するという制度である。これは、同一の所得に対する国際的二重課税を排除し、かつ、事業活動に対する税制の中立性を確保しようとする政策目的に基づく制度である。」

「ところが、本件取引は、全体としてみれば、本来は外国法人が負担すべき外国法人税について我が国の銀行であるXが対価を得て引き受け、その負担を自己の外国税額控除の余裕枠を利用して国内で納付すべき法人税額を減らすことによって免れ、我が国において納付されるべき法人税額を減少させた上、この免れた税額を原資とする利益を取引関係者が享受するために、取引自体によっては外国法人税を負担すれば損失が生ずるだけであるという本件取引をあえて行うというものであって、我が国ひいては我が国の納税者の負担の下に取引関係者の利益を図るものというほかない。そうすると、本件取引に基づいて生じた所得に対する外国法人税を法人税法69条の定める外国税額控除の対象とすることは、外国税額控除制度を濫用するものであり、さらには、税負担の公平を著しく害するものとして許されないというべきである。」

4. 評釈

(1) 私法上の法律構成による否認の可否

最高裁は、国側の「私法上の法律構成の否認」の主張について、触れていない。そのため、最高裁は私法上の法律構成による否認の可否一般について認めなかったものであるかどうか不明である。

控訴審は、総論として「私法上の法律構成による否認」の可能性を認めた上で、事案への当てはめで「本件取引の経済的目的に基づいて当事者の選択した法律関係が真実の法律関係ではないとして本件取引を仮装行為であるということはできない」として、本件取引を仮装行為であるとする課税庁の主張を排斥している。最高裁判決は、この控訴審の判断を正面から否定していないことか

らすれば、最高裁は控訴審判決と同様「私法上の法律構成による否認」の可能性を認めつつ、事案への当てはめに当たって本件取引を仮装行為といえないとし、結論として「私法上の法律構成による否認」を認めなかったと解するのが素直である。

　私法上の法律構成による否認の可否一般を認めたか否かについては明らかではないものの「私法上の法律構成による否認」の原理の下に私法上の法律関係を都合の良い法律構成への見直しを認めよとの課税庁の主張を認めなかった点は評価に値する。

(2) 法人税法69条の限定解釈

① 外国税額控除制度の理解

　　最高裁判決は、外国税額控除制度が「国際的二重課税を排斥し、かつ、事業活動に対する税制の中立性を確保する<u>政策目的に基づく制度である</u>」（下線筆者。以下同。）と述べ、外国税額控除があたかも恩恵的政策的な制度であるかのように解釈している。しかし、昭和63年版「改正税法のすべて」によれば「外国税額控除制度は、このような居住地国と源泉地国の課税の<u>重複・競合</u>による国際的二重課税の排除を目的として、居住地国において、納付すべき税額を一定の限度の下に控除するという措置であり、国際的にも確立した制度となっています。」と解説しているように、恩恵的な政策措置のみに基づくものではない。最高裁が、もし、このように解することで、限定解釈をしやすくしようと考えていたのであれば、やや一面的であるといわざるを得ない。

② 取引の性格とその評価

　　最高裁判決は、本件取引につき「全体としてみれば」、本来は外国法人が負担すべき外国法人税についてXが対価を得て引き受け、最終的に利益を得ようとしたと性格づけた。これは、控訴審が、B、C設立の経緯や、源泉税を吸収するためにXが介在する旨の記載がなされていたXの内部文書を基に「当事者の経済的目的は、被控訴人が有している外国税額控除枠利用の利益を外国法人に得させることにあり、結果としてもその目的を達

成しているのである」と認定したのに沿うものである。

続いて、最高裁判決は「本来の趣旨目的から著しく逸脱する態様で利用」して我が国において納付されるべき法人税額を減少させた上、この免れた税額を原資とする利益を取引関係者が享受するため、取引自体によっては外国法人税を負担すれば損失が生ずるだけの本件取引をあえて行ったものと判断した。

この点については、外国法人税を負担すれば損失が生ずるだけの取引であることが「著しく逸脱する態様」を超えて外国税額控除制度を利用するものと評価されたと読むこともできるが、前述のとおり外国税額控除の趣旨を論じていることからすれば、単に行為の特異性に着目したものではなく、著しく逸脱する態様を利用して、納税額を減少させるだけでなく、その利益を取引関係者が享受するとの目的にあえて言及することで、目的の特殊性を強調したものと読むべきである。

その上で、最高裁判決は、本件取引は「我が国ひいては我が国の納税者の負担の下に取引関係者の利益を図るものというほかない」と結論づけ、かかる目的が事業目的と併存し得ることを認める第一審と控訴審の立場を否定した。

第一審と控訴審は、納税者が「よりコストの低い金融を提供した」と評価できる点を重視し、その上で得られる本件取引にかかる利鞘が「相当な範囲」のものだとしていた。しかし、通常の経済的取引と、租税制度を利用した取引を同視することには、やや疑問である。租税制度を利用した取引を通常の経済的取引と同様に扱うには、その前提として、自社が利用できる租税制度を他社に利用させることが、正当な事業目的を有する取引として評価されることが必要である。この租税制度の利用権というべきものの取引が、正当な事業目的を有する取引であるといえない限り「税額控除の枠を自らの事業活動上の能力、資源として利用することを法が一般的に禁じているとは解されない」との説が正しかったとしても、控除余裕枠そのものを対象とする取引は、やはり別途の考慮が必要と思われる。

最高裁判決は、外国税額控除制度の趣旨目的との関係において、これら

の取引を事業活動とは評価できないと判断したものと思われる。
③　租税法律主義との関係

　以上の検討を経て、最高裁判決は「外国税額控除制度を濫用するものであり、さらには、税負担の公平を著しく害するものとして許されないというべきである。」との結論を導いた。このような目的の存在を理由として、限定解釈を行ったことについては、行為時における予測可能性から、外国税額控除の対象とならない外国税の範囲が不明確であることや、裁判所による法創造を認めることになることから、租税法律主義に反するとの批判が存する。

　また、最高裁判決は、控訴審判決の「新規定の適用される取引を平成13年4月1日以後のものとした経過規定の明文に反する解釈といわざるを得ない。」という点に対し、明確な反論をしていない。

　すなわち、平成13年の法人税法改正では、法人税法69条1項に「(内国法人が通常行われる取引と認められないものとして政令で定める取引に起因して生じた所得に対する外国法人税を納付することとなる場合を除く。)」という部分が加わり、この「新法人税法第69条第1項の規定は、内国法人が平成13年4月1日以後に行う同項に規定する取引に基因して生ずる所得に対する外国法人税を納付することとなる場合について適用」されることとなった（附則平成13年6条）。

　また、平成14年の法人税法施行令改正では、上記平成13年の法人税法改正で法人税法69条1項に加わった部分の「政令で定める取引」について「内国法人が、当該内国法人が金銭の借入れをしている者又は預入を受けている者と特殊の関係のある者に対し、その借り入れられ、又は預入を受けた金銭の額に相当する額の金銭の貸付けをする取引」（法人税法施行令141条4項1号）を加え「新令141条4項（外国法人税の範囲等）の規定は、内国法人が施行日以後に行う同項に規定する取引に基因して生ずる所得に対する外国法人税を納付することとなる場合について適用し、内国法人が施行日前に行った旧令第141条第4項（外国法人税の範囲等）に規定する取引に基因して生ずる所得に対する外国法人税を納付することとなる

場合については、なお従前の例による。」（附則平成14年8条）とされた。

　この附則の文言解釈からは、平成13年4月1日以前に行われたXの行為は、法人税法第69条第1項に該当するものとして、外国税額控除が認められることとなる。このため、控訴審判決は「新規定の適用される取引を平成13年4月1日以後のものとした経過規定の明文に反する解釈といわざるを得ない。」と判断したのである。

　最高裁判決がこの点に触れなかったのは、この点についての不都合を克服することはできなかったからとの誹りを受けても仕方のないところである。

5．実務上の対応

(1)　最高裁判所は、企業が選択した私法上の法律関係の存在は尊重しているので、契約関係を調え、さらに契約関係の存在を裏付ける経済的合理性を整理しておくことが望ましい。

(2)　法律関係が存在するとしても、税法の規定を限定解釈することにより、租税回避として否認される可能性がある。本判決により、少なくとも租税法規の規定をその趣旨に反する態様で利用することは認められないことは明らかとなったが、それは、租税体系の秩序維持ということを司法も重視しているからと思われる。

　納税者、特に企業は、税金をコストと考える傾向にあるが、最高裁判所にはこのような感覚はなく、免れた税額を原資とする利益を移転する取引は司法の感覚では正当な事業目的のある取引とは考えていないことを念頭において行うべきである。

(3)　さらに、租税法律主義との関係で問題はあるが、附則で新法の適用時期が定められていたとしても、それ以前の取引について適用が否定されるとは限らないことも念頭におくべきである。

参考文献

- 八ッ尾順一『租税回避の事例研究（三訂版） 具体的事例から否認の限界を考える』257頁〜280頁（清文社／2007年）
- 吉村政穂「外国税額控除の余裕枠を利用して利益を得ようとする取引に基づいて生じた所得に対して課された外国法人税を法人税法（平成10年法律第24号による改正前のもの）69条の定める外国税額控除の対象とすることが許されないとされた事例（最二判平成17.12.19）」『判例時報』1937号 184頁〜188頁（2006年）
- 駒宮史博「外国税額控除余裕枠の利用取引は制度の濫用にあたるか—大和銀行事件」『税研』第25巻第3号通巻第148号 126頁〜128頁（2009年）
- 岡村忠生「租税回避行為の否認—りそな外税控除否認事件」『別冊ジュリスト第207号 租税判例百選〔第5版〕』40頁〜41頁（2011年）

II

法人税―資本

8

DES及び自己株式の譲渡における債務消滅益の存否

東京地裁　平成21年4月28日判決（納税者敗訴）（平成19年（行ウ）第758号、法人税更正処分取消請求事件）
東京高裁　平成22年9月15日判決（納税者敗訴）（平成21年（行コ）第206号、法人税更正処分取消請求事件）
最高裁第三小法廷　平成23年3月29日決定（不受理）〔確定〕（平成22年（行ノ）第146号、法人税更正処分取消請求事件）

〔参照条文〕　法人税法2条12号の14、22条2項、5項、62条の4、法人税法施行令123条の5、民法520条

ポイント

　本件は、いわゆる現物出資型デット・エクイティ・スワップ（DES）が行われた場合に債務者側で債務消滅益を益金として認識すべきか否かが争点とされた事案であり、DES実行前に第三者から債務者の既存株主が券面額よりも低い金額で債務者に対する債権を譲り受けたという点、DESが適格現物出資の適格要件を充足していたという点に事案の特殊性はあるものの、資本取引と損益取引の双方の要素を有するDESを租税法上どのように捉えるべきかという重要な問題を含む事案であり、裁判所の判断が注目された。

　本件における第一審判決及び控訴審判決はいずれも、本件におけるDESは、①会社債権者による債務者会社（原告）に対する債権の現物出資、②混同による債権債務の消滅、③債務者会社の新株発行及び会社債権者の新株引受という各段階の過程を経る複合取引であるとし、②の混同の過程には資本等の金額の増減はないため資本等取引に該当せず、混同による消滅により生じた債務消滅益を益金の額に算入すべきとしたが、係る裁判所の判断に対する評価は分かれている。

1. 事実

(1) 本件DES（平成15年5月期）

　A社は、平成14年11月7日、D銀行からX社（原告：債務者会社）に対する額面4億3,040万円の貸付債権（以下「本件貸付債権」という。）を1億6,200万円で取得した。その後、債権者となったA社は、平成15年2月28日を払込期日として、取得した4億3,040万円の本件貸付債権をX社に現物出資し（以下「本件現物出資」という。）、X社はA社に対して普通株式80万株（1株の発行価額538円）を発行した（以下、本件現物出資及びX社の新株の発行を総称して「本件DES」という。）。

　X社は、本件現物出資に際して、旧商法280条の8第1項（現会社法207条第1項）に基づき、東京地裁に検査役の選任を請求した。選任された検査役は、同裁判所に対し調査報告書を提出し、その調査報告書において、現物出資を行う法人A社の存在及び現物出資の目的である本件貸付債権の存在が認められ、その目的の価額は額面どおり4億3,040万円を下らないので、これに対して1株の発行価額を538円とする新株発行会社X社の株式80万株を割り当てることは妥当である旨の報告をした。

　X社は、本件貸付債権に対応するA社に対する債務（以下「本件貸付債務」という。）を4億3,040万円減少させるとともに、資本金を4億円、資本準備金を3,040万円、それぞれ増加させる会計処理を行った。

　なお、A社とX社との関係は、本件現物出資前において同一者による完全支配関係があり、本件現物出資後においてもこのような支配関係が継続していた。

(2) 本件自己株式の譲渡（平成16年5月期）

　B社は、平成16年1月26日、D銀行から額面4億6,931万500円のX社宛て利息債権（以下「本件利息債権」という。）を2億5,663万2,756円で取得した。その後、X社は、同年4月6日、B社に債務の弁済として1億4,461万500円を支払い、本件利息債権の残高は、額面3億2,470万円となった。X社は、同年4月30日、自己株式34万株（帳簿価額3億2,470万円）をB社に譲渡し、その対

価として、本件利息債権（額面残高3億2,470万円）を取得した（以下「本件自己株式譲渡」という。）

X社は、本件利息債権とこれに対応する債務（長期未払金：3億2,470万円）（以下「本件利息債務」という。）が混同により消滅したとして、当該債務3億2,470万円を減額するとともに、自己株式3億2,470万円を減額した。

(3) 課税当局による更正処分の内容

課税当局は、平成15年5月期（上記(1)）に関して、本件現物出資は、適格現物出資に該当することから（法人税法2条12号の14）、X社の本件貸付債権の取得価額は、A社の本件現物出資の直前の帳簿価額に相当する1億6,200万円と認められ、その後、本件貸付債務の額面額約4億3,040万円と本件貸付債権の取得価額1億6,200万円が、混同により消滅することにより生じる差額2億6,844万2,435円は債務消滅益として益金の額に算入すべきであるとする更正処分をした。

また、課税当局は、平成16年5月期（上記(2)）に関して、本件利息債権の取得価額は、直近の取引価額等からみて1億1,202万2,256円（2億5,663万2,756円－1億4,461万500円）と認められるので、混同によって消滅した本件利息債務3億2,470万円と本件利息債権の取得価額1億1,202万2,256円の差額2億1,267万7,744円については、債務消滅益として、益金の額に算入すべきであるとする更正処分をした。

Ⅱ 法人税―資本

【本件DES】

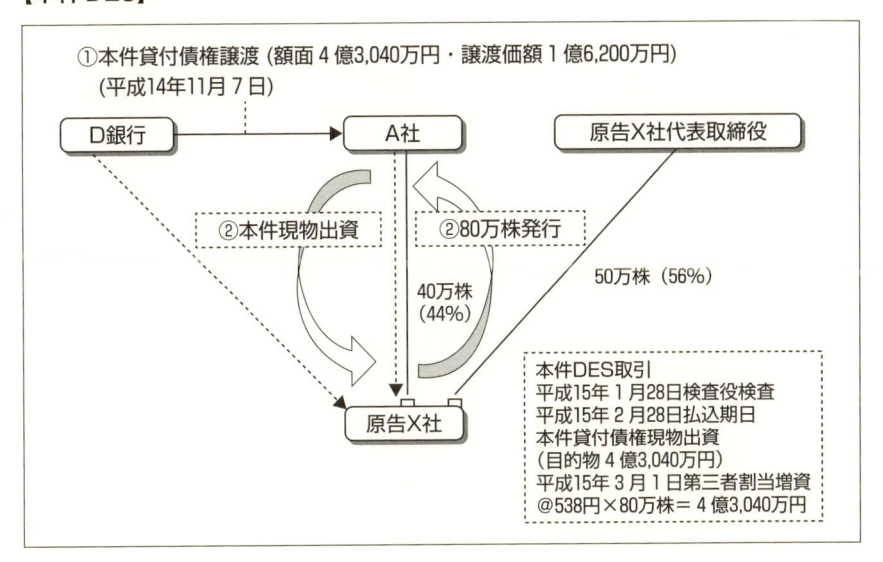

①本件貸付債権譲渡（額面4億3,040万円・譲渡価額1億6,200万円）
（平成14年11月7日）

```
D銀行 ──→ A社        原告X社代表取締役
            ↓↑
        ②本件現物出資  ②80万株発行
            ↓↑
           40万株         50万株（56%）
           （44%）
            ↓
          原告X社
```

本件DES取引
平成15年1月28日検査役検査
平成15年2月28日払込期日
本件貸付債権現物出資
（目的物4億3,040万円）
平成15年3月1日第三者割当増資
@538円×80万株＝4億3,040万円

【本件自己株式譲渡】

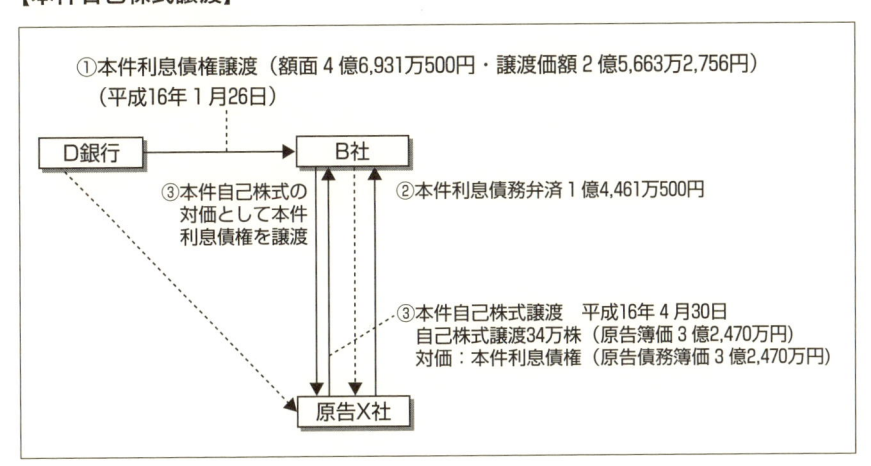

①本件利息債権譲渡（額面4億6,931万500円・譲渡価額2億5,663万2,756円）
（平成16年1月26日）

```
D銀行 ──→ B社
              
③本件自己株式の   ②本件利息債務弁済1億4,461万500円
対価として本件
利息債権を譲渡

              ③本件自己株式譲渡　平成16年4月30日
              自己株式譲渡34万株（原告簿価3億2,470万円）
              対価：本件利息債権（原告債務簿価3億2,470万円）
          原告X社
```

117

2．争 点

【本件DES】

争　点	納税者	課税庁
本件DESにおいて、債務消滅益が発生するか否か	DESは、民商法上借用された現物出資として扱われ、一個の取引行為として資本等取引に該当するので、DESによって債務が消滅しても、債務消滅益は発生しない。	DESは、旧商法に直接規定はされていないが、現物出資の制度を適用して行われるものと考えられ、現物出資による債権の受入、当該債権が債務と混同により消滅するのであり、出資された債権の時価が券面額に満たないときは、混同により消滅した券面額との差額につき債務消滅益が発生する。
券面額説及び平成18年改正の遡及適用の可否	・平成12年の東京地裁民事第8部（以下「東京地裁商事部」という。）は、会社債権者の債務者会社に対する債権の現物出資の評価について券面額によるとの見解（券面額説）を採ることを明らかにしており、実務上、DESは民商法上借用された現物出資として扱われていた。 ・券面額による処理を否定した平成18年法律第10号による改正（以下「平成18年改正」という。）後の法人税法は、本件DESには遡及適用されるものではない。	・現物出資対象債権の評価につき、東京地裁商事部が券面額によることを明らかにした後、課税実務において券面額により評価運用された事実はない。 ・原告が行った適格現物出資に係る資本積立金額の規定については、平成18年改正において、該当条文が法人税法施行令に移されたこと、会社法制定に伴う字句の修正以外は、本件DESが行われた当時の規定（法人税法2条17号ト）と平成18年改正後の規定（法人税法施行令8条1項8号）とで内容に変更はない。
DES取引の性質及び法人税法62条の4第1項の適用の可否	現物出資は資産の増加をもたらすものであるが、DESは、負債の減少をもたらすものであり、会社財産に対する影響という観点からは、同一の効果を生ずるという点で現物出資の形式を借用しているに過ぎず、法人税法が規定する現物出資には該当せず、法人税法等の関連法令（62条の4第1項等）の適用はない。	DESは、旧商法における現物出資の制度を適用して行われるものである。そして、本件現物出資は、適格現物出資に該当し（同一人による完全支配関係あり）、原告の本件貸付債権の取得価格は、移転直前の帳簿価額1億6,200万円となり、原告の資本等の額は、1億6,200万円となる。
DESの分解の可否及び混同による消滅の法的性質	・DESについて、税法上明確な特則が定められておらず、基本分野である民商法上から借用された現物出資として扱われるに過ぎず、DESを現物出資と混同に分解して解する必要性はない。 ・また、混同は事実であって取引ではないので、損益取引には該当しない。	・DESによる債権の消滅は、①債権（資産）の移転と資本金の増加、②混同による債権（資産）の消滅と債務（負債）の消滅という過程を経て生じる。 ・また、法人税法22条2項にいう資本等取引以外の取引（損益取引）とは、財産に影響を及ぼす一切の事実を含む簿記上の取引と解されており、混同による債務の消滅が民法上の取

II 法人税—資本

| | | 引でなく事実であったとしても、この混同による債務の消滅は、税法上、損益取引に該当し、これに伴う債務消滅益を益金の額に算入することについて何ら違法な点はない。 |

【本件自己株式の譲渡】

争　点	納税者	課税庁
本件自己株式の譲渡の性質	・自己株式の処分は損益の発生しない資本等取引であり、本件取引が資本等取引に該当する以上、また、本件取引時及び本件取引を含む事業年度分の法人税確定申告当時、他の別段の定めがない以上、自己株式の処分について、債務消滅益を認定することは違法である。 ・被告は、民商法上、本件自己株式の譲渡取引、すなわち、一つの取引を、何らの根拠なく譲渡金額は別異の金額であるとした上で、独自の解釈に基づき「仕訳」という会計処理上のテクニカルな方法により二つに分解し、一つの部分は資本等取引であり、その余の部分は損益取引であるとするが、これは、明らかに、公正妥当な会計処理の原則に反し、法人税法22条4項に反する。	・本件自己株式の譲渡取引により、債権債務は同一人である原告に帰属する結果として、債権債務は混同により消滅する。ここで消滅する本件利息債権の帳簿価額は、取得価額（時価）である1億1,202万円であり、また、混同により消滅する債務の金額は、額面の3億2,470万円である。 ・本件自己株式の譲渡取引により、原告は額面3億2,470万円の債務の返済を免れ、一方で、取得した本件利息債権1億1,202万円が消滅するのであり、結果として、当該債権債務の差額の2億1,267万円が損益取引により生じた債務消滅益の額となる。 ・混同による債務の消滅は税法上、損益取引に該当する。
譲渡対価の額	・課税庁が本件利息債権の取得価額を1億1,202万円と認定したのは、原告の財務内容を考慮しない根拠のないものであり（原告は銀行から融資を受けるほど財務内容が改善されていた）、全く時価からかけ離れた低額すぎる価額である。 ・契約は両当事者の合意で決められるものであり、これは民商法上の大原則である。譲渡契約における譲渡対価の額は、当事者の合意により定まるものであり、譲渡対価の額は本件自己株式の簿価である3億2,470万円である。 ・自己株式の譲渡の対価が債権の時価であるとしても、相続財産評価に関する基本通達204によれば、本件利息債権の価額は支払いを受けるべき金額（券面額）で評価されるため、	・法人が自己株式を取得した場合には、譲渡対価の額から当該自己株式の当該譲渡の直前の帳簿価額を減算した金額を資本積立金額とすることとされている（法人税法2条17号ロ）。譲渡対価の額は、時価、すなわち客観的な交換価値と解される。本件利息債権は、第三者である銀行から2億5,663万円で取得したものであり、特段の事情がない限り、当該金額を時価と見るのが合理的である。 ・本件利息債権のうち、一部弁済を受けた後の残余の額である1億1,202万円（2億5,663万円－1億4,461万円）が当該利息債権の時価である。

	券面額である3億2,470万円で評価される。

3. 判　旨

〔第一審判旨〕東京地裁　平成21年4月28日判決
　請求棄却（納税者敗訴）

※なお、以下は第一審の判旨であるが、控訴審（東京高裁平成22年9月15日判決（請求棄却、納税者敗訴））の判旨も同様である。

(1) 本件DESについて債務消滅益が生じるか否かについて
① 本件DESが実行された当時において、会社法制上、これを直接実現する制度は設けられていないため「既存の法制度を利用するほかなく、既存の法制度を利用する以上、既存の法制度を規律する関係法令の適用を免れることはできない」。
② X社は、本件DESは、一個の取引行為であり、全体として法人税法22条5項の資本等取引に該当する旨主張する。しかし、株式会社の債務を株式に直接転換する制度が存在しない以上、本件DESは「現行法制上、(A)本件現物出資によるA社から原告への本件貸付債権の移転、(B)本件貸付債権とこれに対応する債務………の混同による消滅、(C)本件新株発行及び原告の新株引受けという複数の各段階の過程によって構成される複合的な行為であるから、これらをもって一の取引行為とみることはできない」（下線筆者。以下同。）。また、上記(A)の現物出資及び同(C)の新株発行の過程においては、資本等の増減は認められるものの、上記(B)の混同の過程においては、資本等の金額の増減は発生しないので、資本等取引に該当するとは認められないから、(A)ないし(C)の異なる過程をあわせて全体を資本等取引に該当するということはできない。
③ X社とA社との関係は、本件現物出資の前後を通じて、間接的ではある

が同一者による完全支配関係が継続する関係にあったと認められるので、本件現物出資は、法人税法2条12号の14イ所定の適格現物出資に該当するものというべきものである。

④　本件現物出資が適格現物出資であれば、法人税法62条の4第1項により所得の金額を計算するのであって、会社法制上、一般に現物出資対象債権の評価を券面額又は評価額のいずれで行うかという議論は、法人税法上、適格現物出資における現物出資対象債権の価額の認定には影響を及ぼさず、その認定とは関係がない。

⑤　適格現物出資に該当する本件現物出資について、資本等の金額の増減等は、適格現物出資に関する平成18年改正前の法人税法及び同法施行令の各規定に従って算定されるので、一般的な現物出資対象債権の評価方法（券面額又は評価額）に関する原告の主張に係る議論の影響を受けるものではなく、上記各規定に基づいて行われた処分行政庁による債務免除益の認定は、平成18年改正後の法人税法の規定の遡及適用によるものではない。

⑥　平成15年2月の法人税基本通達の一部改正により、法人税基本通達2-3-14（債権の現物出資により取得した株式の取得価額）の定めが設けられ、合理的な再建計画等に従い現物出資した場合には、これによって取得した株式の取得価額の評価は、債務者会社の株式の時価によることが明らかにされたが、この通達においても、現物出資対象債権の評価については何ら言及されておらず、依然として評価額又は券面額のいずれによるかについて明確な指針は示されなかった。加えて、東京地裁商事部における検査役の調査実務の変更がされる前は、法人税の課税実務において評価額による評価運用がされていたことや、東京地裁商事部が券面額による評価を採用した後も、他の裁判所では検査役の調査実務において、評価額による評価が行われていた例が多数あったとの指摘があることを考慮すれば、法人税法の平成18年改正前において、DESに係る現物出資対象債権の評価について、その評価方法を明らかにした通達等が示されていない状況の下で、原告が主張するような課税実務において券面額による評価が一般的に採用されていたとは認め難い。

⑦　上記で検討したとおり、本件現物出資は適格現物出資に該当するので、法人税法62条の4第1項により、本件貸付債権を直前の帳簿価額により譲渡したものとして、事業年度の所得の金額を計算することになるから、混同により消滅した本件貸付債権の券面額とその取得価額（直前の帳簿価額）1億6,200万円との差額につき、債務消滅益が発生したものと認められる。

(2) **本件自己株式の譲渡について債務消滅益が生じるか否かについて**
①　資本等取引は、法人の資本等の金額の増加又は減少させる取引等をいい（法人税法22条5項）、自己の株式の譲渡によって増加する資本積立金額は、自己の株式を譲渡した場合における譲渡対価の額から当該自己の株式の当該譲渡の直前の帳簿価額を減算した金額（法人税法2条17号ロ）である。この譲渡対価の額は、時価を意味するものであり、時価とは、不特定多数の当事者間で自由な取引が行われた場合に通常成立する価額、すなわち、客観的な交換価値をいうものと解されるところ、本件ではD銀行が平成16年1月26日付でB社に譲渡した本件利息債権の譲渡代金は2億5,663万円であったのであるから、特段の事情がない限り、平成16年1月26日当時の本件利息債権の時価は2億5,663万円であったと認めるのが相当であり、B社が時価と異なる価格で本件利息債権を取得した特段の事情の存在を認めるに足る証拠はない。
②　X社は、B社がD銀行から本件利息債権を取得してから間もない平成16年4月6日に、B社に本件利息債権の返済として1億4,461万円を支払い、同月30日に、その残額3億2,470万円の本件利息債権を取得したものであるから、本件自己株式の譲渡対価である同日当時の本件債権の時価は、2億5,663万円から1億4,461万円を控除した残額である1億1,202万円と認めるのが相当である。
③　法人税法2条17号ロによれば、譲渡対価の額から当該自己株式の譲渡の直前の帳簿価額を減算した金額が資本積立金額となる。本件債権の本件自己株式の譲渡直前の譲渡価格は3億2,470万円であるから、上記譲渡対価の額1億1,202万円からこれを減算した金額マイナス2億1,267万円が資本

積立金額となるので、本件自己株式の譲渡は資本等取引に該当する。

そして、本件自己株式の譲渡の結果、X社が取得した本件利息債権（取得価額1億1,202万円）と本件利息債務（3億2,470万円）は混同により消滅したが、これは自己株式の譲渡によって消滅したのではなく、混同により消滅したものである。混同は、資本等の金額の増減を発生させるものではないから、資本等取引に該当するとは認められない。したがって、X社は、損益取引に該当する混同によって3億2,470万円の債務の返済を免れ、この金額に相当する経済的利益を得たことになるので、本件債権の取得価額1億1,202万円を控除した残余2億1,267万円につき、債務消滅益が発生したと認めるのが相当である。

④　X社は、民法上、一つの取引である本件自己株式の譲渡取引を、何らの根拠なく譲渡金額を当事者の合意とは別異の金額であるとした上で、独自の解釈に基づき二つに分解し、一の部分は資本等取引であり、その他は損益取引であるとすることは、明らかに、公正妥当な企業会計原則に反し、法人税法22条4項に反する旨を主張する。これに対しては、本件利息債権のX社への移転及びその消滅の過程は、私法上も、(A)X社がB社に対して本件自己株式を譲渡し、その対価としてB社が原告に対し本件利息債権を譲渡する旨の合意、(B)本件利息債権と本件利息債務が同一人であるX社に帰属したことに基づく混同による消滅の2段階の各過程に分解されるものであり、上記(B)の混同による債権債務の消滅の効果は、債権債務が同一人に帰属することにより当然に発生するものであり、(A)及び(B)を併せて民商法上の一つの取引とみることはできない。そして、資本等の金額の増減が発生するのは上記(A)の取引のみであり、上記(B)の混同は、資本等の金額を増減させるものではなく、資本等の取引に該当するとは認められず、損益取引に該当すると認められるので、これによって消滅した債務の額を債務免除益と認めて課税することは、公正妥当な企業会計原則に反するものではなく、また法人税法22条4項に反するものでもないので、X社の主張は理由がない。

4. 評 釈

　本件は、(1)関連会社が債務者企業に対して有する貸付債権を債務者企業自体に現物出資するデット・エクイティ・スワップ（DES）が行われた場合に、当該債務者企業において債務消滅益が生じるか否か、及び、(2)債務者企業から関連会社に対して自己株式を譲渡し、その対価として債務者企業が本件利息債権を取得した場合、これに対応する債務との混同による消滅により債務消滅益が生じるか否かが争われた事案である。

　この点、東京地裁は、(1)の本件DESについて、会社法制上、DESを直接実現する制度が設けられておらず、平成18年度改正前において、DESに関する税務上の取扱いが明確に規定されていなかったことを理由として、既存の法制度を利用し、①会社債権者の債務者会社（原告）に対する貸付債権の現物出資、②混同による債権債務の消滅、③債務者会社の新株発行及び会社債権者の新株引受という複数の各段階の過程によって構成される複合的な行為であるとした上で、②の混同による消滅の過程では資本等取引に該当しない（損益取引に該当する）ことから、債務消滅益を益金の額に算入すべきであるという判断を示した。また、(2)の本件自己株式譲渡についても、本件自己株式の譲渡（取得）は、①X社がB社に本件自己株式を譲渡し、その対価としてB社がX社に対して本件利息債権を譲渡する旨の合意、②本件利息債権と本件利息債務が同一人であるX社に帰属したことによる混同による消滅という2段階に分解されると判示し、本件自己株式の譲渡取引の結果生じた本件利息債権と本件利息債務との混同による消滅は損益取引であるとして、債務消滅益を益金の額に算入すべきであると判示した。

　本判決の評価については様々であり、本判決を積極的に評価する見解は少なくないが、他方で、本判決のように、当事者が債務者に対する債権と債務者が発行又は譲渡する株式を交換する取引として行った一つの取引を技巧的に複数の段階に分解して、そのうちの一部に過ぎない混同による消滅という法的効果が資本等取引に該当しないという点のみに着目して、債務消滅益を益金として認識すべきとすることは許されないとする見解も考え得る。つまり、法人税法

22条2項は「益金の額に算入すべき金額は、………資本等取引以外のものに係る当該事業年度の収益の額とする」として、資本等取引から益金の認識はできないものとされているところ、本件DES取引及び本件自己株式譲渡取引を当事者の意思に従って一つの取引ととらえられる場合には、仮に損益取引の要素と資本取引の要素の両者を含む、いわゆる混合取引[1]であるとしても、当該取引は資本金等の増加を生ずる取引として資本等取引に該当する以上「別段の定め」がない限り、当該取引から益金を認識することはできないという解釈も考え得る。そして、この考え方に基づき、混同による消滅を定める民法520条や適格現物出資における被現物出資法人の資産の取得価額を定める法人税法62条の4は、いずれも損益認識に係る規定に該当するとはいえず、本件DES及び本件自己株式譲渡が実行されたときに「別段の定め」に該当する条項は存在しないとして、本判決の結論を批判する見解もあり得るであろう。

さらに、上記とは異なる視点から、本判決は、各段階において、各制度を規律する関係法令の規制を受けると判示しているが、具体的に各段階でどのような税務上の処理が想定されるのか、また、当該各段階の処理において、当該取引時におけるどのような関係法令の規制を受けることになるのか、という観点から、以下のような問題が生じ得るという指摘も考えられる。

本件DESについて、本判決で判示されている、複数の各段階を経て構成される複合的な行為として分解した場合、債務者側の処理は以下のように行われると考えられる。

① 債権の現物出資による債権者A社からX社への本件債権の移転
　　自己宛債権　　　162,000,000　／　新株払込証拠金　　162,000,000

② 本件債権とこれに対応する借入金債務の混同による消滅
　　借入金　　　　　430,400,000　／　自己宛債権　　　　162,000,000
　　　　　　　　　　　　　　　　　　　債務消滅益　　　　268,400,000

---

1)「混合取引」については、金子宏『租税法〔第16版〕』(弘文堂／2011年) 参照。

③ X社の新株発行及び債権者A社の新株の引受

新株払込証拠金	162,000,000	／	資本金	400,000,000
資本積立金	268,400,000		資本準備金	30,400,000
（債務消滅益）			（資本積立金）	

　本件DESを複数の過程に分解して仕訳を行うと仮定する場合、本件DESより増加した資本積立金額は、マイナス2億3,800万円になるという判示に従うならば、②で一旦生じた債務消滅益を、③新株発行の処理において資本に組み入れたという処理を想定しなければならないように思われる。

　しかしながら、旧商法において、利益である当該債務免除益を資本準備金に組み入れることは認められておらず（旧商法288条の2）、また、利益である債務免除益を資本に組み入れるためには、利益処分に関する株主総会決議を得る必要があるが、本件においては、裁判所による検査役の検査によって増資が認められた事例であり、当該株主総会決議を経ていない。

　このように、本判決のように本件DESを複数の過程に分解した場合には、利益の資本組入れという処理が行われることとなり、旧商法及び法人税法の規定と整合しないという問題があるという指摘も考え得る。

　上記とは異なる評釈として、そもそも事実関係において、本件では、D銀行とX社が直接取引を行い一部の弁済を除く残余額を債務免除するという方法も可能であったところ、本件貸付債権をわざわざ原告の関連会社に譲渡し、本件DESを行ったのは、D銀行との直接取引の場合には債務免除益の計上が余儀なくされるため、これを回避する目的から行われたのではないかという指摘をした上で、本件増資については、適格現物出資に該当するか否かにかかわらず債務免除益が計上されるべきであると考えるのが、本件の事実関係に即して妥当であるとする見解がある。つまり、この見解は、本判決のように適格現物出資であることを債務免除益の主な理由付けとした場合には、適格要件を充足しない方法（迂回取引など）が採用された事案には対応できないとして、本件DES及び本件自己株式譲渡取引については、いずれも同族会社を介在させて、債務消滅益を発生させないように操作していることが明らかであり、法人税法

132条の規定（同族会社等の行為計算の否認規定）を援用することが考えられると指摘する[2]。もっとも、係る指摘のように本件DES及び本件自己株式譲渡取引に法人税法132条を適用するには、同条の要件である「不当」な税額の減少があったのか、という点についてより仔細な検討が必要になると考えられる。

5．実務上の対応

平成18年改正により、法人が現物出資を受けた場合には、給付を受けた資産の価額（すなわち時価）をもって資本金等の額とすると規定された（法人税法施行令8条1項1号）ことから、DESにより自己宛債権の現物出資を受けた場合についても、債務者会社の増加する資本金等の額は、その債権額（券面額）ではなく、税務上の時価によるものとされた。また、平成18年改正により定められた法人税法59条の規定もDESにより債務消滅益が生じることを前提とした規定を設けている。したがって、現行の租税法令上の課税実務としては、DES対象債権の時価が債権額（券面額）に満たない状況において、DESを実行した場合、債務者会社が現物出資を受けた自己宛債権に対応する債務について、その債権額（券面額）と時価との差額が、債務消滅益として計上されることになろう。

参考文献

・金子友裕「法人税法におけるDESによる債務免除益―東京地裁平成21年4月28日判決を素材として―」『税務事例』第42巻第12号　42頁（2010年）
・西村善朗「DESにより生じる債務消滅益の益金算入―平成21.4.28東京地裁判決を題材として」『税務弘報』第57巻第14号　81頁（2009年）
・品川芳宣「役員報酬の仮装経理とDES等における債務消滅益［東京地裁平成21.4.28判決］」『税研』第25巻第2号通巻第147号　83頁（2009年）

2）品川芳宣「役員報酬の仮装経理の有無とDES等における債務免除益等の存否（東京地裁平成21.4.28判決）」『T&A master』第321号　22頁（2009年）。

・図子善信「簿価が額面を下回る債権によるDESと債務消滅益の存否」『法学セミナー増刊　速報判例解説 Vol.6』331頁（2010年）
・神田秀樹「債務の株式化（デット・エクイティ・スワップ）」『ジュリスト』第1219号　30頁（2002年）
・針塚遵「デット・エクイティ・スワップ再論」『商事法務』第1632号　16頁（2002年）

9

第三者割当増資と親会社への受贈益課税について
～オウブンシャ・ホールディング事件～

東京地裁　平成13年11月9日判決（納税者勝訴）（平成12年（行ウ）第69号、法人税更正処分等取消請求事件）
東京高裁　平成16年1月28日判決（納税者敗訴）（平成14年（行コ）第1号、法人税更正処分等取消請求事件）
最高裁第三小法廷　平成18年1月24日判決（納税者敗訴、差戻し）（平成16年（行ヒ）第128号、法人税更正処分等取消請求事件）
東京高裁　平成19年1月30日判決〔確定〕（平成18年（行コ）第31号、法人税更正処分等取消請求事件）

〔参照条文〕　法人税法22条2項、132条1項1号

ポイント

本件は、海外子会社を利用して第三者割当増資により保有資産の含み益に対する課税回避を図った日本法人に対し、法人税法22条2項に規定する無償取引による収益が生じているか否かが争われた事案であり、第三者割当増資が関係者間の意思の合致に基づいて行われた行為であることに鑑みて、最終的に親会社において無償取引による収益が生じていると認定された事案である。

1. 事　実

本件は、X社がオランダにおいて設立した100％出資の子会社であるA社が、その発行済株式総数の15倍の新株をX社の関連会社であるB社に著しく有利な価額で発行したことに関して、課税当局が、X社の有するA社株式の資産価値のうち上記新株発行によってB社に移転したものを、X社のB社に対する寄附金として、X社の平成6（1994）年10月1日から同7（1995）年9月30日まで

の事業年度の法人税の増額更正及びこれに係る過少申告加算税賦課決定をしたことから、X社が、上記更正及び上記賦課決定の取り消しを求めた事案である。

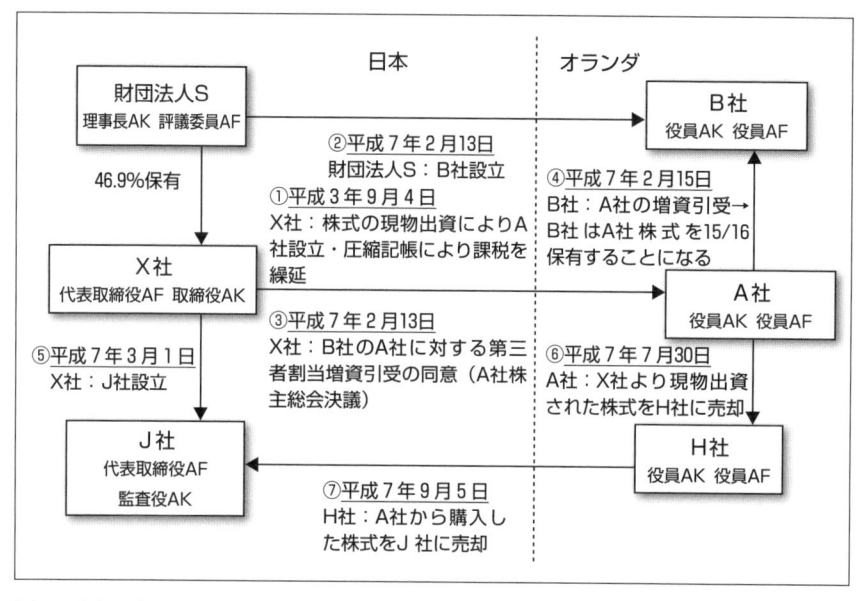

```
                                      日本    オランダ
  ┌─────────────┐                              ┌─────────────┐
  │  財団法人S    │                              │    B社      │
  │理事長AK 評議委員AF│──────────────────────────→│役員AK 役員AF │
  └─────────────┘    ②平成7年2月13日            └─────────────┘
         │           財団法人S：B社設立          ④平成7年2月15日
     46.9%保有       ①平成3年9月4日             B社：A社の増資引受→
         │           X社：株式の現物出資によりA  B社はA社株式を15/16
         ↓           社設立・圧縮記帳により課税を 保有することになる
  ┌─────────────┐   繰延
  │    X社      │                              ┌─────────────┐
  │代表取締役AF 取締役AK│                        │    A社      │
  └─────────────┘                              │役員AK 役員AF │
  ⑤平成7年3月1日  ③平成7年2月13日            └─────────────┘
  X社：J社設立    X社：B社のA社に対する第三    ⑥平成7年7月30日
         │        者割当増資引受の同意（A社株   A社：X社より現物出資
         ↓        主総会決議）                  された株式をH社に売却
  ┌─────────────┐                              ┌─────────────┐
  │    J社      │                              │    H社      │
  │ 代表取締役AF │←─────────────────────────── │役員AK 役員AF │
  │  監査役AK   │   ⑦平成7年9月5日            └─────────────┘
  └─────────────┘   H社：A社から購入し
                     た株式をJ社に売却
```

(1) 平成3年9月4日、X社（財団法人S（昭和54年11月設立。平成7年2月15日当時、X社の発行済株式のうち250,880株（49.6％）を保有する筆頭株主）等を主要株主とする法人税法2条10号の同族会社）は、次の(ア)の現物出資及び(イ)の金銭出資によりオランダに100％出資子会社としてA社を設立した。

(ア) 現物出資　15億4,400万円

　① D放送株式会社の株式3,559株（受入価額11億500万円）

　② 株式会社C放送の株式150,000株（受入価額4億3,900万円）

(イ) 金銭出資　1億600万円

　　上記出資総額16億5,000万円（1ギルダー＝75円として、2,200万ギルダー）に関して、A社はX社に対して、額面金額1株当たり1,000ギルダーの株式を200株発行し、A社は同額面金額20万ギルダー（1ギルダー＝75円として1,500万円）を超える出資額2,180万ギルダー（同16億3,500万円）を全額資本準備金として処理した。

X社は、平成10年の改正前の法人税法51条1項（外国子会社設立の際の現物出資についても、いわゆる圧縮記帳による課税の繰延べを認めていた。）に基づき、上記の現物出資(1)(ｱ)につき、帳簿価額により出資したものとして、出資時の帳簿価額と時価との差額（約81億3,400万円相当）を圧縮記帳し、課税の繰り延べを行った。

(2) 財団法人Sは、平成7年2月13日、オランダにB社を100％出資により設立した。

また、財団法人Sは、平成7年2月15日当時、X社の筆頭株主であり、X社の取締役相談役のAK氏は、財団法人Sの理事長、A社の代表取締役及びB社の取締役を兼ねており、X社の代表取締役であったAF氏が財団法人の評議委員、A社の代表取締役及びB社の取締役を兼ねていた。

(3) X社は、A社の株主として、平成7年2月13日のA社の株主総会において、A社が新たに1株当たり額面金額100ギルダーの新株3,000株を発行し、その全部を、1株当たり1,010.1ギルダーでB社に割り当てる旨の決議をした（以下「本件増資」という。）。

(4) B社は平成7年2月15日、上記3,000株に係る303万303ギルダーの増資払込をし、A社は増資株式全部をB社に割り当て、同年4月20日、増資の登記手続をした。これにより、X社のA社株式の保有割合は、従前の100％から6.25％となり、B社が93.75％の割合でA社株式を保有することとなった。

(5) X社は、平成7年3月1日にJ社を設立した。

(6) 平成7年7月30日にA社はオランダにあるH社にD放送株式会社の株式3,559株を286億4,900万円で売却した（A社の株式の93.75％については、B社経由で公益法人である財団法人Sが保有しており、A社のD放送株式会社の株式譲渡による利益は「収益事業から生じた所得」ではないと考えられたた

め、タックス・ヘイブンの課税対象とならない)。

(7) 平成7年9月5日にH社はD放送株式会社の株式3,559株をJ社に289億3,200万円で売却した。その後、J社はX社のグループ外の法人に売却されている。

(8) X社は、平成7年9月期の法人税について、所得金額をゼロ円、納付すべき税額を2億6,494万2,300円とする確定申告をし、同年11月30日に同申告に係る法人税額を納付した。

(9) 課税庁は、本件増資の決議時におけるA社の資産価値が1株当たり234万6,252.44ギルダー（1億3,648万1,511円）であったのに対し、X社が、その価値を著しく下回る1株当たり1,010.1ギルダー（平成7年2月15日時点で1ギルダーは58.17円）で3,000株もの新株をB社に発行する本件決議をすることにより、X社が保有していたA社株式の資産価値272億9,630万2,219円を一挙に17億1,703万5,934円まで減少させ、その差額である255億7,924万6,285円相当額を、何らの対価も得ずにB社に移転させたもの（有価証券の利益の計上漏れ）と認め、上記資産価値の移転をB社に対する寄附金と認め、X社に対し、平成10年12月18日付で、課税所得金額を249億5,320万4,351円、納付すべき税額を96億2,239万3,800円とする本件更正処分及び13億8,863万2,500円の過少申告加算税を賦課する本件賦課決定処分をした。

(10) X社は、国税不服審判所長に対し、平成11年2月5日、本件更正処分及び本件賦課決定処分を不服として審査請求を行ったが、これに対する裁決が同日から3ヶ月を経過してもされなかったことから訴訟を提起した。

2．争 点

争　点	納税者	課税庁
(1) 本件増資がX社にとって法人税法22条2項に規定する無償による資産の譲渡等に該当するか	〈該当性について〉 　本件第三者割当増資はX社とは関係のないA社の意思決定によりなされたものでありX社にとって、法人税法22条2項に規定する無償による資産の譲渡等による収益にはならない。 〈法人税法22条2項について〉 ・法人税法22条2項は、すべての無償による資産の譲渡又はその他の無償取引から必ず益金が発生する旨を規定しているのではなく、同条4項の「一般に公正妥当と認められる会計処理の基準」に従って益金を計算するのに際し「無償による資産の譲渡」又は「その他の無償取引」から益金が発生する場合があり得ることを規定しているにすぎない。会計学上、利益の実現があったといえるためには「資産」の移転がなければならないとされ「資産価値」の移転だけでは、利益の実現が生じない。法人税法22条2項の「取引」について税法上格別の規定がない以上、その意味は一般私法におけるのと同じと解すべきである。 〈新株の有利発行について〉 　新株の有利発行により旧株式の含み益が減少しても、減少した含み益が実現されたものとして旧株式の帳簿価格を評価替えし、評価益を計上することはない。第三者有利発行の場合、法人税法施行令38条1項2号に基づき、新株主が、払込価額と時価との差額を受贈益とされ、本件においても、新株主（本件の場合、B社）にのみ課税され、法人税法22条2項により旧株主には課税されないと解釈すべきである。	〈該当性について〉 　本件増資は、X社、A社及びB社の合意に基づき、A社株式の資産価値を分割し、対価を得ることなく、その資産価値の一部をX社からB社に移転させたもので、X社からB社への贈与にほかならず、法人税法22条2項の無償による資産の譲渡その他の取引に該当するのでX社の収益となる。また、X社からB社への資産価値の移転は、法人税法37条2項に規定する寄附金に該当する。 〈法人税法22条2項について〉 ・法人税法22条2項が、法人の有償又は無償による資産の譲渡等に係る収益を益金に算入する旨定める趣旨は、法人が管理支配権を行使して資産価値を他に移転し、資産が法人の支配を離脱し、他に移転する際、これを契機として顕在化した資産の経済的価値の担税力に着目して清算課税しようとするもので、上記規定は、いわゆるキャピタル・ゲインに対する課税を定める。資産の譲渡又はその他の取引とは、法人が資産に対する管理支配権を行使してその資産価値の全部又は一部を他に移転すること、すなわち所得を構成する資産の増加を認識すべき一切の場合を意味し、法律行為的な取引に限定されない。 〈新株の有利発行について〉 　資金調達のための新株の有利発行は、これにより、旧株主の有する会社資産に対する割合的持分の移転が生じても、迅速な資金調達のためであり、経済的合理性を欠くとはいえず、これについては、無償取引に係る収益として移転した資産価値が益金に計上される一方で、上記の割合的持分の移転に伴う損金算入が否認されず、課税所得が生じない。これに対し、本件増資は、旧株主（X社）と新株主（B社）の持

			株割合を1対15、出資割合を99対1とし、無償で企業譲渡を行うもので、経済的合理性を欠き、移転に伴う損金算入は認められず、寄附金に該当する。
(2) 本件増資決議における議決権の行使は法人税法132条1項1号の行為に当たるか		株式の第三者有利発行の際、旧株主(本件の場合、X社)には課税されず、平成10年の法人税法51条改正前には、圧縮記帳された現物出資に係る資産の含み益に対し、結果的に日本国の課税権に及ばなかったことなどの事情からみると、本来課税できないX社の行為、計算にのみ法人税法132条1項1号を適用してした本件更正処分は平等主義を定めた憲法14条に違反する。課税庁は、X社の法人税負担が最も重くなる行為、計算を恣意的に設定して課税しており、本件更正処分は、課税要件明確主義をその内容の一つとする租税法律主義を定めた憲法84条、30条に違反する。B社は、増資の対価を支払うなら、X社にではなく、保有株の価値を高めるためにA社に払い込むのであり、X社への支払を合理的な行為という課税庁の主張は法人税法132条1項の前提を欠く。	法人税法132条1項1号の「行為」は、必ずしも法人税法22条2項の資産の譲渡等の取引に当たる必要はなく、不当な法人税の減少をもたらす一切の行為がこれに当たる。本件増資決議における議決権の行使は、法人税法132条1項1号の行為に当たる。本件において、X社は、新株引受権を取得し、これをB社に額面額で譲渡したのと同様の経済的効果を生じさせた。通常の経済人として採るべき合理的行為はB社から相当対価を受領することであり、対価を受領しなかったX社における法人税の負担は、通常の経済人であれば採ったであろう行為に比較して減少している。

(注) 本件において、上記のほか、本件増資に伴うX社のB社への資産の移転額の計算方法(法人税等相当額を控除すべきか否か)や、訴訟手続・課税手続き上の問題等についても争点になっていたが、本稿においては割愛する。

3. 判　旨

〔第一審判旨〕東京地裁　平成13年11月9日判決
　請求認容（納税者勝訴）

　第一審判決は、法形式の面から検討して、本件増資は、A社自体による本件増資の実行という行為とそれに応じてB社がA社に対して新株の払込をするという行為により構成されており、本件増資の結果、B社の払込金額と本件増資により発行される株式の時価との差額が、B社に帰属することとなったことを取引的行為としてとらえるならば、本件増資をして新株の払込を受けたA社

と有利な条件でA社から新株の発行を受けたB社との間の行為にほかならず、X社はB社に対してなんらの行為もしていないと判断した。「実質的にみて、原告の保有するA社株式の資産価値がB社に移転したとしても、それがX社の行為によるものとは認められないから、同資産価値の移転がX社の行為によることを前提としてこれに法22条2項を適用すべきである旨の被告の主位的主張には理由がない」とした。さらに、本件更正処分の理由として法人税法132条を適用すべき旨の被告・課税庁の主張は、原告X社の保有するA社株式の資産価値がB社に移転したことが原告X社自らの行為によるものとは認められないことは上記の判示のとおりであることから、法人税法132条を適用すべきとする被告・課税庁の主張については理由がないことは明らかであるとした。（下線筆者。以下同。）

〔控訴審判旨〕　東京高裁　平成16年1月28日判決

原判決取消・請求棄却（納税者敗訴）

控訴審判決は、認定事実の下においては、A社における持株割合の変化（16/16から1/16減少）は、X社、A社、B社の各法人及び役員等が意思を相通じた結果にほかならず、X社は、B社との合意に基づき、B社からなんらの対価を得ることもなく、A社の資産につき、株主として保有する持分の15/16及び株主としての支配権を失い、B社がこれらを取得したと認定評価することができるとした。その上で、当該事実は、それが両社の合意に基づくと認められる以上、両社間において無償による上記持分の譲渡がされたと認定することができ、法人税法22条2項に規定する「無償による資産の譲渡」に当たると認定することができるとして、本件更正処分は適法であるとの判断を示した。さらに、控訴審判決は、上記「持分の譲渡」は、同項に規定する「資産の譲渡」に当たるとすることに疑義を生じえないではないが「無償による………その他の取引」には当たると認定判断することができるというべきであり、上記規定にいう「取引」は、その「文言及び規定における位置づけから、関係者間の意思の合致に基づいて生じた法的及び経済的な結果を把握する概念として用いられていると

解せられ」、上記のとおり、X社とB社の合意に基づいて実現された上記持分の譲渡をも包含すると認められるとした。

なお、本件は、法人税法22条2項に規定する「無償による資産の譲渡」に当たると判断されることから、控訴審は法人税法132条1項1号に基づく課税についての判断はしなかった。

〔最高裁判旨〕最高裁第三小法廷　平成18年1月24日判決
　原判決破棄　原審差戻し（納税者敗訴）

　最高裁は「事実関係等によれば、X社は、A社の唯一の株主であったというのであるから、第三者割当により同社の新株の発行を行うかどうか、だれに対してどのような条件で新株発行を行うかを自由に決定することができる立場にあり、著しく有利な価額による第三者割当増資を同社に行わせることによって、その保有する同社株式に表章された同社の資産価値を、同株式から切り離して、対価を得ることなく第三者に移転させることができたものということができる。そして、X社が、A社の唯一の株主の立場において、同社に発行済株式総数の15倍の新株を著しく有利な価額で発行させたのは、X社のA社に対する持株割合を100％から6.25％に減少させ、B社の持株割合を93.75％とすることによって、A社株式200株に表章されていた同社の資産価値の相当部分を対価を得ることなくB社に移転させることを意図したものということができる。また、事実関係等によれば、上記の新株発行は、X社、A社、B社及び財団法人Sの各役員が意思を相通じて行ったというのであるから、B社においても、上記の事情を十分に了解した上で、上記の資産価値の移転を受けたものということができる。以上によれば、X社の保有するA社株式に表章された同社の資産価値については、X社が支配し、処分することができる利益として明確に認めることができるところ、X社は、このような利益を、B社との合意に基づいて同社に移転したというべきである。したがって、<u>この資産価値の移転は、X社の支配の及ばない外的要因によって生じたものではなく、X社において意図し、かつ、B社において了解したところが実現したものということができるから、法人税法22</u>

条2項にいう取引に当たるというべきである。」として、上記のとおり移転した資産価値は、X社の本件事業年度の益金の額に算入されると判示し、控訴審の判断を是認した（ただし、A社の資産価値のうちB社に移転した額とX社の納付すべき税額を算定させるために、本件は高裁に差し戻されている。）。

4．評　釈

　本件では、X社に法人税法22条2項に規定する無償取引による収益が、生じたか否かが主として争われた。法人税法22条2項は「内国法人の各事業年度の所得の金額の計算上当該事業年度の益金の額に算入すべき金額は、別段の定めがあるものを除き、資産の販売、有償または無償による資産の譲渡又は役務の提供、無償による資産の譲受けその他の取引で資本等の取引以外のものに係る当該事業年度の収益の額とする」と規定しているところ、本件増資がどのような理由で無償の取引に係る収益を生じさせるかが問題となる。

　この点、第一審判決は、X社がB社と直接の取引をしていないことから、X社に対して法人税法22条2項は適用できないと結論付けたが、控訴審判決及び最高裁判決はいずれも、資産価値の移転は、X社の支配の及ばない外的要因によって生じたものではなく、X社において意図し、かつ、B社において了解していたことから実現したものであるとして、X社とB社との間の合意を認定して、法人税法22条2項にいう取引に当たると判示した。控訴審判決及び最高裁判決については、A社の株主総会を経て実施された有利発行の事実を無視し、経済的実質のみに焦点を当て、法人税法22条2項を拡大解釈しているとの批判もあり、同項の「取引」の意義に係る解釈及び本件における適用すべき法令（法人税法132条の同族会社の行為計算の否認規定の適用等）については様々な議論が存するところであるが、本件におけるX社、A社及びB社の株主構成や役員構成からすれば、各社の同意がなければ本件増資が成立し得ないことは明らかであり、結論的には控訴審判決及び最高裁判決における判断が相当であると思われる。

5．実務上の対応

　有利な発行価額による第三者割当増資の課税関係については、法人税法施行令119条1項4号により、有利な発行価額により取得した株式の取得価額は払込金額ではなく、払込期日の新株の時価によるものとされていることから、有利な発行価額で株式を引き受けた新株主に対して、時価と払込金額との差額が受贈益として課税される[1]。他方、旧株主における課税問題が実務上議論とされることは、ほとんどなかった。その意味で、本件において、課税庁が第三者有利発行増資の課税関係において、旧株主側に無償の資産の譲渡があったとして課税を行ったことは、上記の実務慣行からすれば異例であった。しかしながら、このような課税がなされた一つの理由は、本件が、平成10年改正前の海外子会社への現物出資の圧縮記帳の適用と、キャピタル・ゲイン課税のないオランダ国における子会社での有価証券の譲渡を組み合わせることで、現物出資した株式の取得価額を無税で11億円から289億円に引き上げたという海外子会社を利用した租税回避スキームにおける第三者割当増資であったという点で、特殊であったからであるといえる。特に、本件では、第三者有利発行増資により新株を引き受ける新株主はオランダ法人のB社であり、我が国における新株主の受贈益課税を行えなかった一方で、取得原価が底上げされた株式が最終的にほとんど課税をされずに第三者に売却されており、この点が、課税庁が異例ともいえる旧株主側での収益認定による課税処分を下した背景であると考えられる。したがって、本判決は特異なケースであり、他の事案へのインパクトは少ないとの見方をすることもできる。もっとも、国内においても、グループ会社間で以下のような取引が行われることが考えられる。

---

1) ただし、有利発行価額とは「その取得の時におけるその有価証券の取得のために通常要する価額に比して有利な金額」をいい、その様式の払込金額等を決定する日の現況における「旧株の時価に比して」社会通念上相当と認められる価額を下回る払込金額等をいうものとされている（法人税基本通達2-3-7）。

Ⅱ 法人税―資本

〈同族グループ間の所得移転〉

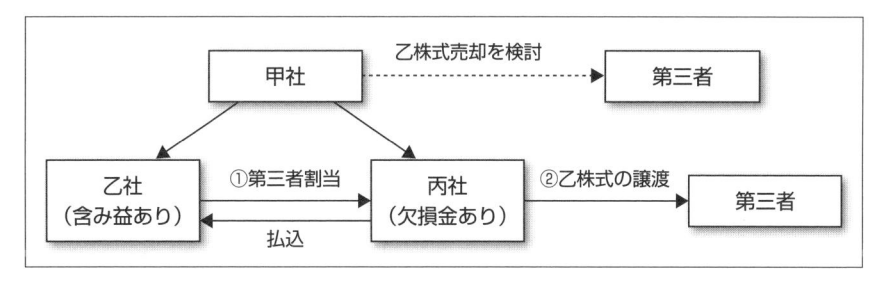

```
                    乙株式売却を検討
        甲社 ─────────────────▶ 第三者
       ╱  ╲
      ╱    ╲
     ▼      ▼
   ┌────┐ ①第三者割当 ┌────┐ ②乙株式の譲渡
   │乙社│────────────▶│丙社│─────────────▶ 第三者
   │(含み│            │(欠損│
   │益あり)│◀──────── │金あり)│
   └────┘    払込    └────┘
```

　甲社は含み益を抱える乙社株式を売却したいが、可能な限り税負担を軽減したいと考えている。グループには多額の欠損金を有する丙社があり、乙社は丙社に第三者割当により株式を有利発行し（丙社は甲社の保証のもと銀行借り入れ等により払い込み資金を調達）、丙社はこれにより取得した乙社株式を第三者に売却し、売却益は欠損金と相殺することで、甲社はグループ全体で乙社株式売却による税負担を軽減することができる。このような、同族会社間の第三者割当増資を利用した含み益移転行為は、本判決と同様の論理又は法人税法132条の適用により、甲社において乙社株式の譲渡益が認識され、丙社において寄附金が認定される可能性が相当程度存するものと考えられ、実務において、慎重な対応が必要であるといえよう。

参考文献

- 『判例時報』1923号　20頁（2006年）
- 『訟務月報』第53巻第10号　2946(190)頁（2007年）
- 細川健・藤田章「現物出資と第三者割当ての税務（上）　オウブンシャホールディング事件（最高裁平成18.1.24第三小法廷判決）を題材にして」『税務弘報』第56巻第7号　161頁（2008年）
- 細川健「無償の資産譲渡による収益の認定（第三者割当てによる含み益の移転）（国税不服審判所平成16.3.30裁決）」『税務事例』第38巻第5号　22頁（2006年）
- 川田剛「外国子会社の第三者株式割当てと親会社への受贈益課税の可否―オーブンシャ事案に係る最高裁判決（平成18.1.24判決）」『国際税務』第26巻第3号　50頁（2006年）
- 作田隆史「第三者割当増資による株主間の持分の移転についての課税上の取扱いについて（オウブンシャ・ホールディング事件）」『税大ジャーナル』第4号　115

頁（2006年）
・山本守之『検証納税者勝訴の判決』22頁（税務経理協会／2010年）
・品川芳宣「海外子会社株式に係る含み益の増資移転における収益認識と当該株式の評価方法―オーブンシャホールディング事件（最高裁平成18.1.24第三小法廷判決）」『T&A master』第162号　16頁（2006年）
・松本賢人「内国会社の海外子会社が、第三者割当増資により、増資新株全部を外国関連会社に有利な条件で割り当て、新株を取得させた場合の内国会社・外国関連会社間の無償による資産譲渡該当性が争われた事例」『税と経営』第1511号　10頁（2004年）

10
欠損子会社に対する過大な増資払込みの寄附金該当性

福井地裁　平成13年1月17日判決（納税者敗訴）（平成10年（行ウ）第12号、法人税更正処分等取消請求事件）
名古屋高裁　平成14年5月15日判決（納税者敗訴）（平成13年（行コ）第4号、法人税更正処分等取消請求控訴事件）
最高裁第三小法廷　平成14年10月15日判決（上告棄却・納税者敗訴）〔確定〕（平成14年（行ツ）第178号、法人税更正処分等取消請求上告及び上告受理申立事件）

〔参照条文〕　法人税法37条6項、7項（現行37条7項、8項）（寄附金の損金不算入）

ポイント

　会社が多額な欠損金を抱える子会社に対して当該欠損金に見合う増資をし、それによって取得した株式を時価で譲渡して多額の譲渡損を生じさせた場合、個々の取引は資本等取引と損益取引であり、特に税務上の問題点は見受けられないようにも思われる。しかし、本件は資本等取引と考えられる増資行為に寄附金性を認定したもので、注目すべき事件である。
　また、本件は、損益が発生せずに行われる、いわゆる擬似DESに対する課税のあり方を示唆する事件でもある。

1. 事　実

　X社は法人税法上の同族会社であり、X社を中心として複数のグループ会社が存在している（資本関係図参照）。X社の代表取締役甲は、同グループの創始者である父が平成3年7月に死亡したことから遺産を相続し、相続税額195

億円余りを納付することとなった。

　甲は、このような多額の相続税を納付するため、グループ全体としてその納税資金を捻出することとした。具体的には、甲の所有するＸ社株式等をグループ会社の１つであるＣ社に売却し、その代金の弁済に代えて甲の債務の弁済を引き受けさせ、その後、Ｘ社の所有する上場株式をＣ社に売却させて、Ｃ社がそれを市場で売却して甲から引き受けた債務の弁済資金に充てることとした。しかし、Ｘ社の所有する上場株式売却により、有価証券売却益が520億円以上発生するものと見込まれたため、この期の税額を減額するため、次のような取引を行った。

(1)　Ｘ社は、平成５年11月に甲らから株式を無償で譲り受けたことにより100％子会社となったＡ社（額面50円、発行済株式総数45万株）に対し、平成５年12月当時約941億円の債権を有していた（Ａ社は、総額で約577億円の債務超過にあった）。ここでＸ社は、Ａ社に新株発行させることとし、Ａ社において普通額面株式52,900株を発行価格50円で発行した。そして、Ｘ社は、これについて１株100万円で引き受けることとし、同年12月９日から16日にかけて、総額529億円を払い込んだ（取引図①）。Ａ社は、１株当たり100万円の増資払込金のうち、額面金額50円に相当する部分の金額を資本金に組み入れ、残額については資本準備金に組み入れた。

　　また、Ａ社は、同月10日から17日にかけて、Ｘ社に対する上記借入金のうち約529億円を返済した（取引図②）。

(2)　他方、Ｘ社は同月20日に、新たに取得した株式52,900株と、以前より所有していた株式450,000株とを併せた合計502,900株を１株316円でＢ社に売却し、約527億5,000万円の有価証券売却損を発生させた（取引図③）。

(3)　その後、甲は平成６年１月、Ｘ社等の株式をＣ社に約568億円で売却し（取引図④）、495億円の甲の債務を引き受けさせるとともに、残額を現金払いとすることとした（取引図⑤）。一方、Ｘ社は平成６年３月に以前から所有し

ていた上場株式をＣ社に約579億円で売却した（取引図⑥）。このうち、約571億円の支払いは、Ｃ社が新株を発行し、これをＸ社が引き受けて払い込んだ増資払込金約571億円が原資であった（取引図⑦、⑧）。

(4) Ｘ社は平成６年３月期の法人税の申告に当たり、上記のとおり、上場株式をＣ社に売却し、その結果、有価証券売却益約522億4,000万円が発生したものの、約527億5,000万円の有価証券売却損を発生させていたことから、他の損失と合わせて所得金額を約15億円の欠損金と算定して申告した。

これに対し、Ｙ税務署長は、本件増資払込金のうち、額面金額である50円を超える部分については、寄附金に当たり、全額が損金に算入されないとして更正処分を行った。

【取引図】

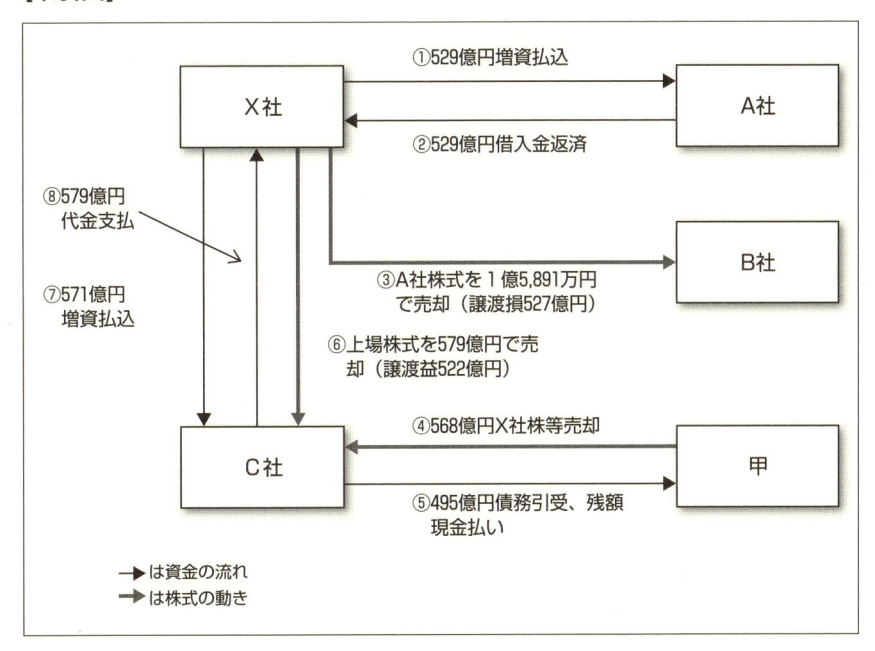

①529億円増資払込
②529億円借入金返済
③Ａ社株式を1億5,891万円で売却（譲渡損527億円）
④568億円Ｘ社株等売却
⑤495億円債務引受、残額現金払い
⑥上場株式を579億円で売却（譲渡益522億円）
⑦571億円増資払込
⑧579億円代金支払

→ は資金の流れ
➡ は株式の動き

【資本関係図】

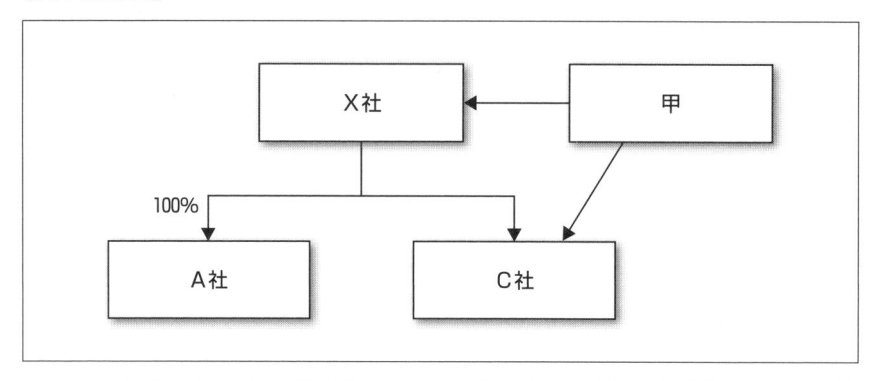

```
         ┌─────────┐      ┌─────────┐
         │   X社   │◄─────│   甲    │
         └────┬────┘      └────┬────┘
          100%│                │
         ┌────▼────┐      ┌────▼────┐
         │   A社   │      │   C社   │
         └─────────┘      └─────────┘
```

　X社、A社、C社は、創始者である甲の父によって設立又は買収された会社であり、X社を中心としてグループを構成している。

　ただし、パーセント表記のない部分の持株比率は不明である。

2．争　点

争　点	納税者	課税庁
(1) 本件増資払込金のうち、その額面金額かつ発行価額でもある1株50円を超える部分は、法人税法37条の寄附金に当たるか。	法人税法37条6項が規定する寄附金は典型的な借用概念であり、商法上適法かつ正当な増資払込みが寄附金の問題とされる余地はない。	法人税法37条6項及び7項が規定する「贈与又は無償の供与」は、民法上の贈与である必要はなく、経済的価値を対価なく他に移転する行為であって、そのことにつき経済合理性がないものであれば足り、本件増資払込金のうち、額面金額を越える部分は寄附金に該当する。
(2) 仮に寄附金に当たらないとしても、本件増資払込金のうち、その額面金額であり発行価額でもある1株50円を超える部分を法人税法132条1項1号により否認し贈与と認めることができるのか。	本件増資払込みは、X社がA社に対して本件増資の直前に有していた貸付金941億円のうちの529億円をA社株式に変換したもの（貸付金の株式への変換）であり、この場合、X社に純資産の減少は生じておらず、また、当該行為は合理的経済人の行為として不自然、不合理であるということはできない。	額面金額及び発行価額がいずれも50円である本件株式を1株当たり100万円で引受け、払込みを行い、これを1株当たり316円で売却したことは、純経済人の行為として極めて不自然、不合理なものであり、132条1項1号により当該行為を否認できる。

3. 判　旨

〔第一審判旨〕　福井地裁　平成13年1月17日判決
請求棄却（納税者敗訴）

(1) 争点(1)について

① 法人税法37条6項（現行第37条7項）にいう「贈与又は無償の供与」とは、民法上の贈与である必要はなく、資産又は経済的利益を対価なく他に移転する行為であれば足りるというべきである。

　　もっとも、右「対価」の有無は、移転された資産又は経済的利益との金額的な評価、価額のみによって決すべきものではなく、当該取引に経済取引として十分に首肯し得る合理的理由がある場合には、実質的に右「対価」はあるというべきである。

② X社は、A社が本件増資払込金の全額を資本勘定に組み入れており、A社の益金を構成しない以上、増資会社において増資払込金とされるものにつき、法37条に規定する寄附金に当たるものが含まれていることはあり得ない旨主張するが、A社が本件増資払込金の全額を資本勘定に組み入れたことと、Xにとって損失（寄附金）が発生するとすることとは、何ら矛盾するものではない。

③ 本件増資払込みは、後にX社がC社に上場株式を売却することによって生ずる有価証券売却益に見合う株式譲渡損を発生させ、右有価証券売却益に対する法人税の課税を回避することを目的としたものであることは明らかであり、また、貸倒損失として損金に算入することのできる債務免除と実質的に同視することができるとして、経済取引として十分に首肯し得る合理的理由があると認めることはできないというべきである。本件増資払込金のうち1株50円を超える部分については、対価がなく「資産又は経済的利益の無償の供与」として、法37条の寄附金に当たるというべきである。

(2) 争点(2)について

争点(2)については、判断を行っていない。

〔控訴審判旨〕 名古屋高裁 平成14年5月15日判決

控訴棄却（納税者敗訴）

(1) 争点(1)について

① 寄附金の損金不算入制度の趣旨並びに法人税法37条の規定の内容からすれば、法人税法37条の「寄附金」は、民法上の贈与に限らず、経済的にみて贈与と同視し得る資産の譲渡又は利益の供与であれば足りるというべきである。

② 「債務の株式化」は、これにより、債務者会社は、借入金債務が自己資本に振り替わり、支払利子の負担が減ることになり、業績回復の可能性が出てくる利益（メリット）を受け、反面、債権者（金融機関など）は、不良債権を処理できるとともに、債務者会社の業績が回復し、再建が軌道に乗れば、配当や株式売却益も期待できるという利益（メリット）がある。しかし、本件においては、本件増資払込みをするに当たり、X社は金融機関に多額の金員を支払って、新たな負担までしていることが認められるのであって、係る手法が世上行われている「債務の株式化」と異なるものであることは、明らかである。

〔最高裁判旨〕 最高裁第三小法廷 平成14年10月15日判決

上告棄却（納税者敗訴）

4．評釈

本件は、赤字子会社の1株当たり額面50円の株式を100万円で引き受け、それを他の会社に316円で売却して巨額の譲渡損を発生させ、後に上場株式を売却することによって生ずる売却益に係る法人税の課税を回避しようとした事例

である。資本等取引である株式払込みという取引において、過大な払込みを法人税法37条の寄附金と認定することができるのかどうかが、裁判上問題となった初めての事件である。

本判決では「法人税法37条の寄附金は、民法上の贈与に限らず、経済的にみて贈与と同視し得る資産の譲渡または利益の供与であれば足りる」とし「経済的にみて贈与と同視し得る資産の譲渡または利益の供与とは資産または経済的利益を対価なく他に移転する場合であって、その行為について通常の経済取引として是認できる合理的理由が存在しないものを指す」とした上で、この払込みに経済的な合理性は認められないから、受入側で増資払込としていても払込側では寄附金の支出と認めることは何ら矛盾しないと判示している。

また、A社が増資払込後もなお債務超過であることから、親会社の赤字子会社への増資払込みについての法人税基本通達9-1-10の2（現行9-1-12）に該当するため、寄附金には当たらないとする主張もなされているが、本判決において、この規定は「企業支配、経営支援等の必要性からその事情においてやむを得ない場合があることが考えられることなどから、親会社が債務超過の子会社の増資を引き受け、時価を超える払込みをした場合に、そのような増資払込みにも経済的合理性が認められ、時価と払込金額の差額を企業支配の対価ととらえることができる場合があることを前提にして規定されたものと解され、増資会社が債務超過である場合の増資払込みはおよそすべて寄附金となり得ないことを明らかにしたものではないというべきである。」として一律に寄附金となり得ないとする趣旨ではないとしている。

また、本件増資払込みは「債務の株式化」（デット・エクイティ・スワップ。以下「DES」という。）であるとのX社の主張に対し、本件においては、直接貸付金を株式に振り替える方法を取らず、金融機関から529億円の資金を借り入れて振込みを行い、そのために利息以外に多額の手数料を支払うなどしており、到底債務の株式化であるとは認めることができず、X社の主張には合理性がないものとしている。

この事例と対比して論じられることの多いのが、時価を超える払込額を法人税法第132条（同族会社の行為計算の否認）により否認した「日本スリーエス

事件」(東京高裁平成13年7月5日平成13 (行コ) 6 原審東京地裁平成12年11月30日平成10 (行ウ) 191) である。

これは、不良債権化した子会社 (2社) への貸付金を回収するために、この2社の株式を額面の100倍ないし29倍の価格で引受け、その払込額で貸付金を回収した後、当該株式を他の会社に1株100円で売却し多額の売却損を発生させた事例である。

しかし、法人税法第132条など持ち出さずに経済的不合理性から無償の金銭の贈与 (寄附金) に当たるとした本事例の方が普遍性があるといえよう。

ただし、この2例はどちらも発生が株式の「額面」があった時代であるが、平成13年の商法改正により額面額が廃止になっているので、今後は「適正な払込額はいくらになるか」という点が問題になると思われる。

5．実務上の対応

本件は、株式払込みが資本等取引であることから、これを課税庁において寄附金認定することは困難であろうとの見込みのもと、これを租税回避行為に利用したが、否認された事例である。

また、本件は資本等取引であっても租税回避目的で行うことは、寄附金課税のリスクが生じることを明らかにしたものであり、これはいわゆる擬似DESの場合にも一考を要するものであろう。

すなわち、平成18年度税制改正において、DESの場合、債権者が取得する株式の取得価額は、その債権の時価とされたことから (法令119①二)、一定の場合には、債権の帳簿価額と債権の時価との差額が、譲渡損益として認識されることになる。そのため、これにより譲渡損失が認識された場合、これは債権の放棄としての性格も有することから、債権者から債務者に対する寄附金として認識される可能性も残されているものと考えられる。

これに対し、いわゆる擬似DESは、債権者は債務者から第三者割当増資を受け、これに応じて現金を払い込み、債務者は払い込まれた現金により債務を弁済する手法である。そのため、擬似DESによっては債権者、債務者ともに

損益が認識されないことから、寄附金課税の可能性は生じ得ないとも思われる。しかし、本件はこのような擬似DESであっても、例えばグループ会社間や親子会社間で過剰な支援と認められるような金銭の払込みが行われ、当該取引に経済合理性が見出されないような場合には、債権者から債務者に対しての寄附金と認定される可能性も否定できないことを示唆しているといえるであろう。

参考文献

- 金子宏『租税法〔第16版〕』（弘文堂／2011年）
- 今村隆「赤字小会社に対する著しく過大な増資払込みの寄附金該当性（福井地方裁判所平成13.1.17判決）」『税理』第45巻第13号（2002年）
- 都井清史「債務の株式化（DES）」『税理』第49巻第7号（2006年）

Ⅲ

法人税―租税回避

11 私法上の法律構成を租税回避目的として否認できるか

大阪地裁　平成10年10月16日判決（納税者敗訴）（平成8年（行ウ）第103号等、法人税等更正処分取消等請求事件）

大阪高裁　平成12年1月18日判決（納税者敗訴）（平成10年（行コ）第65号、法人税等更正処分取消等控訴事件）

最高裁第三小法廷　平成18年1月24日判決（納税者敗訴）〔確定〕（平成12年（行ヒ）第133号、法人税等更正処分取消等上告事件）

〔参照条文〕　法人税法31条1項、2条24号、法人税法施行令13条7号（いずれも当時）

ポイント

本件は、映画フィルムを購入し、映画配給会社に賃貸する組合に投資する組合員の映画フィルムの持分権を減価償却資産とし、その減価償却費を損金算入して租税負担を軽減するスキームを組んだ場合に、組合員において、係る減価償却費を損金算入することが認められるかが争われた事案である。

課税庁は、私法上は減価償却費を計上できると思われる場合であっても、租税回避目的の場合には否認できると主張した。この点、第一審、控訴審は、租税回避目的による場合は、税務上の効果を否認できるとして、課税庁の処分を適法なものと判断した。

これに対して、最高裁は、私法上の効果を認めた上で、本件事案においては、減価償却資産に該当しないとの判断で、課税庁の判断を適法なものとした。つまり、結論は控訴審、上告審とも同じであったが、その理由付けが異なった。

本件判例を踏まえて、私法上の効果を否認することは許されるか、租税回避行為に該当する可能性のある取引を行う場合に、どのような点に留意すべきかについて、考察を行いたい。

1. 事　実

　投資家Ｘが集まって民法上の組合Ｂを結成し、米国法人を業務執行者とした。組合Ｂは、各組合員Ｘの自己資金と、組合が金融機関Ａから借り入れた借入金とを原資として、映画製作会社Ｃが製作した映画を購入した。各組合員Ｘは、税法上、当該映画が各組合員Ｘにおいて持分割合に応じた固定資産として計上し、持分割合に応じた減価償却費の損金算入を行った。具体的には、本件訴訟の組合員は各自約1.4億円を出資し、19分の1の持分を取得したため、本件映画の減価償却費のうち、組合持分に対応する約4億円の減価償却費を損金算入した。なお、課税庁の主張によれば、原告は、本件取引全体で、約4億円の減価償却費の計上及び銀行Ａに対する約1億円の支払利息の計上によって、約2億6,000万円の租税負担を軽減できたとのことである。

　他方、組合Ｂは、映画配給会社Ｄとの間で配給契約を締結し、当該映画の興行などに必要な広範な権利を移転した。さらに、映画配給会社Ｄは、映画製作会社Ｃとの間で第二次配給契約を締結して、配給に関する権利をさらに移転し、結局は、映画製作会社Ｃのもとで、興行は行われた。なお、Ｃ、Ｄは非居住者である。

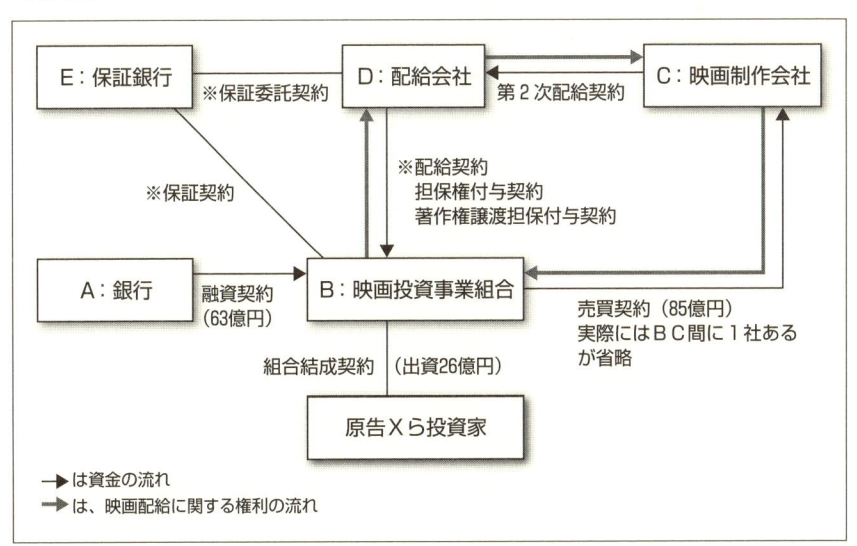

```
E：保証銀行 ──※保証委託契約──→ D：配給会社 ←── 第２次配給契約 ──→ C：映画制作会社
     │                               ↑
  ※保証契約                    ※配給契約
     │                        担保権付与契約
     ↓                       著作権譲渡担保付与契約
                                  │
 A：銀行 ──融資契約(63億円)──→ B：映画投資事業組合 ──売買契約（85億円）
                                                    実際にはＢＣ間に1社あるが省略
                          組合結成契約（出資26億円）
                                  │
                              原告Ｘら投資家
```

　➡は資金の流れ
　➡は、映画配給に関する権利の流れ

なお、組合Bや、組合員Xは、映画の興行による収益のあげ方について関与することができないが、組合Bの借り入れた借入金については、保証銀行Eによってその返済が保証されており、実際には組合員がその返済の責任を負うことはないスキームとなっていた。保証銀行E、配給会社D、組合B間の契約関係は、必ずしも明らかでないが、配給会社Dの組合Bに対する配給契約に基づく支払いにつき、保証銀行Eが保証をしていた。

なお、組合の持分の投資家に対する販売は外資系証券会社が行っており、契約書は一部のものを除いて、英文のものしか存在しない。

また、映画投資事業組合Bと配給会社Dとの間の配給契約（前頁参考図※）において、映画の総収入の10%及び映画フィルムの興行収入から興行に要した費用等を差し引いた金額をDはBに支払うこととなっていたが、組合への分配金額が損益分岐点を超える場合には、ネット支払額が50%に減額されるなど映画興行による利益の分配を多くは望めない仕組みとなっていた。

2．争点

本件訴訟のもっとも大きな争点は、法人税法上、Xによる映画フィルムに関する減価償却費の計上が認められるか否かである。係る争点について、納税者側及び課税庁側の主張を整理すると以下のとおり（他の争点は省略する）。

争　点	納税者	課税庁
(1) 本件取引（上記スキーム全体を指す）の目的	映画フィルムへの投資による利益の獲得を目的としたものであり、課税の延期による経済的利益は反射的な利益にすぎない。	本件取引は、租税負担の回避により利益を得るために行われたものである。
(2) 映画製作会社Cと組合B間の売買契約（以下「本件売買契約」という。）は有効か。	組合Bの配給会社Dに対する契約方式は、米国では確立されたものである。その前提として、映画フィルムの所有権を移転させる意図があった以上、本件売買契約は有効である。	本件取引は、本件映画に係る費用を出資ないし融資する取引であって、本件売買契約は不成立ないし無効である。
(3) 減価償却費計上の可否	本件売買契約が有効であり、映画フィルムの所有権が組合にある以上、減価償却費の計上は許される。	本件売買契約が不成立ないし無効であり、組合Bは映画製作会社Cに融資したに過ぎず、減価償却費の計上は許されない。

3. 判　旨

〔第一審判旨〕　大阪地裁　平成10年10月16日判決
請求棄却（納税者敗訴）

(1)　課税上の利益を目的とした取引である

「Xは、土地建物の管理、賃貸、売買及び仲介等を業とする会社であって、本件取引以前には映画の制作、配給等に関与した事実がないものと認められることに加え、………、Xは、組合員は映画興行の相対的成功度によって決まる受領金額と課税上の優遇措置とによって投資収益を得ることができる旨記載のある本件説明書に基づく説明を受けて、Bに参加することを決定したこと、本件取引に関する各契約書は、本件組合契約書を除きいずれも英文のものしかなかったことからすると、Xは、映画興行による利益と減価償却費の損金計上等によって生ずる課税上の利益を得ることを目的として、単に資金の提供のみを行う意思のもとにBに参加したものであり、Bを通して本件映画を所有し、その使用収益等を行う意思は有していなかったものと推認するのが相当である。」

(2)　本件売買契約は無効である

「本件取引は、その実質において、XがBを通じ、Cによる本件映画の興行に対する融資を行ったものであって、Bないしその組合員であるXは、本件取引により本件映画に関する所有権その他の権利を真実取得したものではなく、本件各契約書上、単にXら組合員の租税負担を回避する目的のもとに、Bが本件映画の所有権を取得するという形式、文言が用いられたにすぎないものと解するのが相当である。」

(3)　減価償却費を計上することは相当でない

「Xが本件映画を減価償却資産に当たるとして、その減価償却費を損金の額に算入したことは相当でなく、右算入に係る全額が償却超過額になるものというべきである。」

〔控訴審判旨〕 大阪高裁　平成12年1月18日判決
　控訴棄却（納税者敗訴）

(1)　課税上の利益を目的とした取引である
　「課税の前提となる私法上の当事者の意思を、当事者の合意の単なる表面的・形式的な意味によってではなく、経済実体を考慮した実質的な合意内容に従って認定し、その真に意図している私法上の事実関係を前提として法律構成をして課税要件への当てはめを行うべきである。したがって、課税庁が租税回避の否認を行うためには、原則的には、法文中に租税回避の否認に関する明文の規定が存する必要があるが、仮に法文中に明文の規定が存しない場合であっても、租税回避を目的としてされた行為に対しては、当事者が真の意図した私法上の法律構成による合意内容に基づいて課税が行われるべきである。」
　「本件取引は、Ｃが日本の投資家から映画の製作資金を得るために、ＣないしＭが考案した一連の取引であって、その一環をなす本件売買契約について、その当事者らが本件売買契約書所定の権利義務をそれぞれ履行することは当然のことであって、そのこと故に本件売買契約が本件売買契約書所定の内容のものとして当然有効となるものではない。その理由は次のとおりである。」
　「売主であるＣは、本件映画等に見合う対価の約25パーセントの代金のみしか得られないにもかかわらず、本件映画等を買主であるジェネシス（ないしメディバル）、ひいては、Ｂに移転したことになるが、これはＣの意思解釈として著しく不合理であるといわなければならない。」
　「ジェネシスとＢとの本件売買契約が仮に有効であるとすると、本件売買契約書と同一の日付で作成された本件配給契約書の内容からすれば、原判決も認定するとおり、Ｂは本件映画等の根幹をなす部分、すなわち、本件映画等を取得するため対価として支払う価値を有する部分についての権利行使がことごとく排除され、当該部分は、本件配給契約及び第二次配給契約により、製作者であるＣが保有することになるにもかかわらず、本件映画等を取得するための対価として代金を支払うことになるが、これは買主であるＢの意思解釈として著しく不合理であるといわなければならない。」

「Bは、本件配給契約によって、Dに対して本件映画の管理、使用収益及び処分に関するほとんど完全な権利を与え、そのため本件映画の所有者として本来であれば有してしかるべき諸権利の行使が全く認められないこととなる上、本件説明書には、本件映画のタイトルはもとより、映画興業に関する具体的情報は何ら記載されておらず、本件取引に関する各契約書は本件組合契約書を除きいずれもBの業務執行者であるエム・エル・フィルムの署名に係る英文のものしかなかったことからすると、映画興業による利益を獲得する目的でBないしXら組合員が本件映画を買い受けたとは認められない。」

　「Cは、ジェネシス（ないしメディバル）を単なる履行補助者として、本件映画等の根幹部分の処分権を保有したままで、資金調達を図ることを目的として、また、B（ないしXら組合員）は、専ら租税負担の回避を図ることを目的として、原始売買契約ないし本件売買契約を締結したと認めるのが相当である。」

(2) **本件売買契約は無効である**

　「本件取引のうち本件出資金は、その実質において、Xら組合員がBを通じ、Dによる本件映画の興行に対する融資を行ったものであって、Bないしその組合員であるXは、本件取引により本件映画に関する所有権その他の権利を真実取得したものではなく、本件各契約書上、単にXら組合員の租税負担を回避する目的のもとに、Bが本件映画の所有権を取得するという形式、文言が用いられたにすぎないものと解するのが相当である。」

(3) **減価償却費を計上することは相当でない**

　「Xが本件映画を減価償却資産に当たるとして、その減価償却費を損金の額に算入したことは相当でなく、右算入に係る全額が償却超過額になるものというべきである。」

〔最高裁判旨〕　最高裁第三小法廷　平成18年1月24日判決
　一部却下、一部棄却（納税者敗訴）

(1)(2)　判断せず。

(3) 減価償却費を計上することは相当でない

「本件組合は、本件売買契約により本件映画に関する所有権その他の権利を取得したとしても、本件映画に関する権利のほとんどは、本件売買契約と同じ日付で締結された本件配給契約によりD社に移転しているのであって、実質的には、本件映画についての使用収益権限及び処分権限を失っているというべきである。このことに、本件組合は本件映画の購入資金の約4分の3を占める本件借入金の返済について実質的な危険を負担しない地位にあり、本件組合に出資した組合員は本件映画の配給事業自体がもたらす収益についてその出資額に相応する関心を抱いていたとはうかがわれないことをも併せて考慮すれば、本件映画は、本件組合の事業において収益を生む源泉であるとみることはできず、本件組合の事業の用に供しているものということはできないから、法人税法（平成13年法律第6号による改正前のもの）31条1項にいう減価償却資産に当たるとは認められない。」

4. 評釈

　本件最高裁判決は控訴審の結論を支持したものの、控訴審の判決理由は採用しなかった。すなわち、第一審及び控訴審では、私法上の真の意思がどこにあるかを認定し、私法上の真の意思は租税回避にあるから、本件売買契約は無効であると判示した。しかし、最高裁は、組合と配給会社との配給契約により、組合は本件映画に関する権利のほとんどを失ったと認定し、法人税法上の減価償却資産に該当しないと判示した。

　課税する前提となるのは、私法取引であり、私法取引における各当事者の意図（例えば、売買契約なのか贈与契約なのかなど）は、取引当事者が作成した契約によって判断されることになるのが一般である。つまり、基本的には、私法上の効果を前提として課税される。しかし、同様の効果を得られる私法上の行為が複数ある場合など「私法上の選択可能性を利用し、私的経済取引プロパ

一の見地からは合理的理由がないのに、通常用いられない法形式を選択することによって、結果的に意図した経済的目的ないし経済的成果を実現しながら、通常用いられる法形式に対応する課税要件の充足を免れ、もって租税負担を減少させあるいは排除することが行われ、これを租税回避という。」[1]

租税回避は脱税や節税とは異なる概念である。脱税は課税要件の充足の事実を全部又は一部秘匿する行為であるのに対し、租税回避は、課税要件の充足そのものを回避する行為である。他方、節税は租税法規が予定しているところに従って税負担の減少を図る行為であるのに対し、租税回避は、租税法規が予定していない異常な法形式を用いて税負担の減少を図る行為である。

租税回避の効果については、当事者が用いた私法上の法形式を租税法上もそのまま容認し、それに即して課税を行うべきか、それともそれが私法上は有効なことは前提としつつも、租税法上はそれを無視し、通常用いられる法形式に対応する課税要件が充足されたものとして課税を行うべきかという問題がある[2]。課税庁側は、前者の考えた方を採用すべきと主張し、第一審及び控訴審は、かかる課税庁側の考え方を採用した。

租税回避行為のうち、税法に明文がある場合には、当該税法が憲法違反等という事情がない限り、当該税法に従って私法上の効果は、租税法上無視されることになる。このような例としては、①同族会社の行為否認（法人税法132条など）、②法人組織再編成にかかる行為（法人税法132条の2）などがある。

問題は、このような明文の規定がない場合であるが、金子教授は「この場合に否認が認められないと解すると、租税回避を行った者が不当な利益を受け、通常の法形式を選択した納税者との間に不公平が生じることは否定できない。したがって、公平負担の見地から否認規定の有無にかかわらず否認を認める見解にも、一理がある。しかし、租税法律主義のもとで、法律の根拠なしに、当事者の選択した法形式を通常用いられる法形式にひきなおし、それに対応する課税要件が充足されたものとして取り扱う権限を租税行政庁に認めることは困

---

1) 金子宏『租税法〔第16版〕』116頁（弘文堂／2011年）
2) 金子前掲118頁

難である。また、否認の要件や基準の設定をめぐって、租税行政庁も裁判所もきわめて複雑なそして決め手のない負担を背負うことになろう。したがって、法律の根拠がない限り租税回避行為の否認は認められないと解するのが理論上も実務上も妥当であろう」との考えを示している[3]。

金子教授の主張するとおり、租税法律主義（憲法84条）、法的安定性などを考えれば、私法上の効果を認めた上で、法律要件に該当するか否かを判断するのが妥当であろう。本件最高裁も同様の考え方を取っていると考えることもできるが、金子教授は「最高裁判所の判断はまだ示されておらず」[3]とされているので注意が必要である。また、下級審の裁判例では、本件も含めて租税回避が真の取引目的であると認定して、否認を認めたケースが散見される。

本件は、課税庁が、最高裁判所の示した論理構成ではなく、あえて、私法上の効果を租税回避の意図がある場合に否認できることを論点としたものと思われる。なぜならば、裁判所が課税庁の係る主張を認めれば、別の件において、そのような理屈で課税処理を行うことができるからである。結果として、本件では最高裁が認めなかったため、課税庁の意図したところには必ずしもならなかったことになるが、最高裁は判断をしなかったに過ぎず、課税庁側の主張が完全に排斥されたわけではない。

5．実務上の対応

(1) 実務上の対応としては、租税回避行為に該当する可能性のある行為を行う場合、まず税務当局から否認されるリスクがあることを認識しなければならない。少なくとも下級審においては、租税回避行為を否認することを可とする裁判例があり、かつ最高裁の見解が示されていない以上、本件最高裁判例があるとしても、課税当局が否認をしてくる可能性を否定することはできない。

3）金子前掲120頁

次に、租税回避に該当する可能性のある行為を行う場合には、少なくとも本件最高裁は、係る私法上の効果を尊重していることから、契約関係をしっかり定めておくことが必要である。つまり、仮に当局から否認された場合であっても、訴訟できちんと説明ができる程度に、契約関係を整えておくこと、さらに契約関係を裏付ける様々な資料を残しておくことで、最終的には、納税者側が勝訴する可能性も残される。例えば、不動産の売買か交換かが争われた事案で、東京高裁平成11年6月21日第15民事部判決（『判例時報』第1685号33頁）は「いわゆる租税法律主義の下においては、法律の根拠なしに、当事者の選択した法形式を通常用いられる法形式に引き直し、それに対応する課税要件が充足されたものとして取り扱う権限が課税庁に認められているものではない」として課税庁の更正を取り消した（なお、本件は最高裁が上告を受理しなかったことにより確定している。）。

　ただし、私法上の効果が認められたとしても、他のロジックで否認される可能性があることは、注意しなければならない。本件最高裁も、私法上の効果をみとめた上で、法人税法の解釈として減価償却を認めなかった。この点は、租税回避行為に該当する可能性のある行為を行う場合に限定されないが、特に、租税回避行為に該当する可能性がある取引を行う場合には、否認すべきという価値判断から、裁判所が否認するための法律構成を考える可能性があるので、この点に注意する必要がある。本件最高裁も、そのような価値判断が裏にある可能性は十分にある。

(2)　なお、平成17年度改正で、法人が特定組合員に該当する場合で、かつ、その組合事業に係る債務の弁済の責任限度が実質的に組合財産の価額（出資額）とされている場合等（その他、収益保証契約等により組合事業が実質的に欠損とならないことが明らかな場合等を含む）には、当該法人に帰属すべき組合損失額のうち当該法人の出資の価額を基礎として計算される調整出資等金額を超える部分の金額（以下「組合等損失超過額」という。）は、当該法人の当該事業年度の所得の金額の計算上、損金の額に算入しないこととされた（租税特別措置法67条の12第1項）。

　また、平成17年度に新たに有限責任事業組合法が制定されたが、同法によ

る有限責任事業組合契約を締結している組合員である法人の当該事業年度の組合事業に係る損失の金額が、その法人の調整出資金額を超える場合には、その超える部分の金額に相当する金額は、当該事業年度の所得の金額の計算上、損金の額に算入しないこととされている（租税特別措置法67条の13第1項）。

　上記2つの規定が設けられたことにより、本件のような組合契約を介した取引による税務メリットに制限がかかったことには留意すべきである。

参考文献

・金子宏『租税法〔第16版〕』（弘文堂／2011年）
・中尾巧『税務訴訟入門〔第5版〕』（商事法務／2011年）
・増田晋「映画フィルムリース事件に関する最高裁判決の検討」『税理』第149巻第10号（2006年）
・金丸和弘「フィルムリース事件と『事実認定による否認』」『ジュリスト』第1261号（2004年）
・渕圭吾「フィルムリースを用いた仮装行為と事実認定―大阪地判平成10.10.16」『ジュリスト』第1165号（1999年）

12

債務超過にあるグループ会社を経由した株式売却
〜租税回避を目的とする通謀虚偽表示〜

東京地裁　平成20年2月6日判決（納税者敗訴）（平成18年（行ウ）第286号、法人税更正処分取消等請求事件）
東京高裁　平成21年7月30日判決（納税者敗訴）〔確定〕（平成20年（行コ）第104号、法人税更正処分取消等請求事件）

〔参照条文〕　法人税法22条2項、127条1項3号、国税通則法68条1項、民法94条1項

ポイント

本件は、多国籍企業に属する日本法人が、多額となる株式譲渡益に対する課税を回避するため、債務超過にあるグループ会社のスイス法人に保有株式を売却し、同スイス法人が同株式を第三者に転売したことを前提に、スイス法人への売却額に基づき確定申告したところ、スイス法人への株式譲渡は譲渡益課税回避のための仮装行為として更正処分がされたため、その取消を求めた訴訟である。訴訟においては、スイス法人への株式譲渡を仮装行為として、その私法上の効果を無効とすることができるかが争点とされ、当該取引に係る契約書のほか、弁護士など専門家により作成された多数の文書が証拠として提出されたが、当該更正処分が適法である旨が認められた裁判例である。

1. 事　実

(1)　X社は、英国に本拠を置く多国籍企業グループに属する日本法人であるが、日本国の子会社A社（持株比率53％）によって複合型映画施設事業を展開していたところ、国内大手映画会社C社からA社の売却を求められ、その売

却交渉中に、X社は、A社株式をグループ企業のスイス法人B社に売却（単価6万円、総額17億1,966万円）し、その4ヶ月後に、少数株主持株分を含めたA社全株式が、B社からC社に売却された。B社からC社への1株当たりの売却単価は、X社からB社の売却単価6万円と比較すると、3倍以上となる価格であり（単価21万円、X社分総額60億5,640万円）、C社はB社に支払う代金相当額全額をX社の預金口座に送金した。

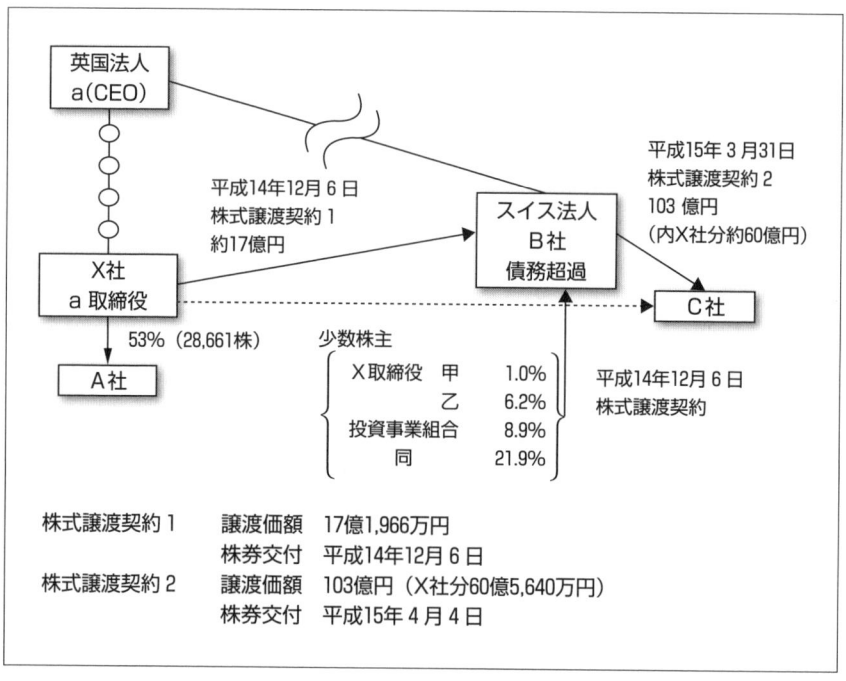

```
英国法人
a (CEO)
   │
   │
   ▼
  X社                  平成14年12月6日        スイス法人      平成15年3月31日
 a 取締役              株式譲渡契約1          B社           株式譲渡契約2
                      約17億円              債務超過         103億円
                                                          (内X社分約60億円)
   │53% (28,661株)    少数株主                              C社
   ▼                   X取締役 甲  1.0%     平成14年12月6日
  A社                         乙   6.2%     株式譲渡契約
                       投資事業組合  8.9%
                             同     21.9%

株式譲渡契約1    譲渡価額   17億1,966万円
               株券交付   平成14年12月6日
株式譲渡契約2    譲渡価額   103億円（X社分60億5,640万円）
               株券交付   平成15年4月4日
```

X社は、A社株式について、B社に対する譲渡価額で平成16年1月期確定申告をしたが、麻布税務署長は、実際にはX社がC社に直接売却して多額の譲渡益を得ており、X社のB社への売却は多額の譲渡益課税を回避するための隠蔽行為であるとして、平成17年6月30日付で青色申告承認取消処分を、平成17年7月29日付で平成16年1月期法人税に係る更正処分（以下「更正処分」という。）及び重加算税賦課決定処分（以下「第一次賦課決定処分」という。）を行った。

(2) X社は、上記(1)の麻布税務署長の処分について、平成17年8月29日、異議申立てを行い、平成18年1月31日、東京国税局長から異議棄却決定を受け、同年2月28日、国税不服審判所に対し審査請求を申立て（同年9月14日取り下げ）、同年6月19日に上記(1)の各処分の取消しを求める本件訴えを提起した。同年7月31日付で、麻布税務署長は、平成16年1月期にコンサルタント収入1,330万円が計上漏れしたとして、平成16年1月期の再更正処分（以下「再更正処分」という。）と第二次重加算税賦課決定処分（以下「第二次賦課決定処分」という。）を行った。X社は、再更正処分及び第二次賦課決定処分について、平成19年2月9日、本件訴訟において訴えの変更を行った。

（時系列）

平成17年7月29日	平成16年1月期法人税に係る更正処分及び重加算税賦課決定処分
同年8月29日	異議申立
平成18年1月31日	異議棄却決定
同年2月28日	国税不服審判所に審査請求
同年6月19日	本件訴訟提起
同年7月31日	平成16年1月期再更正処分及び第二次重加算税賦課決定処分
平成19年2月9日	再更正処分及び第二次重加算税賦課決定処分について、本件訴訟において訴えの変更の申立

2. 争点

(1) 本件訴えのうち、再更正処分及び第二次賦課決定処分の取消しを求める部分は出訴期間の経過等により違法となるか否か。

課税庁及び納税者の主張

争　点	納税者	課税庁
① 再更正処分は適法か	・更正処分の内容は再更正処分に吸収されて一体となり、違法事由も同一であるから、当初訴え提起時に提起されたものとして適法である。	・出訴期間経過前に訴えを変更することが十分可能であったにもかかわらず、出訴期間（6ヶ月）後に行われており不適法である。
② 第二次賦課決定処分は適法か	・第二次賦課決定処分は第一次賦課決定処分及び再更正処分と課税の基礎を同一にし実質的に一体、争う意思は当初より明白であるから、当初訴え提起時に提起されていたものとして適法である。 ・本税の更正処分について不服申立てを経ている限り不服申立前置の趣旨を満たし、不服申立てを経ないことに正当な理由がある。	・訴えの変更が出訴期間（6ヶ月）経過後に行われていることから不適法である。 ・第二次賦課決定処分の加算税の額は、再更正処分により増加した税額を基礎として計算され、更正処分に係る加算税賦課決定処分と別個のものであるから、不服申立てを経由していないことは不適法である。

(2) X社からB社に対する株式譲渡を仮装行為として否認し、X社からC社に対する直接の株式譲渡取引であると認定することは適法か。

争　点	納税者	課税庁
X社のB社に対する株式譲渡は仮装行為として否認され、X社からC社に対する直接の株式譲渡取引であると認定することは適法か。	① 株式譲渡契約1と株式譲渡契約2は異なる担当者が行ったものであり、別個独立の取引である（株式譲渡契約2に関しては、aはX社を代表して交渉にあたっていたのではない）。 ② A社は、平成13年頃から株式を上場する計画を進めており、原告はこれにより生ずるキャピタルゲインに対する課税を考慮し、B社への譲渡を計画し、それを実行するために、X社は、平成14年8月23日に、B社は同年9月16日に、取締役会において譲渡を承認し、同年12月6日に単価6万円、総額17億1,966万円で、B社に譲渡する契約を締結した。 ③ 交渉の最終段階で契約書の名義人の変更を要請したことはない。 ④ 平成14年12月4日に上記株式に係る株券発行を受け、同月6日にB社に株券を引渡し、同月17日にA社の取締役会決議で譲渡承認され、売却価額は専門家が適正と認めた金額である。上記譲渡にかかわる代金債権はグループ内の会社間貸付金勘定に計上され、回収の不安はなく、平成	① X社取締役であるaは、X社を代表してC社との交渉に当たり、X社はaを介してC社に対し、A社全株式を103億円で譲渡する意思表示を行った。 ② X社は、平成14年11月13日までのC社との交渉過程から、A社株式の譲渡価格が63億円程度になり、その譲渡益について多額の法人課税が課されることを回避するため、債務超過である同じグループ企業のB社に対して著しく低い価額で譲渡したかのように仮装することを考え、平成15年2月5日、譲渡価額を103億円とすることに合意すると、平成15年2月7日交渉の最終段階で契約書の名義人をB社に変更したい旨をC社に要請し、C社及び少数株主の協力を得て、X社からB社、B社からC社の契約書が作成された。 ③ X社からB社への株式譲渡契約において約定されていた株券引渡日時の平成14年12月6日時点において、X社は株券不所持を申し出ていたことから、B社に対し株券の交付は行

15年2月1日付で原告が関係会社に負っていた債務と併せて整理することによりすべて決済された。 ⑤ 取締役会議事録に不備があったとしても他の証拠から取締役会決議の存在が認定できる。	われていない。 ④ 代金額はC社との交渉で見込まれた代金額より著しく低廉であり、代金回収方法も不明である。 ⑤ 株式譲渡を承認する内容のX社の取締役会議事録は後日に日付を遡らせて作成した虚偽の文書である。

3. 判 旨

〔第一審判旨〕東京地裁　平成20年2月6日判決
　一部却下、請求棄却（納税者敗訴）

(1) 更正処分及び第二次賦課決定処分の取消しを求める部分の適法性について
　「訴えの変更は、変更後の新請求については新たな訴えの提起にほかならないから、訴えにつき出訴期間の制限がある場合には、行政事件訴訟法20条のような特別の規定のない限り、出訴期間の遵守の有無は、変更前後の請求の間に訴訟物の同一性が認められるとき、又は両者の間に存する関係から、変更後の新請求に係る訴えを当初の訴えの提起の時に提起されたものと同視し、出訴期間の遵守において欠けるところがないと解すべき特段の事情があるときを除き、訴えの変更の時を基準としてこれを決すべきである」。
　① 再更正処分取消し部分は適法である。
　　再更正処分は、更正処分で認定された所得金額（38億9,490万3,992円）に、コンサルタント収入（1,330万円）を所得と認定して加えた所得金額（39億820万3,992円）全体についてなされたものであり、その内容の大部分は、更正処分と実質的に同一であり、X社が主張する再更正処分の違法事由は、A社株式のC社への直接譲渡の事実の不存在であり、更正処分の違法事由と同一である。このような両者の関係からすれば、更正処分に対する訴えにより、平成16年1月期再更正処分について争う意思が明確であり、これに対しても訴え提起がされていたものと同視することが出来るから、提訴期間の遵守にかけることがないと解すべき特段の事情がある。

② 第二次賦課決定処分の取り消しを求める部分は不適法である。

　第二次賦課決定処分は、再更正処分における税額のうち増加部分を基礎として計算された重加算税であり、更正処分における税額全体を基礎として計算された、第一次賦課決定処分とは、重なるところがない別個のものである。また、第二次賦課決定処分の争点は、コンサルタント収入についての所得の存否及び仮装・隠蔽行為の有無にあるから、更正処分及び第一次賦課決定処分とは違法事由が異なる。したがって、出訴期間の遵守においてかけることがないと解すべき特段の事情も、不服申立手続を経ていないことに正当な理由も認め難い。

(2) X社からB社への株式譲渡を仮装行為として否認できるか否かという点について

　① C社はB社を実質的な契約当事者とする意思は有していなかった（C社はX社の税務対策に協力するため、B社を介在することに同意しただけであった。）。

　　X社の保有するA社株式をC社に譲渡するための交渉は、平成14年8月の交渉開始から一貫してX社取締役であるaが行い、交渉にはX社代表取締役が同席しており、C社は当然にX社との間で契約を締結するものと考えて交渉していたが、平成15年2月5日に株式譲渡価額について合意ができ、平成15年2月7日、基本合意書作成のための打ち合わせを行うという最終段階にいたって、初めてaから、税務対策上、B社を、基本合意書の宛先として欲しい旨の要請が出て、X社の税務対策に協力するために、B社を名義上の取引相手として介在させることを承諾した。

　　B社は独自の従業員を雇用しておらず、平成15年3月期の累積損失は295億円（資本金の約94％）であり、41億円の譲渡収入がなければ、平成15年3月期は23億円の債務超過となる状態であったが、C社は、B社の業務内容、資力も知らず、役員に会ったことさえもなく、そのようなB社を実質的な契約当事者とする意思は有していなかったと推認するのが相当である。

② B社がC社から譲渡代金を受け取った事実がない。

　C社は、株式の譲渡代金をB社ではなくX社の預金口座に送金し、少数株主へはX社が支払った。C社からの株式譲渡代金や少数株主に対する金銭の分配をすべてX社の口座を経由して行っており、これらの金銭の授受にB社が携わったことをうかがわせる証拠はない。また、株式譲渡の当事者でありながら、B社が自らの口座を利用しなかった合理的理由はうかがえず、仮にX社の口座を一時的に利用したのであれば、その後B社との間で金員の授受又は送金がなされるはずであるが、それらが行われたという証拠もない。

③ 平成14年9月10日以降、A社は株式の名義書換事務、株券の交付等に関する事務を某信託銀行に委託しており、X社は、平成14年11月1日、A社株券の不所持を申し出た後、平成15年3月10日に株券の発行を受けており、平成14年12月4日にX社に株券が発行された事実も、B社への譲渡契約におけるA社株券交付日の平成14年12月6日に、X社がA社株式の株券をB社に引き渡した事実もいずれも認め難い。

④ X社の3つ上位の親会社が、平成14年9月26日付で、英国財務省に、X社所有A社株式のB社への譲渡に係る同意申請をし、その書類に日本における税負担の軽減を目的とする旨が記載されているが、そもそも譲渡の実態が伴わないものであれば、そのような構想自体が名義のみを借用した課税逃れのスキームと解される。

　以上から、X社からB社への譲渡は、課税逃れのために、名義上、B社を介在させる形式を整えたに過ぎず、実体を伴わない契約、即ち実質上の意思を欠く通謀虚偽表示による契約というべきであって、その効力を認めることはできず、A社株式をC社に譲渡したのはX社である。

〔控訴審判旨〕東京高裁　平成21年7月30日判決
　一部却下及び請求棄却（納税者敗訴）

株式譲渡契約 1 と株式譲渡契約 2 は担当者間の意思の連絡なく進行していたとはいえず、株式譲渡契約 2 においてＣ社との交渉に当たった担当者は、株式譲渡契約 1 の進捗状況について熟知し、これを前提として上記交渉に当たっていたものと推認されること、控訴人は、平成14年11月の時点において、Ｃ社との交渉の結果、同社にＡ社株式を 1 株 6 万円を相当上回る価格で譲渡することになる可能性が極めて高いとの認識を持ちながら、株式譲渡契約 1 のスキームをいわば流用するかたちで、法人税等の支払いを不当に免れる目的で株式譲渡契約 1 をあえて行ったこと、株式譲渡契約 1 及び株式譲渡契約 2 の各契約の履行が実体を伴わないものであったこと、Ｃ社の売主に関する認識状況及び担当者がＣ社に対して要請した内容など、控訴審で認定した事情を総合すれば、Ｘ社を含むグループが株式譲渡契約 1 の履行をすることをあらかじめ予定していたことなどを考慮しても、控訴人とＢ社との間及び同社とＣ社との間で「真実、本件株式を順次譲渡する意思があったとは認められず、」株式譲渡契約 1 及び株式譲渡契約 2 は「別個独立のものではなく、控訴人が譲渡益課税を免れるための仮装行為にすぎないと認めるのが相当である」。

4．評　釈

(1) 訴えの変更について

訴訟係属後に請求内容を変更する場合には、民事訴訟法143条に基づき、訴えの変更をすることができる。訴えの変更が認められるためには「請求の基礎に変更がないこと」が要件とされているが、これは、訴えの変更前の請求と変更後の請求の主要な争点が共通であって、変更前の請求についての訴訟資料や証拠資料を新請求の審理に利用することが期待できる関係にあり、かつ各請求の利益主張が社会生活上は同一又は一連の紛争に関するものとみられる場合と解されている[1]。

税務争訟においては、不服申立前置主義（通則法115条）が採られており、

---

1) 新堂幸司『新民事訴訟法〔第 4 版〕』717頁（弘文堂／2008年）

不服申立期間は更正処分を知った日の翌日から起算して2ヶ月（異議決定に対する審査請求は異議決定書の謄本の送達があった日の翌日から起算して1ヶ月）とされている（同法77条1項、2項）。また、訴訟は裁決のあったことを知った日から6ヶ月以内に提起しなければならない（同法114条、行政事件訴訟法14条）とされている。本事案では、このような出訴期間と訴えの変更との関係が判示されている。具体的には、訴えの変更後の新請求については新たな訴えの提起にほかならないから、原則として、出訴期間の制限については、訴えの変更の時を基準としてこれを決すべきであるとした上で、例外的に、変更前後の請求の間に訴訟物の同一性が認められるとき、又は両者の間に存する関係から、変更後の新請求に係る訴えを当初の訴えの提起の時に提起されたものと同視し、出訴期間の遵守において欠けるところがないと解すべき特段の事情があるときは、変更前の訴え等が出訴制限を充足していれば、変更後の訴えについても出訴制限を充足しているものとして取扱われると判示されている[2]。

　本件では、更正処分の内容から再更正処分の内容への訴えの変更が認められているが、両処分の争点の大部分が、X社からC社への直接譲渡の不存在という争点で同一であり、異なる部分の金額が少額（1,330万円）であったことから、再更正処分についての訴えの変更は適法とされたものである。これに対して、第二次賦課決定処分については、その税額が、再更正処分により増額した税額を基礎に算出されていることから、第一次賦課処分決定とは別個のものとされ、決定を受領してから6ヶ月を経過し、不服申立ての前置も経ていないことから却下された。本裁判例は、上記のとおり、民事訴訟法上の訴えの変更が認められる場合において、変更後の訴えについて出訴期間の制限が課されるか否かを判断するための規範を示すものであり、今後の訴訟実務においても意義のあるものと考える。

(2) 仮装行為による否認について

　本件のように、租税回避を主な目的として契約が締結された場合に、これを

---

2) 司法研修所／編『租税訴訟の審理について〔改訂新版〕』63頁（法曹会／2002年）

否認できるかという問題は税務争訟においてよく争われるが、本件は、いわゆる私法上の法形式を再構成する「租税回避の否認」が争われたものではなく、私法上の法律関係が仮装行為であるか否かが争点とされたものであると理解することができる[3]。

そもそも、租税法の定める課税要件は、各種の私的経済活動ないし経済現象を定型化したものであり、これらの活動ないし現象は第一次的には私法の規律するところであり、租税法の具体的な適用に当たっては、私法上の法律関係を前提とするものとされる。したがって、売買契約書等のいわゆる処分証書が作成された場合には、書面の作成自体が意思表示となり得るから、通常は契約書に記載されたとおりの法律関係が存在するものとして、租税法規を適用すべきことになる。しかし、税負担を軽減すると目される行為や取引が「仮装行為」であって、真実には存在しないと認定される場合には、それに即した法的効果は生じず、したがって税負担の免除ないし軽減の効果も生じない。つまり、このような場合には、課税要件事実の認定に当たっては、外観や形式に従ってではなく、実体や実質に従ってしなければならず、意図的に真の法律関係を隠蔽して、見せかけの法律関係を仮装したと認定されたときには、隠蔽された法律関係に従って課税が行われなければならない（この点で私法上の真実の法律関係に即した課税であって、私法上の真実の法律関係を前提として租税法上それを別の法形式に引き直すという租税回避の否認の問題とは異なる。）[4]。この問題は事実認定の問題であり、極めて慎重に行われなければならない。

本事案では、X社が行ったB社への株式譲渡及びB社からC社への株式譲渡が取引当事者の効果意思を伴わない仮装行為であるか否か、真実の法律関係はX社からC社への直接の株式譲渡であるか否かが問題とされているところ、裁判所は、株式譲渡の交渉経緯、譲渡当事者の認識、各譲渡契約の履行状況等について当時者から提出された証拠に基づき仔細に検討し、事実認定を行っている。納税者からは、契約書のほかに、弁護士など専門家により作成された極め

---

[3] 金子宏『租税法〔第16版〕』122頁（弘文堂／2011年）
[4] 金子宏『租税法〔第16版〕』122、123頁（弘文堂／2011年）

て多数の文書が証拠として提出されているが、X社とB社との間で株券発行会社の株式譲渡に必要な株券の交付がなされていないこと、その譲渡代金はB社からではなく、C社からX社に直接支払われていること等が認定され「真実、本件株式を順次譲渡する意思があったとは認められ」ないと判示されていることから、納税者の主張を支える証拠が不十分であったことをうかがわせる。

5. 実務上の対応

　税負担減少を目的として行われた行為に対して課税が行われたことにより、それを不服として税務争訟で争われるケースは多い。税務調査においても、税務争訟においても、当事者が選択した私法上の法形式が真実の意思に基づくものであるか、つまり仮装行為に基づくものでないかという点は常に検証されることとなる。その検証は、当事者の真実の意思を示す客観的資料等、裁判の場面では、証拠に基づき行われることとなる。本件のような税負担減少を目的として行われた行為の否認が適法とされた裁判例は、概ね、納税者が選択した租税回避の法律行為について、実際に当事者の真意で法律行為が行われたことに係る立証が不十分なため、そのような結論となっている。したがって、納税者が節税効果をも期待して取引を行う場合には、後の争訟に備えて、専門家と相談しながら、選択した私法上の取引について、契約書等の書面の作成のみならず、実際に取引が行われたという事実に関する証拠を収集、整理しておくことが極めて重要となる。具体的には、本件における事実認定が示すとおり、契約当事者がグループ企業の場合には、契約書や取締役会議事録等はそれだけではその取引が実際に行われたことを示す証拠としては十分ではなく、取引が実際に行われたことを示す証拠、例えば、株式譲渡契約の場合、譲渡対象株券の譲受人への交付と、譲渡代金の支払いが、譲渡の事実を示す重要な証拠となると考えられよう。

13

同族会社の行為計算否認　〜同族グループ法人間での不動産売買契約の正当性〜

　東京地裁　平成17年7月28日判決（納税者敗訴）
　　　　　　（平成15年（行ウ）第379号、法人税等更正処分等取消請求事件）
　　　　　　（平成15年（行ウ）第614号、法人税更正処分取消等請求事件）
　東京高裁　平成18年6月29日判決（納税者敗訴）
　　　　　　（平成17年（行コ）第220号、法人税等更正処分取消請求、法人税更正処分取消等請求控訴事件）
　最高裁第二小法廷　平成20年6月27日決定（納税者敗訴）〔確定〕（平成18年（行ツ）第272号、平成18年（行ヒ）第320号、法人税等更正処分等取消、法人税更正処分取消等請求上告及び上告受理事件）

〔参照条文〕　法人税法132条（同族会社等の行為又は計算の否認）

> **ポイント**
>
> 　同族会社の行為計算否認が適用される取引としては、低廉譲渡や無償贈与などがあり、第三者間取引価格との比較において、取引価格の多寡が問題となる事例が多い。しかし、本件は、売買価格が第三者間取引価格に比して低廉にすぎるという理由ではなく、売買契約そのものが不当であると認定された事例である。
>
> 　ただし、法人税法第132条の適用に当たり、行為そのものは否認せずに、同族会社の計算のみ否認している。

1. 事　実

　原告Ｘ社はＰ氏及びＰ氏の同族関係者が出資する同族会社であり、Ｐ氏はSF社（上場会社）の代表取締役である。Ｘ社は、SF社株式を所有し、多額の含み益を抱えている状況の中、次の経過を経て、課税庁より更正処分を受けることとなった。

(1)　Ｘ社は、平成8年1月17日及び平成10年7月9日に取得したβ土地（取得価額合計約22億円）に、SF社がゲストハウス等として使用するβ建物（建物建築費用及び設計報酬等の総額約18億円）を平成10年2月25日に着工し、平成11年11月4日に完成した。

(2)　Ｘ社は、上記建物が完成する直前の平成11年11月2日に、関連法人であるＨ社とβ不動産売買契約を締結し、β土地及びβ建物と建物に付随する什器備品（約3億円）とを合わせて約20億円で売却しており、取得価額の合計約43億円との差額約23億円を売却損として計上した。なお、売買金額は3社からの鑑定評価額の平均値を基準とし、什器備品の金額を加えた額となっている。

(3)　Ｈ社は、β不動産売買契約に基づく約20億円の支払原資に充てるため、BSL社から平成12年1月28日に25億円を、期間10年、利率年11％の約定で借り入れる金銭消費貸借契約を締結した。なお、この借入に係る支払利息は年間2億7,500万円となる。

(4)　課税庁は、β不動産売買契約について、Ｘ社の平成12年5月期の確定申告に対して、法人税法132条1項及び同法37条7項（平成14年法律第79号による改正前のもの）を適用し、寄附金の損金不算入額約19億円を所得金額に加算する更正処分を行った。

2. 争点

争点	納税者	課税庁
β不動産売買契約は法人税の負担を不当に減少させる行為計算に当たるか否か	β不動産売買契約に至った経緯が特異であるか否かはβ不動産の「時価」の認定に全く関係がなく、譲渡先が同族関係者であろうと第三者であろうと、売買対象物件の「時価」を客観的に算定すれば足りるのであるから、本件の争点は、β不動産売買契約時におけるβ不動産の「時価」のみであるところ、原告（X社）とH社との間の売買価額は独立の第三者である不動産鑑定専門会社が正当な評価方法によって算出した評価額に基づいて決定された価格であるから、低額ということはなく、法人税法132条の要件を満たさない。	本件不動産売買取引は同族会社の行為又は計算であり、売買代金の調達金利と購入不動産等との運用益との間に著しい逆ざやが生じており、本件売買契約に至った経緯が特異であること等からみて、通常の経済人であれば低廉な価格で売買契約を締結することはおよそ考えられず、これは同族会社がその関係者との間で欠損金蓄積のためにあえて行った取引であり不当であって、専ら経済的・実質的見地からみた場合、当該行為又は計算が通常の経済人の行為又は計算として不合理、不自然なものであるから、これを容認した場合にはその同族会社の法人税の負担を不当に減少させる結果となるので、法人税法132条に基づきこれを否認し、適正な売買価額との差額を原告（X社）からH社に対する寄附金と認定して、これを損金の額に算入することを否定するべきである。

3. 判旨

〔第一審判旨〕東京地裁　平成17年7月28日判決

請求棄却（納税者敗訴）

(1) 検討の前提（時価のみが争点となるか否か）

「X社は、β不動産売買契約に至った経緯が特異であるか否かは、β不動産の『時価』の認定に全く関係がなく、譲渡先が同族関係者であろうと第三者であろうと、売買対象物件の『時価』を客観的に算定すれば足りるのであるから、本件の争点は、β不動産売買契約時におけるβ不動産の『時価』のみである」と主張するが「売買契約それ自体が通常の経済人からみて不合理、不自然である場合には、売買価格の多寡のみが問題となるものではなく、単純に売買契約時点における対象物件の『時価』の算定だけを争点として採り上げることは紛

争の本質をとらえたことにならないので、………β不動産売買契約の実体を考察して、同条（筆者注：法人税法132条）の適用について検討することが必要であるというべきである」。

(2) β不動産売買契約の不当性について

「法人税法132条において法人税の負担の減少が『不当』と評価されるか否かは、前記のとおり、専ら経済的・実質的見地において、当該行為又は計算が通常の経済人の行為又は計算として不合理、不自然なものと認められるか否かを基準として判断されるべきである」。

H社は、β不動産売買代金約20億円を「利率年11％、年間支払利息2億7,500万円のBTC社ローンの元金25億円から拠出しているのに対して、H社が承継したSF社との間のβ建物に関する賃貸借契約による賃料収入は年間1億2,000万円にとどまるものとされていること………からすれば、H社単独でみた場合の収支は近々破綻することが確実であり、H社は当時、β不動産の購入資金を有していなかったばかりか、当該購入資金を調達するために担保とすべき目ぼしい資産も有してはいなかったことからすれば、H社にはβ不動産を購入する実質的な理由はなく、他方で、原告はβ土地上に賃貸物件としては汎用性のない個性的な高額の建物をSF社の要望どおりに建築し、正にこれからSF社への賃貸事業を通じて投下資金の回収を図ろうとしている矢先の状況で、自らの意思でそれまでの40億円を超える投資を放棄し、これを半額以下の簿価で売却したことになり、原告単独でみた場合にも、これは、営利を目的とする企業の取引として本来成立し得ない経済的に不合理なものであって、………原告には将来のSF株式の売却のための欠損金蓄積の目的があったことも加味して考察すれば、原告は、同族グループ法人間から外に投下資本を下回る価格でβ不動産が流出することがなければ、関係当事者間でいかような取引が行われても差し支えない状況にあることを奇貨として、帳簿上の損失の発生を目的としてβ不動産売買契約を締結したものとみるほかない。これに、………原告、SF社及びH社は、いずれもP氏が経営を支配し、運営している法人であるところ、これらの同族グループ法人間で賃貸借契約が行われる場合には、いずれ

の法人が賃借人となり、いずれの法人が賃貸人となって目的物件を所有するかは、それぞれの法人が独立した通常の経済人としての合理的な判断を行って決まるものではなく、P氏という同一人の一存で決定される常態にあったことを併せて勘案すれば、β不動産売買契約は、H社を実質的に支配・管理している原告又はP氏が、グループ全体からは財産を外に取得価格を下回る安価で流出させることなく、客観的な交換価値を保ったまま、別途、グループ内部に意図的に多額の欠損金を作出するためにH社に行わせた取引であると評価することができる。

そして、このような原告及びH社の行為は、通常の経済人としては不合理、不自然なものであるといわざるを得ないのであって、かかる同族グループ法人間での不合理な取引行為は、<u>それ自体虚偽ではなく、事実を仮装しているわけでもないとしても、その行為又は計算を否認しなければ、租税の公平を実現することが不可能であるというべきである</u>」（下線筆者。以下同。）。

(3) 本件取引において同族会社の行為を否認しない理由について

「不当な結果を否認してこれを是正し、租税負担の公平を図るため、それを通常あるべき行為や計算に引き直して納付すべき税額を計算すると、本件においては現実に資産が移動し、賃貸人たる地位もH社に移転していること、β土地については、原告の取得時が譲渡時と時間的に離れており、土地価格の下落幅が大きいこと等からして、当該取引がないものとして原告の取得価格自体ないしは簿価をもって正当な経理処理として認定して課税した場合には原告及び原告の同族グループ法人全体にとって酷にすぎる」ということができる。

(4) 本件取引において同族会社の計算のみを否認する理由について

前記(3)の問題点を「回避するためには、土地については、譲渡時の適正な評価を反映しているものと考えられる公示価格をもって経理処理をすることが妥当であること、当該譲渡の時点でのH社の地位は、請負契約に基づく建物引渡直前の注文者たる原告の地位を承継したものと評価でき、原告とH社との間のβ建物の移動に伴う経理としては、請負代金額ないしは物品の購入価格が原告

の帳簿書類において適正に反映された帳簿価格をもって資産の移動があったものと認定することが、租税負担の公平性を導く上で最も適正な経理処理であるというべきで………税務署長としては、かかる価格での売買契約を認定すべきものというべきである」。

なお「原告は、売買契約の対象物の『時価』には、関係会社間の『時価』と独立当事者間の『時価』というダブルスタンダードがあるわけではないから、β不動産売買契約が関係会社間で行われようが独立当事者間で行われようが、そのような事情は、税法上の『時価』算定上は全く無関係な事柄にすぎず、正規の不動産鑑定の手法を採用して算定した『時価』が否認される理由はない旨主張する。しかし、<u>本件において同族会社の行為として不当と評価しているのは、β不動産売買契約が仮に独立当事者間で行われたと仮定した場合における取引価額との比較において低廉にすぎるというものではなく、当該売買契約を実施したことそのものが不当であるというものであり、ただ、その是正方法としては、諸般の事情を総合考慮して適正な評価による資産の移転という経理処理を行うべきであるものとしたもの</u>であって、原告が主張するように、時価にダブルスタンダードを設けたものではないから、原告の上記主張は失当である」。

(5) 同族会社の計算の具体的な否認方法について

「原告は、このような不当なβ不動産売買契約に基づいてβ不動産をH社へ売却することにより、………23億………円の売却損を計上しているところ、上記のとおり適正な評価を下回る18億………円についてはH社に対する寄附金となることから、平成14年法律第79号による改正前の法人税法37条2項により、損金算入限度額を再計算する必要があるところ、これは………18億………円となり、同額について平成12年5月期事業年度の欠損金額を増加させたこととなり、少なくとも5億………円の翌期以降の法人税の負担を不当に減少させることとなったものというべきである」。

「β不動産売買契約を法人税法132条により否認し、適正な評価との差額を寄附金と認定してその損金算入限度額を計算したことは正当であるということができる」。

(6) 課税庁と裁判所の否認理由の相違について

「なお、本訴における被告の主張の中核は、売買契約に至る特異な経緯等の諸事情にかんがみれば、β不動産契約に係る売買価額が低廉にすぎるというものであり、当裁判所の認定は、………取引自体の不当性というものであるが、かかる差異は否認の理由の細目の相違にすぎず、………認定した効果が共通である点等も加味すれば、弁論主義に違反するものではないというべきである」。

〔第二審判旨〕東京高裁　平成18年6月29日判決

被告敗訴部分取消・原告請求棄却（納税者敗訴）

「5　争点(4)（P2不動産売買契約の否認の可否、理由付記不備の有無）について

争点(4)についての当裁判所の判断は、原判決が「事実及び理由」欄の「第3　争点に対する判断」の4で説示するとおりである」

〔最高裁判旨〕最高裁第二小法廷　平成20年6月27日決定

上告棄却・上告不受理（納税者敗訴）

本件上告を棄却する。本件を上告審として受理しない。

4. 評　釈

(1)　不当性の認定及び判断基準について

法人税法132条が適用されるのは「法人税の負担を不当に減少させる結果となると認められるものがあるとき」であるが、何を基準に「法人税の負担を不当に減少させている」と判断するのかが問題となる。

この判断基準について、過去の判例を大別すると、①非同族会社の行為計算を基準とする考え方（非同族会社においてはなし得ず、同族会社なればこそ、はじめてなし得るような行為計算をすることにより、法人税を減少することに

なれば否認するという考え方）と、②専ら経済的・実質的見地において、当該行為又は計算が純経済人の行為又は計算として不合理、不自然なものと認められるか否かを基準とする考え方に分けることができる。[1]

本事例では、第一審において「専ら経済的・実質的見地において、当該行為又は計算が通常の経済人の行為又は計算として不合理、不自然なものと認められるか否かを基準として判断されるべきである。」と判示されているとおり、後者の基準により否認していることが分かる。

(2) **X社の主張について**

X社の主張は、前記の①非同族会社の行為計算を基準とする不当性の判断基準を踏まえ、同族会社なればこそ行ったのではなく、やむを得ない理由により行った取引であるとの反論を行ったものととらえることができる。

具体的には、H社への譲渡の理由として「平成11年後半から激化した商工ローン・バッシングの一環で、………週刊誌等で大きく取上げられ、………商工ファンドのオーナー系企業である原告が、直接β不動産を保有していたのでは、マスコミによるバッシングの対象となりやすいとの判断から、知名度が低く、社名もP氏家族との関係が分かりにくい、H社にβ不動産を保有させることとなったものである。」を挙げ、不動産の時価評価については「β不動産は、土地所有者ではない賃借人商工ファンドに10年間の賃貸借に供されている以上、収益還元法による時価評価を考慮するのが当然であって、それ以外に合理的な不動産鑑定評価方法はあり得ない」等と反論する。

この主張について、不動産取引について確かにやむを得ない理由があるととらえることもでき、第一審においても「それ自体虚偽ではなく、事実を仮装しているわけでもない」との評価を行っている。

しかしながら、裁判所は、X社の主張を踏まえても、売買契約自体が通常の経済人の取引として不合理、不自然なものであるとして、その不当性を認定している。

---

[1] 武田昌輔／編著『DHC　コンメンタール法人税法』（§132・1）5561頁～5562頁（第一法規／1979年～）

(3) 行為又は計算の否認について

不当であるとして認定されたX社の取引は、法人税法132条に基づいて否認されることになるが、本判決では、その取引自体は否認されず、計算のみが否認されている。

この点につき、裁判所は、本来は、X社の行為も否認すべきであるが「3．判旨〔第一審判旨〕(3)」のとおり、既に取引が実行されてしまっているなどの理由から、行為そのものは否認せずに、計算のみを否認したと判示している。このことは、法人税法132条の適用に当たり納税者に配慮しているととらえることができる。

しかし、第一審にて「かかる同族グループ法人間での不合理な取引行為は、それ自体虚偽ではなく、事実を仮装しているわけでもないとしても」と判示されている箇所があり、虚偽も仮装も認められないとしている。このことから、X社の取引（すなわち「行為」）を争点としてしまうことにより、納税者からの有力な反論を招いてしまうことを懸念したのではないかと思われる。このため「適正な時価で取引が行われた」等の行為について争点とすることを避け、結果として不当に法人税が減少している部分のみを争点とし、否認を行ったのではないかと考えられる。

なお、以上のように同族会社等の計算のみを否認することは、納税者の反論が事実上許されなくなってしまうことになるため、計算のみ否認することの濫用は避けるべきと考える。

5．実務上の対応

(1) 同族会社等の計算のみの否認

本判決は、法人税法132条の適用に関し、行為の否認ではなく、計算のみの否認の一例となっている点で重要である。

行為の否認とは、例えば、資産の価額を過大に見積もって会社に対し現物出資を行い、この行為が法人税の負担を不当に減少させる結果となる場合には、過大と認定された部分の払い込みはなかったものとすることである。この場合

には、納税者は資産の価額は過大ではないという主張を試みることになる。

　しかしながら、本件のように、計算のみを否認し、行為そのものは不当であるが否認はしないという場合には、納税者が行った行為は争点とならず、法人税が不当に減少したという結果のみが争点となる。したがって「不動産の売買価格は適正である。」などの主張は無意味なものとなる。

　そもそも、取引の法形式の選択において、租税負担の少ない方法を採用しようとすること自体は問題ない[2]。しかし、これは、事業の遂行において合理的な目的を有する場合についてであり、逆に、不当に法人税を減らしていると認定され、計算のみが否定された場合には、鑑定書などの十分な疎明資料を準備したとしても、課税庁が適正と考える計算により法人税が再計算されることに留意が必要である。

(2) 法人税法132条における寄附金課税の適用について

　本件のように、同族会社等の行為計算が否認された上で寄附金の損金不算入制度（法人税法37条）が適用された場合には、必ずしも、独立した当事者間の取引価額等により経済的利益の贈与等が認定されるわけではない。

　第一審において「当該売買契約を実施したことそのものが不当であるというものであり、ただ、その是正方法としては、諸般の事情を総合考慮して適正な評価による資産の移転という経理処理を行うべきである」と判示されているとおり「同族会社の行為又は計算にかかわらず、政府の認めるところにより課税所得を計算することができる」[3] ため「適正な評価」は法人税の不当な減少を解消させるような評価額として決定されることになる。

参考文献

・武田昌輔編著『DHC　コンメンタール法人税法』（第一法規／1979年〜）

2）名古屋地裁　平成16年10月2日判決
3）武田昌輔編著『DHC　コンメンタール法人税法』5564頁（第一法規／1979年〜）

14

子会社を経由した土地売却～租税回避を目的とする通謀虚偽表示～

名古屋地裁　平成18年12月13日判決（納税者敗訴）
　　　　　　（平成17年（行ウ）第53号、法人税更正処分取消等請求事件）
名古屋高裁　平成19年7月26日判決（納税者敗訴）
　　　　　　（平成19年（行コ）第1号、法人税更正処分取消等請求控訴事件）
最高裁第三小法廷　平成19年12月11日決定（納税者敗訴）〔確定〕（平成19年（行ツ）第298号、平成19年（行ヒ）第326号、法人税更正処分取消等請求上告及び上告受理申立事件）

〔参照条文〕　租税特別措置法65条の2（収用換地等の場合の所得の特別控除）民法94条（虚偽表示）

ポイント

　グループ会社間である場合、経営支配が一体となっているため、利害関係が対立する第三者取引とは異なり、租税負担回避のみを目的とする行為を容易に行うことができる。

　本件では、高値での売却が見込める収用予定の土地を強制競売で取得し、その後、支配の及ぶ会社への低額譲渡を通じて移転した利益に対し収用の特別控除及び繰越欠損金の適用を行ったため、租税負担が圧縮されることとなった。このため、課税庁は当該租税回避行為が通謀虚偽表示により無効であるとして否認した事例である。

1. 事実

(1) 概要

法人A（原告、不動産業）が収用予定の土地甲を強制競売により取得した後、これを法人B（旅行業・商品券販売業等）へ転売し、その一部を愛知県土地開発公社へ譲渡した。法人Bは租税特別措置法65条の2（収用換地等の場合の所得の特別控除、平成15年改正前）を適用して法人税の確定申告を行った。事実関係の要旨は、次のとおりである。

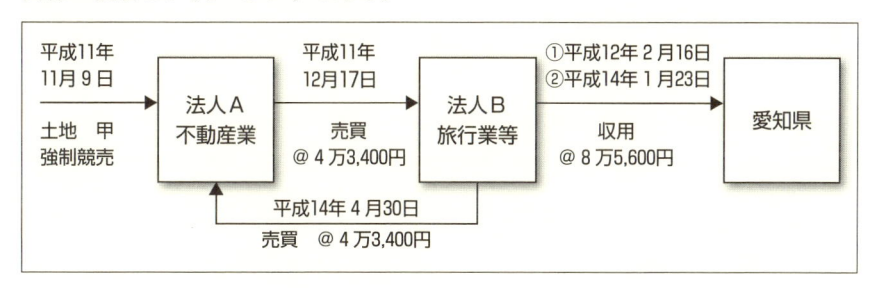

```
平成11年        平成11年         ①平成12年2月16日
11月9日         12月17日         ②平成14年1月23日
       ┌──────┐         ┌──────┐         ┌──────┐
土地甲  │ 法人A │  売買   │ 法人B │  収用   │      │
強制競売│不動産業│────────→│旅行業等│────────→│ 愛知県│
─────→ │      │ @4万3,400円│      │ @8万5,600円│      │
       └──────┘         └──────┘         └──────┘
            ↑              │
            │  平成14年4月30日 │
            └──────────────┘
              売買  @4万3,400円
```

(2) 土地の取得

法人Aは、平成11年11月9日土地甲を代金6,357万円で強制競売にて購入した。強制競売における物件明細書には、土地甲が市街化調整区域・宅地造成等規制区域にあること、土地甲の一部が都市計画道路の敷設計画における拡張部分の道路予定地に含まれていること、拡幅工事開始時期は平成13年に予定されており、買収予定者は愛知県であること、買収に伴い補償金の支払いが見込まれることが記載されていた。

(3) 愛知県との協議と法人Bへの土地の譲渡

愛知県は、平成11年11月29日及び同年12月16日に、法人Aとの間で土地甲の一部の買収協議を行った。愛知県が提示した買収価格は1平方メートル当たり8万5,600円であったが合意に至らなかった。

法人Aは、平成11年12月17日、土地甲を法人Bへ譲渡する売買契約を締結し、同日所有権移転登記手続を行った。なお、売買代金は1平方メートル当た

り約4万3,400円（合計7,000万円）であったが、代金の収受は現実には行われず貸付金として処理されていた。

(4) 法人Bによる土地の一部譲渡①

愛知県は、平成12年1月24日、土地甲の一部（以下「土地乙」）の買収協議を法人Bと行い、1平方メートル当たり8万5,600円で買収することを合意した。愛知県土地開発公社（以下「県公社」）は、これを受け、平成12年2月16日、法人Bと土地甲の一部の売買契約を締結し、平成12年3月21日に所有権移転登記がなされた。

法人Bは平成12年4月期の法人税につき、県公社への土地売却による譲渡益につき、租税特別措置法65条の2を適用して確定申告を行った。

(5) 法人Bによる土地の一部譲渡②

愛知県は、平成14年1月ころ、土地甲の一部（以下「土地丙」）についての買収協議を行い、同月23日に買収について合意に至った。同年2月5日、県公社が法人Bから土地丙を1平方メートル当たり8万5,600円で買収することを内容とする売買契約が締結され、同月22日に所有権移転登記がなされた。

法人Bは平成14年4月期の法人税につき、県公社への土地売却による譲渡益につき、租税特別措置法65条の2を適用して確定申告を行った。

(6) 法人Bによる土地の残部譲渡

法人Bは、平成14年4月30日、法人Aに対し、土地甲の残地を1平方メートル当たり約4万3,400円で譲渡する旨の売買契約を締結し、法人Aへの所有権移転登記を行った。この売買代金は、法人Aから法人Bに対する貸付金と相殺処理された。

(7) 課税庁による更正処分

名古屋中村税務署長はこれに対して、法人Aと法人Bとの当該土地甲売買契約は架空の売買であり、法人Bの県公社への土地売買の実際の取引主体は法人

Aであると認定し、法人Aの平成12年4月期の法人税につき更正処分を行った。

2. 争点

争　点	納税者	課税庁
本件取引の不自然さ	私的自治の原則からすれば、当事者間で合意に達するのであればどのような売買契約を締結するかは、当事者の自由な選択に任されているものであるところ、本件取引は法人A・法人Bによって、様々な経営判断を前提に行われたものである以上、これを否定する理由はないはずである。	土地甲を法人Bへ買収予定額を大幅に下回る価格で譲渡しているが、法人Aが強制競売により取得をする際に、土地甲の一部が愛知県により買収予定であることを認識し、その補償金により相当額の譲渡益を得ることを目的としていることが明らかである。また、法人Bが取得した土地をレストランを建築・経営する計画であった旨主張するが、市街化調整区域内に位置しており、建築が許可されないことから計画が存在していなかったことが明らかである。
法人Aが法人Bと本件取引を仮装した動機	租税特別措置法上の特別控除・繰越欠損金の利用により税負担の軽減効果を享受するという動機があればこそ、本件取引は、仮装ではなく、実体を伴う売買取引を締結したことが明らかであるということができる。	法人Aは不動産業を営んでいるため、愛知県に売却する予定で購入した土地は棚卸資産に該当し、譲渡益に対して租税特別措置法上の特別控除を受けられず、多額の租税負担が発生することが予測されていた。 このため、法人Aは法人Bに譲渡するなど、本件取引を仮装することで、租税特別措置法65条の2による税負担の軽減効果を享受することを図ったものである。また、法人Bには繰越欠損金があり、これを利用して本件土地の譲渡益に対する租税負担を生じさせないことを図ったものである。
法人Aと法人Bとの関係について	法人Bの株主は第三者の個人Cであって、法人Aは、法人Bの株式の買戻権を有しているにすぎず、同社を子会社として支配しているものではない。	法人Aは、平成10年3月20日、法人Bの全株式を取得した上、平成14年4月30日までこれを保有していたのであり、本件取引当時、法人Bは法人Aの子会社であった。 なお、法人Bの全株式については、平成10年3月20日付けで個人Cに譲渡する旨の契約書が存在するが、同契約には、買戻特約が付されており、法人Aと法人Bとの資本上の密接な関係は否定できない。

3. 判旨

〔第一審判旨〕名古屋地裁　平成18年12月13日判決
請求棄却（納税者敗訴）

(1) 本件取引の実態についての判断

「諸事情を総合して検討してみると、法人Aは本件土地甲を自らが売主となって愛知県（県公社）へ売却した場合には本件特別控除が得られないため、不動産業を営んでおらず本件特別控除の適用が得られる法人Bを介在してその売却を行い、自らが売主となる場合に課されることになる法人税等の負担を免れ、また、法人Bの多額の繰越欠損金を利用して、上記譲渡益に掛かる法人税等の負担を免れることを企図して本件取引を行ったものであるところ、そのような実態にある本件取引は、法人Bの事業目的とは全く無関係に、単に同社の別法人としての外形と、同社が実質的に法人Aと一体の経営支配の下にあって、その経営意思を実質上決定できることを利用して、専ら本件特別控除の適用を受けること、及び同社の繰越欠損金の利用による租税負担の回避を目的として便宜的に行われたものであることが明らかであって、それ自体本件特別控除制度の趣旨の潜脱を図るものというべきであり、私法上の取引契約としても、正常な取引契約としての実質を伴う所有権移転の効果意思を認め難いものといわざるを得ない。

したがって、本件取引は法人Aと法人Bの間の通謀虚偽表示として無効と認めるほかはない」。

(2) 結論

「本件取引は通謀虚偽表示として無効であり、本件土地甲及び乙の真実の所有権者である法人Aと県公社との間で売買契約が締結されたものと解され、その転売による利益は全て法人Aに帰属するものと解するのが相当である。………法人Bに計算上留保されている売却益は、法人Aからの寄附金と解するのが相当である」。

〔控訴審判旨〕**名古屋高裁　平成19年7月26日判決**
　請求棄却（納税者敗訴）

「原判決は正当であって、本件控訴は理由がないから、これを棄却する」

〔最高裁判旨〕**最高裁第三小法廷　平成19年12月11日決定**
　上告棄却・上告不受理（納税者敗訴）

「民事事件について最高裁判所に上告をすることが許されるのは、民訴法312条1項又は2項所定の場合に限られるところ、………その実質は事実誤認又は単なる法令違反を主張するものであって、明らかに上記各項に規定する事由に該当しない」。

「本件申立ての理由によれば、本件は、民訴法318条1項により受理すべきものとは認められない」。

4. 評　釈

(1)　取引の否認方法について

　本件は、子会社と考えられる法人Bを経由した不動産売却取引は租税回避行為として否認すべきとして争われた事件である。

　租税回避行為の否認方法としては、①経済実質主義に基づく否認、②個別否認規定による否認、③私法上の法律構成による否認、の3つに分類されると考えられ、今村隆教授によれば各否認は次のとおり説明する。[1]

① 「経済的実質主義に基づく否認」とは、経済的実質を判断してそれにしたがって課税関係を処理するとするもので、明文規定によらない課税要件による否認となり、租税法律主義に反すると考えられる。

1）今村隆「租税回避についての最近の司法判断の傾向（その1）」『租税研究』第684号　87頁～、「租税回避についての最近の司法判断の傾向（その2）」『租税研究』第686号　59頁～

② 「個別否認規定による否認」とは、同族会社等の行為計算否認などの明文規定による否認を意味する。
③ 「私法上の法律構成による否認」とは、民法上の事実認定、契約解釈によって当事者の真意を事実認定することで否認と同様の結果を生じさせることをいう。

本件における否認方法としては、上記②に該当する同族会社の行為計算否認規定による否認ではなく、上記③に該当する民法94条1項の通謀虚偽表示であるとして取引を無効とし、否認を行っている。

本件のような租税回避行為に当たっては、当事者である法人は、多くの場合同族会社であると考えられるところ、同族会社等の行為計算否認規定を適用するのではなく、私法上の法律構成による否認を行っている。

この点につき、いずれの裁判所の判決においても、法人A及び法人Bが同族会社に該当するかの検討は行われていない。ただし、法人Bの資本関係について、第一審判決中の「争点に対する判断」によれば、法人Bは昭和31年3月15日に個人Dにより設立された会社であるが、法人Aは平成10年3月20日に個人Dより法人Bの全株式を取得し、同日、法人Aから個人Cに平成28年3月末までに買い戻すことができる買戻特約にて譲渡を行ったとされている。しかしながら、本件取引が行われている平成10年4月期から平成14年9月期までの確定申告書添付の勘定科目内訳明細書には、法人Bの株式を保有しているものとして記載されていたとしている。

このため、前記「2．争点」に記載のとおり、課税庁は「法人Bは法人Aの子会社である」と主張するが、納税者は勘定科目内訳明細書の記載とは関係なく、法人Bは法人Aの子会社ではないと主張する。

結局のところ、法人A及び法人Bを同族会社として認定しにくいことから、同族会社の行為計算否認規定ではなく、私法上の法律構成による否認を行ったのではないかと考えられる。

Ⅲ 法人税—租税回避

(2) 通謀虚偽表示による無効として否認することについて

　通謀虚偽表示については、民法94条１項において「相手方と通じてした虚偽の意思表示は、無効とする。」と規定されている。

　この点、法人Ａは控訴審においても補足しているように、課税庁の通謀虚偽表示との主張に対し「内心の効果意思と表示上の効果意思との不一致を人為的に作出することをいうのであるから………表示どおり法人Ｂに所有権を移転しなければ、法人Ｂは、本件特別控除の適用を受けられないのであるから、法人Ａ及び法人Ｂは、表示どおり所有権を法人Ｂに移転する意思を有していたのであり、何ら内心と表示との不一致は存在しない」と主張する。

　確かに、通謀虚偽表示は、不動産への強制執行を避けるため「内心の効果意思＝所有継続」「表示上の効果意思＝売却」という内心と表示の不一致がある場合には、第三者の利益を守るために虚偽表示として無効とされるが、本件の場合には、内心と表示の効果意思は共に売却する意思を持っていたため、不一致は存在しないということができる。

　これに対し、第一審において「特別控除制度の趣旨の潜脱を図るものというべきであり、私法上の取引契約としても、正常な取引契約としての実質を伴う所有権移転の効果意思を認め難いものといわざるを得ない」と判示し、控訴審においても同様に判示し、本件の租税回避行為を否認している。

　この点につき、第一審判決が「効果意思（売りたい）」と表現している部分は実のところ「動機（なぜ売りたいか）」の部分を指摘していると思われ、通謀虚偽表示と認定するには難があると考えられるが、租税回避行為を容認してしまう弊害を考慮するとやむを得ないと考えられる。

　ただし、第一審において「租税法の定める否認規定（所得税法157条、法人税法132条等）によらずして、課税庁が当該手段、形式を否認し、あるいはこれを引き直すことは許されないというべきである」と判示しているとおり、虚偽通謀表示としての否認の濫用は避けなければならないと考える。

5．実務上の対応

名古屋地裁判決（平成16年10月2日）の「私的自治の原則が支配する経済活動においては、複数の方法で同じ経済効果が実現できるのであれば、それぞれの税効果も考慮したうえで契約の法形式を決定することは何ら異常、不当なことではない」との判示のとおり、租税負担の軽減を図る動機自体は問題ない。

しかし、その取引が租税回避目的のみで行われたと認定された場合には、本件のように、当該取引は否認されることになる。

したがって、グループ会社間で取引を行う場合、課税庁により租税回避目的で実行されたと認定されやすいことから、常に、租税回避ではない経済的合理性を有する他の目的があるか、また、取引条件（取引価格、決済方法、第三者対抗要件具備方法等）についても第三者間取引と比較して問題はないか等を検討しておく必要があるといえる。

また、否認方法として、主に、法律上に明文の規定のある同族会社等の行為計算否認規定（法人税法132条）や寄附金の損金不算入規定（法人税法37条）などの適用によって否認されることが多い。ただし、本件のように、同族会社との認定が行われなくても、通謀虚偽表示による無効として、その法人の行為及び計算の否認が可能である点、留意が必要ということができる。

参考文献

・今村隆「租税回避についての最近の司法判断の傾向（その1）」『租税研究』第684号　87頁～（2006年）
・「租税回避についての最近の司法判断の傾向（その2）」『租税研究』第686号　59頁～（2006年）
・内田貴「民法Ⅰ〔第2版補訂版〕」（東京大学出版会／2000年）

IV

法人税―収益・費用

15
従業員による横領被害損失の損害賠償請求権の計上時期

東京地裁　平成20年2月15日判決（納税者勝訴）（平成18年（行ウ）第496号、法人税更正処分取消等請求事件）

東京高裁　平成21年2月18日判決（納税者敗訴）（平成20年（行コ）第116号、法人税更正処分取消等請求事件）

最高裁第二小法廷　平成21年7月10日決定（上告不受理）〔確定〕（平成21年（行ツ）第138号、平成21年（行ヒ）第159号、法人税更正処分取消請求事件）

〔参照条文〕　法人税法22条、国税通則法65条、68条1項

ポイント

　本件は、従業員による横領被害損失の損害賠償請求権の益金計上時期を巡って争われた事案である。本事案では、第一審判決と控訴審判決とで当該益金計上時期に関する判断が分かれたが、控訴審判決では、従業員の横領により被った損害の損金算入時期はその損害が発生した事業年度であるところ、当該従業員への損害賠償請求権発生による益金の算入時期は、損害による損金算入と同時であるとする考え方（同時両建説）を原則とし、一定の場合には、権利実現の可能性を客観的に認識することが可能となったときに益金計上するという考え方（異時両建説）を採ることもできることが示された。ただし、その判断は、納税者の主観によるのではなく、通常人を基準として、権利（損害賠償請求権）の存在・内容等を把握し得ず、権利行使が期待できないといえるような客観的状況にあったかどうかという観点から判断していくべきである（以下「通常人基準」という。）とされた。本件における控訴審判決で示された規範は、その当否について様々な意見のあるところであるが、今後の損害賠償請求権の益金計上時期に関する実務においては、無視し得ない規範ということができる。

1. 事 実

　ビル総合清掃業務及び建物等の警備保安業務を営むＸ社（原告・被控訴人）の元従業員Ａは、平成９年度から同16年度に渡り、その立場（経理課長、後に経理部長）を悪用し、架空外注費の計上により、会社の金員を詐取した。Ｘ社は長年、その事実に気づかなかったが、平成16年Ｙ税務署による税務調査があり、これを契機としてその事実が発覚、判明した。

　Ｘ社は、Ａを平成16年５月懲戒解雇、同７月告訴し、Ａは、同11月詐欺罪で起訴され、平成17年６月実刑判決を受けた（Ａが控訴せず確定）。また、Ｘ社は平成16年９月損害賠償請求訴訟を提起し、裁判所は同年10月に１億8,000万円余の支払いを命ずる判決を下した（Ａが控訴せず確定）。

　一方、平成16年10月、Ｙ税務署長は外注費の架空計上を理由として、平成９年９月期から同15年９月期までの６事業年度（平成11年９月期は対象外）について、法人税の更正処分及び重加算税の賦課決定処分をした。これは、詐取行為により損害を被ったＸ社は損害発生と同時に、法律上当然にＡに対し損害賠償請求権を取得するのであるから、損害による損金と損害賠償請求権発生による益金は同時に両建計上され（同時両建説）、結果として、架空外注費のみが損金から控除されるため、仮装行為に基づく過少申告となるとの考えに基づくものである。

　これに対し、Ｘ社はＡによる粉飾行為（売上げの架空計上）を主張して、平成16年11月、更正の請求を行うとともに、同年12月、上記の更正処分及び賦課決定処分を不服として異議申立てを行った。

　その後、異議申立ては棄却され、これを不服とする国税不服審判所への審査請求の申立てがなされ、国税不服審判所は、上記６事業年度のうち３事業年度については除斥期間経過を理由に取り消したが（他１期については既にＹ税務署長の更正処分により取消し済み）、平成13年９月期、平成15年９月期については、上記の同時両建説によりＸ社の審査請求を棄却した。

　これに対し、Ｘ社は、以下のとおり主張した。架空外注費の額は損金の額から控除されるが、同時に被った損害の額は損金に算入される。一方、Ａに対す

る損害賠償請求権の益金計上は、必ずしも損害の損金算入と同時期にされる必要はなく、納税者に担税力の増加があったときとされるべきである。本件でいえば、回収された場合にはその事業年度、あるいは、Aに損害賠償能力があることを前提としてX社がAの横領の事実を知った事業年度に計上すれば足りる。平成13年9月期、平成15年9月期には、X社は未だ本件詐取行為による損害等を知らず、知らない以上は、権利行使が期待できるはずもなく、益金に計上する必要はない。したがって、上記処分は違法であるとして東京地裁に提訴した。

第一審判決は、X社の主張をほぼ全面的に認容し、損害賠償請求権の益金計上が、損害の損金算入時期と同時期にされる必要はなく、権利行使の実現可能性が高まったとき、すなわちX社が損害の事実及び加害者等を知り、回収努力の開始が期待できる事業年度に計上すれば足りるとした。したがって、X社が、本件詐取行為による損害及び加害者を知ったのは平成16年9月期であるとの事実認定に基づき、X社がAに対して取得する損害賠償請求権の額は平成16年9月期の益金に計上すべきであり、X社が横領等の事実を知らなかった平成13年9月期、平成15年9月期を対象とする本件更正処分及び賦課決定処分は、違法として取り消した。

控訴審判決では、損害賠償請求権の計上時期について、一定の場合に異時両建説の成立余地を認めつつも、その判断に当たっては「通常人基準」によるべきとした。また、Aの隠ぺい、仮装行為についても、X社は、これを容易に認識・防止することが可能であったことから、Aの行為はX社の行為と同視することができるとし、したがって、法人税の更正処分及び重加算税の賦課決定を適法として、原判決を取消し、納税者の請求を棄却した。

なお、X社は、上記を不服として上告したが、最高裁は、受理せず確定した。

Ⅳ 法人税―収益・費用

2. 争点

争点	納税者	課税庁
従業員の横領に対する損害賠償請求権の計上時期	損害が回収されたときはその事業年度、そうでなくとも、損害発生や加害者を知ったときの事業年度に計上すれば足りる（異時両建説）	損害による損金と損害賠償請求権による益金は表裏の関係であり、損害の額を損金に算入する事業年度に、損害賠償請求権を益金の額に算入すべき（同時両建説）
	理由 ① 被害法人が損害発生や加害者を知らないことが多く、民法上権利が発生してもそれを知らなければ、権利を行使することは、事実上困難である。 ② 犯罪行為を原因とする損害賠償請求権は一般的に履行可能性が低く、直ちに処分可能性のある経済的利益を取得したとはいえない。	理由 ① 不法行為者に対し法律上、直ちに履行を請求し得る損害賠償請求権が取得される（未収債権が成立）。不法行為者の資力の問題は貸倒損失の問題として処理すべきである。 ② 法人税基本通達2-1-43の「他の者から支払を受ける損害賠償金の額は…支払を受けるべきことが確定した日の属する事業年度の益金の額に算入するのであるが、…実際に支払を受けた日…に算入している場合には、これを認める」の規定は、当事者間に争いがある損害賠償責任を想定したものであるため他の者と限定している。本件のように、法人の使用人に対する損害賠償請求権は上記通達の対象外であり、原則どおり、損金計上時期と同時期に計上すべきである。

3. 判旨

〔第一審判旨〕東京地裁　平成20年2月15日判決

請求認容（納税者勝訴）

(1) 収益計上の一般的基準（法人税法22条2項）

「ある収益をどの事業年度に計上すべきかについては、一般に公正妥当と認められる会計処理の基準に従うべきであり、これによれば、収益はその実現があった時、すなわちその収入すべき権利が確定した時の属する事業年度の益金

に計上すべきもの………（最高裁平成5年11月25日第一小法廷判決民集47巻9号5278頁参照）」とする。ただし、上記企業会計上の実現主義の原則は「収益計上の確実性及び客観性を確保するための原則」であり「法人税に係る所得の金額の計算上益金の額に算入すべき収益の額は、そこから生じる経済的利益に担税力があること、すなわち、当該利益に現実的な処分可能性のあることが必要であると考えられることからすると………純粋に法律的視点から、どの時点で権利行使が可能となるかという基準を唯一の基準としなければならないと考えるのは相当ではなく、現実的な処分可能性のある経済的利益を取得することが客観的かつ確実なものとなったかどうかという観点を加えて、権利の確定時期を判定することが一般に公正妥当と認められる会計処理の基準に適合する」。

(2) 不法行為による損害賠償請求権の計上時期

「被害者側が損害発生や加害者を知らないことが多く、………権利が発生していてもこれを直ちに行使することは事実上不可能である。この点、民法上、………不法行為による損害賠償請求権については、これ〔筆者注：債権の消滅時効の起算点〕を、被害者………が損害及び加害者を知った時としている（〔筆者注：民法〕724条）のも、上記のような不法行為による損害賠償請求権の特殊性を考慮したものと解される」とした上で、担税力という観点を加味すると、単純な同時両建説に立つのではなく「<u>不法行為による損害賠償請求権は、その行使が事実上可能となったとき、すなわち、被害者である法人（具体的には当該法人の代表機関）が損害及び加害者を知った時に、権利が確定したものとして、その時期の属する事業年度の益金に計上すべきものと解するのが相当である</u>（最高裁平成4年10月29日第一小法廷判決・裁判集民事166号525頁参照）」（下線筆者。以下同。）とした。本件では、X社が損害及び加害者を知ったのは、平成16年9月期であるとの事実認定により、本件更正処分及び賦課処分は違法として、X社の請求を全面的に認容した。

〔控訴審判旨〕東京高裁　平成21年2月18日判決

原判決取消し、請求棄却（納税者敗訴）

(1) 収益計上の一般的基準（法人税法22条2項）
　第一審と同旨（実現主義）。

(2) 不法行為による損害賠償請求権の計上時期
　控訴審は「本件のような不法行為による損害賠償請求権については、通常、損失が発生した時には損害賠償請求権も発生、確定しているから、これらを同時に損金と益金とに計上するのが原則であると考えられる（不法行為による損失の発生と損害賠償請求権の発生、確定はいわば表裏の関係にあるといえるのである。）。」として、課税庁の採る同時両建説を原則とした。一方、第一審と同じ判例（最高裁平成4年10月29日第一小法廷参照）を引用し「本件のような不法行為による損害賠償請求権については、例えば加害者を知ることが困難であるとか、権利内容を把握することが困難なため、直ちには権利行使（権利の実現）を期待することができないような場合があり得るところである。このような場合には、権利（損害賠償請求権）が法的には発生しているといえるが、未だ権利実現の可能性を客観的に認識することができるとはいえないといえるから、当該事業年度の益金に計上すべきであるとはいえない………。このような場合には、当該事業年度に、損失については損金計上するが、損害賠償請求権は益金に計上しない取扱いをすることが許される」として、異時両建説の成立余地を残した。
　ただし「同時か、異時か」については「この判断は、税負担の公平や法的安定性の観点からして客観的にされるべきものであるから、通常人を基準にして、権利（損害賠償請求権）の存在・内容等を把握し得ず、権利行使が期待できないといえるような客観的状況にあったかどうかという観点から判断していくべきである。」として、不法行為が行われた時点が属する事業年度当時ないし納税申告時に納税者がどういう認識でいたか（納税者の主観）は問題とすべきでないとした。本件の場合は「経理担当取締役が………正規の振込依頼書をチェックしさえすれば容易に発覚するものであった」のであり「通常人を基準とすると、本件各事業年度当時において、本件損害賠償請求権につき、その存在、内容等を把握できず、権利行使を期待できないような客観的状況にあったとい

うことは到底できない」として、同時両建説による益金計上を認め、本件各更正処分を適法とした。

また、上記更正処分の適法を前提に「Aが隠ぺい、仮装行為をし、被控訴人は、それに基づき架空外注費を計上して確定申告を行ったものである。そして、………Aは、被控訴人の経理業務の責任者で実務上の処理を任されていた者であり、かつ、被控訴人としても、容易にAの隠ぺい、仮装行為を認識することができ………、認識すればこれを防止若しくは是正するか、又は過少申告しないように措置することが十分可能であったのであるから、Aの隠ぺい、仮装行為をもって被控訴人の行為と同視するのが相当である。」として、重加算税の賦課決定処分も適法とした。

4. 評釈

(1) **不法行為による損害賠償請求権の益金算入時期について**

企業において横領等の事実が発覚した場合、相手方及び損害の発生額が判明した事業年度末までに、損害賠償請求権の相手方を債務者とする未収金債権を計上することは当然である。しかし、横領等の実行行為が行われてから数年経過後にこれらの事実が発覚・判明した場合、横領等が発覚・判明した事業年度前の各事業年度末では、損害は発生しているが、損害発生時点では、損害の発生に気づかず、相手方も特定されていないことから、損害賠償請求権が計上されていないことが多い。本件では、このように過年度に起きた損害が発覚し、それを認識した場合、発覚・判明事業年度前の各事業年度末において、損害賠償請求権を益金に計上すべきかが問題となった。

第一審判決は、この点について、不法行為による損失の発生と損害賠償請求権の発生を異なる時点で認識する、いわゆる異時両建説を採用した。これに対し、控訴審判決は「不法行為による損害賠償請求権については、通常、損失が発生した時には損害賠償請求権も発生、確定しているから、これらを同時に損金と益金に計上するのが原則である」として、同時両建説を原則とした上で「権利内容を把握することが困難なため、直ちには権利行使（権利の実現）を期待

することができないような場合があり得るところ………このような場合には………損失については損金計上するが、損害賠償請求権は益金に計上しない取扱いをすることが許される」として、例外的に異時両建説に基づく取扱いを認めることとした。

　しかしながら、控訴審判決は、異時両建説に基づく取扱いを認めるか否かの判断は納税者の主観ではなく「通常人基準」とした。そのため、第一審判決及び控訴審判決は、ともに経済的利益の取得の可能性すなわち権利行使の蓋然性が高まったときに益金計上すべきとしている点で共通しているものの、権利行使の蓋然性について、第一審判決では「被害者である法人（具体的には当該法人の代表機関）が、損害及び加害者を知ったとき」という納税者の主観を基準に判断され、控訴審判決では「通常人を基準にして、権利の存在・内容等を把握し得ず、権利行使が期待できないといえるような客観的状況にあったかどうか」という基準で判断されたことから、この点の判断基準の差異が結論に大きく影響したものと考えられる。

　控訴審判決は、異時両建説の成立の余地を認めたという意味において意義があるものの「通常人を基準にして」権利の存在・内容等の把握可能性や権利行使の期待可能性に関する客観的状況を判断すべきとしている点でなお検討する必要があると考えられる。すなわち、控訴審判決にいう「通常人」については明確な定義はなく、何を「通常人」とするかという判断は、会社の個別事情・状況はもちろん、その判断する者の価値観によっても大きく異なり得ることから、果たして基準として機能し得るのかという疑問が生ずる（むしろ、課税庁側の考える「通常人」を基準として恣意的な解釈に利用される可能性も考えられないではない。）。

　これに対し、第一審判決の「被害者である法人（具体的には当該法人の代表機関）が、損害及び加害者を知ったとき」という基準は、その時期を判定する材料はより豊富であろうし、その分、判断は逆に客観的になるものと思われる。課税の公平性や法的安定性を重視する観点からすれば、むしろ第一審判決のメルクマールの方が妥当な基準なのではないかと考えることもできよう。

(2) **重加算税賦課について**

　次に、重加算税の賦課について、控訴審判決は「容易にAの隠ぺい、仮装行為を認識することができ、認識すればこれを防止もしくは是正するか、または過少申告しないよう措置することが十分可能であったのであるから、Aの隠ぺい、仮装行為をもって被控訴人の行為と同視するのが相当」として、重加算税の賦課を適法とした。

　重加算税賦課について、通則法68条1項は「納税者が国税の課税標準等又は税額等の計算の基礎となるべき事実の全部又は一部を隠ぺいし、又は仮装し、その隠ぺいし、又は仮装したところに基づいて、税額等を過少に申告したこと」と規定しており「納税者」が隠ぺい又は仮装したことが重加算税賦課の要件事実とされているが、過去の裁判例では、上記控訴審判決と同様に、第三者の行為が納税者の行為と同一視され、重加算税賦課が適法であると認められているものが少なくない。しかしながら、納税者の行為と同視し得る第三者の行為の範囲を無制限に広げることは、租税法が要請する法的安定性・予測可能性の見地からみて許容されるべきではなく、①納税者と行為者との関係（行為者の会社における地位）、②当該行為を納税者が認識していたか否か、③納税者の黙認の有無、④納税者が払った注意の程度（納税者の過失の有無）等を慎重に事実認定した上で、納税者の行為と「同旨し得る」か否かを認定すべきである。本件では「経理担当取締役が………正規の振込依頼書をチェックしさえすれば容易に発覚するものであった」として、経理担当取締役が経理業務責任者で実務上の処理を任せられていた者に対して、監督責任を十分に果たしていなかったことを直接・唯一の理由として、その者の行為を納税者の行為と同視したようであるが、経営に携わる取締役がすべての書類を確認することは、事実上不可能であることからすれば、重加算税賦課の重大性に鑑み、会社の内部管理体制の整備状況を含む事実関係について、より慎重な検討が必要であったのではないかと思われる（そうでなければ、従業員の横領等の不法行為が実際の行為が行われた後の事業年度において発覚した場合には、大半のケースにおいて重加算税賦課が適法とされてしまうこととなり、通則法68条が隠ぺい又は仮装の行為の主体を「納税者又はその使用人」と規定せず「納税者」と規定した文理

に反して、重加算税賦課対象が徒に拡大することとなり、妥当でない。）。

5．実務上の対応

　従業員の横領、不正の問題は、古くて新しい問題である。平成22年4月1日付日本経済新聞によれば、上場会社で、平成21年度（平成21年4月～平成22年3月）に、過年度決算の訂正を行った20社のうち、従業員による横領等の不正行為が原因で、決算訂正にまで至った会社は3社となっている。決算訂正に至るほどの重大な不正にしてこの件数であり、これは氷山の一角と考えられ、ここまで質的・金額的に重大でないものあるいは非上場会社まで含めると、従業員の横領等による損害は、膨大な件数・金額に上ると思われる。また、横領等の手口は会社状況、業務内容、個人技能、周囲環境その他諸々の要因により千差万別であるとともに、各種データの電子化等とともに益々複雑化、精妙化、巧緻化していく方向にあり、横領は、どこの会社でも、またいつでも起こり得るといえる。

　こういった状況の下、本事案の控訴審判決が判示した「通常人基準」による損害賠償請求権の益金計上時期及び重加算税の賦課に関する判断基準は、従業員による横領損害が、その直接の損害にとどまらず、重加算税といういわば二次災害まで常態化させていくことに繋がりかねない。

　したがって、会社法に定める取締役の内部統制システムの整備・構築の法的責任を持ち出すまでもなく、事前の対応策としては、会社財産の保全のための内部統制の仕組みを会社の日常的運営の中に取り込むこと、すなわち控訴審判決にあるような「………しさえすれば容易に発覚したのであり」と認定されないような仕組みを作り、厳重な注意を払うことが、一層重大な課題になってきたといえる。本稿の目的は、これを防止するための内部統制上の具体的な対策を紹介することではないので、詳細は省くが、一例として、内部監査組織を設けられないような小会社の場合は「会社地位の上位者でなく異業務担当の下位者による定期的相互検査及びその不定期ローテーション………例えば、営業担当者による経理業務の検査」のような仕組みを工夫し、緊張感を持った内部相

互検査を行っていく等の具体的準備・対応策が必要である。要は、万が一、従業員の横領等の不正行為が発生したとしても、課税庁に対し、会社としては、普段からこれらを防止、発見するために、こんな工夫をしていると主張できるだけの材料をいかに構築し、機能させていくかが課題となる。

さらに、横領等が発生した場合の事後の対応策としては、本件の控訴審判決を前提に、一旦、同時両建説又は通常人基準による異時両建説による益金計上及び資産（未収金）計上を認めた上で、その損害賠償請求権の回収可能性がないこと、すなわち発生時点での債務者の資力・資産状況からみて損害賠償請求権が実現不能の状況にあったとの説明材料をいかに収集するかという点も、重要な対応策となる。控訴審判決では「各事業年度において全く弁済能力がなかったとはいえないのであるから………全額回収不能であることが客観的に明らかとは言い難い」としている。このような判示からすれば、この時点において、横領者に、資産・資力がなく、全額回収不能であることが客観的に明らかであれば、益金計上をしたとしても、即時に貸倒損失を計上できるということになる。もちろん回収に関して手を尽くしたという意味で、あるいは会社ぐるみの犯行とされないために、厳正な法的措置（告訴や訴訟提起）をとることは、当然の前提となるであろうが、横領者の無資力に関する証拠の収集という意味では、その協力を得ることが必要になることもあろう。

参考文献

- 林仲宣「収益の帰属時期―詐欺被害損失と損害賠償請求権」『税務弘報』第57巻第8号　54頁（2009年）
- 松原有里「詐欺被害損失と損害賠償請求権の帰属時期―同時両建説」『税研』第25巻第3号　101頁（2009年）
- 中井稔「不法行為による損失と損害賠償請求権の計上時期」『税務弘報』第58巻第3号　147頁（2010年）
- 奥谷健「詐欺被害損失と損害賠償請求権の計上時期」『税務QA』第88号　42頁（2009年）

16 法人税法上の売上原価と費用見積金額
～牛久市売上原価見積事件～

水戸地裁　平成11年5月31日判決（納税者敗訴）
　　　　　（平成4年（わ）第700号、法人税法違反被告事件）
東京高裁　平成12年10月20日判決（納税者敗訴）
　　　　　（平成11年（う）第1196号、法人税法違反被告事件）
最高裁第二小法廷　平成16年10月29日判決（納税者勝訴）〔確定〕
　　　　　（平成12年（あ）第1714号、法人税法違反被告事件）

〔参照条文〕　法人税法22条3項（各事業年度の所得の金額の計算）、159条及び164条1項（第5編罰則。平10法24号改正前）

ポイント

　本件は、見積計上した売上原価が、債務として確定していない場合であっても、損金として認められるか否かについて争われた事案である。
　本判決以前の下級審においては、売上原価は債務の確定を前提としている裁判例があった。しかし、最高裁による本判決は、売上原価について債務の確定を要求しないことを初めて示しており、重要な方向性を示したものといえる。
　今後の実務においても、本判決の示した売上原価を損金として認めるための判断要素については留意すべきといえる。

1. 事 実

　Y（被告人）は、不動産の売買、建築工事請負等を目的とする株式会社であったが、昭和61年10月1日から昭和62年9月30日までの事業年度（以下「本件事業年度」という。）に係る法人税について、虚偽過少申告をして法人税を免れたとして、平成10年法律第24号改正前の法人税法159条及び164条に基づき起

訴された事案であり、売上原価の年度帰属（法人税法22条3項1号）が問題となった。経緯等は以下のとおりである。

(1) 昭和58年6月、Yは宅地開発の許可申請をした際、地元のA市から都市計画法上の同意権を背景として開発区域外にある雨水排水路の改修工事を行うよう行政指導（「第1案」）を受けたため、これを了承し、開発許可が下りることとなった。

(2) 昭和62年6月、Yは本件事業年度中に本件宅地を販売し、その収益は、本件事業年度の益金に算入すべきものとなった（法人税法22条2項）。

(3) その後、昭和62年7月頃、雨水排水路工事は、A市側の方針変更により、暗渠から開渠の雨水排水路へと工事内容が大幅に変更（「第2案」）されることとなった。しかし、第2案の工費は第1案の約3倍となるため、A市と協議の結果、Yは第1案の工費の範囲で部分的に施工することとなった。

(4) そこで、昭和62年9月頃、Yは、同工事を請け負わせようと考えていた建設会社に第1案の工費を見積もらせ、その見積金額1億4,668万円をA市に連絡した。

(5) 本件事業年度終了後の昭和62年10月頃、公共下水道について開発業者が施行することは、監督・検査の点で問題があるとして、A市は、さらに方針を変更し、本件改修工事をすべて公共工事として行い、Yに対して、第1案の工費に相当する1億4,668万円を本件工事負担金として支払うよう求め、Yはこれを了承した。

(6) 昭和62年11月30日、Yは本件事業年度の確定申告に際し、1億4,668万円を本件宅地販売による収益に係る売上原価として損金に計上した。

Ⅳ　法人税―収益・費用

(7)　A市は昭和63年度から3年計画で本件改修工事を行うとし、同年3月に一般会計予算にてYが支出する本件工事負担金の初年度分として総額の約3分の1に当たる5,000万円を歳入に計上したが、その後、A市は住民の反対運動を懸念し、結局この工事は行わず、Yも本件工事負担金は支出していない。

(8)　これに対し、検察官は、本件について他の架空手数料の計上など、共に虚偽過少申告により法人税を免れたとして、法人税法159条及び164条に基づき、刑事事件として起訴したものである。

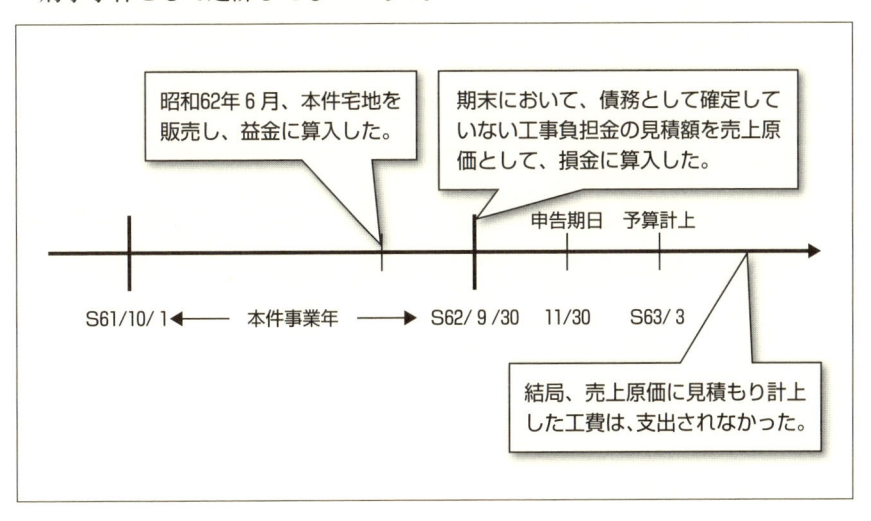

```
                昭和62年6月、本件宅地を    期末において、債務として確定して
                販売し、益金に算入した。    いない工事負担金の見積額を売上原
                                           価として、損金に算入した。

                                                      申告期日  予算計上
    ├─────────┼─────────┼──────┼──────┼──────→
   S61/10/1  ←──本件事業年──→  S62/9/30   11/30     S63/3
                                                                結局、売上原価に見積もり計上
                                                                した工費は、支出されなかった。
```

2. 争　点

　本件は、通常の税務訴訟と異なり、刑事事件として起訴されたものであるため、判決において争点が明確にされていないが、判決文からうかがえる争点は、次のとおりであると考えられる。

争　点	納税者	検察官
本件工事負担金は債務として確定していなくとも売上原価として損金算入できるか。	本件工事負担金は、本件宅地販売による収益に係る売上原価に当たる。 よって、当該収益を本件事業年度の益金に算入する以上、本件工事負担金も当該収益に係る売上原価として本件事業年度の損金の額に算入することができる。	本件事業年度において、YがA市に対し、本件改修工事に関する法的義務を負ったものとはいえない。 よって、本件工事負担金も、本件事業年度の損金の額に算入することはできない。

3. 判旨

〔第一審判旨〕　水戸地裁　平成11年5月31日判決

　納税者敗訴

　「確かに、一般的には、権利義務の具体的内容について必ずしも一義的に確定しないまま契約を締結して権利義務関係を発生させ、その義務の内容については、その後に適宜当事者の合理的な意思解釈を通じて具体化していく場合も考えられなくはない。そして、法人税法上、かかる場合には、当事者の合理的な意思解釈を通じて確定し、合理的に見積もりうる限り、いまだ支払われていないものを費用として認める取扱いをすべて排斥しているわけではない（売上原価等が確定していない場合の見積りに関する法人税基本通達2－2－1参照）。しかし、前記通達も、法的義務の成立を前提としているところ、本件においては、………本件雨水排水路改修工事につき、いまだYがA市に法的義務として負うに至っているとは認められないのであるから、弁護人らの主張はその前提において失当というほかない。」（下線筆者。以下同。）

　したがって「本件雨水排水路改修工事にかかる費用は、これを同物件の売上原価として、昭和六二年九月期における損金と認めることはでき」ない。

〔控訴審判旨〕　東京高裁　平成12年10月20日判決

　　控訴棄却（納税者敗訴）

　本件宅地開発に伴う「負担金を売上原価に計上することができるためには、

その支払いが債務として確定していたこと、すなわち、その義務内容が客観的、一義的に明白で、費用を見積もることができる程度に特定されていたことを要すると考えられる（売上原価を計上するためには、その金額自体が確定していることは必ずしも必要ではないが、金額自体が確定していない場合には、これを見積もる必要があるところ、その見積もりが可能であるためには、上記の程度に債務が確定していることを要するものと解するのが相当である。）ところ、以上の事実関係に照らすと、本件においては、所論指摘の負担金の支払いについて、上記の意義における債務の確定を認めることはできないといわざるを得ない」。

〔最高裁判旨〕 **最高裁第二小法廷　平成16年10月29日判決**
　破棄差戻し（納税者勝訴）

「認定事実及び記録によれば、(1)A市は、都市計画法上の同意権を背景として、被告会社に対し本件改修工事を行うよう求めたものであって、Yは、事実上その費用を支出せざるを得ない立場に置かれていたこと、(2)同工事の内容等は、A市側の方針の変更に伴い変遷しているものの、Yが支出すべき費用の額は、終始第1案の工費に相当する金額であったこと、(3)Yは、昭和62年9月ころに建設会社にこれを見積もらせるなど、同年9月末日までの時点において既にその支出を見込んでいたこと、などが明らかである。これらの事実関係に照らすと、当期終了の日である同年9月末日において、Yが近い将来に上記費用を支出することが相当程度の確実性をもって見込まれており、かつ、同日の現況によりその金額を適正に見積もることが可能であったとみることができる。このような事情がある場合には、<u>当該事業年度終了の日までに当該費用に係る債務が確定していないときであっても、上記の見積金額を法人税法22条3項1号にいう『当該事業年度の収益に係る売上原価』の額として当該事業年度の損金の額に算入することができると解するのが相当である。</u>

　したがって、原判決には、損金の額に算入すべき売上原価について、法律の解釈を誤った結果、審理不尽、事実誤認の疑いがあり、これが判決に影響を及

ぼすことは明らかであって、原判決を破棄しなければ著しく正義に反するものと認められる」。

4. 評釈

　本件は、販売費及び一般管理費とは異なり、債務として確定していない売上原価であっても、税務上の損金として認められるかが争われた事案である。
　販売費及び一般管理費については「前号に掲げるもののほか、当該事業年度の販売費、一般管理費その他の費用（償却費以外の費用で当該事業年度終了の日までに債務の確定しないものを除く。）の額」（法人税法22条3項2号）と規定されており、債務の確定が明文により求められているのに対し、売上原価の損金算入については「当該事業年度の収益に係る売上原価、完成工事原価その他これらに準ずる原価の額」（同項1号）と規定されているのみである。
　この点、最高裁は、売上原価の損金算入に当たり債務の確定は要求されないことを初めて判示し、加えて、相当程度の支出の確実性と金額の適切な見積もりが可能であることという判断要素が示されたことから、非常に重要な判決であるということができる。
　その結果、税務においても、収益と個別的に対応する売上原価について、債務の確定ではなく適正な期間損益計算が優先されることが、より明確にされたということができる。

　なお、従来、下級審において、売上原価の損金算入に当たっては、債務の確定が必要であると判示されていた。その判示内容を確認すると「期末の時点で、近い将来その工事を施工することが予定されており、かつ、その金額の見積もりが可能な程度に債務の内容が確定していたものと認めるのが相当である」[1]、「具体的契約によって発生する債務に限定させるものではなく、………契約上の業務内容が、客観的、一義的に明確であり、費用を見積もる程度に特定され

1）東京高裁平成8年4月17日判決。

ている場合には、債務の確定があるとしなければならない。」[2]とされている。一見「債務の確定」が要求されているように見えるところ、その内容は、第一審判決で述べるような「法的義務の成立」というような債務確定基準ではなく「支出の確実性」「費用の確実性」を求めたということができ[3]、この点は、本判決にいう「近い将来に上記費用を支出することが相当程度確実性をもって見込まれており」と判示している点に近いと考えることができる。

5．実務上の対応

(1) 売上原価の見積計上の判断要素について

本判決により、見積計上された売上原価が損金として認められるための判断要素が明確にされた。すなわち、

① 収益と直接対応する売上原価、完成工事原価その他これらに準ずる原価の額であること
② 近い将来に当該費用を支出することが相当程度の確実性をもって見込まれていること
③ 事業年度末日の現況によりその金額を適正に見積もることが可能であること

である。

本件事案においても、納税者が都市計画法上の同意権を理由に、事実上その費用を支出せざるを得ない立場に置かれていたこと、支出すべき費用の額は、工事内容が変更されても終始当初の第1案の工費に相当する1億4,668万円であったこと、その1億4,668万円は本件事業年度末日までに建設会社にこれを見積もらせたものであり、その支出を見込んでいたこと、という事実が判断要素に合致するものとして損金算入が認められている。

なお「相当程度の支出の確実性」（上記②）と「適正な金額の見積もり」（上

---

2) 大阪地裁昭和57年11月17日判決。
3) 『最高裁判所判例解説　刑事篇〔平成16年度〕』513頁～514頁（法曹界／2007年）

記③）の判断時点について、本判決にて「事業年度末日において」と判示されている点も、非常に重要である。

(2) 「収益と直接対応する売上原価」について

売上原価の計上について、そもそも、収益と直接対応する原価であるかの判断が重要である。例えば、納品後のアフターサービスの様に「単なる事後的費用の性格を有するもの」（法人税基本通達2-2-1）は「収益に係る売上原価」には含まれない。

このため、債務が確定していなくとも売上原価として計上することができると考えるのではなく、まず「収益に係る売上原価」に該当するのかの判断が必要である。

(3) 「相当程度の支出の確実性」及び「適正な金額の見積もり」について

売上原価に該当するとしても、その見積もり計上については、事業年度の末日において、支出されない可能性が大きい場合や、当該費用の額を適正に見積もることができない場合には、損金として認められないことについて留意しなければならない。

例えば、本判決後の下級審[4]において、本判決を引用し、納税者が売上原価に含まれる使用人賞与は、見積計上が可能であるとして主張をしている事案がある。この裁判では、裁判所も本判決の示した見積計上の判断要素を規範として言及した上で、決算日までに各人別の賞与金額を本人に通知していないことを理由に「個々の使用人賞与の支給に係る法人の具体的な債務が当該賞与の当該使用人への支給と同時にされる通知をもって（当該法人による当該賞与の支給についての最終的、確定的意思決定の外部への表示として）初めて成立するものであるという実情を踏まえた上で、………それ以前の時点においては、近い将来にこれを支出することが相当程度の確実性をもって見込まれるとはい

---

[4] 大阪地裁平成21年1月30日判決。なお、控訴審（大阪高裁平成21年10月16日判決）では納税者による控訴が棄却され、最高裁（第一小法廷平成23年4月28日決定）では納税者による上告が棄却・不受理とされており、納税者敗訴が確定している。

えず、また、その金額を適正に見積もることもできない」とし、売上原価としての計上は認められなかった。

　したがって、売上原価を損金の額に算入するに当たり、債務確定基準を充たす必要はないが、それに代わる相当程度の支出の確実性と適正な金額の見積もり計算が必要となることに留意されたい。

　なお、売上原価として見積もり計上した後、確定した金額が見積もりと相違していた場合、あるいは、本件のように、結果として費用が発生しなかった場合には、金額の確定や費用が発生しないことが確定した事業年度において、益金に算入するなどの処理を行うことになる（法人税法基本通達2-2-16参照）。

(4) 疎明資料の準備について

　本判決により、結果として売上原価としての計上が認められたが、当該工事に関するA市との協議書などの書面が、作成されていなかったことが、指摘されている。

　見積計上を行うという性質上、請求書など確定的な資料が存在しないことになるが、裁判や税務調査において、見積計上の正当性を主張するためにも、見積書やその他の経緯を記した協議書などの書面を作成・保存しておくことも重要である。

参考文献

・金子宏『租税法〔第13版〕』（弘文堂／2008年）
・水野忠恒、他／編『別冊ジュリスト　第178号　租税判例百選〔第4版〕』（2005年）
・『最高裁判所判例解説　刑事篇〔平成16年度〕』（法曹界／2007年）

17

経営指導料の寄附金性について争われた事例

東京地裁　平成12年2月3日判決（納税者勝訴、請求一部容認）〔確定〕（平成7年（行ウ）第262号、法人税更正処分等取消請求事件）[1]

〔参考条文〕　法人税法37条（寄附金の損金不算入）

ポイント

　経営指導料は、多くのグループ企業において行われている取引の一つである。経営指導料の内容は、企業によって様々であり、個々の具体的な役務提供に対する対価として認識するのが、困難なケースが多いと考えられる。そのため、対価の決定方法としては、毎月定額もしくは、取引高に対して一定率で計算されていることが多く、その計算根拠をめぐって、税務上の寄附金性が議論になるケースが多いと考えられる。

　当該事例は、経営指導料には、提供された役務との対価性を欠くものとして、法人税法37条6項にいう経済的利益の贈与に当たる部分があるか否かについて争い、納税者の主張が認められた事例である。

1. 事　実

　原告（以下「X」とする。）は、オランダ法人Aを中心としたグループ企業における日本現地法人であり、Aブランド製品を輸入し、日本国内で販売すること、日本においてOEM製品（Aの製品仕様書に基づいて、日本の製造業者によって製造された製品で、Aブランド名がついているもの）及び部品の調達

---

[1] 経営指導料の部分については納税者の主張が容認されている。

をすることを役割としていた。

他方、Bは、Aの100％子会社であり、日本におけるAグループ会社の経営管理・指導を行う役割を担っていた。

Xは、日本におけるAグループ統括会社であるBに対して、Bから受ける一般経営、管理、技術援助、営業、法務等の人的役務等の対価として、年間売上総額（予算）の1％相当額をBに対して経営指導料として支払った。

当該状況に対して、課税庁（以下「Y」とする。）は、本社管理費相当と認められる一部を除き、寄附金として課税処分を行った。

（なお、経営指導料以外にも争点があるが、ここでは経営指導料に関する争点に絞って議論を行う。）

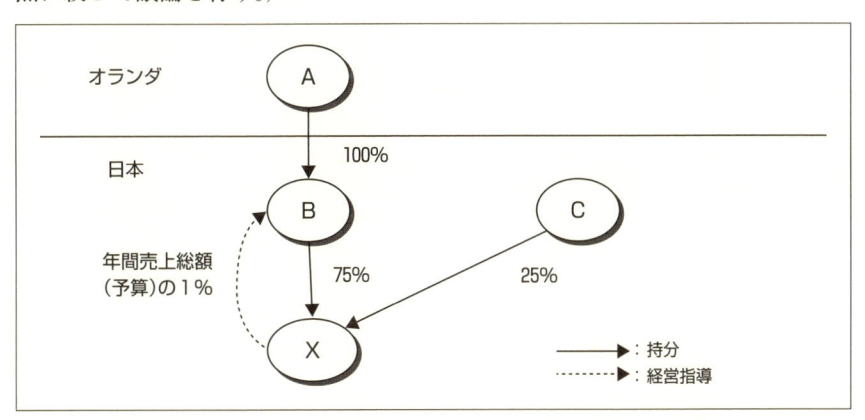

```
オランダ
         A
  ─────────────
日本     │100％
         ▼
         B            C
年間売上総額  ╲       ╱
（予算）の1％  75％  25％
          ╲   ╱
           ▼ ▼
            X          ───▶：持分
                       ┅┅▶：経営指導
```

Xは、当初第三者であるCとBとで50％ずつ保有されていたが、その後BがCから25％持分を譲り受けたため、争いがあった期間においては、Bに75％保有されている状況であった。

なお、平成元年11月にBは、残りの25％持分を譲り受け、平成2年1月1日にXを吸収合併している。

2. 争点

争点	納税者	課税庁
XがB社に支払った金額のうち、B社の本部管理費相当額を超える部分が寄附金に該当するか。	Bから受けた①経営戦略、企画、情報処理、情報管理及び情報提供、②法務、③経理・財務、④製品及び技術の研究・開発、⑤市場調査、市場研究、市場開発、⑥広報活動、⑦人事・福利厚生に係る役務提供は、個々の役務あるいはそれに要する費用の積み重ねのみでは評価できない多大なものである。 経営指導料の覚書が交わされた当時、Xは、Cとの合弁会社であり、第三者であるCが同意した上で覚書が作成されている。そのため、経営指導料が恣意的に決定されたということはあり得ない。	管理部門を有していないXの管理事務の遂行に関する費用負担の相当額として認められる部分を除き、年間売上総額（予算）の1％の支払いと対価関係に立つべき個々具体的な役務提供の事実が認められず、また、調査時及び訴訟においてXが提出した証拠資料等によっても、その経営指導料の額の計算根拠及び負担理由並びにその支払金額の相当性も明らかになっていないことから、Xが負担すべき管理事務の費用を超える部分の金額は、対価性が認められない。

○ **参考（国税不服審判所　平成7年6月30日裁決）**

親会社から供与された便益が間接的又は希薄なものであるときにはその損金性が否定的に解されるものであり、また、税務当局の調査に対しては現実にサービスの提供を受けていることを立証し得る証拠資料を提出することも必要であって、これを欠くときには、その配賦された経費の損金性を否定的に解するのが、税務計算上における基本的な取扱いであると認められる。（中略）具体的な内容については請求人が提出した証拠資料等からは確認することができないことを考慮すれば、原処分庁の認定した金額が請求人に不利益な認定となっているということはできない。

3. 判旨

請求容認。

「Xが支出した経営指導料の一部を寄附金とした課税処分は違法である。」

（経営指導料に関しては請求容認している。経営指導料以外の点でも争っており、他の争点は棄却されているため、判決自体は請求一部容認である。）

(1) 寄附金性について

「提供される役務が市場性を有さず、客観的な価格が形成されていない場合、また、提供される役務が様々な内容を含むため個々具体的な役務の提供に係る対価を個別に観念し難い場合、役務提供者において当該役務を提供するのに必要な費用の額（以下「提供経費」という。）をもって、当該役務の価値を判断する基礎とすることは合理的な方法ということができるが、提供者における利益ないし報酬の部分も役務の対価として含まれてしかるべきことからすると、提供される役務の価値が、提供経費に尽きるものではないことは明らかである。特に、当該役務の提供が提供者の主たる活動になっている場合、提供した役務の価値が提供経費を大幅に上回る場合などにおいては、利益ないし報酬部分を加算しないことは不合理というべきである。そして、独立企業間で役務の提供に対する利益ないし報酬部分をどのように定めるかは、私的自治の原則により基本的には当該企業が契約により自由に定めるところにゆだねられているものというべきである。

　したがって、提供される役務に対して支払われる対価の額が、役務提供者における提供経費を超えているからといって、当該超える部分が直ちに寄附金に該当すると速断することはできず、右超える部分が寄附金に該当するかどうかは、契約当事者である企業間の関係、当該役務提供契約において定められている役務の内容、対価の決定方法の合理性、実際の役務提供内容、提供される役務の被提供者における便益の大きさ、役務と右便益との関係の直接性、提供者において当該役務の提供がその業務に占めている地位等に照らして、役務の提供の対価が、独立企業間において行われる同種の契約で設定される対価の水準と著しく乖離していて、企業間の特殊な関係に基づく租税回避のための価格操作と認めるべきものかどうかによって、これを判断すべきものと解される。」（下線筆者。以下同。）

(2) 本件における検討

「Ｂは、Ｘに対して一定のＡグループ製品の独占的な輸入販売権を付与し、ＸがＡグループ製品の国内販売を行っていたこと、………Ｘは、日本国内にお

ける販売及び国外のAグループ会社に対する輸出の各事業に関して、その多くをBに依存し、Bは、右各事業に関して経営上の助言、人的資源の提供、法務、市場調査、広報活動などの事務を負担していたことなどの事情が認められ、………XとBとの間の役務提供契約に係る諸事実を勘案し、また、Aグループ以外の会社との間における類似の契約と比較してみれば、Xが、Bとの間の役務提供契約に係る1973年覚書等に基づき、経営指導料を、Xの年間予算計上の総輸出売上高及び輸入国内販売高の1パーセントに等しい金額と定めてBに支払っていたことは、前記(1)で述べた判断の諸要素に照らし、Xの販売面におけるBへの依存の広範さにかんがみて、必ずしも企業間の特殊な関係に基づく租税回避のための価格操作と認めるべきような不合理なものということはできないというべきである。本件各更正処分のうち、Xが支出した経営指導料の一部を寄附金に当たるとした部分は、違法というべきである。」

4. 評　釈

　従来の裁判例においては、ある程度事業関連性が認められる支出であっても直接対価性を有していない支出については、寄附金に該当するとされてきた。

　例えば、親会社の営業部門を分割して設立された子会社が親会社に支出した営業権の賃借料等の名目の金員が寄附金に当たるとされた事例（広島高裁松江支部昭和59年1月25日判決・原審鳥取地裁昭和57年6月24日判決）の判決では「法人税法37条に規定する寄附金は、法人の事業に関連があるか否かを問わず、法人が行う直接の対価のない支出であると解すべきである。………直接の対価のない支出に当たることが肯認されれば、………事業との関連性の如何を問わず、寄附金性を有すると解すべきである。」とされている。[5]

　この判決によれば、役務提供者において当該役務を提供するのに必要な費用の額を、当該役務の価値を判断する基礎とすることは、合理的な方法というこ

---

[5] 大淵博義『裁判例・裁決例からみた役員給与・交際費・寄付金の税務〔改定増補版〕』672頁（税務研究会出版局／1996年）

とができるが「提供者における利益ないし報酬の部分も役務の対価として含まれてしかるべき」とされた点が重要である。本件のように役務の提供が提供者の主たる活動になっている場合や、提供した役務の価値が提供経費を大幅に上回る場合などにおいて、利益ないし報酬部分を加算しないことは不合理であり、利益ないし報酬部分をどのように定めるかは、企業の自由であるため、役務の提供の対価が、独立企業間において行われる同種の契約で設定される対価の水準と著しく乖離していて、企業間の特殊な関係に基づく租税回避のための価格操作と認められない場合は、利益を付加したとしても寄附金には該当しないとされている。

確かに、判旨にあるとおり、利益を付加するという考え方は、利益追求を目的とした企業にとっては、当然の考え方であるといえよう。

5．実務上の対応

(1) 一般的留意事項

経営指導料の内容は企業によって様々である。当然のことながら、本件の結論だけを論拠に売上高の1％を経営指導料として処理して認められるというわけではない。

従来の裁判例においては、直接対価性を有していない支出については寄附金に該当するとされていたが、そのような画一的な判定方法ではなく、個別の要件を勘案して租税回避に該当するか否かの判定をすべきであるとしたものである。

本件は世界的な大規模企業が複数かかわった案件であり、独立企業間において行われる同種の契約と比較して、租税回避のための価格操作には、当たらないと判断するための要件は揃っていたと思われる。

一般の企業で経営指導料を導入する場合には、算定根拠を明確にしたり、役務提供の事実を明らかにする資料を残しておく等、租税回避ではない経済合理性のある取引であることを説明できる疎明資料を整えておく必要があることは今までと変わらない。

(2) 国際取引の場合における留意事項

　本件は、内国法人間の取引であるが、国際間の取引においても参考になる事例である。なぜなら、グループ内役務提供に係る有償性の判断において参考になるからである。

　国内取引と異なり、国外関連者に対する寄附金は、限度額計算もなく、グループ法人税制（寄附金の損金不算入・受贈益の益金不算入）の対象にもならず、全額損金不算入となるため、寄附金認定された場合の影響は重大である。また、移転価格税制との関係も考慮する必要があるので、価格算定の合理性については疎明資料を整備しておく必要がある。国際間の企業グループ内における役務提供については、移転価格事務運営要領（平成18年３月改正）の「２-８　役務提供」及び「２-９　企業グループ内における役務提供の取扱い」において判断基準が明確化されている。

参考文献

- 品川芳宣『重要租税判決の実務研究〔増補改訂版〕』（大蔵財務協会／2005年）
- 山本守之・守之会／編『税務是認判断事例集　納税者の主張が認められた114の裁決・裁判例』（新日本法規出版／2005年）
- 山本守之／監修『検証　国税非公開裁決——情報公開法が開く審判所の扉』（ぎょうせい／2005年）
- 佐藤孝一『最近の税務訴訟　Ⅲ』（大蔵財務協会／2003年）
- 租税事件訴訟研究会／編『租税判例年報〔平成12年度〕』（税務経理協会／2002年）
- 羽床正秀・古賀陽子／編『移転価格税制詳解－理論と実践ケース・スタディ』（大蔵財務協会／2009年）

V

法人税―固定資産

18

有姿除却の損金性と公正処理基準

東京地裁　平成19年1月31日判決（納税者勝訴）〔確定〕
　　　　（平成17年（行ウ）第597号、法人税更正処分等取消請求事件）
　　　　税務訴訟資料（250号～）257号10623順号

〔参照条文〕　電気事業法34条（会計の整理等）、電気事業会計規則1条4号（会計の原則）、法人税法22条4項（各事業年度の所得の金額の計算）、法人税基本通達7-7-2（有姿除却）

ポイント

　本件は、有姿除却について通常とは異なる会計慣行が成立していた場合にも、その会計慣行が、法人税法22条4項の公正処理基準に該当するとして、電気事業者が計上した除却損の損金算入が、認められた事案である。
　電気事業者のような特別な業界において、特別な会計慣行が成立する余地がある場合に、その会計慣行が公正処理基準として認められる判断のポイントを探る。

1. 事　実

　本件は、昭和26年5月に設立された愛知、岐阜、三重、長野及び静岡の中部5県を営業区域とする一般電気事業者（電力会社）である原告が、その保有する火力発電設備4基及びLNG冷熱発電設備1基の計5基（以下「本件火力発電設備」という。）について、電気事業法などに基づく廃止のための手続を執った上で、発電設備ごとに一括してその設備全部につき、いわゆる有姿除却（対象となる固定資産が、物理的に廃棄されていない状態で除却処理を行うこと）に伴う除却損を計上し、これを損金の額に算入して法人税の確定申告を行った。

これに対し、所轄税務署長は、各発電設備を構成する個々の資産のすべてが固定資産としての使用価値を失ったことが客観的に明らかではなく、今後通常の方法により事業の用に供する可能性がないとは認められないなどとして、上記損金算入を否定し、増額更正及び過少申告加算税の賦課決定を行った。このため、原告はこれらの更正処分などは、有姿除却などに関する法令の解釈を誤った違法なものであると主張して、その取消しを求めた事案である。

(1) **本件火力発電設備の廃止に至る経緯**
　① 　原告においては、平成3年度以降、高効率の新規発電設備の運転が順次開始されていたが、他方、不況の影響により最大電力の伸び率が鈍化していたため、平成3年から同5年にかけて、急速に最大電力需要に比べて供給力が過大となりつつあり、同10年ころには設備余剰の状態が一層顕著となっていた。
　② 　そこで、原告は、(1)適切な需給バランスを確保すること、(2)保守保安費用を低減させること、(3)発電所運転要員を有効活用することを目的に、平成10年度以降、本件火力発電設備（LNG冷熱発電設備を除く）を始めとする低効率の既存発電設備について、年間を通じて運用を停止する長期計画停止を行ってきた。
　③ 　本件火力発電設備5基のうち4基（火力発電所発電設備）は、原子力、LNG（液化天然ガス）、石炭などに比べ価格が高い石油を燃料としていたことから経済性に劣り、また、運用開始後26年ないし38年が経過し、法定耐用年数である15年を大幅に超えて運用がされていたことから、長期計画停止の措置が執られていた。残り1基（LNG冷熱発電設備）は、液体状態のLNGを気化する際の膨張力を利用して発電するものであるが、LNGを使用しない他の高効率火力発電所の運用開始に伴いLNG火力発電所の稼働率が低下することとなり、LNG冷熱発電設備の稼働率も必然的に低下し、発電メリットが保守費用を下回る状況が続くと見込まれていた。
　④ 　原告は、平成12年3月の電力小売部分自由化の実施などの経営環境の変化を受け、経年火力発電設備の取扱いを検討した。そして、経年火力発電

設備について、変動費、運用性、系統制約、年間の維持費などを総合的に比較検討し、廃止ユニット候補として本件火力発電設備を選定し、平成14年2月26日、原告の取締役会は本件火力発電設備の廃止を承認した。同年3月26日には、本件火力発電設備の廃止を盛り込んだ平成14年度電力供給計画（長期）が取締役会に付議され、取締役会はこれを承認した。

⑤ 原告は、平成14年3月29日、本件火力発電設備の電気工作物変更届出書を中部経済産業局長に提出し、これらの発電設備の遮断器の投入・遮断回路の配線を切断した。

(2) **課税処分の経緯**

① 原告は、本件火力発電設備の有姿除却により、平成14年3月期（4基）において43億5,712万円、及び翌15年3月期（1基）において20億4,773万円、それぞれ損金算入が認められるとして、法人税の確定申告を行った。

② 平成16年4月27日　所轄税務署長は、本件火力発電設備の有姿除却による損金算入は、実際に解体済みと認められる部分を除き、いずれも認められないなどとして、平成14年3月期について35億7,578万円、及び平成15年3月期について18億6,465万円を、それぞれ損金に算入されないものとし、各事業年度の法人税について更正処分、並びに過少申告加算税及び重加算税の各賦課決定処分を下した。

③ 平成16年6月16日　原告は、本件火力発電設備の有姿除却による損金算入はいずれも認められるべきであり、本件各更正処分及び本件各賦課決定処分には不服があるとして審査請求をした。

④ 平成17年6月14日　国税不服審判所長は、上記審査請求を棄却する旨の裁決をした。

⑤ 平成17年12月12日　原告は本件訴訟を提起した。

2．争　点

電気事業会計規則が、法人税法22条4項「一般に公正妥当と認められる会計

処理の基準」（以下「公正処理基準」という。）に該当することに争いはなく、主な争点を整理すると次のとおりとなる。

争点	納税者	課税庁
電気事業会計規則14条に規定する「除却」の意義	電気事業固定資産の除却とは、電気事業の所管官庁等の解説の趣旨も考慮し「既存の施設場所において資産としての固有の用途を廃止すること」である。	企業会計において通常用いられる意味での「除却」と同義に解すべきであり「除却」とは「まだ使用に耐える固定資産について、将来にわたってその使用を廃止すること」をいい「その資産は事業に対する物的給付能力を失った」ことを意味する。
所管官庁等の解説の位置づけについて	膨大な電気事業者の会計の中に生起する複雑多岐な現象をすべて一片の規則をもって律しきることはもとより不可能であり、規則の足らざるところはどうしても公正妥当なる解釈と運用をもって補っていかざるを得ないと一般に理解されている。 このため、電気事業者が従うべき会計基準には、電気事業会計規則の明文規定ないし文言に限定されるものではなく、所管官庁等の公正妥当なる解釈と運用も含まれる。	所管官庁等の解説書に記載された電気事業会計規則の「除却」の定義は、企業会計において通常用いられる意味での「除却」とは明らかに異なる内容の概念であるから、当該定義に基づく「除却」があったからといって、必ずしも除却損を計上することができるわけではない。
「除却」の認定と損金算入の可否について	本件火力発電設備が廃止されるということは、廃止以後は本件火力発電設備は発電という機能を二度と果たすことがないということを意味する。 昭和39年度以降41年間で、全国の電力会社により、本件火力発電設備と同種の発電設備が廃止された例が169件ある中で、廃止後再稼働された例は1件もなく、また、廃止された本件火力発電設備が再稼働されることは、多大な費用、時間、手間などの制約要因にかんがみると、社会通念上あり得ないということができる。 したがって、社会通念上、発電という本件火力発電設備の「既存の施設場所」における「固有の用途」は完全に失われており、有姿除却の要件を満たし、除却損として損金に算入することができる。	電気事業固定資産の「除却」の要件が満たされているか否かの判断は、発電設備を構成する個々の資産ごとに行うべきものと解され、当該電気事業固定資産が、もはやその本来の用法に従って事業の用に供される可能性が客観的にもないと認められるに至った場合であることを要するものと解される。 原告は、本件火力発電設備を構成する個々の資産について、なおその本来の用法に従って事業の用に供することが可能な状態であることを前提に、原告の他の発電設備への流用、他部門での流用又は活用、更には外部への売却などを広くかつ積極的に検討し、実際にもその一部を流用していたものと認められる。 そうであるならば、本件火力発電設備を構成する個々の資産は、本件各事業年度末の時点では、いまだ固定資産としての命数なり使用価値が尽きていたとは認められず、またそのことが明確になっていたとも認められないため、除却損として損金に算入することはできない。

3. 判旨

〔第一審判旨〕 東京地裁 平成19年1月31日判決
全部取消（納税者勝訴）

① 一般の場合における公正処理基準

　法人税法22条「4項は、これらの額（筆者注：益金・損金・損失の額）は、一般に公正妥当と認められる会計処理の基準（いわゆる公正処理基準）に従って計算すべきものとし………公正処理基準とは、一般社会通念に照らして公正で妥当であると評価され得る会計処理の基準を意味し、その中心となるのは、企業会計原則や商法及び証券取引法の計算規定並びにこれらの実施省令である旧計算書類規則、商法施行規則及び財務諸表等規則の規定であるが、確立した会計慣行をも含んでいる」。

② 電気事業会計規則が公正処理基準として認められるか

　「電気事業会計規則は、電気事業経営の基盤である会計整理を適正にし、その事業の現状を常に適確に把握し得るようにしておく必要があり、このためには適正かつ統一的な会計制度を確立しておく必要があるとして、電気事業法34条の委任により制定されたものであるところ………同規則1条4号において、電気事業者は、一般に公正妥当であると認められる会計の原則によってその会計を整理しなければならない旨定められていること、さらには、膨大な電気事業者の会計の中に生起する複雑多岐にわたる現象をすべて規則をもって律することはもとより不可能であることを考慮すると、電気事業者が従うべき公正処理基準とは、電気事業会計規則の諸規定のほか、一般に公正妥当と認められる会計処理の基準を含むものというべきである。」

③ 電気事業の所管官庁による解説が公正処理基準として認められるか

　「電気事業会計規則は、電気事業経営の基盤である会計整理を適正にし、その事業の現状を常に適確に把握し得るようにしておく必要から、電気事業

法34条の委任により制定された経済産業省令であることに照らすと、その解釈に当たっては、一般に公正妥当と認められる会計処理の基準のほか、電気事業の所管官庁等によるこのような解説の趣旨を十分に考慮に入れるべき」である。

④　『除却』の意義及び会計処理について

　電気事業会計「規則にいう『電気事業固定資産の除却』とは、『既存の施設場所におけるその電気事業固定資産としての固有の用途を廃止する』ことを意味するものと解するのが相当である」。

　会計処理としては「除却時点における除却物品の帳簿価額を電気事業固定資産勘定から減額するとともに、当該除去物品の適正な見積価額をもって貯蔵品勘定その他の勘定へ振り替えることとし、当該帳簿価額と適正な見積価額との差額（物品差損）及び旧工費差損の金額の合計額を除却損として計上すべきことになる」。

⑤　既存の施設場所において固有の用途を廃止したといえるか

　「本件火力発電設備を再稼働させるとすると、新規に火力発電所を建設する場合と同様に、多大の費用と時間を投じて、電気事業法48条に基づく工事計画の届出、環境影響評価法に基づく環境影響評価の実施その他の手続を経なければならない上、廃止した設備及び機器の全面的な点検、修理必要箇所の工事、検査、試運転等を行う必要がある。これらに伴い必要となる費用は、正確な推計は困難であるが、通常の定期点検に要する費用だけでも１ユニット当たり約10億円を要すること、廃止後に保守又は保全の措置が執られていないために腐食が進行していることを考慮すると、再稼働には通常の点検を大幅に超える費用と時間が必要になると想定される。しかも、このような費用と時間をかけて再稼働したとしても、低効率で経済性が劣る経年火力発電設備が再稼働されるにすぎないから、原告がこのような選択をするはずがないことは、社会通念上明らかということができる」。

　さらに「電力会社10社においては、昭和39年度から平成16年度までの41年

間に合計169基の本件火力発電設備と同種の発電設備が廃止されたところ、それらのうち廃止後に再稼働されたものは１基も存在しない」。

「本件火力発電設備がその廃止により発電という機能を二度と果たすことがなくなった以上、本件火力発電設備を構成する電気事業固定資産の『既存の施設場所』における『固有の用途』も完全に失われたことになる。

したがって、本件火力発電設備を構成する電気事業固定資産については、『既存の施設場所におけるその電気事業固定資産としての固有の用途を廃止』することという除却の要件が充足されているので、その有姿除却が認められるというべきである」。

「〔１〕本件火力発電設備を構成する資産の有効活用を図るため、社内での活用又は流用を積極的に検討していたこと、〔２〕実際に社内において流用を行っていること、〔３〕本件火力発電設備を構成する個々の資産を有効活用するため、商社等への売却の準備及び交渉をしていたことを挙げて、本件火力発電設備を構成する個々の資産は、本件各事業年度末の時点では、実際に解体済みであったものを除き、いまだその本来の用法に従って事業の用に供される可能性がないと客観的に認められるような状態には至っていなかった」との課税庁の主張は、証拠及び弁論の全趣旨によると「本件火力発電設備の廃止の時点で、各発電設備を構成する個々の資産は、そのほとんどが、社会通念上、その本来の用法に従って事業の用に供される可能性がなかったもの、すなわち、再使用が不可能であったものと認めるのが相当である」。

⑥　除却損として計上すべき金額について

「原告は、本件火力発電設備を廃止するに際し、これを構成する個々の物品については、〔１〕他の発電所へ流用する見込みの物品については廃止時の帳簿価額を、〔２〕発電設備の全面撤去後に社外へスクラップとして売却する見込みの物品についてはスクラップ価額を、それぞれその見積価額として算定し、当該見積価額と帳簿価額との差額を除却損として計上したことが認められ、………本件火力発電設備の除却に際して原告が除却損として計上した金額は、除却損として適正な金額を超えてはいないというべきである。」

4. 評釈

　本件は、納税者・課税庁ともに電気事業会計規則が公正処理基準に含まれること、及び他の会計基準に優先することについて争いがなかったが、電気事業会計規則において明確に定義が与えられていない「除却」の解釈に当たり、電気事業の所轄官庁等による解説が「公正処理基準」として認められるかが争われた事案である。

　この点「一般に公正妥当と認められる会計処理の基準のほか、電気事業の所管官庁等によるこのような解説の趣旨を十分に考慮に入れるべき」と判示され、今後、特殊な業界において、何が公正処理基準及び会計慣行に該当するのかを検討する上で、非常に有用な判決であるということができる。

　また、本判決により「法人税法は画一的・網羅的に規定することをせず、規定していない会計処理については公正処理基準に委ねる構造を採用しているが、公正処理基準と認められる会計慣行の採用により、画一性がある程度犠牲になるのは法の予定するところでもある」[1]という法の趣旨の存在を確信できることになる。

　なお、判示された公正処理基準の範囲について、金子宏教授の「一般社会通念に照らして公正で妥当であると評価されうる会計処理の基準を意味する。[2]………その中心をなすのは、企業会計原則・同注解、企業会計基準委員会の会計基準・適用基準等、中小企業の会計に関する指針………や、会社法、金融商品取引法、これらの法律の特別法等の計算規定・会計処理基準等………であるが、それに止まらず、確立した会計慣行を広く含むと解すべきであろう」[3]とする解釈とも整合的となっている。

　しかし、特別な会計慣行の存在がそのまま「公正処理基準」に該当する訳ではないと考えられる。なぜなら、本事案における「除却」の事実認定において、

---

1) 小島俊朗「租税訴訟における国敗訴事件の検討（第二部）」明治学院大学法科大学院ローレビュー12号　58頁〜59頁（2010年）
2) 東京地判昭和52年12月26日『判例事報』第909号　110頁など
3) 金子宏『租税法〔第16版〕』283頁（弘文堂／2011年）

繰り返し社会通念との比較による判断が行われており、特別な会計慣行が認められるためには、その慣行が社会通念と比較して正当性を有することが必要と考えられる。

ただし、この社会通念との比較に関しては、税法の基本通達のような一般的な解釈との比較であると理解してはならないと考えられる。このような理解は、特別な会計慣行の成立を否定し、矛盾してしまうからである。したがって、この社会通念による判断とは、ある特別な業界における特別な事情を考慮すれば、特別な会計慣行の成立は、社会的に納得のいくものであるとの判断であると考えるべきである。

なお、本判決において、法人税基本通達7-7-2の適用についての検討を行っていない。これは、有姿除却につき、電気事業者が従うべき公正処理基準は電気事業会計規則と所管官庁等による解釈とされたため、税法における通常の解釈指針たる基本通達を考慮する必要はないと判断したためと思われる。

5．実務上の対応

(1) **一般的な法人における有姿除却について**

法人税法における有姿除却の一般的な考え方は、法人税基本通達7-7-2に示されており「次に掲げるような固定資産については、たとえ当該資産につき解撤、破砕、廃棄等をしていない場合であっても、当該資産の帳簿価額からその処分見込価額を控除した金額を除却損として損金の額に算入することができるものとする。

① その使用を廃止し、今後通常の方法により事業の用に供する可能性がないと認められる固定資産
② 特定の製品の生産のために専用されていた金型等で、当該製品の生産を中止したことにより将来使用される可能性のほとんどないことがその後の状況等からみて明らかなもの」
とされている。

この通達は昭和55年に新設され、税務上も有姿除却を認めること及びその要件を明らかにしたものであり、通常の場合は、この通達に従った判断がなされることになる。なお、その要件については事実認定の問題となり「その使用を廃止した時点における事後処理の方法、客観的な経済情勢その他情況の変化を見きわめた上で、今後の使用可能性があるかどうかを判断する」[4]必要がある。

(2) 特別な業界に属する法人の有姿除却の場合

　本件では、電気事業者の業界において、電気事業法に基づく電気事業会計規則が定められ、同規則における除却の解釈「既存の施設場所におけるその電気事業固定資産としての固有の用途を廃止する」に基づいた運用が行われており、この会計慣行が公正処理基準としても認められたということができる。この点、他の特別な業界に属する法人においても参考になる事例であると考えられる。

　ただし、判示内容及び電気事業者である原告の主張にもあるとおり「社会通念上」の判断が加えられている点に留意が必要である。

　すなわち、特別な業界において、通常とは異なる会計慣行が公正処理基準として認められるためには、単に、規則・解釈・運用が存在しているだけでは足りず、その会計慣行が社会通念上妥当と認められるかという判断も必要となると考えられる。

参考文献
- 藤井保憲「有姿除却に係る一括除却損計上と公正処理基準［東京地裁平成19.1.31判決］」『税研』第148号　98頁〜（2009年）
- 小島俊朗「租税訴訟における国敗訴事件の検討（第二部）」明治学院大学法科大学院ローレビュー12号（2010年）

4）有安正雄、他／監修『逐条詳解　法人税関係通達総覧』2003頁（第一法規／1979年〜）

19

回線使用権の判定と少額減価償却資産該当性
~NTTドコモ事件~

東京地裁　平成17年5月13日判決（納税者勝訴）
　　　　　（平成15年（行ウ）第312号法人税更正処分等取消請求事件、平成16年（行ウ）第147号、法人税更正処分等取消請求事件）
東京高裁　平成18年4月20日判決（納税者勝訴）
　　　　　（平成17年（行コ）第160号、第225号、各法人税更正処分等取消請求控訴事件・同附帯控訴事件）
最高裁第三小法廷　平成20年9月16日判決（納税者勝訴）〔確定〕
　　　　　（平成18年（行ヒ）第234号、法人税更正処分等取消請求事件）

〔参照条文〕　法人税法2条22号、23号（定義）、法人税法施行令13条（減価償却資産の範囲）、133条（少額の減価償却資産の取得価額の損金算入）

ポイント

　本件は携帯電話事業を営むA社（NTTドコモ中央）がB社（NTT中央パーソナル通信網）から簡易型携帯電話（PHS）事業の事業譲渡時に譲り受けたエントランス回線利用権（1回線当たり7万2,800円）、及び事業譲渡後に新たに設置した同利用権（1回線当たり7万2,800円）の全額を法人税法施行令133条《少額の減価償却資産の取得価額の損金算入》の規定を適用して、損金算入したことの是非が争われたものである。
　判決は第一審、控訴審とも納税者の主張を支持し、同利用権の少額減価償却資産の判定単位を1回線毎と認定し、損金算入を認めたため課税庁が上告に及んだのが本件の概要である。上告審では少額減価償却資産の判定単位として「エントランス回線1回線に係る権利一つでもって、被上告人（筆者注：A社）のPHS事業において、………機能を発揮することができ、収益の獲得に寄与するものということができる」ものと判示し、下級審同様、課税庁の主張を退けた。

> 少額減価償却資産の判定単位については、実務でもたびたび問題とされるが、最高裁の判決において、その取り扱いの判断が示されたことの意義は大きいものと思われる。

1. 事　実

　携帯電話事業を営むA社（NTTドコモ中央、原告、被控訴人、被上告人）がB社（NTT中央パーソナル通信網）から簡易型携帯電話（PHS）事業の事業譲渡時に譲り受けたエントランス回線利用権（1回線当たり7万2,800円）、及び事業譲渡後に新たに設置した同利用権（1回線当たり7万2,800円）の全額を法人税法施行令133条《少額の減価償却資産の取得価額の損金算入》の規定を適用して損金算入し、確定申告した。Y税務署長（被告人、控訴人、上告人）は、エントランス回線利用権は少額減価償却資産に該当しないものとして、増額更正及び過少申告加算税の賦課決定処分、並びに更正すべき理由のないことの通知処分をした。A社は当該処分を不服として、これらの取り消しを求め提訴に及んだのが本件である。

　なお第一審、控訴審では、下記に掲げる事実のほか、手続に関する事実が争点とされているが、ここでは省略している。

(1)　**エントランス回線利用権**

　エントランス回線とは、C社（NTT）の設置するPHS接続装置と、PHS事業者が設置する無線接続装置（以下「基地局」という。）との間に設置される端末回線であり、基地局回線とも呼ばれる。

　PHSのシステム構成には、大別して「C社網依存型」と「C社網接続型」があり、前者はC社電話網の機能を活用してPHS事業を提供する方式であり、後者はPHS交換機から回線設備まですべてを備えたPHSのシステムをC社電話網との間で網間接続する方式である。なお、C社網依存型PHS事業者は、活用型PHS事業者とも呼ばれている。

A社の行っているPHS事業は、前者のC社網依存型のシステムを採用している。このようなC社網依存型のシステムにおいては、PHS加入者がPHS端末を利用して固定電話加入者との間で通話を行うためには、音声等の情報は、①加入者のPHS端末→②A社が設置した基地局→③C社の設置するエントランス回線→④C社の設置するPHS接続装置→⑤C社電話網に伝達され、最終的には固定電話等に到達する（下図参照）。

　このように、エントランス回線は、PHS事業者が設置する基地局をC社のPHS接続装置を経由してC社電話網に接続するための「入口」となる回線であるという意味で、エントランス回線と呼ばれている。

【C社網依存型PHSシステム構成】

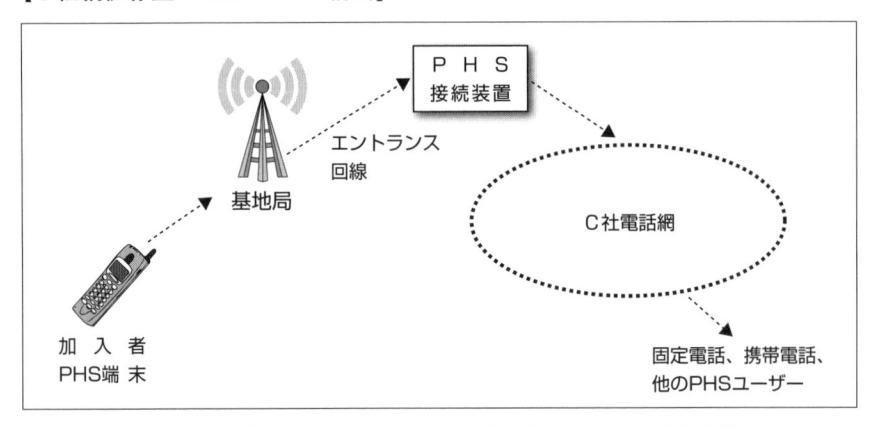

　なお加入者PHS端末との間では、音声や文字などのデータ送受信のほかに、相手から呼び出しがあった時に、どの基地局から発信信号を発するか、あらかじめ特定するため、個々のPHS加入者の位置情報がやり取りされている。

　このエントランス回線は、B社又はA社の申し入れによりC社が設置したもので、A社がB社より事業譲渡を受ける際の1回線当たりの譲渡価額、A社が同事業を承継後、自らの負担でC社にエントランス回線の設置を申し込んだことにより、C社より請求される1回線当たりの設置料金はともに7万2,800円である。この設置に際し負担すべき費用のほかに、接続料金として従量制及び定額制の網使用料等の支払義務が生ずる。

なお、当時の電気通信事業法38条により第一種電気通信事業者（C社が該当する。）は、他の電気通信事業者から当該他の電気通信事業者の電気通信設備をその電気通信回線設備に接続すべき旨の請求を受けたときは、電気通信役務の円滑な提供に支障が生ずるおそれがあるとき等一定の場合を除き、これに応じなければならない旨規定されており、B社及びA社はこれに従いC社との間で接続約款（以下「本件接続約款」という。）及び接続協定（以下「本件接続協定」という。）を締結し、相互接続によりそれぞれの事業を行っていたものである（現在の電気通信事業法35条にも同旨の規定がある。）。

　このエントランス回線は、C社が設置してその費用負担をB社ないしA社に求める点に着目すれば、非減価償却資産たる電話加入権（法人税法2条22号）に類似するものと考えることができなくもないが、法人税法ではこれを電気通信施設利用権（法人税法施行令13条1項8号ソ）として耐用年数20年で減価償却することを認めている。この取扱いは「電話加入権以外の電気通信施設利用権については、たとえ譲渡が可能であるとしても、そのため市場が形成されているわけではなく、また、一般にその利用形態が専用的なものであって、営業譲渡等の特殊な場合でなければ譲渡によって投下資本を回収することも事実上困難であるため、償却を認めることによって費用配分することが合理的と解される[1]」ため、償却が認められたものである。

(2)　A社の会計処理及び申告処理

　PHSは、家庭用の固定電話の子機を屋外で使用できるよう改良したもので、携帯電話と異なり、通話半径が数百メートルと狭く、そのため多数の基地局を重畳的に設置する必要がある。また上記の特性から、通信中に基地局の電波が受信することができなくなった場合に、自動的に他の基地局の電波に切り替えて通信を継続する機能であるハンドオーバー機能を用いることにより、PHS加入者は、一つの基地局がカバーするエリアから他の基地局がカバーするエリアへと移動しながら通話を行うことが可能である。もっとも、PHSは、一つ

---

[1]　窪田悟嗣『法人税基本通達逐条解説』467頁（税務研究会出版局／2008年）

の基地局がカバーするエリアの半径が狭いため、移動中に頻繁にハンドオーバーが発生し、機能が追随することができない可能性もあり、携帯電話に比較して、高速移動中の通話が困難である。

A社は事業譲渡時（当該事業譲渡のあった日の属する事業年度は平成11年3月期であり、A社は毎期3月末日を期末日とする1年決算法人である。）にB社より譲り受けたエントランス回線は、回線数にして15万3,178回線、金額にして111億5,135万8,400円（上記回線数に1回線当たりの単価7万2,800円を乗じたもの）である。また、本件事業譲渡日以降にA社がC社に対し設置の申し出をしたことにより、エントランス回線を追加で設置したものがある。A社はこれらの事情により取得したエントランス回線利用権を平成11年3月期、平成12年3月期及び平成13年3月期のいずれの決算においても「施設保全費」として損金経理している。ただし厳密には、平成12年3月期及び平成13年3月期においては平成11年3月期更正と同様の理由により更正を受けることを避けるため、損金経理した金額のうち償却限度額を超える金額を法人税申告書別表四で加算し、併せて減額更正の請求を行っている。

2．争点

本件の争点は(1)上記エントランス回線利用権の少額減価償却資産における判定単位、(2)事業譲渡日以降にC社が追加設置したエントランス回線の取扱いについての2点である。なお、判決は第一審から上告審までA社の主張が、ほぼ反映され結審しているので、ここではY税務署長の主張について記載することとする。

《Y税務署長の主張の要旨》

(1) **エントランス回線利用権の少額減価償却資産における判定単位**
　① 少額減価償却資産の判定単位
　　A．第一審の主張
　　　本件資産（筆者注：エントランス回線のこと。）は、本件接続協定に

基づきC社のネットワークを利用してC社から電気通信役務の提供を受けることができるという一個の権利、すなわち本件接続協定上の地位であり、B社が、このような地位の取得費用である権利金的な性格を有する本件設置負担金を支払い、A社が本件設置負担金相当額の対価を支払ってB社から上記の一個の地位の譲渡を受けたことにより、C社から上記電気通信役務の提供を受けることができるようになったものであるから、本件資産の取得価額、すなわち上記一個の地位の取得価額は、これを基地局回線（エントランス回線）の数によって算定した111億5,135万8,400円である。すなわち本件エントランス回線利用権は回線全体で少額減価償却資産の判定をすべきである。

B．控訴審及び上告審の主張

控訴審及び上告審では、1本のエントランス回線では予定された機能が発揮できないとする観点から、以下のように主張している。

ア．控訴審

PHSは、携帯電話と同様、移動しながらの通話が可能であることが最大の特色であり、PHS事業は、エンドユーザーに対して、PHSにより、家庭用固定電話の子機が電波を把握し得る範囲を超えて移動しながら通信するという機能を提供することを本旨とするものである。

したがって、1本のエントランス回線を設置しただけでは、1人のエンドユーザーに対してさえ、上記機能を提供することができないのであり、1人のエンドユーザーに対してどこからでもまた移動しながらでも通信できるというサービスを提供することは、エリア内のすべてのエントランス回線を利用する権利が一体となって、初めて可能となるというべきである。

イ．上告審

移動しながら通話できることは、相手方がPHS事業において収益を生み出すため不可欠の要素である。そして、1つの基地局がカバーするエリアから他の基地局がカバーするエリアへと移動しながら通話ができるようにするためには、少なくとも、ハンドオーバー前に使用

していたエントランス回線とハンドオーバー後のエントランス回線の2つのエントランス回線に係る役務の提供を受けることが必要であることは明らかである。

このようにPHS端末が複数の単位エリア内のどこに所在しても受信が可能であることは、………PHS事業において収益を生み出すため不可欠の要素である。そして、このような受信を可能にするためには、少なくとも、複数のエントランス回線に係る役務の提供を受けることが必要であることは明らかである。

② 少額減価償却資産の判定単位の改正経緯
　A．改正経緯の概要

わが国における少額減価償却資産の金額基準等については、昭和26年の改正において、その金額が1万円未満とされるとともに「事業の開始又は拡張のために取得した固定資産」については、少額減価償却資産の取得価額の損金算入の規定は適用がないものとされ、さらに昭和36年改正において「当該法人の業務の性質上基本的に重要な固定資産（少額重要資産）及び当該業務の固有の必要性に基づき大量に保有される固定資産（少額多量資産）」を除くと規定された。

その後の改正において、金額基準については段階的に引き上げが行われるとともに、昭和42年改正において事業の開始又は拡張のために取得した固定資産及び少額多量資産の規定が廃止された。さらに昭和49年改正において「現実の税務執行においては、個々の資産が少額重要資産に該当するかどうかの範囲が必ずしも明確でなかったこともあって紛争が多いこと及び少額重要資産には耐用年数の短いものが多く、その処理が煩雑であることを考慮して、税制簡素化の見地[2]」から少額重要資産の規定も廃止され、現在の金額基準のみの規定となった。

　B．Y税務署長の主張

---

[2] 原田靖博「改正法人税法解説」『税理』第17巻第7号　89頁（1974年）

Y税務署長は上記改正の経緯を踏まえ、控訴審では下記のとおり主張している。

昭和42年改正、昭和49年改正において、上記（筆者注：少額重要資産など上記に掲げた諸制度）は廃止されたが、その理由は、少額減価償却資産該当性について紛争が生じるのを回避し、明確かつ簡便な処理を図るという趣旨に基づいて、上記①（筆者注：上記Ａ．の「少額重要資産」）及び②（筆者注：上記Ａ．の「少額多量資産」）の除外事由の存否を個々に判断するのをやめて、専ら画一的にその使用期間又は取得価額によって少額資産該当性を判定するとしたのであり、このような簡便な処理が許されるのは、少額減価償却資産の処理をいたずらに厳格なものにすることは、かえって企業会計上の重要性の原則に反することになるからである。現行の法人税法施行令133条は、取得価額が通常その事業の用に供される単位でみて10万円未満である減価償却資産について少額減価償却資産として簡便な処理を行うことを認めているが、これは、このような減価償却資産は、通常は重要性が乏しい資産とみることができるからである。そうすると、企業会計上無視し得ない程度の価額で取得され、本来であれば厳密な会計処理によるべき重要な資産について、いたずらにその取得価額の判定単位を細分化し、これを少額減価償却資産として簡便な処理（一時の損金算入）を行うことが許容されるとすれば、そのような事態は現行の法人税法施行令133条の上記趣旨に反する。

(2) 事業譲渡日以降に追加設置したエントランス回線の取扱い

上記(1)を踏まえ、事業譲渡日以降にＡ社の申し出によりＣ社が追加設置したエントランス回線は「Ｃ社のネットワークへの相互接続点が増加し、利用可能区域の拡大又は高密度化をもたらし、Ｃ社から電気通信役務の提供を受ける権利である本件資産の価値を高めるということできる（第一審）」との理由により、また「（エントランス回線は）その全体が一個の資産を構成すると解した上で、本件設置負担金の支出は、エントランス回線を増設することにより、Ｃ社のネットワークへの相互接続点を増加させ、利用可能区域の拡大又は高密度化をも

たらし、本件資産の価値を高め、その価額を増加させたものである（控訴審及び上告審）」との理由により、法人税法施行令132条2号所定の資本的支出に該当すると主張している。

3. 判旨

一方、裁判所は下記のとおり判示し、一審から上告審まで納税者であるA社の主張を支持し、上記Y税務署長の主張を退けている。

(1) エントランス回線利用権の少額減価償却資産における判定単位
① 少額減価償却資産の判定単位
〔第一審判旨〕

「A社がB社から取得した上記権利（筆者注：当時の電気通信事業法38条の規定に基づいて、C社の電気通信設備と接続する権利）は、本件接続約款及び本件接続協定を前提とするものではあるが、本件接続協定上の地位などといった抽象的ないし包括的なものではなく、B社又はA社がC社に対して有する、PHSサービス契約を締結した自社の契約者に、個別の当該エントランス回線を利用して、C社のPHS接続装置、共同線通信網等と相互接続し、C社のネットワークを利用して電気通信役務を提供させる権利（以下「本件エントランス回線利用権」という。）であり、この権利を得るための対価として、B社及びA社は、エントランス回線1回線につき、72,800円の工事費………を支払っているものというべきである。

（中略）エントランス回線は、一定の範囲内をカバーする1基地局のみを対象としてその機能を発揮するものであり、一個のエントランス回線があれば、当該基地局のエリア内においてPHS利用者がPHS端末から固定電話又は携帯電話に通話することに支障はないし、また、固定電話又は携帯電話から当該エリア内のPHS端末との間で通話することにも支障はないと認めることができる。このように、………設置負担金を

C社に支払って取得した本件エントランス回線利用権の機能は、単体のエントランス回線の利用によって発揮することができる。

そうすると、本件エントランス回線利用権は、B社又はA社の事業活動において、一般的・客観的には、1回線で、基地局とPHS接続装置との間の相互接続を行うという機能を発揮することができるものであるから、その取得価額は、B社の場合も、また、これをまとめて同社から譲り受けたA社の場合も、エントランス回線1回線の単価である72,800円であると認めるのが相当である。」(下線筆者。以下同。)

〔控訴審及び最高裁判旨〕

ア.控訴審

「エントランス回線を設置することにより、現実に、当該エントランス回線を通じての基地局とPHS接続装置との間の相互接続が可能となるのであり、これにより、現実の便益が生じることは明らかである。また、A社の加入者が、移動しながら通話して基地局間で受け渡し(ハンドオーバー)がされる場合、エントランス回線は順次変わっていくとしても、常に利用しているエントランス回線は1つであって、同時に複数のエントランス回線が利用されるわけではないから、機能しているエントランス回線は1つであるということができる。そして、エントランス回線は1回線ごとに管理され、C社に対し、1回線ごとに設置の申込みをするとともに、72,800円の設置負担金を支払う必要がある上、エントランス回線を利用して通信を行うために、定額制の網使用料及び従量制の網使用料の支払が必要であるなど、本件接続協定を締結しただけでは生じることのない具体的な個々の支払義務を生じるのである。

以上からすると、本件接続協定を締結することによりB社又はA社が資産を取得するのでなく、1回線ごとに個々のエントランス回線を用いてC社のネットワークと相互接続し、C社をして、エンドユーザーに電気通信役務を提供させる権利(エントランス回線利用権)を取

得したとみるのが相当である。」

　イ．最高裁
　　「減価償却資産は法人の事業に供され、その用途に応じた本来の機能を発揮することによって収益の獲得に寄与するものと解されるところ、前記事実関係によれば、一般に、A社のようなC社網依存型PHS事業者が本件権利のようなエントランス回線利用権をそのPHS事業の用に供する場合、当該事業におけるエントランス回線利用権の用途に応じた本来の機能は、特定のエントランス回線を用いて当該事業者の設置する特定の基地局とC社の特定のPHS接続装置との間を相互接続することによって、当該基地局のエリア内でPHS端末を用いて行われる通話等に関し、C社をして当該事業者の顧客であるPHS利用者に対しC社のネットワークによる電気通信役務を提供させることにあるということができる。そして、前記事実関係によれば、エントランス回線が1回線あれば、当該基地局のエリア内のPHS端末からC社の固定電話又は携帯電話への通話等、固定電話又は携帯電話から当該エリア内のPHS端末への通話等が可能であるというのであるから、本件権利は、エントランス回線1回線に係る権利一つでもって、被上告人のPHS事業において、上記の機能を発揮することができ、収益の獲得に寄与するものということができる。
　　そうすると、本件権利については、エントランス回線1回線に係る権利一つをもって、一つの減価償却資産とみるのが相当であるから………法人税法施行令133条の適用に当たっては、上記の権利一つごとに取得価額が10万円未満のものであるかどうかを判断すべきである。」

② 　少額減価償却資産の判定単位の改正経緯に照らしての判断
　　この点、控訴審では下記のとおり判示している。
　　「昭和42年改正前の法人税法施行令133条によれば、資産の取得価額が少額であっても、①業務の性質上基本的に重要なもの、②業務の固有の必要性に基づき大量に保有されるもの、及び、③事業の開始又は拡張のために取得したもの等については、少額減価償却資産から除く旨定められていた

ところ、現行の規定においては、上記①ないし③は廃止されているのである。これからすれば、少額減価償却資産に該当するか否かを判断するに当たっては、業務の性質上基本的に重要であったり、事業の開始や拡張のため取得したものであったり、多数まとめて取得したものであるなどといったことを当該取得資産の取得価額を判断する上であえて考慮すべき事項ではないというべきである。」

(2) 事業譲渡日以降に追加設置したエントランス回線の取扱い

この点、上告審では「本件権利をエントランス回線1回線に係る権利一つにつき7万2,800円の価格で取得したというのであるから、本件権利は、その一つ一つが同条所定の少額減価償却資産に当たるというべき」であると判示し、資本的支出であるとの主張を退けた。

4．評釈

本件はエントランス回線利用権の少額減価償却資産への該当性をどのような単位で判定するかについて争われた事例である。

まず、電気通信事業法38条（当時）に他の電気通信事業者から相互接続の要請があった場合は一定の場合を除き、その要請に応じなければならないのであり、これに基づいて締結した接続協定に何らの対価の支払いもない以上、第一審の課税庁の主張にある本件エントランス回線利用権の取得対価を「地位の取得費用」と認定する余地はなく、判決で示された判断は妥当なものといえる。

また少額減価償却資産の判定単位については、課税上の取扱いとして法人税基本通達7-1-11において「通常1単位として取引されるその単位、例えば、機械及び装置については1台又は1基ごとに、工具、器具及び備品については1個、1組又は1そろいごとに判定し、構築物のうち例えば枕木、電柱等単体では機能を発揮できないものについては一の工事等ごとに判定」することとしている。これによれば少額減価償却資産の判定単位は、原則として「通常1単位として取引されるその単位」を基準として、例外的に「枕木、電柱等単体で

は機能を発揮できないもの」については「一の工事等」の合理的な基準によって行うことを明らかにしている。

　この場合、エントランス回線利用権のように通常取引されない資産の判定単位について、どのように考えればよいかが問題となる。この点、課税庁は上告審の主張にあるハンドオーバー機能について「PHS端末が複数の単位エリア内のどこに所在しても受信が可能であることは、………PHS事業において収益を生み出すため不可欠の要素」と指摘しており、判定単位は「その事業において収益を生み出す最低単位」にあるとしている。一方、判決は「減価償却資産は法人の事業に供され、その用途に応じた本来の機能を発揮することによって収益の獲得に寄与するもの（上告審）」として「用途に応じた本来の機能を発揮する最小単位」を判定の拠り所とすべきと判示した。つまり判定単位の拠り所を「事業性の確保」に置くのではなく、あくまでその減価償却資産に「予定される最小単位の機能」に着目して判定すべきであると判示している。

　この意味するところは、一般に固定資産とは予定された機能を発揮すべき最小単位で販売されることが多いこと、また判定の客観性を確保するとの趣旨から、少額減価償却資産の判定単位はまず「通常1単位として取引されるその単位」を基準とすると解すべきであり、電柱や枕木のように単体では予定された機能が発揮できないものについて、例外的な規定が置かれたものと解すべきことができよう。そして電柱や枕木のような資産は、どのような単位でもって判定すべきかが問題となるが、どの程度の括りが課税上の衡平を確保できるかが不確定なため「実施される工事ごとという客観的に判断できる基準としたもの[3]」と考えられる。

　注意すべきは「単体では機能を発揮できないもの」とは、電柱は1本では電線を吊り下げることができないから、単体の資産を組み合わせて予定された機能を発揮すべきものについて例外的に置かれた規定であり、本件エントランス回線利用権のように、予定された機能（基地局と接続装置をつなぐ機能）を有しているものについてまで適用すべきでないことである。ここでいう「予定さ

---

[3]　大淵博義「少額減価償却資産の判定基準」『税経通信』第61巻第10号　54頁（2006年）

れた機能」とはA社のPHS事業の収益性を確保する最低単位をいうものではなく、あくまでその資産において期待される機能そのものを指していると考えなければならないのであり、この点に立脚し、課税庁の主張を排した判断は妥当なものといえる。

またこのように解さなければ、例えばレストラン事業においては、厨房施設の電気設備、ガス設備、水道設備は、すべて存在しなければ来店者に料理を提供することができないから、これら全体を一つの建物付属設備として少額減価償却資産の判定を行うことになるが、現実にはこれらの設備は独自に「予定された機能」を発揮するため、それぞれを独自の単位として判定を行うことになるのである。

さらに、課税庁の少額減価償却資産の改正経緯に照らした法人税法施行令133条の適用についても、法文に規定のない新たな課税上の取扱いを創設することになり、租税法律主義の立場から到底容認することはできないと考えることができよう。

そして、以上のとおり解するのであれば、事業譲渡日以降に新設されたエントランス回線を資本的支出と見る余地がないことも当然の帰結であろう。

5．実務上の対応

本件によって、少額減価償却資産の判定単位については、以下のとおり判断することが必要であることが理解できる。[4]

(1) **判定基準**

① 第一の判定基準

少額減価償却資産の判定単位としてまず参酌されるべきは、当該減価償却資産が「通常取引される1単位か」である。この場合、例えば応接セットのようにテーブルとソファが分離していても、その属性から一つの取引

---

[4] 以下の「第一の判定基準〜 第三の判定基準」の区分については、大淵博義「少額減価償却資産の判定基準(2)」『税経通信』第61巻第11号 52〜53頁（2006年）を参考にした。

単位としてみるのが相当である。応接セットは、テーブルとソファで調和が保たれているのが常態であり、またそのような特性から一般にこれらが一体で販売されている場合が多いことによるものである。

　一方、パソコンとプリンターは両者を接続して使用するのが常態であるが、これらは通常、別々の単位で販売されており、一体で判断することはしない。一般にプリンターはパソコンと接続しなければ作動しないが、これはプリンターが最初からパソコンと一体的に利用して機能を発揮するように設計されているに過ぎず、プリンター自体は他のパソコンと組み合わせて使用することも可能であり、両者は別々に販売されていることが多い。上記の応接セットの場合とはその使用形態が本質的に異なることに注意しなければならない。[5]

　なお、このような例は、ビデオカメラとメモリーカードのような記憶媒体[6], [7]、テレビとビデオプレーヤーなどもあてはまる。[8], [9]

② 第二の判定基準

　減価償却資産の中には、エントランス回線利用権のように上記の判定が困難なものも散見される。このようなものは、予定された機能を発揮すべき最小単位で判定すべきである。ここで注意すべきは、予定された機能とは、その法人の事業性の維持の観点から判定すべきではなく、その資産のもつ機能そのものに着目して判定をすべきことにある。

③ 第三の判定基準

　構築物のうち例えば枕木、電柱等単体では機能を発揮できないものに該当する場合、機能できる最小単位を判定単位とする。ただし、ここにいう「単体で機能を発揮できない」とは、単体では事業として成立しないことを意味するものではなく、単体で予定された機能を発揮できないことに着

---

[5] 大淵博義「前掲3」52頁
[6] 大淵博義「前掲3」48頁〜49頁
[7] 多田雄司「エントランス回線利用権と少額減価償却資産（ドコモ事件）」『税務事例』第41巻第12号　18頁〜19頁（2009年）
[8] 大淵博義「前掲3」51頁〜52頁
[9] もっとも一括して購入したテレビとビデオプレーヤーは一体で判断すべきとする指摘もある。渡辺淑夫・山本清次／編集代表『法人税基本通達の疑問点−改訂版』267頁（ぎょうせい／1994年）

目して判定しなくてはならないことである。

(2) 類似判例

　衣料品販売のチェーンストアの経営等を目的とする原告が店舗内に設置した防犯ビデオカメラ等の設備一式の少額減価償却資産該当性が争われた、さいたま地裁平成16年2月4日判決において「監視カメラ、コントローラー、ケーブルについては、………1店舗ごとにカメラ4、5台、コントローラー1台をセットとして購入、設置」したため、これらが一体的に運用されていることから、これらを一の判定単位として見るべきと判示したが、一方でこれらに接続したビデオ、テレビ、追加設置したカメラについては「全体として監視目的のため一体的に用いられているといっても、本件防犯用ビデオカメラ等を常に一体として一つの償却資産と扱うことは必ずしも合理的とはいえず、………一つ一つを器具備品として取り扱っても差し支えないというべき」と判示している。[10]、[11]

参考文献

- 宮本十至子 「回線利用権の判定と少額減価償却資産該当性―NTTドコモ中央事件」『税研』第148号　104頁（2009年）
- 横山和夫「少額減価償却資産の判定基準―NTTドコモ中央訴訟を素材として」『税務事例』第39巻第5号（2007年）
- 上西左大信「少額減価償却資産の判定基準」『税理』第50巻第11号　104頁（2007年）
- 辻富久　『PHSのエントランス回線は少額減価償却資産に該当するか―東京地判平成17.5.13』『ジュリスト』第1326号　209頁（2006年）では「本件資産のように権利金的性格を併せ有するものが、無数の工事単位に分割されるときに果たしてその工事単位を一単位として判断基準とすることが妥当かどうか疑問なしとはいえない」と指摘している。

---

[10] 判例評釈として、小林磨寿美「防犯機器等の少額減価償却資産性」『税理』第48巻第4号　152頁（2005年）

[11] なお本判決に関し大淵教授は「通達にいう「機能を発揮できないもの」というのは、事業としての利用や採算という視座からの事業的機能性ではなく、資産自体の本来の属性からの機能性の有無を問題にしている」とした上で「したがって、店舗ごとに取得した複数のカメラとコントローラー及びケーブルの各価額が防犯監視設備として一体的に利用、機能していることを根拠にその取得価額の合計額が10万円（判決の事案当時は20万円）を超えることを理由として少額減価償却資産に該当しないと判示した前記判決は誤りである」と指摘している。大淵博義「前掲4」53頁。

VI

法人税―公益

20

宗教法人のペット葬祭事業は収益事業にあたるとされた例

名古屋地裁　平成17年3月24日判決（納税者敗訴）（平成16年（行ウ）第4号、法人税額決定処分等取消請求事件）

名古屋高裁　平成18年3月7日判決（納税者敗訴）（平成17年（行コ）第31号、法人税額決定処分等取消請求控訴事件）

最高裁第二小法廷　平成20年9月12日判決（棄却）〔確定〕（平成18年（行ヒ）第177号、法人税額決定処分等取消請求上告事件）

〔参照条文〕　法人税法2条13号（定義）、法人税法施行令（平12政令416号改正前）5条1項1号、5条1項9号、（平14政令104号改正前）5条1項10号（収益事業の範囲）

ポイント

　本件は、宗教法人が死亡したペットの飼い主から依頼を受けて葬儀等を行う事業が、法人税法2条13号所定の収益事業に当たるか否かについて争われた事案である。法人税法が、公益法人等の所得のうち収益事業から生じた所得を課税の対象としているのは、同種の事業を行うその他の内国法人との競争条件の平等を図り、課税の公平を確保するなどの観点からであり、宗教法人がペット葬祭事業を宗教上の儀式の形式により執り行われていたとしても、当該事業の目的、内容、態様等の諸事情を社会通念に照らして総合的に検討して判断すべきとの一般論を示した。

1．事　実

(1)　Xは、14世紀頃に開山されたと伝えられる天台宗の古刹であり、昭和44年に宗教法人化した。

(2) Xは、約3,000坪の境内に、ペット用の火葬場、墓地、納骨堂、待合室等を設置して、昭和58年頃から、ペット葬祭業を行っている。平成元年頃は年間130件程度であったが、現在は年間約2,000件程度である。その事業の概略は以下のとおりである。Xはホームページやパンフレットでそのペット葬祭事業の周知に努めていた。

① 死体の引取り

希望する飼い主に対し、引取車を派遣して死亡したペットを、3,000円にてXまで運搬する。

② 葬儀

火葬場に隣接するペット専用の葬式場で、人間用祭壇を用い、僧侶が読経して行う。

③ 火葬

以下の3種類がある。動物の重さと火葬方法との組合せで、8,000円から5万円の範囲で金額を定めた表が「料金表」等の表題の下に掲載されている。この表は、Xの代表役員が、同様の事業を行う有限会社の料金表を参考にして作成したものである。また、上記ホームページには「上記は一式全てを含む費用です（引取・お迎え費用等は別）」との記載がある。

(ア) 合同葬

葬儀終了後、その日のうちにXにより合同火葬場にて合同火葬される。

(イ) 一任葬（個別葬）

葬儀終了後、立会葬のない時間にXにより個別火葬場にて単独火葬される。

(ウ) 立会葬

葬儀終了後、飼い主らが待合室にて待機するうち、個別火葬場にて単独火葬される。

④ 埋蔵・納骨

Xの境内に、ペット専用の合同墓地、個別墓地、納骨堂を設置し、飼い主らの希望にしたがって利用することができる。合同墓地は、Xにペット葬祭を依頼した者については無料であるが、個別墓地については年間

2,000円の管理費のほか、9年ごとに1万円の継続利用料が、納骨堂については この他に永代使用料（納骨堂の大きさに従って3万5,000円又は5万円）の支払いが求められることになっている。前記ホームページには「合同のお墓は上記費用にて無料でお使いいただけます。また、納骨堂・石墓地（個別墓）などの利用の場合でもお手頃にご用意できます。」などと記載され、合同墓地、納骨堂、石墓地の説明と費用が示されている。

⑤　法要

毎月17日には、合同の法要がなされるほか、希望者には、位牌を祭り、初七日法要や七七日法要を行う。この際、Xはあらかじめ定められた額の金員を受取っている。

⑥　その他

希望者には、塔婆、ネームプレート、位牌、骨壺、袋、石版及び墓石を頒布している。この際、Xはあらかじめ定められた額の金員を受領している。

(3) ペットの供養や葬祭を行うことは、我が国では昭和50年代くらいから広まり始め、平成16年現在の事業者数は、全国で6,000ないし8,000に及び、仏教寺院によるものだけでなく、倉庫業、運送業、不動産会社、石材店、動物病院等によるものもみられる。

(4) Xは、寺院とは別に霊園を設置して、利用者から管理料を収受し、また墓石の販売を行っている。

(5) 税務署長は、Xの行うペット葬祭業がそれぞれ以下のとおり、法人税法2条13号及び同法施行令5条1項各号所定の収益事業に当たるとして、Xに対し、法人税の決定及び無申告加算税の賦課決定を行った。

(ア)　②葬儀、③火葬及び(4)の人間用の墓地管理は請負業（施行令5条1項10号）に該当する。

(イ)　④埋蔵・納骨は倉庫業（同項9号）及び請負業に該当する。

(ウ) ⑥塔婆、ネームプレート、位牌等の頒布は物品販売業（同項1号）に該当する。
(エ) ①死体の引取りと、⑤法要は、付随事業（同項括弧書き）に該当する。

2. 争点

争点	納税者	課税庁
総論	Xの営むペット葬祭業等は、法2条13号、施行令5条1項所定の収益事業に該当するものではない。	Xの営むペット葬祭業等は、法2条13号、施行令5条1項各号所定の収益事業に該当する。
(1) 収益事業の意義とその判断基準		
① 公益法人に対する課税制度と特掲事業該当性の判断基準	そもそも、公益法人が原則的に課税されないのは、公益法人が専ら公益を目的として設立され、営利を目的としないという公益性と、たとえ収益事業を行ったとしても、そこから生じる利益は、株式会社における株主に対する配当のように特定の個人に帰属する性質のものではないのであるから、特掲事業の概念は限定的に解釈すべきであり、不公平感などを理由に安易に拡大解釈してはならない。人についての葬祭のように本来的には公益・宗教活動といえる事業については、収益事業に含めていないことにも現われているように本来的宗教行為は特掲事業には当たらない。	公益法人についての課税制度の基本は、主に、一般の営利法人の行う事業と同じ事業を行っているのに、一方は法人税が課税されず、一方は課税されるという著しい不均衡を生じることがないようにする点にあることから、特掲事業（施行令5条1項に掲げられた各事業）該当性の判断基準は、それが、法施行令5条1項各号に掲げる各事業の法的な定型的な特徴を備えたものでなければならないことはいうまでもない。さらに、税法独自の判断が必要であり、当該事業が、一般事業者が営む事業との関連から課税対象とするにふさわしいものか否かという観点からの判断を欠くことができない。そのためには、①問題とされる当該事業と一般事業者が行っている事業との類似性の有無・程度、②明文の規定によって特掲事業から除外されていたり、また、特掲事業として掲げられていないために、非課税とされている事業との関係、③当該事業で提供されるサービス・物品等の性質・態様等の諸般の事情を、国民の社会的・文化的意識を基礎とする社会通念に照らし、また課税の公平性という制度趣旨を勘案して、総合的に判断するのが相当である。
② 宗教的意義について	大乗仏教においてはすべての存在に仏性があり、ペットなどの動物は因果によって畜生道にいるが、死後は読経等の供養による功徳によって天上界・	公益法人等の収益事業の課税に当たっては、主として一般事業者との競争関係の有無や課税上の公平の維持などが考慮されるべきであって、宗教意

		人間界へ転生することができるのであるから、ペット葬祭は宗教行為にほかならない。大乗仏教の教義上、ペットなどの動物に対する僧侶の供養は布施という宗教行為のうち法施であり、僧侶あるいは寺院に対する財物の公布は布施のうち財施であり、いずれも宗教行為そのもので、両者は対価関係に立たないから、本来の宗教行為である限り収益事業に当たらない。	義といった公共性の有無やその強弱だけで、その課税の是非についての判断が行われるものでないから、宗教的意義の有無等はその解釈に影響しない。
(2) 個々の行為の特掲事業該当性について			
① 葬祭について		伴侶動物ととらえられているペットの読経、火葬、火葬後の法要を事務処理であると評価することは、人の葬儀における読経、火葬、火葬後の法要を請負業とすることと同様、国民の社会・文化的意識に反する。また、読経等による供養を「請負」概念に含まれると解するならば、すべての無形の行為が請負に該当することになり、このような無限定な概念の拡張は、租税法律主義に反する。一般事業との類似性・競合性については、同事業が、ペット葬祭は宗教家によることに価値があるという国民の認識を背景として、本来は宗教家がなす供養の形態を模倣し、あるいは宗教法人と提携することによって、ペットの霊を供養しようとする飼い主の要望に応えようとするものである。なお、「料金表」は一応の目安にすぎず、Xが受け取るお布施の金額は、本来、財施をする人の志次第である。	Xの行うペット葬祭業は、読経その他の供養・追悼の儀式、死体の焼却及び拾骨といった一連の労務・サービスの提供であるから、法的には、仕事の完成及びこれに対する報酬の支払を要素とする「請負」若しくは「準委任」として構成できる。また、国民の社会的・文化的意識に照らしても、寺社がこれを取扱うことにこそ価値があるとはいえない。また、その事業形態は一般事業者が営むそれと極めて類似している。しかも、業務内容や態様等に照らして、賽銭や喜捨と同列に見るべき事情も存しないから、課税対象とすることはふさわしい。さらに、Xのパンフレットには、明確に「料金表」と表示され、葬祭業務のメニューや動物の大きさに応じた金額が記載されるなど、その体裁が一般事業者によるものに酷似していること、料金表にそれが目安である旨の記載もないことなどからすれば、Xが提供する労務ないしサービスの対価であることは明らかである。
② 遺骨の処理について		ペットの遺骨は永久に保管されることを予定しており、寄託・倉庫業の概念に該当しない。また、ペットの遺骨の保管は、保管すること自体が目的ではなく、保管した上で読経等の供養をすることが主たる目的であるから、保管すること自体を主たる内容とする倉庫業の概念に当てはまらない。Xが受け取る管理費は、宗教法人であるXの維持発展のために護持会費として受け取っているものであり、管理費との名目は、説明の便宜上のもので	利用者の依頼により物である「遺骨」を納骨堂に保管してこれを管理することは、寄託物の引受けを業とする倉庫業の典型的な特徴を備えているばかりか、Xにおいては、納骨堂の利用及び管理を利用するにつき一定の金額を設定しており、これが保管・管理の対価であることが明らかである。しかも、一般事業者においても、Xと同様の遺骨の保管・管理業が営まれていることも考慮すれば、Xの事業は、課税対象とすることにふさわしい。

		ある。	
③	物品販売について	墓石や位牌は、そのままでは加工した石・木などの物質にすぎず、これが仏壇や墓地に設置され、お精入れという宗教的儀式が加えられることによって、はじめて鎮魂とおまいりの対象となる位牌・墓となるのである。したがって、仏壇業者が位牌を販売したり、石材業者が墓石を販売する場合とを同列に扱うことはできない。塔婆も塔を模したものであって、極めて宗教性の強いものであり、僧侶等が仏文字を記入しなければただの木片にすぎず、原価的にも極めて安価なものにすぎない。石版は、ペット供養とは直接の関連性はない。	ペット葬祭に関連して、塔婆、プレート、骨壷、袋、位牌、石版、墓石を販売しているところ、かかる事業が物品の販売という販売業の定型的特徴を備えており、これに応じてXが享受する経済的利益が物品の対価の関係に立つことは明らかである。加えて、上記物品の販売は一般事業者においても行われていることからも、Xの営む上記各物品の販売は、お札・おみくじの頒布と異なり、施行令5条1項1号の「物品販売業」に該当する。
④	法要及び死体の引取りについて	法要は、一定の期日に読経等によって供養することにより故人や亡くなったペットを追悼し、鎮魂することであり、供養こそ法要の本体であって、アフターケアなどではないから、葬祭の付随的事業活動に当たらない。 ペットの遺体の引取りは、ペット葬祭に付随するものであり、供養行為と一体として考えるべきであって、これに伴って受け取る金員については実費以上の何ものでもない。	法要は、葬祭のアフターケアの部分であって、請負業である葬祭の付随的事業活動といえるし、また、死体の引取りは、葬祭を執り行うに先立ち、死体を回収するサービスであって、その準備行為ともいえるので、葬祭の付随的事業活動に該当するというべきであるから、収益事業に当たる。

なお、控訴審において、控訴人(納税者)は、以下の主張を追加した。

Xの行うペット葬祭業のうち、僧侶に読経等の純粋な宗教行為については、収益事業に該当しないから、同行為に関して収受した金員は法人税及び無申告加算税の課税対象とはならないところ、審判所が収益事業として認定している収入のうち、少なくとも純粋な宗教行為に関して収受されたものに係る金員に関する部分は取り消されるべきである。

3. 判 旨

〔第一審判旨〕 名古屋地裁 平成17年3月24日判決
請求棄却・納税者敗訴

(1) 収益事業の意義とその判断基準

「法人税法等が公益法人等に対して種々の優遇措置を講じているのは、必ずしも、それら全部が、本来は国家が行うべきほどに公共性、公益性の高い活動を担っており、国家としてもかかる団体を積極的に支援、育成すべきと考えられたからではなく、少なくとも、人間社会において潤滑油に例えるべき一定の有用性を持った非営利活動を行うとされていることに着目し、国家としても、その限りにおいて税制上の便宜を提供しようとするものと解するのが相当である（このことは、宗教法人においても例外ではない。）。

したがって、法人税法は、およそ公益法人等であれば、どのような活動によって得た収益であろうと課税しないとする立場に立脚するものではなく、これらの法人等も納税義務者とした上で、本来の非営利活動については課税対象から外すこととするが、一般事業者が利益の獲得を目的として行っている事業と同じ類型の（収益）事業から生じた収益に対しては、これらに税制上の便宜を提供すべき根拠がなく、また課税の公平性の確保の観点から、低率ではあるものの、課税対象としていると解される（この意味で、一般事業者との競争条件の平等化を意味するイコール・フィッティング論（原文ママ）が現行課税制度の根拠の一つとなっていることは否定できない。）。そうすると、法２条13号、施行令５条１項各号の定める収益事業の概念は、………当該団体やその活動が高い公益性、公共性を有していることを理由に、制限的に解釈しなければならないものでないことも明らかである。施行令５条１項の示す特掲事業は、これを通覧すれば明らかなとおり、一方がある給付行為を行うのに対し、その対価として財貨を移転することを約することによって成立する類型の事業であるから、<u>財貨移転行為が給付行為の対価として行われない場合、すなわち給付行為の内容とは無関係に任意でなされる場合には、特掲事業の定型的な特徴を欠き、収益事業に該当しないというべきである</u>。そして、人の葬儀における読経行為など、宗教行為の典型例とされているものにおいては、通常、かかる意味での任意性が存在すると考えられていることは公知の事実である。」

「………宗教的な外形を呈しあるいは主宰者が宗教法人であるからといって、財貨移転が任意のものであることの保障は何もなく、法人税法上も、このよう

な要素を基準として収益事業性の有無を判断する規定を置いていない。

　したがって、<u>収益事業該当性の有無は、当該事業の展開の手法、収受される財貨の額が定まるに至る経緯、その額と給付行為の内容との対応関係、例外の許容性</u>などの具体的諸事情を総合的に考慮し、<u>一般事業者が行う類似事業と比較しつつ、社会通念に従って、果たしてその財貨移転が任意になされる性質のものか、それとも一定の給付行為の内容に応じた債務の履行としてなされるものかを判断して決せられるべきものである。</u>」（下線筆者。以下同。）

(2)　個々の行為の特掲事業該当性について

　① 葬祭について

　　「Xのペット葬祭業は、『料金表』ないし『供養料』の表題の下に、3種類の葬儀内容と動物の重さの組み合わせに応じた確定金額から成る表を定め、ホームページにも同様の表を明示的に掲載していること、ペット葬祭依頼者のほとんどが、あらかじめホームページなどを通じ、あるいは依頼時に同表を示されるなどして同表の存在を認識し、実際にも同表に記載された金員を支払っていたこと、ペット葬祭を実施する民間業者が多数存在しており、その料金システムは原告のものと極めて類似していることなどに照らせば、原告のペット葬祭業においては、依頼者は、原告がその支払う金員に対応する葬祭行為をするものと期待し、原告も、その提供する葬祭行為に対応する金員が支払われるものと期待しているというべきであるから、依頼者の支払う金員が任意のものであるとは到底解されず、両者の間に対価関係を肯認するのが相当である。」

　② 遺骨の処理について

　　「Xは、火葬したペットの遺骨を、利用者の依頼に応じて、設置している納骨堂内の納骨箱において保管し、その使用許可料及び管理費の支払を受け、9年の使用期限が到来した際は、更新料の支払がなされればそのまま保管を継続するが、そうでない場合は、合同墓へ改葬するとしているのであるから、倉庫寄託契約の成立要件を満たすと解され………Xの行うも

のとされている給付行為と金員の支払との間の対価性も優に認められる。」

③　物品販売について
「Xは、ペット葬祭業に関連して、塔婆、プレート、骨壺、袋、位牌、石版、墓石を交付し、これに対して、あらかじめ定められた一定額の金員を受領しているのであるから、これらの行為は、物品を有償かつ継続して販売しているものに該当する。」

④　法要及び死体の引取りについて
「Xは、ペット葬祭を依頼した者の希望によって、ペットの死体の引取りを行い、これに対して、あらかじめ定められた3,000円の支払を受けているところ、この行為は、ペットの葬儀を執り行うに先立って、その準備行為として行われることが明らかであるので、その付随的事業活動に該当すると解される。」

〔控訴審判旨〕　名古屋高裁　平成18年3月7日判決
　控訴棄却

第一審判決の判断を概ね引用している。
「また、Xの控訴審において追加した主張については、宗教行為であるか否かによって、直ちに当該行為の収益事業該当性が左右されるものでなく、控訴人が行ったペットの葬儀、遺骨の処理等の行為は、僧侶による読経等を含め、いずれも収益事業に該当すると解されることは前記判示のとおりであるから、控訴人の上記主張は採用できない。」

〔最高裁判旨〕　最高裁第二小法廷　平成20年9月12日判決
　上告棄却

4. 評　釈

　本件では、宗教法人の収益事業該当性について論じた初めての最高裁判決であり、重要な意義がある。

　本件判決は、公益法人等といっても公益性、公共性は法人によって様々であり、法人税法等が公益法人等に対して種々の優遇措置を講じているのは、公益性、公共性の高さというよりは、人間社会において潤滑油に例えるべき一定の有用性を持った非営利活動を行うとされていることに着目し、国家としても、その限りにおいて税制上の便宜を提供しようとするものと解するのが相当であるとしている。その上で、本来の非営利活動については課税対象から外すこととするが、一般事業者が利益の獲得を目的として行っている事業と同じ類型の事業から生じた収益に対しては、課税の公平性の確保の観点から、低率ではあるものの課税対象としているとし、現行制度の論拠として、一般事業者との競争条件の平等化を意味するイコール・フッティング論を挙げている。

　また、宗教行為と収益事業該当性の有無の判定について、支払いの任意性（財貨移転行為が給付行為の対価として行われず、給付行為の内容とは無関係に任意でなされる場合には収益事業に該当しない。）が示されている。しかし、この任意性という点については、原告の主張の中でも触れられているとおり、人の葬儀においても、お布施の目安を明示するお寺はあるし、収益事業とはされていない針供養や人形供養でも代金が明示されているのが一般的であるなど、違和感があるとする意見も少なくない。むしろ、収益事業該当性の有無の判断基準として、当該事業の展開の手法、収受される財貨の額が定まるに至る経緯、その額と給付行為の内容との対応関係、例外の許容性などの具体的諸事情を社会通念に従って総合的に判断するとされた点の方が重要であろう。

　一方、本件に比較して論じられている事例として、宗教法人Yが動物の遺骨を収蔵保管している建物部分及びその敷地相当部分が、固定資産税及び都市計画税の非課税対象に該当するとした平成20年7月17日の最高裁判決がある。これは、そもそも法人税法と地方税法の非課税措置の趣旨（地方税法における非課税規定の趣旨は宗教法人の公益性や信教の自由の実質的な保障等にあるとさ

れている。）が異なることからすれば、仮に法人税に関して収益事業に該当するとされた事業が行われる場所であるとしても、直ちに固定資産税等に関する非課税措置の対象とならないとはいえない。また、Yは江戸時代の開祖以来継続して動物の供養を行い、地域住民からも古くから動物供養の寺として信仰の対象とされている一方、動物供養について宣伝広告は一切行わず、利用者には基本的に無償となる合祀を勧めており、火葬後1年間遺骨を無償で預かった上で、なお気持ちの整理が付かず固体の安置を申し出た者に対してのみ、有料で遺骨を保管しているにすぎない、といった差異があった。

なお、本件は、宗教法人に関する判決ではあるが、同様の枠組みのもとに課税される法人税法別表第二に掲げられる法人にとっても、収益事業の該当性を判断する際の指針を与えたものと考える。

5．実務上の対応

判例によると、宗教法人も含めた公益法人等の所得のうち、法人税法施行令5条1項に掲げる収益事業を課税の対象としているのは、同種の事業を行うその他の内国法人との競争条件の平等を図り、課税の公平を確保するためである。

その上で、宗教法人の行う事業が、法人税法施行令5条1項に掲げる請負業等に該当するか否かについては、以下の観点を踏まえた上で、当該事業の目的、内容、態様等の諸事情を社会通念に照らして、総合的に検討して判断すべきとの一般論を示した。

課税庁は、特掲事業該当性の判断基準として「一般事業者が営む事業との関連から課税対象とするにふさわしいものか否かという観点からの判断を欠くことができない。」として一般事業者との類似性・競合性をあげているが、判決では、これに関しては公益法人課税制度の趣旨としては述べているものの、個別案件の判断基準としては、対価性の有無（事業に伴う財貨の移転が役務等の対価の支払として行われる性質のものか、それとも役務等の対価でなく喜捨等の性格を有するものか。）によっている。

また、宗教的意義の有無については「宗教的な外形を呈しあるいは主宰者が宗教法人であるからといって、財貨移転が任意のものであることの保障は何もなく、法人税法上も、このような要素を基準として収益事業性の有無を判断する規定を置いていない。」として、法人税法上の収益事業に当たるか否かの判定は、法人税法施行令5条1項の事業に該当すれば足り、宗教性の有無を判断する必要はないとしている。

　本判決は宗教法人を扱っているが、その判断基準は収益事業課税の趣旨、要件に従ったものであり、他の非営利法人の課否判定においても参考となる事案と考えられる。

参考文献

- 金子宏『租税法〔第16版〕』（弘文堂／2011年）
- 玉國文敏「宗教法人課税の在り方」『ジュリスト』第1081号（1995年）
- 知原信良「非営利組織の課税問題」『ジュリスト』第1261号（2004年）
- 浅妻章如「宗教法人のペット葬祭事業が収益事業に該当するとした事例—名古屋地判平成17.3.24」『ジュリスト』第1328号（2007年）
- 佐藤孝一「ペット葬祭業と収益事業」『税務事例』第41巻第12号（2009年）
- 『判例タイムズ　臨時増刊』第1241号（2007年）
- 『判例タイムズ』第1281号（2009年）

21
NPO法人における有償ボランティア活動と収益事業課税

千葉地裁　平成16年4月2日判決（納税者敗訴）（平成14年（行ウ）第32号、法人税等更正処分取消請求事件）
東京高裁　平成16年11月17日判決（納税者敗訴）〔確定〕（平成16年（行コ）第166号、法人税等更正処分取消請求控訴事件）

〔参照条文〕　法人税法2条13号（定義）、7条（内国公益法人等の非収益事業所得等の非課税）、法人税法施行令5条1項10号（収益事業の範囲）

ポイント

NPO法人は法人税法別表第二に定める公益法人ではないが、特定非営利活動促進法（NPO法）46条1項により「みなし公益法人等」となっているため、法人の行う事業のうち、収益事業に該当するものだけが法人税の課税対象となる。

この判決は、NPO法人が行う有償ボランティア（低額で家事サービス等を提供する）が収益事業（請負業）に該当するか否かが争われた事例である。同様の事業を行っているNPO法人は数多いだけに注目を集めた。

1. 事　実

本件は、特定非営利活動法人であるXが、有償ボランティア事業である「ふれあい事業」（以下「本件事業」という。）は法人税法上の収益事業には当たらないとして、本件事業にかかる所得金額及び法人税額の減額更正を求めた事件である。

Xは認証を受けた特定非営利活動法人（以下「NPO法人」という。）であり、

本件事業以外に市からの受託事業、介護保険事業等も行っており、これらは収益事業として申告している。

本件事業は、調理・掃除等の家事援助、介助・介護、話し相手等のサービスを、会員相互で提供しあうシステムである。サービスを利用したい会員（以下「利用会員」という。）がXに申し込むと、Xはサービスを提供してくれる会員（以下「提供会員」という。）を選んで協力を依頼する。利用料はすべてX発行の「ふれあい切符」（利用者が前もって購入しておく）で支払われる。

利用会員は1時間当たり800円を支払い、うち600円はサービスの提供会員への謝礼、200円は運営費相当の寄附としてXへ納められる。提供者は受け取った600円を換金するか、自分がサービスを利用するときのために点数預託しておく。また利用会員がサービスの利用を停止した際に、ふれあい切符が余っていれば換金精算することができる。

サービスの利用方法や利用料等はXの運営細則に細かく定められており、苦情や事故処理に対してもXが対応する。

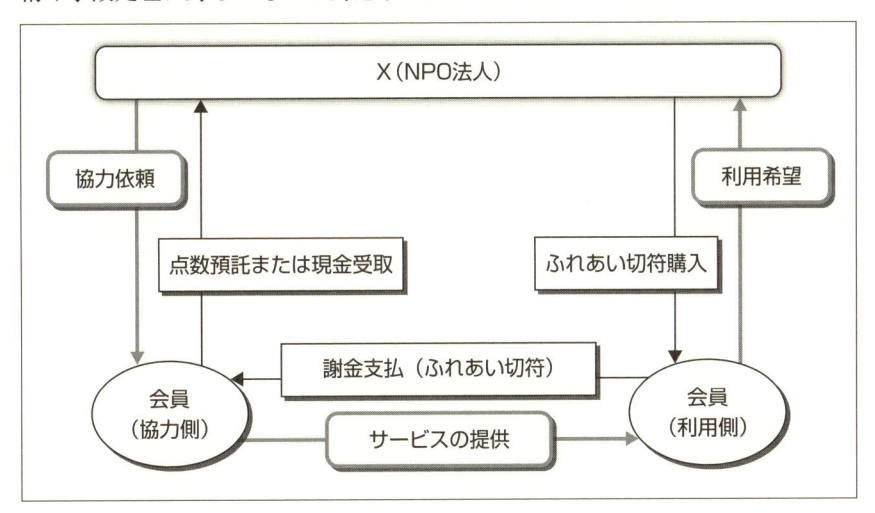

```
                    ┌─────────────────┐
                    │   X（NPO法人）   │
                    └─────────────────┘
         ↑    ↓                    ↑    ↓
    ┌─協力依頼─┐                ┌─利用希望─┐

    点数預託または現金受取      ふれあい切符購入

      ┌──────┐   謝金支払（ふれあい切符）  ┌──────┐
      │ 会員 │ ←─────────────────────── │ 会員 │
      │(協力側)│                          │(利用側)│
      └──────┘    サービスの提供       └──────┘
               ─────────────────────→
```

2. 争　点

NPO法人は法人税法別表第二に規定される「公益法人」ではないが、特定

非営利活動促進法（NPO法）46条1項によって「みなし公益法人」とされている。したがって、その活動から得る所得のうち、法人税に定める収益事業から生じる所得のみが課税対象となる。収益事業は法人税法施行令5条1項に33（現行34）業種が掲げられているが、これらは限定列挙であり、これに該当しないものは収益事業とはならない。

争点は、本件事業が収益事業を定めた法人税法施行令5条1項10号所定の請負業に該当するかどうかだが、そのために公益法人課税の基本的なところから検討する必要がある。

争　点	納税者	課税庁
(1) 法人税法施行令5条1項10号所定の請負業の意義	民法632条所定の請負の概念と同じであるから、一定の仕事の完成と対価としての報酬の支払いを要件とする。	民法632条所定の請負にとどまらず、一定の役務を提供することにより対価を得る事業を広く含む。
(2) 本件事業が請負業に該当するか否か。	本件事業は会員相互の心のふれあいを目的としたもので、収益目的のものではない。ふれあい切符による対価は報酬とはいえない低額なもので、サービス提供者への1時間600円は善意に対する謝礼であり、Xへの200円は寄附である。したがって、請負業には該当しない。	本件事業のサービス内容、利用料金等はXの運営細則に客観的に明らかにされるかたちで定められており、利用会員から支払われた800円から協力会員に600円を支払った結果、Xに200円が利益として残る（いずれも1時間当たり）。これは利用会員の自由意志による寄附とはいえない。したがって本件事業は、一定の役務を提供して対価の支払いを受けるものであるから、請負業に該当する。
(3) Xは本件事業の主体であるか否か。	サービス提供にかかる契約関係は、利用会員と協力会員との間で生じるのであって、Xは当事者ではない。	本件事業において、サービス利用の依頼から提供者の選定・派遣、対価の金額、支払先、苦情の対応にいたるまでXの管理の下に行われているから、Xが本件事業の主体である。

3. 判　旨

第一審・控訴審ともに基本的に課税庁の主張を相当とし、Xの請求を棄却した。

Xは「①控訴審判決が本件事業をボランティア活動と認めているので労働基準法、最低賃金法等の問題は生じない、②課税問題については立法運動によっ

て問題の解決を図るほうが早道、という理由から上告しないことを決めた[1]」ため、この判決が確定した。

〔第一審判旨〕　千葉地裁　平成16年4月2日判決
請求棄却（納税者敗訴）

「法人税法施行令5条1項10号の「請負」が、民法632条にいう請負と同義ではなく、同法643条の委任及び同法656条の準委任をも含む広義のものであることは、………法人税法施行令5条1項10号の文理上、明らかであって、原告主張の解釈は、採用することができない。
　また、原告は、法人税法が公益法人等の収益事業による所得に課税する趣旨は、同種の収益事業を行う営利法人との競争条件の公平を図ることにあることに照らせば、法人税法が課税の対象として想定する収益事業は、営利法人と同様の収益を上げるための基本構造を持つもの、すなわち、収益を上げる目的、及び、収益を上げるのに必要な人的、物的設備を有するものに限定すべきであると主張する。
　しかしながら、法人税法2条13号にいう収益事業を、原告主張の要件を具備するものに限定して解釈する根拠となるべき文言は、同法上見当たらず、また、同号の収益事業を原告主張の要件を具備するものに限定するとすれば、その法的性格上、本来、収益を上げる目的を有しないことが通常である公益法人等に対し、その収益事業から生じる所得に限って課税し、同種事業を行う営利法人等との競争上の公平を図ろうとした法人税法の趣旨を失わしめることになりかねないのであって、原告主張の前記解釈は、採用することができない。一定の役務を提供して対価の支払を受けるものであって、法人税法施行令5条1項10号にいう請負業（事務処理の委託を受ける業を含む。）に該当するというべきである。」

1）「流山訴訟控訴審　判決とこれに対する対応について」流山ユー・アイネットホームページ 2005.4.5

〔控訴審判旨〕　東京高裁　平成16年11月17日判決
　控訴棄却（納税者敗訴）

　控訴審の判決の中で裁判所は、Xの提供するサービスについて「人間愛に基づく精神的な連帯感や安心感を求めていることがうかがわれ、………極めて貴重なものであると考えられる。」と認めた上で「会員の主観的意図はともかく、客観的事業形態を見ると、そのサービスを法人税法施行令5条1項10号所定の事務処理の委託を受ける業を含む請負業と解するのが相当である。」としている。

4．評　釈

　法人税法における収益事業の定義では、法人税法施行令5条1項各号に列挙された業種に該当すれば、たとえそれが公益法人等の本来の業務（同条2項に規定する公益社団法人・公益財団法人の認定事業を除く。）であっても課税対象となる（法人税法基本通達15-1-1）。したがって、請負業に該当するのであれば、公益性に関しての検討は必要ないことになる。つまり、収益事業として特掲されている33（現行34）の業種は、公益性の側からではなく、主として一般企業との課税上の公平の維持という税法固有の理由から規定されているのである。[2]

　公益法人課税が本来どうあるべきかというのは立法に関する議論であって、現実の課税関係に関しては、現行の法令を厳密に解釈するほかないのであるから、「現行の法体系を定める法制度の下においては、法人税の課税がされることはやむをえない」とした裁判所の判断は相当であると考える。

---

[2] 渡辺淑夫『公益法人課税の理論と実務〔五訂版〕』36頁（財務詳報社／1994年）
[3] 堀田力「公益法人税制改革の問題点とあり方」『税研』第21巻第4号　33頁〜（2006年）

5．実務上の対応

　日本においても、もともと公益法人は営利目的ではないことから、課税対象ではなかった。しかし、戦後になって営利的な事業を行って一般企業と競合する例が多くなってきたため、昭和25年のいわゆるシャウプ税制改正において、公益法人課税が取り入れられた。シャウプが勧告したのは、本来事業ではない収益事業（非関連収益事業）への課税だったのだが[3]、事業の公益性を個々の公益法人ごとに審査した上で課税、非課税の区分を行うという方式や、非課税の事業を特掲するという方式は、いずれも執行上や立法技術的に難点があるという理由から採用されず、結局課税対象事業を特掲するという現行税法の方式に落ち着いた[4]。当初は29業種であったが、改正を重ねて現在は34業種が特掲されている。

　前項でも述べたように、法人税法における収益事業の定義には、公益性の強弱や利益の多寡といった要件は入っておらず業種の特定だけなので、その事業に該当すれば本来事業でも課税され、該当しなければ非関連事業でも課税されない。公益法人制度の改正にともない、公益社団・財団法人が行う事業で公益認定法の公益目的事業に該当するものである場合は、これらの業種に該当しても非課税であるとされた（法令5②）が、NPO法人はこの改正の対象にはなっていないので、収益事業認定の問題は今後も継続することになる。

　職業専門家としては、税法固有の収益事業の考え方をよく理解して、正しい課税が行われるようアドバイスをすることが役割といえよう。

4）渡辺淑夫「前掲8頁」

VII

法人税―その他

22 米国ニューヨーク州LLCの日本での租税法上の取扱い

さいたま地裁　平成19年5月16日判決（納税者敗訴）（平成17年（行ウ）第3号、所得税更正処分等取消請求事件）
東京高裁　平成19年10月10日判決（納税者敗訴）〔確定〕（平成19年（行コ）第212号、所得税更正処分等取消請求事件）

〔参照条文〕　法人税法第2条3号、4号

ポイント

　外国事業体が我が国租税法上の「法人」に該当するかという問題は、外国法を準拠法として設立又は組成されたある事業体が、我が国の納税主体となり得るかという問題のみならず、当該事業体を通じて得られた所得の帰属時期及び所得の種類、外国子会社配当益金不算入制度やタックス・ヘイブン対策税制の適用の有無など、様々な課税上の取扱いに大きく影響を及ぼす問題である。本裁判例は、外国事業体の「法人」該当性を争点とする初めての裁判例であり、本件における米国ニューヨーク州LLC（Limited Liability Company）（以下「NYLLC」という。）は自然人とは異なる人格を認められた上で、構成員から独立した法的実在として存在することから、日本の租税法上の「法人」に該当すると判断された。なお、本判決後、別の事案において、デラウェア州リミテッド・パートナーシップ（以下「DLLPS」という。）の我が国租税法上の「法人」該当性が争われた。当該事案においては、大阪地判平成22年12月17日では、DLLPSは「法人」に該当すると判断されたのに対し、事案及び争点を同じくする東京地判平成23年7月19日及び名古屋地判平成23年12月14日では、DLLPSは「法人」に該当しないと判断され、裁判所の判断が分かれている。これらはいずれも控訴がなされており、今後の控訴審裁判所の判断が注目されるところである。

1. 事 実

　納税者は、ニューヨーク在住のBとの間で平成2年7月にパートナーシップ契約を締結し、共同で不動産賃貸業等を営むことを約した。平成6年に米国ニューヨーク州でLLC法（以下「NYLLC法」という。）が施行され、平成9年に米国でチェック・ザ・ボックス規則（米国税法上、一定の事業体について納税者が構成員課税か法人課税を選択することができることを定めた規則）が施行されたのを機に、平成10年4月に同パートナーシップをNYLLC（NYLLCは有限責任のメリットを享受しながら、自由な内部自治を設計できる事業体であり、米国租税法上は納税者の選択により、法人課税とするか構成員課税（パススルー）とするかを選択することができるとされている）に組織変更した。原告はNYLLCを通じて銀行からの借入資金を米国における賃貸不動産に投資し、不動産賃貸業による収支を得ていた。納税者は、米国税法上、チェック・ザ・ボックス規則に基づきパススルー課税を選択し、日本における申告においても平成10年から平成12年までの確定申告において、不動産賃貸業により生じた損益及び預金から生じる利息収入を不動産所得及び雑所得として所得税の申告としていた。なお、平成10年から平成12年の間に原告は同LLCから出資金相当の金額の分配金を受け取ったが、この分配金については所得としての申告をしなかった。

　これに対し、課税庁は、米国NYLLCは日本の税法上あくまでも「法人」であるとして不動産所得の損益通算を認めないとともに、受け取った分配金は法人であるNYLLCからの配当であるとして更正処分したため、納税者は当該更正処分の取消しを求めて、不服申立て及び訴訟提起をした。

2. 争点

争点	納税者	課税庁
(1) NYLLCは日本の租税法上の外国法人に該当するか。	法人概念については、他の法概念と同様、各法律間でできる限り同一に解釈されるべきことや租税法上の法人概念は実態に即して判断すべきであることからすれば、本件NYLLCはその実質に鑑みれば、 ①有限責任性 ②構成員による内部自治原則 ③構成員課税（パススルー） のいずれも採用している点で、日本版LLCとされる合同LLCではなく、むしろ日本の有限責任事業組合に相当する。	法人に該当するかどうかは準拠した外国の法令の内容と団体の実質に従って判断すべきであるが、NYLLCはニューヨーク州法に基づき権利義務の主体となり得る広範な法律上の資格が与えられており、英米法上の法人格を有する団体の要件も具備することから日本の租税法上の「法人」に該当する。 また法人該当性と本件LLCがパートナーシップ課税を選択していることとは別個の問題である。
(2) 分配金は配当所得に該当するか。	仮にLLCが法人に該当するとしても、配当金となるのは一部であり、ほとんどは出資金の払戻しである。 NYLLCにおいては、いつでも出資金の払戻しを行うことは可能である。	配当所得に該当する。 法人からの分配金が配当所得に該当するか否かは、それが出資者の地位に基づいて供与した経済的な利益と認められるか否かにより判断されるのであって、出資金の返還が行われたような蛸配当であっても、配当所得に該当すると解される。 また、本件の場合、含み益が230万ドル生じており、本件分配金はその利益を観念した上で分配されたものとみることもできる。

3. 判旨

〔第一審判旨〕さいたま地裁　平成19年5月16日判決

請求棄却（納税者敗訴）

(1) 争点(1)について

① 日本の租税法上「法人」そのものについて定義した規定はなく、民法、会社法などの私法上の概念を借用しているものとして（借用概念）、私法上の概念と同義に解するのが相当である。つまり我が国の租税法上「法人」に該当するかどうかは、私法上、法人格を有するか否かによって基本的に

決定される。

② 外国の法令に準拠して設立された社団や財団の法人格の有無の判定に当たっては、当該外国の法令の内容と団体の実質に従って判断するのが相当であり、本件NYLLCは米国のニューヨーク州法に準拠して設立されたことから、このニューヨーク州法の内容と本件LLCの実質に基づき判断するのが相当である。

③ ところで英米法において「法人格」を有するといえるには、
　(A) 訴訟当事者になること
　(B) 法人の名において財産を取得し処分すること
　(C) 法人の名において契約を締結すること
　(D) 法人印を使用すること
などが認められる。

④ ニューヨーク州法によれば、LLCは訴訟手続等の当事者になることができ、また不動産等の取得や処分が可能であり、種々の契約の当事者となることなど広範な権能を有している。またLLCを「独立した法的主体 (separate legal entity)」と位置づけており、さらにLLCの個別財産について構成員は一切の利益ないし持分（interest）は有しないと規定している。

⑤ 以上の事実を総合すると、本件NYLLCは、NYLLC法上、法人格を有する団体として規定されており、自然人とは異なる人格を認められた上で、自己の名において契約を締結するなど、構成員から独立した法的実在として存在していることが認められる。

⑥ 原告は、本件LLCは有限責任事業組合に相当すると主張するも、有限責任事業組合は民法上の組合の特例として創設されたものであり、出資者が有限責任を享受するとしても組合であって、法人ではなく、組合自体の名義で財産を所有したり、契約を締結することはできない。したがってNYLLCは、我が国における有限責任事業組合に相当するとはいえず、原告の主張は採用できない。

⑦ また、平成9年以降、チェック・ザ・ボックス規則が導入され、LLCについてもパススルー課税が選択できることとなったが、上記判断を左右

するものではない。

(2) 争点(2)について

① 会社からの分配は、会社の正式な決算手続に基づき利益が分配されたものでなくとも実質的にみてそれが出資者である地位に基づいて受ける利益の配分と見られる限りにおいて配当所得となるものと解される（最高裁昭和43年11月13日判決・民集22巻12号2449頁参照）。

② 分配金は、実質的にみると、賃貸ビルの市場価格が増加し含み益が生じたことや、不動産賃貸業による利益が計上されたことを背景に、余剰資金を出資者に利益の配分として分配したと認めるのが相当である。

③ 確かに本件NYLLCの税務申告書によれば本件LLCの資本勘定（Capital Account）は負の額になっており、同勘定の動きを要約した部分（partners' account summary）において本件分配金は払戻し（withdrawal）と記載されていることが認められることから出資金の払戻しととらえる余地があるようにも思われる。

④ しかし、法的に出資金の払戻しであることを明確にした証拠はなく、またLLCの構成員は原則として、非課税で資金を分配できることから、それが利益に当たるか出資金の払戻しに当たるかを基本的に考慮することなく、資金の分配を受けることが可能であることから、日本においても税務上パススルー方式の課税を受けることを前提として原告等に対する分配が利益の分配であるのか出資金の払戻しであるのか、さほど意識することなく資金の分配をさせていたことがうかがえ、法的に出資金の払戻しを行ったことを述べたものとは考え難い。

⑤ 以上からすると、本件分配金が出資金の払戻しに該当するとはいえず、一方で実質的にみれば、上記のように配当所得に該当することから原告の主張は採用できない。

〔控訴審判旨〕 東京高裁　平成19年10月10日判決

控訴棄却（納税者敗訴）

各争点に関して、次のごとく補足追加した上で、第一審の判決をほぼ全面的に認めた。

(1) **争点(1)について**
① 控訴人は、NYLLC法において内部関係を構成員間の自由な合意によって決めることができる組合（パートナーシップ）的規律を採用しているから、本件LLCを我が国私法上（租税法上）の外国法人と認定することは相当でない旨主張するが、NYLLCは、訴訟当事者になり、財産を取得、処分し、契約を締結する機能を有するなど、自然人とは異なる人格を認められた上で独立した法的実体として存在しているのであるから、我が国の私法上（租税法上）の法人に該当するのが相当である。
② 控訴人は本件NYLLCがパートナーシップ課税をしていることをもって本件LLCを我が国私法上（租税法上）の外国法人と認定することは相当でないとも主張するが、米国においては平成9年にチェック・ザ・ボックス規則が施行され、LLCは法人としての課税を受けるか、パートナーシップとしての課税を受けるか否かを選択できるようになっていたのであるから、上記選択の結果自体によって、本件NYLLCがその設立準拠法であるNYLLC法において、権利、義務の主体となり得る法律上の資格、すなわち法人格が与えられているか否かの判断基準になるものとはいえない。

(2) **争点(2)について**
① 実質的に見ると、賃貸ビルの市場価額が増加し230万ドル以上の含み益が生じたことや、平成10年ないし12年に不動産賃貸業による利益として20万ドルが計上されたことを背景に、利益の配分として分配したといえるものである。
② この分配金について、控訴人も「一つ一つのものがこれがすべて出資金の返還に当たるとか、これが要するに現地で稼得した私のその年度の分の収入であるとか、細かくは突き合わせてはおりません」として出資金の返還部分とそれ以外の分に分けられていなかったことを認める供述をしてい

ることからすれば、分配金受領時に同分配金が出資金の返還である旨の合意がされたものと認めることができない。

③　控訴人は、NYLLC法によればオペレーティング契約に基づくものである限り、払戻しにより当該構成員の資本勘定がマイナスとなっても許容されると主張するが、同法はLLCの現金又はその他の資産の分配について、オペレーティング契約がある場合には、それに従って配分する旨を定め、同契約がない場合には、各構成員の出資金に基づいて配分する旨を定めているものの、控訴人が主張するような出資金の払戻しが、オペレーティング契約に基づくものである限り、払戻しにより構成員の資本勘定がマイナスになっても許容されることなどを定めているということはできない。

④　控訴人等は本件NYLLCからの分配金を取得する時点において、その法的性質について明確な認識がなかったとしても、税務申告の際に、出資金の払戻しとして処理することは何ら矛盾することはないと主張するが、本件において控訴人等は分配金が利益の分配であるのか、出資金の払戻しであるのかを、さほど意識することなく、本件NYLLCに資金の分配をさせていたことがうかがわれ「投資のリスクはゼロとなりました云々」と記載しているのも、実質的に控訴人が当初投資した額を超える分配がされたことを述べたにすぎないと理解すべきものであるから、控訴人の主張は採用の限りでない。

4．評　釈

　NYLLCの法人該当性については、平成13年2月に国税不服審判所にて法人に該当する旨の裁決がなされ（平成13年2月26日「裁決事例集No.61」）、その後、国税庁作成による「米国LLCに係る税務上の取扱い」により、米国LLCは日本の租税法上は法人に該当すると公表された。本裁判例もこれらの裁決及び国税庁から公表されたQ&Aと同様の結論を示している。

　本裁判例では、我が国の租税法上定義のない「法人」の意義について、民法、会社法などの私法上の概念を借用する、いわゆる借用概念（統一説）として、

私法上の概念と同義に解するのが相当であるとしており、この点は妥当であると考える。つまり、我が国の租税法上「法人」に該当するかどうかは、私法上、法人格を有するか否かによって基本的に決定されるものと考えられる。

もっとも、本裁判例では、外国の法令に準拠して設立された社団や財団の法人格の有無の判定に当たっては、当該外国の法令の内容と団体の実質に従って判断するのが相当であり、本件NYLLCは米国のニューヨーク州法に準拠して設立されたことから、このニューヨーク州法の内容と本件NYLLCの実質に基づき判断するのが相当であるとして、英米法の「法人格」概念を引用している。この点に関しては、一方で、租税法上の「法人」概念は民法、会社法といった我が国の私法における「法人」概念の借用概念であるとしつつ、他方で、我が国の私法ではなく、英米法における「法人」概念を持ち出してこれを借用しているに他ならないという批判はあり得よう。また、こうした基準を取ると、当該外国の組織の設立に関する法律、定款、契約等を十分理解しなければ、適切な事業体分類（entity classification）はできないことになり、外国の事業組織の性格付けについて法的安定性や予測可能性に問題が残るとの批判も考え得る。

外国の事業体の「法人」該当性に関しては、本裁判例以外の事案でも同様に争点とされており、デラウェア州リミテッド・パートナーシップ（DLLPS）の我が国租税法上の「法人」該当性が争われた大阪地判平成22年12月17日（判時2126号28頁）、東京地判平成23年7月19日（裁判所ホームページ）、名古屋地判平成23年12月14日（公刊物未登載）において、相次いでその判断が示されている。

しかしながら、これらの裁判例における「法人」該当性の判断基準についてそれぞれ異なる基準が示されている。すなわち、大阪地判平成22年12月17日は、課税庁側の主張を認め、私法上の「法人」に該当するか否かは、日本の法人に認められる権利能力と同等の能力を有するか否か、つまり、①構成員の個別財産と区別された独自の財産を有するか否か、②その名において契約を締結し、その名において権利を取得し義務を負うなど独立した権利義務の帰属主体となり得るか、③その権利義務のためにその名において訴訟当事者となり得るかの3要件をすべて満たすか否かで判断すべきであるとし、①〜③の要件に該当す

るか否かは、設立準拠法や設立契約の内容、実際の活動実態、財産や権利義務の帰属状況を考慮して個別具体的に判断すべきであると判示している。当該裁判例で示された基準は、本件NYLLCに関する裁判例の基準を踏襲するものと考えられる。これに対して、東京地判平成23年7月19日及び名古屋地判平成23年12月14日は、(a)外国の事業体が設立された準拠法である当該外国の法令によって法人とする（法人格を付与する）旨を規定されていると認められているか否かによるべきであるが、それに加えて(b)当該事業体を当該外国法の法令が規定するその設立、組織、運営及び管理等の内容に着目して経済的、実質的に見れば、明らかに我が国の法人と同様に損益の帰属すべき主体（その構成員に直接その損益が帰属することが予定されない主体）として設立が認められたものといえるかどうかも検討して、法人該当性を検討すべきである（基準(b)が肯定される場合に限り、我が国の租税法上の法人に該当する。その結果、基準(a)を限定する場合もあり得るが、基準(a)によった場合に我が国の法人に相当するか否かの判定が微妙なときに、基準(b)が満たされることにより、これが肯定されることもあり得よう。）という新たな基準を示している。

　このように、各裁判所において「法人」該当性の基準に関する判示が分かれており（ただし、いずれの裁判例も借用概念の統一説に立っているという点は共通している。）、全く同じ事業体であるにもかかわらず、大阪地裁は「法人」該当性を認めたのに対して、東京地裁及び名古屋地裁は「法人」該当性を否定している（いずれも控訴審係属中である。）。かかる司法判断の状況からすれば、未だ「法人」該当性の判断基準として確立した基準はないというのが現状であり、今後の裁判例の動向を注視するということが、一つの実務上の対応となろう。

5．実務上の対応

　上記のとおり、外国事業体の我が国租税法上の「法人」該当性に関する裁判ついては混沌とした状態であり、現状定まった判断基準が見出し難いところである。しかし、現状の実務において可能な限り予測可能性や法的安定性を求め

るのであれば、現在公表されている、国税庁のＱ＆Ａ「米国LLCに係る税務上の取扱い」、本件NYLLCに係る裁判例及び大阪地判平成22年12月17日の基準並びに東京地判平成23年7月19日及び名古屋地判平成23年12月14日が示した基準に従って、各ストラクチャーで用いられる外国事業体の現地法令及び契約内容に基づいて、当該事業体が、その名において、①訴訟当事者になることができるか否か、②財産を取得し、処分することができるか否か、③契約を締結する権能を有し、義務を負うか否か、④「（構成員とは別個の）独立した法的主体」と規定されていないか、これに加えて、(a)外国事業体が設立又は組成された国の準拠法上、当該事業体が法人格を有する団体と規定されていないか、(b)当該外国事業体が損益の帰属主体となる実体を備えているかという点につき、国内の弁護士や公認会計士を通じて、それぞれ現地弁護士に確認し、これらの要素を満たすか否かの確認を取る必要があると考えられる。そして、この確認によりストラクチャーに支障を及ぼす可能性がある場合には、用いる事業体の選択を再度検討しなければならないことになる。かかる手続は、予測可能性及び法的安定性を可能な範囲で確保する手続として必要になるものと考えられるが、コスト面、手続面において納税者に多大な負担をかけることになるのであり、ひいては、かかる法的不安定性は対外投資や対内投資にも影響を及ぼし得るものであり、早急に立法等の措置を検討することが期待されるところである。

（参考）日米間での租税法上の取扱いの相違

　米国の租税法上は構成員課税を選択した場合、日本と米国とで異なる扱いをすることとなり、日米間にて二重課税などの問題が生じ得ることが考えられる。

　しかし、新日米租税条約において、特殊な事業体に係わる規定（4条6項）が新設され「源泉地国が居住者国の課税上の取扱いを受け入れる」というルールのもと下記のように「日本での税務上の取扱いに係わらず、NYLLCについてパススルー課税が選択された場合は米国居住者であるLLCの構成員が租税条約の当事者となる（4条6項（Ａ））」ことが明記され、かつ条約実施特例法においてもその旨を規定されたことから、基本的には二重課税等の問題が生じないようにしている。（日本公認会計士協会東京会　公認会計士業務資料集第

45号Ⅰ　税務委員会答申書「多様化する事業体とパス・スルー税制について検討されたい」277頁（2005年）参照）

	所得が発生する国（注）	事業体が設立された国	相手国の事業体の税務上の取扱い	条約の適用対象者
4条6項(a)	日本	米国	パススルー課税	日本の取扱いにかかわらず、米国適格居住者である事業体の構成員
4条6項(b)	日本	米国	法人課税	日本の取扱いにかかわらず、米国の事業体
4条6項(c)	日本	第三国	パススルー課税	日本の取扱いにかかわらず、米国適確居住者である事業体の構成員
4条6項(d)	日本	第三国	法人課税	条約の適用なし
4条6項(e)	日本	日本	法人課税	条約の適用なし

注）所得が発生する国を日本とした場合

（さらに詳しくは、秋元秀仁「米国LLCと国際課税」税務通信3014号　14頁（2008年）参照）

参考文献

- 日本公認会計士協会「外国事業体課税について（中間報告）」（2006年）
- 川田剛「L.L.Cが行う不動産賃貸業に係る損益の帰属」『国際税務』第22巻第5号51頁（2002年）
- 赤松晃「米国LLCの『外国法人』該当性」『別冊ジュリスト第178号　租税判例百選〔第4版〕』44頁（2005年）
- 平野嘉秋「特殊企業形態と税務上の諸問題」『租税研究』第637号　111頁（2002年）
- 高橋祐介「日本版LLCの課税上の問題点―アメリカ・パートナーシップ課税を参考にして」『租税研究』第660号　128頁（2004年）
- 中里実「パートナーシップ課税について」『租税研究』第614号　117頁（2000年）
- 八田陽子「米国税制について(2)　事業体課税に関して」『租税研究』第684号　144頁（2006年）
- 渡辺淑夫「出資先の米国LLCが日本子会社を有する場合の二重課税の調整」『国際税務』第25巻第9号　70頁（2005年）
- 北村導人・松永博彬「米国デラウェア州LPSの法人該当性に関する3つの裁判例

の検討」『税務弘報』第60巻第4号　86頁（2012年）

23
所得税額控除の計算誤りと更正の請求

熊本地裁　平成18年1月26日判決（納税者勝訴）（平成16年（行ウ）第3号、更正すべき理由がない旨の処分の取消請求事件）
福岡高裁　平成18年10月24日判決（納税者敗訴）（平成18年（行コ）第7号、更正すべき理由がない旨の処分の取消請求控訴事件）
最高裁第二小法廷　平成21年7月10日判決（納税者勝訴）〔確定〕（平成19年（行ヒ）第28号、更正すべき理由がない旨の処分の取消請求事件）

〔参照条文〕　旧法人税法68条3項（所得税額の控除）、69条13項（外国税額の控除）、国税通則法23条1項1号（更正の請求）

ポイント

　本件は、旧法人税法上の確定申告書に係る申告要件に関連して「記載された金額を限度とする。」と規定された条文の適用において、その誤った解釈に基づいて、正当な金額よりも過小となる金額を記載してしまった場合においても、適用要件とされる項目が、確定申告書やその明細書に網羅的に記載されており、求める是正の内容が条文の適用を受ける範囲を追加的に拡張する趣旨のものではない場合は、更正の請求が認められることが明らかとされた。

　なお、本件で問題とされた所得税額控除等の確定申告要件は、平成23年12月2日に施行された改正法により、当該施行日以後に確定申告書等の提出期限が到来する法人税について廃止されており、改正後は修正申告書又は更正請求書において、条文の適用を受ける範囲を追加的に拡張する場合にも認められることとなった。

1. 事 実

(1) 事案の概要

本件の原告であるX社は、九州において清涼飲料等の製造及び販売業等を営むことを目的とする株式会社である。

X社は、平成13年1月1日から同年12月31日までの事業年度に係る確定申告において、所得税額控除及び外国税額控除に関する税法の解釈の誤り及び計算の誤りをした。

このため、X社は更正の請求を行ったところ、課税庁より更正すべき理由がない旨の処分を受けたため、X社はこの更正すべき理由がない旨の処分の取消を求めて、国税不服審判所に対する審査請求を経て、訴訟を提起したものである。

X社が行った確定申告及び更正の請求の所得金額及び納付すべき税額は次のとおりである。

平成13年1月1日～同年12月31日の事業年度

提 出 日 等 手 続 の 種 類	平成14年3月29日 確定申告	平成14年7月10日 更正の請求	差引
所 得 金 額	6,963,503,090円	6,111,344,684円	852,158,406円
納付すべき税額	1,817,597,100円	1,722,629,000円	94,968,100円

(2) 所得税額控除及び外国税額控除に関する誤りの内容

X社の確定申告における所得税額控除及び外国税額控除に関する誤りは、次のとおりである。

① 「利益の配当及び剰余金の分配」に係る所得税額控除の計算に当たり、法人税法施行令140条の2第3項に規定する簡便法による所有元本数等について、本来、配当会社の配当対象期間における期首と期末に原告が有し

ていた株式数を記載しなければならなかったにもかかわらず、確定申告の対象となる事業年度の期首と期末における株式数を記載するものと誤った読み方をしてしまった。

具体的な一例としては、X社の事業年度（平成13年1月1日から同年12月31日まで）に受領した配当に係る所得税額控除の計算において、その配当会社の事業年度（平成12年1月1日から同年12月31日まで）が配当の対象期間である場合に、その所得税額控除の計算における期首と期末を、それぞれ平成12年1月1日と同年12月31日として計算しなければならないにもかかわらず、それぞれ平成13年1月1日と同年12月31日として計算してしまった。

これにより、確定申告書に控除を受けるべき所得税額として過小な金額を記載することとなった。

② 「預貯金の利子及び合同運用信託の収益の分配」に係る控除税額の計算に当たり、会計システム上、国内の源泉税も外国の源泉税も同一科目名で仕訳されていたため、その後の手作業による振り分けの過程において、外国の源泉税額を国内の源泉税額として集計してしまい、確定申告書に控除を受ける所得税額として過大な金額を記載すると同時に、控除を受ける外国税額として過小な金額を記載することとなった。

なお、本稿においては、主に①の所得税額控除について述べ、②の外国税額控除については「4．評釈」にて触れることとする。

(3) **本件の経緯**

平成14年3月29日　確定申告書を提出した。
平成14年7月10日　更正の請求（本件更正請求）を行った。
平成14年9月25日　本件更正請求に対して更正すべき理由がない旨を通知する処分（本件通知処分）がなされた。
平成14年11月22日　国税不服審判所長に対し、本件通知処分の取消しを求め

Ⅶ　法人税―その他

	る審査請求（本件審査請求）を行った。
平成15年11月20日	国税不服審判所長により、本件審査請求を棄却する旨の裁決がなされた。
平成16年	熊本地方裁判所に訴訟を提起した。
平成17年3月25日	課税庁により別個の理由による増額更正処分（本件更正処分）がなされた。但し、本件更正処分に際し、本件更正請求については、何ら措置が採られなかった。
平成17年5月20日	課税庁に対し、本件更正処分に対して、本件更正請求の部分に相当する所得税額控除額が過小に計算されていることを理由とする異議を申し立てた。

　なお、本件の事件名は「更正すべき理由がない旨の処分の取消請求事件」であるが、平成17年において、本件更正請求を反映しない増額更正処分がなされたことから、請求の趣旨を、本件更正処分の一部取消を求める請求へ交換的に変更している。

2．争点

　納付すべき税額以外の争点としては、本件更正処分の適法性であり、具体的には、所得税額控除の計算方法について、①旧法人税法68条3項に規定される「限度」の趣旨及び意義等、②旧国税通則法23条1項1号の法令の解釈誤りないし計算の誤り（以下「計算誤り等」ともいう。）の有無である。
　これらをまとめると、次のとおりとなる。

争　点	納税者	課税庁
(1) 旧法人税法68条3項の「限度」の趣旨及び意義等	旧法人税法68条3項前段の趣旨は、所得税額控除の適用を受けるか否か、また、個別法若しくは簡便法のいずれの計算方法を採用するかについては、配当等のもととなる銘柄毎に納税者が任意に選択することができるため、控除を受ける場合には確定申告書にその金額と明細を記載し、また、いずれの	所得税額控除の限度額に関する改正の経緯によれば、法は、従来の方式が税制の抜け穴となるため、昭和42年改正を機に、所有期間按分の規定を復活させ、その限度で許容するという立法政策を採ったものと解されるから、旧法人税法68条3項の規定は、文言どおり厳格に解釈されるべきである。

285

		計算方法を採用するかをいったん選んだ以上、申告後になってその判断を覆すこと（他の選択肢を選ぶこと）を許さないとした規定である。 したがって、法人税の確定申告に当たって納税者が選択の余地がない法律の読み方の誤り及び単なる計算誤りをした場合には、納税者が「法人税から控除を受けるべき所得税額」として選択した範囲内であれば、更正の請求により、その誤りを是正することができると解すべきである。	そうすると、同条項には「当該金額として記載された金額を限度とする。」と明確に定められているのであるから、確定申告書に控除を受けるべき金額及びその計算に関する明細に記載された金額を限度として、所得税額の控除が認められることは明らかである。 したがって、法人が確定申告書等に記載した金額が絶対的な控除の限度額とされるから、更正の請求によって記載された金額を超えて控除されることはあり得ず、更正の請求が認められるのは、控除を受けるべき金額の全部又は一部についての記載がない確定申告書の提出があった場合において、同法68条4項により「やむを得ない事情」があると認められる場合に限定される。
(2) 国税通則法23条1項1号の法令の解釈誤りないし計算の誤りの有無	所得税額控除の適用に当たり、配当会社の配当対象期間における期首と期末を事業年度の期首と期末と誤ったのは、国税通則法の「法律の規定に従っていなかったこと」に該当し、利益の配当金の分配の基礎となった全銘柄について、簡便法を採用したのであるから、法人税法施行令140条の2に規定されている「所有期間按分」どおりの控除額に改められるべきであり、更正の請求は認められる。	法人は控除を受けるべき所得税額について、法人税の額から控除するのか、又は租税公課として損金の額に算入するのかは、専ら確定申告時における納税者の自由な選択に委ねられており、所得税額の一部については、確定申告書に記載せず、損金の額に算入し、所得税額控除の適用を受けないという方法を選択したと解するほかなく、誤りがあったとはいえない。 また、確定申告担当者が「複雑で理解困難な施行令」を読み込んで作業することが不可能であったとしても、税務の専門家に相談し、助言を得ることができるのであるから「やむを得ない事情」にも該当しない。

3．判旨

〔第一審判旨〕熊本地裁　平成18年1月26日判決

（一部取消し）（被告控訴）

(1) 旧法人税法68条3項の「限度」の趣旨及び意義等

「旧法人税法68条3項は、『第1項の規定は、確定申告書に同項の規定により控除を受けるべき金額及びその計算に関する明細の記載がある場合に限り、適

用する。この場合において、同項の規定による控除をされるべき金額は、当該金額として記載された金額を限度とする。』と規定している。これは、所得税額控除を受けるためには、納税者である法人において、確定申告書に所得税額控除を受けるべき金額及びその計算に関する明細を記載させて、その選択を明確にさせて租税債権を早期に確定すべきことを定め、同項後段において、納税者が所得税額控除の適用を受けるか否か、及び、その計算方法をいったん選択した以上、申告後になって、その選択を覆すことを許さない趣旨を明らかにしたものと解される。

　この趣旨に基づけば、いったん納税者たる法人によって『法人税から控除を受けるべき所得税額』として選択された範囲内であれば、納税者の選択権の行使に関わらない事項についての通則法所定の更正請求の要件を満たす法律適用の誤りや計算誤りなどによって、所得税額控除額が異なるに至った場合には、更正の請求によりその誤りを是正することができるというべきである。

　そして、旧法人税法63条3項後段の『当該金額として記載された金額を限度とする。』との規定は、同条項前段に規定する『確定申告書に………その計算に関する明細の記載がある場合』に限り適用されるのであるから、納税者たる法人が『法人税から控除すべき所得税額』として選択した内容は、確定申告書記載の明細（所得税額や銘柄等）によって特定されており、『法人税から控除すべき所得税額』は、上記特定された所得税額につき、法律に基づき正当に算出された金額というべきである。

　したがって、所得税額控除の適用に当たっては、申告書に記載した明細によって特定された所有株式（銘柄）等に対する利子及び配当等にかかる所得税額について、法律に基づき正当に算定された金額の限度で所得税額控除の適用を受けることを選択したというべきであり、法律の根拠、適用や計算過程を無視して単純に金額（所得税額）のみを選択したり、法律の適用や計算過程の誤りによって記載された誤った所得税額を選択したとは解されないから、被告の上記主張は採用することができない。」

(2) 国税通則法23条1項1号の法令の解釈誤りないし計算の誤りの有無

「原告は、所得税額控除制度の対象となる全銘柄の所得税額の全額を明細に記載しているのであるから、当該所得税額全額につき控除制度の適用を受けることを選択していることは、明細の記載から明らかというべきである。

そして、この所得税額控除の適用に際し、明細書に利子配当等の計算期時点の所有株式数を記載とすべきところ、これを誤って原告の事業年度時点の所有株式数を記載したため、一部の銘柄について簡便法による計算を誤り、その結果、所得税額控除額を誤って過少に記載したのであるから、これは、通則法23条1項1号所定の『当該申告書に記載した課税標準等若しくは税額等の計算が国税に関する法律の規定に従っていなかったこと又は当該計算に誤りがあったことにより、当該申告書の提出により納付すべき税額（………）が過大であるとき。』に該当する。

したがって、原告の本件更正請求は適法であって、正しい金額に更正すべきである。」

〔控訴審判旨〕 福岡高裁　平成18年10月24日判決

原判決中控訴人敗訴部分取消し、被控訴人の請求棄却

(1) 旧法人税法68条3項の「限度」の趣旨及び意義等

「旧法人税法68条3項の趣旨は、納税者である法人に対してこの制度の適用を受けることを選択することにより一定の便益を供与するとともに、これにより租税債権を早期に、かつ簡便な手続により確定させることを意図したものにほかならないから、後になって、その選択自体を覆したり、控除されるべき金額を変更（増額）したりすることは許されないものというべきである。」

「ただし、旧法人税法68条4項は、これら金額の全部又は一部につき記載がない確定申告書の提出があった場合においてさえも、その記載がなかったことについてやむを得ない事情があると認めるときは、その記載がなかった金額について同条1項の規定を適用することができるとして、例外的にこの制度の適

用を受けることができる余地を認めているのであるから、この場合との均衡を図る意味でも、当該金額を本来あるべき金額よりも過少な額にとどめることになった法令解釈の誤りや計算の誤りが『やむを得ない事情』の故にもたらされたものであると認められるときには、例外的に通則法23条1項に基づきその更正の請求が許されて然るべきである。」

(2) 国税通則法23条1項1号の法令の解釈誤りないし計算の誤りの有無
　被控訴人が作成した明細書において、利子配当等の計算期時点の所有株式数を記載とすべきところ、これを誤って原告の事業年度時点の所有株式数を記載したため、一部の銘柄について簡便法による計算を誤ったことは認められるが「本件確定申告書の作成について税理士の関与を求めることもないまま、社内の財務部に所属していたＡに任せきりにしていたことが一因になっているものと認められるところ、被控訴人が相当規模・内容の法人であることをも併せ考慮するならば、上記誤りが『やむを得ない事情』の故にもたらされたものであるということもできない。」したがって、更正の請求は認められないとするべきである。

〔最高裁判旨〕最高裁第二小法廷　平成21年7月10日判決
　原判決変更、一部破棄、一部認容、棄却〔確定〕

(1) 旧法人税法68条3項の「限度」の趣旨及び意義等
　「旧法人税法68条3項は、納税者である法人が、確定申告において、当該事業年度中に支払を受けた配当等に係る所得税額の全部又は一部につき、所得税額控除制度の適用を受けることを選択しなかった以上、後になってこれを覆し、同制度の適用を受ける範囲を追加的に拡張する趣旨で更正の請求をすることを許さないこととしたものと解される。」

(2) 国税通則法23条1項1号の法令の解釈誤りないし計算の誤りの有無
　本件の「計算の誤りは、本件確定申告書に現れた計算過程の上からは明白で

あるとはいえないものの、所有株数の記載を誤ったことに起因する単純な誤りであるということができ、本件確定申告書に記載された控除を受ける所得税額の計算が、上告人が別の理由により選択した結果であることをうかがわせる事情もない。そうであるとすると、上告人が、本件確定申告において、その所有する株式の全銘柄に係る所得税額の全部を対象として、法令に基づき正当に計算される金額につき、所得税額控除制度の適用を受けることを選択する意思であったことは、本件確定申告書の記載からも見て取れるところであり、………所得税額控除制度の適用を受ける範囲を追加的に拡張する趣旨のものではないから、これが旧法人税法68条3項の趣旨に反するということはできず、上告人が本件確定申告において控除を受ける所得税額を過少に記載したため法人税額を過大に申告したことが、国税通則法23条1項号所定の要件に該当することも明らかである。」

4．評釈

(1) 旧法人税法68条3項の趣旨について

　法人税法68条3項は、納税者が制度の適用を受けるに当たって選択を行った場合には、租税債権を早期に、かつ簡便な手続により確定させ、その後、その選択を覆したり、控除されるべき金額を変更（増額）したりすることは許されないとする趣旨であり、この点、納税者と課税庁ともに異論はないところであった。

　しかし、この趣旨を踏まえた旧法人税法68条3項のとらえ方として、あくまでも制度の趣旨に沿った合理的な解釈がなされるべきである立場と、厳密な文理解釈によるべきである立場の2つのとらえ方がある。

　合理的な解釈がなされるべきであるという立場においては、旧法人税法68条1項は、二重課税を排除することを趣旨とするものであり、納税者はこの趣旨を前提に、制度の適用の選択を行ったのであるから、その選択が申告書の記載に表れており、同制度の適用を受ける範囲を追加的に拡張するものでなければ、誤った記載を是正する更正の請求は、認められるべきであるという考え方であ

る。

　他方、厳格な文理解釈によるべきであるという立場においては、記載した金額そのものが納税者の選択であるため、そもそも、その記載された金額には誤りは存在せず、更正の請求は認められるべきではないという考え方である。

　ただし、厳格な文理解釈によるべきであるという立場においても「やむを得ない事情」がある場合には、同条4項に規定される所得税額の全部又は一部の記載がない場合のみならず、例外的に、誤った金額の記載がなされている場合であっても、更正の請求を認めるとしている。しかしながら、誤った金額を記載した場合の多くは、単純なミスか税法の不知によるものであるため、ほとんどの場合「やむを得ない事情」とは認められないと考えられる。

(2)　旧法人税法68条3項の趣旨と国税通則法の位置づけについて

　本判例においては、旧法人税法68条3項の趣旨と更正の請求の可否だけでなく、国税通則法がどのように位置づけられているかの検討も重要であると考えられる。

　合理的な解釈がなされるべきであるとする立場においては、適用範囲が追加的に拡張しない許容可能な誤りについては、更正の請求の要件である国税通則法23条1項1号の「法律の規定に従っていなかったこと又は当該計算に誤りがあったこと」に該当することになるため、国税通則法は各税法における通則を集約した一般法的な機能として位置づけられていると考えられる。

　他方、厳格な文理解釈によるべきであるとする立場においては、国税通則法を一般法的な機能としてとらえていないため、更正の請求は旧法人税法68条4項に規定する「やむを得ない事情」が存在した場合に、その誤りを訂正するための手続き規定として位置づけられていると考えられる。

(3)　最高裁判決について

　最高裁の判決においては、制度の趣旨に沿った選択を行っていることが申告書に明確に記載されている場合には、その選択の結果、誤った記載がなされたとしても、追加的に適用範囲を拡張するものでなければ、更正の請求が認めら

れるとされた。これは、旧法人税法68条3項について合理的な解釈がなされるべきであるとの立場であると考えることができる。

また、国税通則法は税法の通則を定めた一般法的な役割を果たしており、同法に基づく更正の請求は、旧法人税法68条4項の単なる手続き規定ではないことが示されたと考えることができる。

(4) 外国税額控除に係る更正の請求について

X社は外国の源泉税を国内の源泉税に含め、所得税額控除として確定申告を行ったことから、そもそも、確定申告書に外国税額控除として受けるべき金額として記載されておらず、また、外国税額控除の対象として選択されていないことになる。

このため、熊本地裁の判決において、更正の請求の前提を欠き、更正の請求は認められないとされている。これは、追加的に適用範囲を拡張するものは更正の請求は認めないという最高裁判旨と整合的な判断である。

5．実務上の対応

(1) 税制改正について

本事案で争点となった「当初申告要件」は、平成23年12月2日に施行された「経済社会の構造の変化に対応した税制の構築を図るための所得税法等の一部を改正する法律」による法人税法の改正により廃止されている。この改正により、平成23年12月2日以後に確定申告書等の提出期限が到来する法人税については、確定申告書だけでなく修正申告書及び更正請求書による所得税額控除等の適用が認められることになり、本件の外国税額控除についても更正請求書による適用が認められることになった。

(参考) 法人税法第68条3項の改正

改正後	改正前
第1項の規定は、確定申告書、修正申告書又は更正請求書に同項の規定による控除を受けるべき金額及びその計算に関する明細を記載した書類の添付がある場合に限り、適用する。この場合において、同項の規定による控除をされるべき金額は、当該金額として記載された金額を限度とする。	第1項の規定は、確定申告書に同項の規定による控除を受けるべき金額及びその計算に関する明細の記載がある場合に限り、適用する。この場合において、同項の規定による控除をされるべき金額は、当該金額として記載された金額を限度とする。

(2) 確定申告書における明細の記載要件について

　当初申告要件が廃止されることとなったが「当該金額として記載された金額を限度とする。」との要件は付されていないものの、次に掲げるとおり「確定申告書にこれらの規定に規定する減額し又は経理した金額に相当する金額の損金算入に関する明細の記載がある場合に限り、適用する。」として確定申告要件が付されている規定がある。

　この規定における「明細の記載」については、法人税法施行規則34条2項にて「確定申告書（当該申告書に係る修正申告書を含む。）の記載事項及びこれに添付すべき書類の記載事項のうち別表一（一）から別表一（三）まで、………別表十一（一）から別表十四（七）まで、別表十五及び別表十六（一）から別表十七（四）までに定めるものの記載については、これらの表の書式によらなければならない。」とされており、圧縮記帳等の適用については、確定申告書への法定の別表の添付が要求されている。

　したがって、確定申告書に別表の添付を失念してしまった場合には、圧縮記帳等の適用を受けられないこととなるが、この場合の救済の可否について、本判決を元に検討を行う。

項　　　目	法人税法上の条文
国庫補助金等で取得した固定資産等の圧縮額の損金算入	第42条第3項
国庫補助金等に係る特別勘定の金額の損金算入	第43条第4項

特別勘定を設けた場合の国庫補助金等で取得した固定資産等の圧縮額の損金算入	第44条第2項
工事負担金で取得した固定資産等の圧縮額の損金算入	第45条第3項
非出資組合が賦課金で取得した固定資産等の圧縮額の損金算入	第46条第2項
保険金等で取得した固定資産等の圧縮額の損金算入	第47条第3項
保険差益等に係る特別勘定の金額の損金算入	第48条第4項
特別勘定を設けた場合の保険金等で取得した固定資産等の圧縮額の損金算入	第49条第2項
交換により取得した資産の圧縮額の損金算入	第50条第3項
貸倒引当金	第52条第3項
返品調整引当金	第53条第2項
長期割賦販売等に係る収益及び費用の帰属事業年度	第63条第7項

(3) 申告書作成のプロセスと本件の適用範囲について

　税法上の諸制度の適用を受ける際において、経済取引の発生から申告書の作成に至るプロセスは、本件を参考にすると、次のとおりに整理することができる。

　　① 企業が行う多くの経済取引から、税法上の制度に適合する項目を抽出する。
　　　（例：源泉徴収の行われた配当金の受領）
　　② 税法に従った計算に必要な係数を抽出する。
　　　（例：配当計算期間における期首・期末の所有株式数の把握）
　　③ 抽出された係数を申告書に添付する明細書に記載し、計算する。
　　④ 明細書に記載された数値を申告書へ転記し、税額等を計算する。

　このプロセスと本判決及び類似の判決における事例とを合わせて図示すると次のとおりとなる。

Ⅶ 法人税―その他

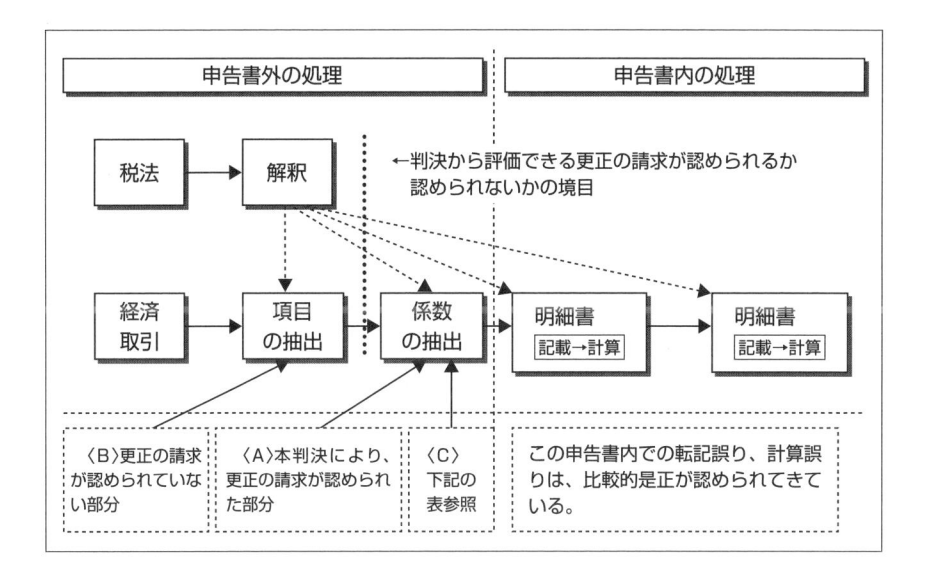

```
┌─────────────────────┐  ┌─────────────────────┐
│     申告書外の処理      │  │     申告書内の処理      │
└─────────────────────┘  └─────────────────────┘
```

```
┌────┐   ┌────┐     ←判決から評価できる更正の請求が認められるか
│税法 │→ │解釈 │        認められないかの境目
└────┘   └────┘
            ↓ ↘
┌────┐   ┌────┐   ┌────┐   ┌──────────┐   ┌──────────┐
│経済 │→ │項目 │→ │係数 │→ │  明細書   │→ │  明細書   │
│取引 │   │の抽出│   │の抽出│   │記載→計算│   │記載→計算│
└────┘   └────┘   └────┘   └──────────┘   └──────────┘
```

〈B〉更正の請求が認められていない部分　〈A〉本判決により、更正の請求が認められた部分　〈C〉下記の表参照　｜　この申告書内での転記誤り、計算誤りは、比較的是正が認められてきている。

※上記の図に記載されている〈A〉〜〈C〉は、下記の表中の記号に対応している。

記号	判例	解説
〈A〉	〜本判決の所得税額控除の部分〜 更正の請求が認められた事例。（平成21年7月10日、最高裁）	所得税額控除の適用に当たり、必要な銘柄（項目）を抽出したが、控除税額の計算に当たって必要な株式数（係数）の抽出を誤ってしまった。
〈B〉	〜本判決の外国税額控除の部分〜 更正の請求が認められなかった事例。（平成18年1月26日、熊本地裁）	外国税額の源泉徴収がなされる取引は存在していたが、外国の源泉税が国内の源泉税に含まれてしまっていたために、外国税額の発生した事実（項目）の抽出がなされなかった。
〈C〉	外国税額控除の適用に当たり、資料をすべて正確に添付したが、タイ語の資料を読み間違えて、受取配当金額を過小に記載してしまったが、更正の請求が認められた事例。（平成19年5月9日、福岡高裁）	〈A〉と同様に、外国税額控除の適用に当たり、タイの子会社より配当金を受領したという事実（項目）を抽出したが、配当金額（係数）を抽出する際に、タイ語の明細書を読み誤り、その明細書中の一部の金額のみを参照してしまった。

(4) 別表添付失念時の救済の可否について

　上記のとおり、税法上の諸制度の適用を受けるに当たって、銘柄等の項目が適切に抽出されており、その項目が申告書等に記載されていれば、税額の計算に必要な係数の抽出を誤ったとしても、あるいは、係数の抽出が行えていなかったとしても、追加的に適用範囲を拡張しないものとして、更正の請求が認められると考えられる。

　したがって、圧縮記帳等が認められる事実があり、その処理が決算書に反映され、また、固定資産台帳等でその内容が確認できる場合には、別表を失念してしまっても、追加的に適用範囲を拡張しないものとして、事後的に別表を提出することにより、その圧縮記帳等の適用を認められるべきであると考えられる。

　しかしながら、この点についての課税庁による見解は示されないと考えられるため、税務調査等において別表が添付されていないとの指摘を受けた場合には、この判決を踏まえて、圧縮記帳等を認められるように課税庁と協議を行うことになると考えられる。

参考文献

・荻野豊「所得税額控除額の過小記載と更正の請求」『税務事例』第41巻第12号　21頁～24頁（2009年）
・林仲宣・高木良昌「所得税額控除の計算誤りと更正の請求」『税務弘報』第57巻第14号　146頁～147頁（2009年）
・川口浩「所得税額控除と更正の請求」『税理』第52巻第15号　163頁～168頁（2009年）
・岡正晶「居住者が外国税額控除の取扱いを間違えた場合の是正方法」『税務事例研究』第112号　41頁～67頁（2009年）

24
株主総会又は社員総会の承認を得ていない決算書類に基づく確定申告の有効性

福岡地裁　平成19年1月16日判決（納税者敗訴、請求棄却）（平成17年（行ウ）第24号、法人税等更正処分取消請求事件）

福岡高裁　平成19年6月19日判決（納税者敗訴、請求棄却）〔確定〕（平成19年（行コ）第7号、法人税等更正処分取消請求控訴事件）

〔参照条文〕　法人税法33条1項、2項（資産の評価損の損金不算入等）、74条1項（確定申告）

ポイント

「確定決算」の意義については、株主総会又は社員総会の決議を経た決算であると判示されたが、資本と経営が分離していない中小企業の実情の下では、株主総会又は社員総会の承認を確定申告の効力要件とすることは、実態に即応しないことから、株主総会等の承認を得られていない決算書でも総勘定元帳の各勘定の閉鎖後の残高を基に作成されたものであれば有効と解された点に留意すべきである。

1. 事　実

(1)　X社は福岡税務署長Y（以下「Y」という。）に対し、法定申告期限内に①平成11年9月1日から平成12年8月31日までの事業年度（以下「30期」という。）、②平成12年9月1日から平成13年8月31日までの事業年度（以下「31期」という。）及び平成13年9月1日から平成14年8月31日までの事業年度（以下「32期」という。）分の法人税につき、下記の内容で青色申告書を提出した。

なお、上記(1)のうち、31期及び32期（以下「本件各事業年度」という。）の確定申告書を併せて「本件各当初申告書」という。

(単位：円)

決算期	旧決算書	当初申告書		
	当期利益（※）	申告調整の金額	所得金額	納付すべき法人税額
30期	（判決文中記載なし）		1,308,013	43,200
31期	832,061	335,742	1,167,803	139,700
32期	1,087,550	402,222	1,489,772	231,000

（※）別表四「所得の金額の計算に関する明細書」の「当期利益又は欠損の額」と同額

(2) その後、X社は、福岡税務署の税務調査を受けたことから、税理士Aに相談したところ、Aから、①30期ないし32期分の確定申告書に添付された決算書（以下「旧決算書」という。）は、税理士資格を有しないものが作成し、かつ、社員総会の承認を経ていないこと、②旧決算書において、本来損金計上できない前期末以前に発生した有価証券の売却損を損金経理に計上していること、③保有している上場株式の価額が著しく低下しているので、評価替えをして評価損を損金に計上できるにもかかわらず、それがなされていないことを指摘された。

そこでX社は、税理士Aの指導に従って、旧決算書に、上記②の前期末以前に発生した有価証券の売却損の額（31期26,382,305円、32期14,750,757円）を損金計上から除去し、31期分については新たに同期中に売却された有価証券の売却益53,594円を益金に計上し、上記③の上場株式評価損（31期25,767,054円、32期14,305,052円）を新たに損金に計上する修正を加えた30期分ないし32期分の各決算書（以下「新決算書」という。）を作成して平成15年5月6日に社員総会を開催し、新決算書の承認を受けた。

(3) X社は、Yに対し、平成15年5月9日、平成15年5月5日付社員総会議事録を添付し、社員総会の承認を経た新決算書に基づいて、30期分ないし32期分の法人税につき、所得金額及び納付すべき法人税額を下記のとおりそれぞれ記載した青色申告書（以下「本件各再度申告書」といい、これに基づく確

定申告を「本件各再度申告」という。）を提出した。

本件各再度申告書は、その書面の形式上「修正申告書」と表記された。

(単位：円)

決算期	新決算書	本件各再度申告書	
	当期損失	所得金額	納付すべき法人税額
30期	（判決文中記載なし）	1,895,741	172,400
31期	△24,881,399	1,836,648	286,800
32期	△13,217,502	1,935,477	329,100

なお、31期及び32期における旧決算書の修正の内容とその修正が反映された再度申告書は、以下のとおりとなっている。

（決算書の修正）   (単位：円)

摘　　　要		31期	32期
	旧決算書の当期利益	832,061	1,087,550
修正	有価証券評価損の計上	25,767,054	14,305,052
	有価証券売却益の計上	53,594	
	新決算書の当期損失	△24,881,399	△13,217,502

（再度申告書）

摘　　　要	31期	32期
再度申告書の別表4 当期利益又は欠損の額	△24,881,399	△13,217,502
前期損益修正（※）	26,382,305	14,750,757
当初申告書の申告調整	335,742	402,222
再度申告書の所得金額	1,836,648	1,935,477

（※）決算書において誤って計上された有価証券売却損を加算し否認している。

(4) Yは、X社に対し、平成16年6月29日付けで、31期及び32期分の法人税につき、下記のとおり、本件各更正処分等をそれぞれ行った。なお、30期は時効により処分されなかった。

Yは本件当初申告書別表四「所得の金額の計算に関する明細書」の「当期利益又は当期欠損の額」と本件各再度申告書に記載された当該額との差額を、本件各再度申告書記載の所得金額に加算して、本件各更正処分を行った。

(単位：円)

決算期	所得金額	納付すべき法人税額	当期利益又は欠損の額
31期	27,550,108	7,507,900	1,065,000
32期	13,930,029	3,442,400	446,500

2．争　点

争　点	納税者	課税庁
(1) 本件各当初申告の有効性 株主総会又は社員総会の承認を得ていない決算書に基づく確定申告の有効性	法人税法74条１項の「確定した決算」とは、商法上の確定した決算と解すべきである。 しかしながら、本件各当初申告書は、いずれも無資格者が作成した決算書及び申告書に代表者が押印しただけで作成されたものであり、また、本件各当初申告書に添付された計算書類（旧決算書）は、有限会社法（廃止前）に基づく社員総会の承認を要するにもかかわらずその承認を受けていない不適法な計算書類で、17年改正前商法上（以下「旧商法」という。）の確定決算とはいえず、無効であり、これに基づく本件各当初申告も無効である。 そして、本件各当初申告がいずれも無効な申告である以上、社員総会の承認を受け、旧商法上の確定した決算に基づいて行われた本件各再度申告は、その申告書の表題がいずれも修正申告書となっているものの、いずれも国税通則法18条の期限後申告に当たるというべきである。	そもそも、法人税法74条１項が確定した決算に基づく申告書の提出を要求したのは、法人の意思決定機関の承認を受けた決算を基礎として計算されることにより、それが法人自身の意思として、かつ正確な所得が得られる蓋然性が高いが故であるという趣旨である。 たとえ旧商法上の確定決算上の手続きに準拠しなかったとしても、確定申告自体が実質的に法人の意志に基づきなされたと認められる限り、税法上は法人税法74条１項に基づく有効な申告として扱うべきである。 そうすると、本件各当初申告は、X社の意志に基づいてなされたと認められるから、旧決算書こそが法人税法74条１項の確定した決算であり、本件各当初申告は有効な確定申告である。 国税通則法19条は、納付申告書を提出したものは、先の納付申告書に記載した金額に過不足があること等を理由として、その税額等を変更するための納税申告書（修正申告書）を提出することが出来る旨の規程をしているところ、上記のとおりであり、本件各当初申告が有効な確定申告である以上、本件各再度申告はいずれも修正申告に当たるというべきである。
(2) 有価証券評価損を本件各事業年度の損金の額に算入できるか	法人税法は、原則として、資産の評価損の損金算入を認めていないが（法人税法33条１項）、法令に規定する特定の事実が生じたことにより、当該資産の価額がその帳簿価額を下回ることとなった場合において、法人が当該資産の評価替えをして損金経理によりその帳簿価額を減額したときに限り、資	法人税法33条２項は、例外的に損金算入できる場合として、確定した決算における損金経理を必須の要件としている。 しかしながら、本件においては、争点(1)の被告Yの主張欄記載のとおり、法人税法74条１項の確定決算である本件各当初申告の際の決算において

産の評価損の損金算入を認めるものとしている（同条2項）。 　そして、有価証券に係る特定の事実としては、法人税法施行令68条2号イで「有価証券の価額が著しく低下したこと」と規定している。 　原告X社は、その保有する上場株式の価額が著しく低下したため、上記各規定に従い、損金経理要件を満たすため、損益計算書において資産の評価損を計上して、貸借対照表上その帳簿価額を減額した上で社員総会の承認を受け、本件各再度申告において有価証券の評価損として計上した。 　したがって、本件各再度申告の時点においては、確定した決算における損金経理がなされているので、有価証券評価損を本件各事業年度の損金に算入することが出来る。	有価証券評価損の損金経理がなされていないから、有価証券評価損を本件各事業年度の損金の額に算入することは出来ない。 　また、本件においては、法定の方法以外に、本件各当初申告書の記載の訂正を認めなければ原告の利益を著しく害すると認められるべき特段の事情は認められず、本件各当初申告書に係る確定した決算の変更は認められないから、やはり、有価証券評価損を本件各事業年度の損金の額に算入することは出来ない。

　なお、このほか「本件各更正処分に帳簿書類の調査を怠った違法性があるか」や「本件更正処分に理由付け不備の違法性はあるか」についても争われているが、ここでの問題点から外れているため記載を省略している。

3. 判　旨

〔第一審判旨〕　福岡地裁　平成19年1月16日判決

　X社の請求棄却

(1)　本件各当初申告は有効である。

　①　法人税法74条1項「確定した決算に基づき」の解釈について

　　「会社は、法人税の申告に当たり、各事業年度終了の日の翌日から2か月以内に、確定した決算に基づき所定の事項を記載した申告書を税務署に提出しなければならない（法74条1項）。この規定の趣旨は、法人税の課税所得については、会社の最高の意思決定機関である株主総会又は社員総会の承認を受けた決算を基礎として計算させることにより、それが会社自身の意思として、かつ正確な所得が得られる蓋然性が高いという点にある。

そうすると、同規定の「確定した決算に基づき」とは、株主総会又は社員総会の承認を受けた決算書類を基礎として所得及び法人税額の計算を行う意味と解すべきである。

　しかしながら、我が国の株式会社や有限会社の大部分を占める中小企業においては、株主総会又は社員総会の承認を経ることなく、代表者や会計担当者等の一部の者のみで決算が組まれ、これに基づいて申告がなされているのが実情であり、このような実情の下では、株主総会又は社員総会の承認を確定申告の効力要件とすることは実体に即応しないというべきであるから、株主総会又は社員総会の承認を経ていない決算書類に基づいて確定申告が行われたからといって、その確定申告が無効になると解するのは相当でない。

　したがって、決算がなされていない状態で概算に基づき確定申告がなされた場合は無効にならざるを得ないが、当該会社が、年度末において、総勘定元帳の各勘定の閉鎖後の残高を基に決算を行って決算書類を作成し、これに基づいて確定申告した場合は、当該決算書類につき株主総会又は社員総会の承認が得られていなくても、当該確定申告は無効とはならず、有効と解すべきである。」

② 本件への当てはめ

　「本件各当初申告は、本件各事業年度末において、総勘定元帳の各勘定の閉鎖後の残高を基になされた決算により作成された旧決算報告書に基づいて本件各当初申告書が作成され、その申告書を法定の申告期限内に提出することにより申告されたことが認められる。そうすると、本件各当初申告書の提出は、旧決算報告書につき社員総会の承認が得られていなくても、いずれも有効な確定申告であるというべきである。本件各当初申告は、本件各事業年度末において、総勘定元帳の各勘定の閉鎖後の残高を基になされた決算により作成された旧決算報告書に基づいて本件各当初申告書が作成され、その申告書を法定の申告期限内に提出することにより申告されたことが認められる。そうすると、本件各当初申告書の提出は、旧決算報告

書につき社員総会の承認が得られていなくても、いずれも有効な確定申告であるというべきである。」

(2) 有価証券評価損を本件各事業年度の損金の額に算入できない

「法人税法33条1項は、原則として、資産の評価損の損金算入を認めておらず、同条2項において例外的に損金算入を認めているが、同条2項によって例外的に損金算入が認められる場合であっても、その評価損は、その資産の評価換えをした日の属する事業年度の損金に算入されることになる。

そうすると、前記前提事実によれば、原告は、本件各事業年度末までに有価証券の評価換えをしていないのであるから、有価証券評価損を本件各事業年度の損金に算入することはできないというべきである。

なお、原告は、その後、有価証券評価損を損金に計上した新決算報告書を作成し、社員総会の承認を得ているが、そのような決算報告書を作成し、社員総会の承認を得たとしても、本件各事業年度中に有価証券の評価換えがなされなかったという事実が変わることはないから、上記認定は左右されない。

したがって、有価証券評価損を本件各事業年度の損金の額に算入することはできず、本件各更正処分には法33条2項に反する違法はない。」

〔控訴審判旨〕福岡高裁　平成19年6月19日判決

X社の請求棄却

(1) 本件各当初申告は有効である。

「X社は、X社代表者と同人の夫が取締役をし、同人ら及びその子ら3人が全出資持分を保有する同族会社であり、従来、社員総会を開催したこともなかったこと、本件各当初申告は、本件各事業年度末において、総勘定元帳の各勘定の閉鎖後の残高を基になされた決算により作成された旧決算報告書に基づいて本件各当初申告書が作成され、その申告書を提出することにより申告されたこと、しかし、………税理士から、………指摘を受けたため、同税理士の指導により、旧決算報告書に所要の修正を加えた新決算報告書を作成して、社員総

会で承認したものであることが認められる。そうであれば、X社は、従来からのやり方に従って本件各当初申告書を提出したのであり、その有効性に何ら疑義を持つこともなかったものであって、福岡税務署長の税務調査がなければ事態はそのまま推移していたとしか考えられない。X社の主張は、新決算報告書に基づく本件各再度申告こそが税務申告であるというために旧決算報告書及びこれに基づく本件各当初申告の無効を主張しているに過ぎず、採用の限りではない。」

(2) 有価証券評価損を本件各事業年度の損金の額に算入できない

福岡地裁と同じ。

4．評　釈

本件各判決は、納税者の確定申告書の基礎をなす、法人税74条1項の「確定決算」の意義については、株主総会又は社員総会の決議を経た決算であると考えており、その限りにおいては、従来の一般的理解と同様である。

判決では「会社の最高の意思決定機関である株主総会又は社員総会の承認を受けた決算を基礎として計算させることにより、それが会社自身の意思として、かつ正確な所得が得られる蓋然性が高いという点にある。」として、確定決算主義は会社の意志に基づく課税所得計算の正確性を確保するためのものであるとしている。

しかし、多くの家族経営の中小企業などでは、株主総会を開催していない実態を踏まえ、上記の意味での確定決算に当たらない決算も直ちに無効になるわけではなく、会社の意思を反映したものと認められる決算であれば、それは有効である旨を判示している。

争点(2)の有価証券評価損にかかわる「損金経理」も、また同様の意味を持つ。売上・仕入等と異なり、減価償却費や資産の評価損といった、会社の見積や判断が根拠となる費用や損失に関しては「確定決算における損金経理」を求める

ことによって会社の意思を確認し、会計処理の責任を負わせるのである。

本件では、有価証券評価損について、確定決算による損金経理を求めること自体の正当性は問われていないから、当初申告が有効であることをもって当然に評価損の計上はできないという結論になっている。

株主総会や社員総会の決議という形式的な要件よりも、会社の意思を実質的に反映し、正規の簿記に従った会計処理が正確になされているか否か、これにより正確な申告がなされているか否かが、より重要という実質面を重視した判決であり妥当なものと考える。

5．実務上の対応

税理士業務で多く関わる同族経営の中小企業では、株主総会や取締役会等など実際には実施されていない例など珍しくない。

このような会社において「実質的に会社の意思に基づいた決算」とは何か。本件では、事業年度末において、総勘定元帳の各勘定の閉鎖後の残高をもとに作成された決算書に基づく確定申告書であれば、決算書が形式的に総会の承認を経ていなくても有効な申告であると判示された。この事案では、旧決算書は無資格の経理担当者が作成し、税理士はかかわっていなかったが、判決では、そのことは確定申告の有効性を左右するものではないとしている。

『実質的に会社の意思に基づいた決算』とは何か、という問題は、外部の職業的専門家である公認会計士・税理士ともかかわっているといえる。経理に関する専門知識の少ない経営者や記帳担当者を相手に『会社の意思に基づいた決算』を作成するには何が必要なのか。「経理のことはすべてお任せします」は一つ間違えれば「税理士が勝手にやったこと」となるリスクをはらんでいる。決算や申告の最終的な責任は経営者にあること、税務上複数の方法の選択が許されている場合にはそのメリット・デメリットと選択の理由、当該決算の問題点や税務上のリスクはどこにあるかなど、税理士は、自己が受嘱して行う決算処理や申告書の内容について、会社・経営者に対する説明責任を負う。

具体的な対応策としては、当たり前のことではあるが、会社とのコミュニケ

ーションを良くし、問題点は事前に拾い上げて十分に検討し、会社に根気よく説明して納得してもらうことであろう。

> **参考文献**
・堤博之「株主総会又は社員総会の承認を得ていない決算書類に基づく確定申告の有効性」『税と経営』第1677号　12頁〜21頁（2009年）
・岩崎政明「株式総会又は社員総会の承認を得ていない決算書類に基づく確定申告の有効性」『税研　最新租税判例60』第148号　91頁〜93頁（2009年）

VIII

所得税

25
組合契約に係る利益分配金の所得区分と信義則の適用の可否

東京地裁　平成19年6月22日判決　（納税者敗訴）（平成16年（行ウ）第529号、所得税更正処分等取消請求事件）
東京高裁　平成19年10月30日判決　（納税者敗訴）〔確定〕（平成19年（行コ）第248号、所得税更正処分等取消請求控訴事件）

〔参照条文〕　民法667条（組合契約）、商法535条（匿名組合契約）、536条（匿名組合員の出資及び権利義務）、租税特別措置法37条の10（株式等に係る譲渡所得等の課税の特例）、所得税法35条（雑所得）

ポイント

　本判決は、原告自身はAクラブの投資活動には実質上一切関与しておらず、ただ出資をしただけであると認定した上で、原告を始めとする本件出資金の出資者の共同事業性を否定し、A社を営業者とする匿名組合である旨認定したものである。そして、匿名組合の利益分配の所得区分につき、営業者の営業の内容に従い、原則として「事業所得又はその他の各種所得」とする通達（旧通達）の規定に依拠することなく、所得税法の解釈により「雑所得」であると判示し、課税当局が旧通達に依拠して課税行政を行っていたにもかかわらず通達によらない課税をすることは信義則違反であるとの原告の主張については、原告の主張する事実は認められないとして排斥した。

1. 事　実

　本件は、原告の勤務先会社及びその関係企業の一定の役職以上の者を会員とするAクラブの会員であった原告が、Aクラブへの出資金の運用益（米国企業

等への投資によるもの）の分配を受け、これを租税特別措置法37条の10所定の申告分離課税となる「株式等に係る譲渡所得等」として所得税の確定申告をしたところ、所轄税務署長が、当該運用益の分配は、原告の勤務先会社が行った投資行為によるもので、原告自身の株式等の譲渡行為によるものではなく、租税特別措置法37条の10の適用はないとして、所得税の更正処分及び過少申告加算税の賦課決定処分をしたことから、原告がこれを不服として、当該処分の取消を求めた事案である。

(1) Aクラブの概要等
① Aクラブは、A社及びその関係企業の一定の役職以上の者を会員とし（以下、当該会員を「本件会員」という。）、グループの総合力を駆使して、米国有望企業等への投資を通じてキャピタル・ゲインを獲得することを目的とする、本件会員に対するインセンティブ制度として、平成10年7月18日に設立された組織であり、その規約（以下「本件規約」という。）には以下の規定が置かれていた。
・Aクラブは民法667条1項の規定に基づく組合とする（2条）。
・原則として、Aクラブの総会を毎月1回以上開催し、総会には会員の全員が出席し、投資の決定は、総会の多数決により行うものとされ、会員は、他の会員に投資判断または運用の委任をすることができない（8条）。
・Aクラブの運用損益は、各会員の持分に応じて会員に帰属し、総会においてその再投資または配分について決定する（17条）。
　上記のほか、業務執行及び財産状況に対する検査権（26条及び27条）及び業務執行者に対する解任権（21条）が規定されていた。
② 下記関連図のとおり、Aクラブの事務局は、A社の会社内に置かれ、Aクラブの代表者はD、業務執行者は上記D、E、F、G、会計責任者はH専務（以下「H」という。）、I副部長（以下「I」という。）と定められており、実際の事務は、主にIが、必要に応じてHの指示を受けて執り行っていた。

(2) 本件会員の出資の状況

　本件会員は、本件規約に基づき、Aクラブ名義の銀行預金口座に各自出資金を振り込み、当該出資金の合計額（以下「本件出資金」という。）はAクラブ名義の外貨預金口座へ振り替えられた。

(3) 本件出資金の運用の状況

　① 本件規約の定め（8条）とは異なり、投資対象の決定はAクラブの総会においてなされたことはなく、投資実行に関する判断は、J（A社社長）、G及びFに委任されていた。
　② 本件投資行為における契約書等の書類、株券の現物や預金の管理は、B社の管理部門が行っていた。

(4) 本件出資金の運用益の分配状況

　本件規約の定め（17条）とは異なり、Aクラブの運用益の分配について総会が開催されたことはなく、Aクラブの事務局の会計責任者であるHが、B社の管理部門にAクラブの分配可能な資金の状況を確認し、A社の経営上層部へ報告して、分配することを決定していた。

【関連図】

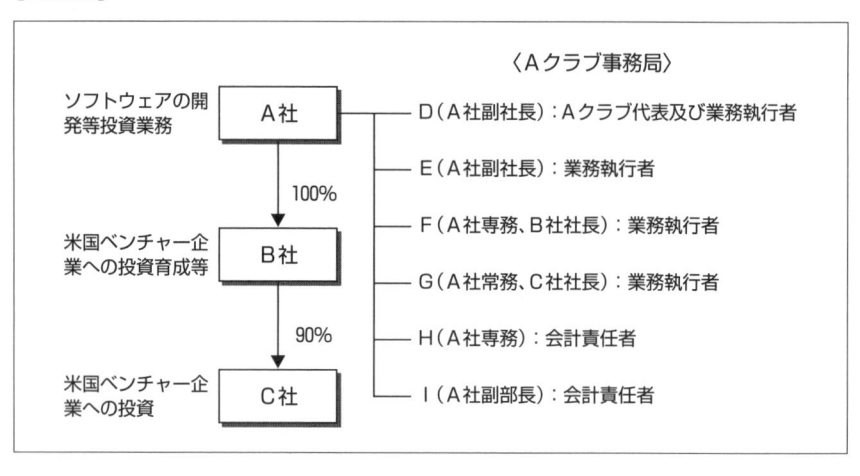

```
                                            〈Aクラブ事務局〉
ソフトウェアの開   ┌─────┐   
発等投資業務      │ A社  │──── D（A社副社長）：Aクラブ代表及び業務執行者
                 └─────┘
                    │          ── E（A社副社長）：業務執行者
                    │ 100%
                    ▼          ── F（A社専務、B社社長）：業務執行者
米国ベンチャー企   ┌─────┐
業への投資育成等   │ B社  │──── G（A社常務、C社社長）：業務執行者
                 └─────┘
                    │          ── H（A社専務）：会計責任者
                    │ 90%
                    ▼          ── I（A社副部長）：会計責任者
米国ベンチャー企   ┌─────┐
業への投資         │ C社  │
                 └─────┘
```

VIII 所得税

2. 争点

争点	納税者	課税庁
本件所得の所得区分（「株式等に係る譲渡所得等」か「雑所得」か）		
(1) 本件分配金は、Ａクラブという民法上の組合契約に基づくものであるといえるか	以下の事実により、Ａクラブは民法上の組合であることは明らかである。 ①本件規約上、民法上の組合とする旨が明示されている。 ②キャピタル・ゲインの獲得という共同事業を営むことについて会員間で合意している。 ③一般会員は、投資判断等の業務執行については業務執行組合員に委任したものの、業務執行に対する検査権及び業務執行者に対する解任権は一般組合員に留保されている。 そして、本件投資行為は、業務執行組合員がＡクラブという民法上の組合の名義で行ったものであるから、本件分配金は、民法上の組合契約に基づくものである。	以下の事実により、本件投資行為及び本件運用益の分配は、Ａ社が行ったものであり、民法上の組合契約に基づくものではない。 ①本件投資行為は、グループの総合力を駆使したものであり、その投資先の決定は、Ｊ社長を始めとするＡ社の最高幹部によって行われていた。 ②本件運用益は、Ａ社の経営上部層へ報告して分配することが決定されたものである。
(2) 仮に、Ａクラブが民法上の組合でないとしても、商法上の匿名組合であるといえるか	Ａクラブは、本件会員らが、投資業務をその目的の一つとするＡ社という営業者の営業に対して、その営業から利益の分配を受けることを約して出資をしたものと解されるから、商法上の匿名組合である。 また、Ａクラブの業務執行者らにおいて株式投資を目的とする組合契約が存在し、当該組合契約と原告ら出資者との間で匿名契約が成立していたとも考えられる。	本件において匿名組合が成立したと仮定すると、営業者はＡ社であると考えざるを得ないが、匿名組合契約においては、匿名組合員からの出資は営業者に帰属し（商法536条1項）、匿名組合員はその財産上に何らの権利も有しないにもかかわらず、Ａ社は、本件会員からの出資金について自らの投資業務の資金と峻別し、ベンチャー企業との投資に関する交渉を行う際に、Ａクラブからの了解を得た場合に、当該出資金より株式を購入していたのであり、このような出資金の運用実態からは、本件出資金はＡ社に帰属していたとはいえず、匿名組合が成立していたとはいえない。
(3) (2)において、匿名組合が成立するとした場合、本件分配金は「株式等に係る譲渡所得等」に	平成17年12月26日改正前の所得税基本通達36・37共-21（以下「旧通達」という。）によれば、匿名組合の組合員が当該組合の営業者から受ける利益の分配は、営業の利益の有無にかかわらず一定額又は出資額に対する一定割	旧通達は、平成17年12月26日に改正されたが、改正後の通達（以下「改正通達」という。）は、旧通達が「当該営業者の営業の内容に従い」所得区分を定めるとしていたことにより不明確となっていた所得区分を、課税実務に

311

該当するか	合により分配を受ける場合を除き、原則として、当該営業者の営業の内容に従い、事業所得又はその他の所得とされるのであり、本件においては例外に該当する事実はなく「株式等に係る譲渡所得等」に該当する。 なお、被告の主張は、改正後の通達を根拠とした遡及的な課税を主張するにほかならず、遡及課税を認める根拠規定は存在しないため、法的安定性の観点からも認められるべきではない。	基づいて整理し明確にしたものである。そして、当該改正通達では、匿名組合契約の組合員が当該組合の営業者から受ける利益の分配は、原則として「雑所得」とし、組合員が組合事業を営業者と共に経営していると認められる場合には、営業者の営業内容に従うとしているが、本件において、組合員である原告は、営業者であるA社が行った事業には実質上一切関与せず、ただ出資をしただけであるから「雑所得」に該当する。
本件更正処分は信義則に違反するか	課税当局は、旧通達に依拠して課税行政を行っていたものであり、旧通達は法源と同じ機能を果たし、これにより画一的事務処理が確立しており、特段の合理的な理由がないのに、通達によらない行政をすることは平等原則に反し、法的安定性及び予測可能性を覆すもので信義則に反する。	

3. 判旨

〔第一審判旨〕東京地裁　平成19年6月22日判決

請求棄却（納税者敗訴）

本件所得の所得区分（「株式等に係る譲渡所得等」か「雑所得」か）について、次の点について判示された。

(1) 民法上の組合契約と匿名組合の峻別基準

「民法667条1項は、『組合契約は、各当事者が出資をして共同の事業を営むことを約することによって、その効力を生ずる。』と規定し、商法535条は、『匿名組合契約は、当事者の一方が相手方の営業のために出資をし、その営業から生ずる利益を分配することを約することによって、その効力を生ずる。』と規定している。これらの規定によれば、民法上の組合契約が成立したといい得るためには、各出資者が出資の目的である事業を共同して営むこととされていることを要し、出資者が営業に関与することなく単なる出資者にとどまる場合には、民法上の組合契約ではなく、商法上の匿名組合契約の成立を認めるべきも

のということができる。」

(2) **本件への当てはめ**
　「これを本件についてみると、本件出資金は、米国有望企業等への投資を通じてキャピタル・ゲインを獲得するという投資事業に対して拠出されたものであるところ、①A社は、法人の目的の一つに投資業務を掲げ、②本件出資金に係る投資実行に関する判断は、A社の社長と、同社の子会社で実際の投資活動を担当するB社及びC社の各社長を兼ねたA社の幹部2名が行い、③本件出資金に係る預金の管理及び本件投資行為に係る契約書等の書類の管理は、A社の100％子会社であるB社の管理部門が担当し、④本件運用益の分配は、A社の経営上層部に報告された上で決定が行われたことが認められ、さらに、原告自身も、国税調査官の聴取に対し、『Aクラブ』の投資活動には実質上一切関与しておらず、ただ出資をしただけである旨述べていることからすれば、上記投資事業の主体はA社であって、原告を始めとする本件出資金の出資者は共同して当該事業を営む立場にない単なる出資者にすぎなかったものと認めるのが相当である。そうすると、本件においては、A社を営業者、本件出資金の出資者を匿名組合員とする匿名組合契約が成立し、本件所得は、当該匿名組合契約に基づく利益の分配によるものと認められる。
　なるほど、前記のとおり、『Aクラブ』は本件出資金による投資事業を目的として設立され、その規約である本件規約には、『Aクラブ』を民法667条1項の規定に基づく組合とする旨の定めがあるほか、正当な事由がある場合には業務執行者を除く会員全員の合意により業務執行者を解任することができる旨の定め（21条）や、総会議事録、会計帳簿など業務及び財産の状況を会員がいつでも検査できる旨の定め（26条、27条）なども見受けられるが、前記のとおり、本件規約において、投資の決定は、原則として、毎月1回以上開催する総会において多数決により行い（8条）、運用損益は、総会においてその再投資又は配分について決定する（17条）とされているにもかかわらず、これらの決定が『Aクラブ』の総会においてなされたことはなかったことなど、『Aクラブ』がその活動の重要な点において本件規約どおりには運営されていなかったことに

かんがみると、本件規約に上記のような定めがあるからといって、出資者間に民法上の組合契約が成立していたと認めることは困難である。

　他方、被告は、A社が本件出資金を自らの投資業務の資金と峻別していたことからすると、本件出資金がA社に帰属していたとはいえないから、原告とA社との間に匿名組合契約が存在していたとはいえないと主張するが、自己の財産であっても目的用途に応じて峻別管理することは通常行われていることであり、管理上の区別が直ちに財産権の帰属の別を意味するものではないから、この点についての被告の主張は理由がない。」

(3)　匿名組合契約に基づく利益の分配の所得区分

　「本件所得は匿名組合契約に基づく利益の分配によるものであり、しかも、当該匿名組合契約の匿名組合員（本件会員）は営業者（A社）の事業を共同して営む立場にない単なる出資者であるから、本件投資行為を匿名組合員（本件会員）自身が行った株式等の譲渡行為と評価することはできず、本件所得は、営業者（A社）の営業に対する出資の対価としての性質を有するものと解するのが相当である。したがって、本件所得は、『株式等の譲渡による』所得とはいえないから、租税特別措置法所定の『株式等に係る譲渡所得等』には該当しない。

　本件所得が営業者の営業に対する出資の対価としての性質を有し、かつ、原告の出資行為についてこれを原告自身の事業とみることもできないことからすると、本件所得は、所得税法所定の一時所得又は事業所得に該当するということはできず、もとより、利子所得、配当所得、不動産所得、給与所得、退職所得、山林所得及び譲渡所得のいずれにも該当しないから、『雑所得』に該当すると認められる。」

(4)　改正通達の遡及適用に当たるか

　「原告は、本件所得を雑所得とするのは改正通達の遡及適用であって許されないとも主張するが、所得税法の正当な解釈は上述のとおりであって、そのように正しく解釈された所得税法を本件所得に適用することは事後法の遡及適用

には該当せず、法的安定性を害するものでもない」。

〔控訴審判旨〕東京高裁　平成19年10月30日判決
　　請求棄却（納税者敗訴）〔確定〕

(1)　匿名組合が成立するとした場合、本件分配金は「株式等に係る譲渡所得等」に該当するか
　「控訴人が受け取った本件分配金は、A社を営業者、控訴人を出資者、匿名組合員とする匿名組合契約に基づく利益の分配と認められ、出資金を営業者であるA社が米国有望企業等に投資し、取得した株式を譲渡した行為は、控訴人ら匿名組合員が行った株式等の譲渡行為と評価することはできない。本件所得は、営業者（A社）の営業に対する出資の対価としての性質を有するものと解され、株式等の譲渡による所得といえないことが明らかである。」

(2)　本件更正処分は信義則に違反するか
　「控訴人は、旧通達は法源と同じ機能を果たし、これにより画一的事務処理が確立していたと主張するが、単なる出資者にすぎない匿名組合員が営業者がした投資による利益につき分配を受けた場合、旧通達に従った課税が確立し、画一的な事務処理がされていたことを認めるに足りる証拠はない。（証拠略）によれば、旧通達による取扱いは理論的ではないとして、雑所得処理をしている例も多く見られたというのである。本件更正処分等が平等原則に反し法的安定性及び予測可能性を覆すものであると認めることはできず、信義則に違反するものでもないから、無効となるものではない。」

4. 評　釈

　本判決は、本件の投資事業の主体はA社であって、原告を始めとする本件出資金の出資者は共同して当該事業を営む立場にない単なる出資者にすぎなかったものと認めるのが相当であるとした上で、(1)A社を営業者、本件出資金の出

資者を匿名組合員とする匿名組合契約が成立し、(2)本件所得は、当該匿名組合契約に基づく利益の分配によるものであり雑所得に該当し、(3)原告は改正通達の遡及適用であり許されないと主張するが、正しく解釈された所得税法を本件所得に適用することは事後法の遡及適用には該当しない、また、(4)本件更正処分等が信義則に違反するものでもないと判示した。

以下においては、上記判示のうち、本件における主な争点である(1)及び(4)について検討することとする。

(1) 民法上の組合契約ではなく匿名組合契約が成立するとの判断について

税務上における民法上の組合契約が成立するための要件について、法令（民法）の規定・解釈及び民法上の組合契約の成立が争われた裁判例をもとに検討し、本件につき匿名組合契約が成立するとした本判決の判断について検討する。

① 民法の規定・解釈

民法第667条1項は「組合契約は、各当事者が出資をして共同の事業を営むことを約すことによって、その効力を生ずる。」と規定しており、当該規定より、組合契約が成立するためには、(ア)2人以上の当事者が必要であること、(イ)各当事者が出資をすることを合意したこと、(ウ)各当事者が共同の事業を営むことに合意したことの各要件が必要となる。そして、(ウ)の要件が認められるためには、(a)共同で営む事業の内容（組合の目的）についての合意と(b)その事業を共同で営むことの合意を要するとし、(b)が認められるためには、すべての当事者が組合の遂行に関与する権利を持つことが必要であるが、この関与の程度は一様ではなく、最大の場合には、自分が業務執行や代表の権限を行使することもあるが、最小の場合には、業務執行に関する監督の権限（組合の業務及び財産の検査権、業務執行組合員の解任権）だけを有することもある。次に、すべての当事者が事業の成功に利害関係を有することが必要であり、この利害関係は、経済的なものでも精神的なものでもよいが、営利事業を目的としながら利益を1人又は一部の者だけに配当し、他の者は全くそれに関与しないもの（いわゆる獅子

組合）については、共同事業性が否定される。

② 裁判例

　名古屋地判平成16年10月28日判タ1204号224頁（以下「航空機リース事件」という。）は、原告らが組合員となっている民法上の組合が行った航空機リース事業による所得が不動産事業に該当すると主張したのに対し、課税庁である被告が利益配当契約に過ぎない等を理由に更正処分等を行った事件である。

　当該航空機リース事件の判決において、裁判所は、税務上における民法上の組合契約の成立要件として上記の民法上の規定・解釈と同じ要件を定立している（名古屋地判平成17年12月21日判タ1270号248頁（船舶リース事件）についても同旨）。

　一方、土地の譲渡による利益の帰属主体が争われ、その前提として、原告及び出資者間の契約は民法上の組合か匿名組合かが争われた名古屋地判昭和60年3月25日「税務訴訟資料」144号741頁（以下「南山興産事件」という。）においては、民法上の組合契約と匿名組合契約とは共同事業性の有無及び組合財産の共有か否かにその区別が存すると判示し、当該事案における共同事業性の判断につき、不動産の一定の範囲における利用方法の選択及び売却の判断はすべて原告が行うこととされているのに対し、原告以外の各投資家は、利益金の分配を受けることの他は何ら不動産の購入、利用、譲渡に関与しないのであるから、これを各投資家の共同事業と認めることは困難であると認定している。以上から、南山興産事件において、裁判所は、共同事業性の内容として一般の組合員においても組合の業務執行の少なくとも一部に関与することを必要と判断しているものと解される（名古屋地判平成2年5月18日「訴訟月報」37巻1号160頁につき同旨）。

③ 本件の検討

　以上のように、民法上の組合契約の成立について争われた裁判例には、民法上の組合契約の成立要件として民法上の規定・解釈と同じ要件を定立

するものと、当該要件に加え、共同事業性の内容として、上記検査権及び解任権が一般組合員に付与されているだけは足りず、組合の業務執行の少なくとも一部に関与することを必要としているもの（南山興産事件では、組合財産の共有性についても成立要件であると解している。）がある。

本件判決も、原告自身はAクラブの投資活動には、実質上一切関与しておらず、ただ出資をしただけであると認定した上で、原告を始めとする本件出資金の出資者の共同事業性を否定していることからすれば、南山興産事件と同様、共同事業性の内容として、組合の業務執行の少なくとも一部に関与することを必要と解しているものと考えられる。

しかし、民法上の組合契約成立要件として、自ら事業に関与することを要求することは、共同事業性を組合契約の成立要件とする民法においても、組合契約をもって業務の執行を特定の者に委任することを認めており（民法第670条2項）、そのような場合には委任した一般組合員は業務執行権を有しないとされていることに照らすと、法に規定されていない成立要件を付加するものであり、予測可能性及び法的安定性を趣旨とする租税法律主義に反するものとも考えられる（航空機リース事件において同旨）。税務上における民法上の組合契約の成立要件についても、民法上の規定・解釈に基づくべきであるとの考え方を前提とすると、本件の事実関係において民法上の組合契約が成立するとの認定も可能とも思われる。

さらに、本件においては、組合財産の名義はA社ではなくAクラブ名義であったことが推測される（出資金の預金名義はAクラブであったことは認定されている）のであり、A社自身に組合財産が帰属するとの積極的な事実関係も現れていないことから、組合財産は営業者に属する（商法第536条1項）とする匿名組合への該当性を認めることは困難ではないかと思われる。

(2) **本件更正処分等が信義則に違反しないとの判断について**

本判決は、旧通達に反する課税処分が確立し、画一的な事務処理がされていたことを認めるに足りる証拠はないとして信義則違反を退けたが、租税法への

信義則の適用の可否及び要件を検討した上で、本判決の妥当性について、以下検討する。

① 租税法への信義則の適用の可否

　信義則が租税法にも適用されるのかという問題について、租税法は強行法であって合法性の原則が支配するため、信義則が適用される余地はないという見解もあるが、信義則は私法と公法を通ずる法の一般原理（条理）であって租税法律関係に限ってその適用を排斥する根拠はないとする見解[1]が通説である。裁判例及び判例においても、租税法関係における信義則の法理の適用を排斥してはいない。

　最高裁昭和62年10月30日第三小法廷判決（判時1262号91頁）においても、信義則の法理の適用により課税処分を取り消すことができる場合があることを認め、その適用要件を以下のとおり明示している。

・税務官庁が納税者に対し信頼の対象となる公的見解を表示したこと。
・納税者がその表示を信頼しその信頼に基づいて行動したこと。
・のちに当該表示に反する課税処分が行われ、そのために納税者が経済的不利益を受けることになったこと。
・納税者が税務官庁の当該表示を信頼しその信頼に基づいて行動したことについて納税者の責めに帰すべき事由がないこと。

② 本判決への当てはめ

　本判決において、裁判所は「単なる出資者にすぎない匿名組合員が営業者の行った投資による利益につき分配を受けた場合、旧通達に従った課税が確立し、画一的な事務処理がされていたことを認めるに足りる証拠はない」として、信義則に違反するものではないと判断している。当該判断は、上記昭和62年最高裁判決で列挙された要件を提示しそれに当てはめるという形式を採っていないが、第一の要件である信頼の対象となる公的見解の

---

1) 金子宏『租税法〔第16版〕』124頁〜129頁（弘文堂／2011年）

表示の事実が不存在であるとして退けたもの思われる。しかし、通達に従った課税が確立していたことまでも納税者側で立証することは困難である。そこで、本件における旧通達のように、解釈通達の公表自体が公的見解の表示の対象となり得るかにつき検討する。

確かに、通達は上級行政庁が法令の解釈や行政の運用方針などについて下級行政庁に対してなす命令ないし指令であって、元来法規としての性質を持たないものの、実際には、日々の租税行政は通達に依拠して行われており、租税法の解釈・運用に関する大多数の問題は通達に即して解決されることになることから、準法規的性質を有しているといえる。特に、基本通達のように一般に公表されているものについては、特に準法規的性質が強いものといえる。したがって、係る通達は、税務官庁の表示行為の中でも特に納税者の信頼に値するものの一つであるといえ、信義則適用上の公的見解の表示に該当するといえよう[2]。

③　本件の検討

以上から、本件においても、旧通達が公表されていた事実をもって、公的見解の表示があったと判断することも可能であったのではないかと考える。

なお「旧通達による取扱いは理論的ではないとして、雑所得処理をしている例も多く見られた」のが事実ならば、課税庁は虚偽の外観を作出し、又は作出されたことを知りながら、これを存続させることを明示又は黙示に承認していたものとして民法94条2項の類推適用（表見法理）により善意の納税者は保護されるべきであろうとの見解がある[3]。租税法令に対する民法94条2項の類推適用の可否についての検討は必要ではあるが、課税実務における通達への信頼の保護の観点からも検討に値するものと考える。

---

2) 品川芳宣「税法における信義則の適用について―その法的根拠と適用要件―」『税務大学校論叢』第8号　42頁（1974年）
3) 田島秀則「匿名組合契約に係る利益分配金の所得区分と信義則の適用の可否―東京高判平成19.10.30」『ジュリスト』第1394号　125頁（2010年）

5. 実務上の対応

(1) 契約書等作成の際の留意点

　本件規約（書）や遺言書等のように、証明しようとする法律行為が直接その文書によってなされている文書を処分証書といい、民事訴訟上、その成立の真正が認められれば、原則として、作成者がかかる法律行為をしたことが直接証明されるという取り扱いがなされる。もっとも、契約書の内容と実体が乖離する場合にまで、契約書の内容どおりに法律行為が認定されなければならないわけではない。

　これを本件についてみてみると、Ａクラブは民法上の組合とする旨を本件規約で明示し、キャピタル・ゲインの獲得という共同事業を営むこと、また、検査権及び解任権を留保する旨が本件規約で規定されているにもかかわらず、実際には、本件規約どおりに投資決定及び運用損益の配分が総会で決定されてはいなかったことを理由に、本件規約の記載にかかわらず、別途、間接事実を積み上げ、Ａクラブは匿名組合であると認定されている。

　このように、契約書等の処分証書は、法律行為の存在を立証するための証拠として強い証明力を有するものではあるが、①単に形式を整えるため、当事者間で合意していない内容までも記載すること、又は、②当事者間で合意に至ったものの、そのとおり履行されないこと等により形式と実体が乖離している場合には、課税庁により契約当事者間で成立している真実の法律関係は、契約書の記載内容とは別であるとして否認される虞があり、また、当該課税処分を争う訴訟においても同様の判断がなされる虞があるため留意すべきである。

(2) 投資ビークル選定における留意点

　上記評釈で検討したとおり、過去の裁判例では、より積極的な共同事業性が要求されている場合がある。当該判断の妥当性は上記評釈で検討したとおりであるが、今後においても民法上の組合の成立要件として積極的な共同事業性が要求される可能性は否定できない。

　そこで、出資者が積極的に投資行為に関与しないことが予定されており、か

つ、パス・スルー課税の適用を受けようとするスキームにおいて、投資のビークルを選定する場合には、民法上の組合よりも法令上の制限が多いという使い勝手の悪さはあるが、一般組合員に業務執行権を付与しない投資事業有限責任組合や、そもそも投資事業への関与が予定されていない信託（集団投資信託、法人課税信託を除く）の選択を検討することにより、共同事業性の認定における否認リスクを低減することも検討すべきではないかと考える。

(3) 信義則

　上記評釈においては、信頼の対象となる公的見解の表示として、税務通達の公表について検討したが、それ以外にも、税務官庁は、税務行政の執行に際し、法律上の行政処分（更正、決定、賦課決定等）、税務職員による税務指導及び納税相談等の多様な行為を行っている。そこで、税務官庁によるいかなる行為が信頼の対象となる公的見解の表示として認められるかにつき、過去の裁判例等にて検討する。

裁判例・判例	表示の内容	裁判所の判断
東京地判昭和40年5月26日行裁例集16巻6号1033頁	納税者の有する土地・建物が課税対象であったにもかかわらず、税務事務所長が判断を誤り、非課税決定をし、納税者に通知を行った。	（信義則の適用肯定。但し、控訴審で否定された。）当該非課税の取扱は、正規の決裁手続を経て公文書により通知されたものであり、原告がこれを信頼して非課税と考えたことに無理はない。
大阪地判昭和45年5月12日行裁例集21巻55号799頁	昭和34年7月1日の物品税基本通達により、消費者提供の古ボールに加工した場合には非課税扱いする旨が規定されており、課税庁による物品税の課税もなされていなかった。	（納税者は信義則違反を主張したところ、公平負担の原則により違法性を肯定）通達によって示達された内容が税務行政の執行一般において実現されているにもかかわらず、通達に反して納税者に不利な課税処分をすることは違法な処分である。

名古屋地判平成2年5月18日訟務月報37巻1号160頁	税務相談に対し、国税調査官が電話で所得税の課税がなされることはないと回答した。	（信義則の適用否定）少なくとも、税務署長その他の責任ある立場にある者の正式の見解であることが必要である。
東京地判昭和46年3月30日行裁例集22巻3号399頁	税務署長により申告是認通知が通知された。	（信義則の適用否定）申告是認通知は、その時までに調査したところでは当該申告が正当と認められる旨を事実上通知するに過ぎないものであり、当該是認通知書にもその旨記載されている。
最判昭和53年7月18日訟務月報24巻12号2696頁	非課税対象であるとする申告につき15年間にわたり何らの異議をはさまず、応答もしなかった。	（信義則の適用否定）禁反言の法理ないし信義則に違反しない。
最判昭和62年10月30日訟務月報34巻4号853頁	原告が青色申告書の提出について税務署長の承認を受けることなく誤って青色申告書による確定申告を提出したところ、税務署長がそれを受理し以降の年度においても青色申告用紙を原告に送付し受理した。	（信義則の適用否定）税務署長による青色申告用紙の送付及び申告書の受理等は青色申告書の提出を承認し当該申告内容を是認する旨の公式見解の表示とはいえない。

　上記の裁判例の検討より明らかなとおり、信義則の成立要件のうちの公的見解の表示の要件だけをみても認められるハードルは高い。その他の要件の充足についても立証することが必要であることを考慮すると、信義則違反が裁判で認定されることは困難と言わざるを得ない。

　国際取引、金融取引等法律関係が高度化・複雑化する中にあって、課税当局への照会や確認等の機会は多いと思われるが、上記のとおり、信義則違反の判断は納税者側に厳しい結果となっているため、課税庁による指導・説明等を盲信することなく、過去の裁決・裁判例等を検討し、法的な観点から解釈及び判断することが更に必要になろう。

参考文献

- 田島秀則「匿名組合契約に係る利益分配金の所得区分と信義則の適用の可否―東京高判平成19.10.30」『ジュリスト』第1394号　122頁～125頁（2010年）
- 鈴木祿彌／編著『新版注釈民法（17）債権(8)　補訂〔復刊版〕』47頁～49頁〔福地俊雄〕（有斐閣／2001年）
- 金子宏『租税法〔第16版〕』124頁～129頁（弘文堂／2009年）
- 品川芳宣『租税法律主義と税務通達―税務通達をめぐるトラブルの実践的解決への示唆』142頁（ぎょうせい／2004年）
- 品川芳宣「税法における信義則の適用について―その法的根拠と適用要件―」『税務大学校論叢』第8号　42頁（2010年）
- 金子宏／編『租税法の基本問題』108頁～120頁〔水野忠恒〕（有斐閣／2007年）

26

ホステス報酬の源泉徴収時における計算期間の意義

東京地裁　平成18年3月23日判決（納税者敗訴）（平成17年（行ウ）第8号・第10号、所得税納税告知処分取消等請求事件）
東京高裁　平成18年12月13日判決（納税者敗訴）（平成18年（行コ）第103号、所得税納税告知処分取消等請求事件）
最高裁第三小法廷　平成22年3月2日判決（納税者勝訴、破棄差戻し）〔確定〕（平成19年（行ヒ）第105号、所得税納税告知処分取消等請求事件）

〔参照条文〕　所得税法204条（源泉徴収義務）、205条2号（徴収税額）、所得税法施行令322条（支払金額から控除する金額）

ポイント

　本件は、パブクラブを経営する原告らが、ホステスの報酬について源泉徴収に係る所得税額を算出するに当たり、所得税法施行令322条に規定する「当該支払金額の計算期間の日数」の意義につき、当該期間内における実際の出勤日数と解釈するのか、それとも当該支払金額の計算期間における全日数と解釈するのか租税法規の解釈が争われたものである。

　最高裁判決では、租税法規はみだりに規定の文言を離れて解釈すべきではないとして計算期間に属するすべての日数によると判示し、原判決及び控訴審判決を破棄し審理を東京高裁に差し戻した。

　「計算期間の日数」の解釈については、課税庁、学者、実務家の間では見解も一致しておらず、下級審判決においても判断が分かれており、そのため課税実務上も混乱があったとされるが、最高裁の判決はその意味において意義は大きいと思われる。

1．事　実

　本件は、原告らが、その経営する各パブクラブで使用する各ホステスに対して半月毎に報酬の支給額を計算して報酬を支払っていたので、当該報酬の額から同ホステスが欠勤や遅刻した場合に「罰金」として差し引かれることとされていたペナルティの額及び所得税法205条2号、同法施行令322条の控除額として同ホステスの出勤日数にかかわらず5,000円に上記半月の日数を乗じた額を差し引いた残額に100分の10を乗じて算定した金額を同法204条1項6号、205条2号の源泉徴収に係る所得税額（以下「源泉所得税額」という。）であるとして納付したのに対して、被告らが上記のペナルティは控除しつつも、同法205条2号、同法施行令322条の控除額は5,000円に同ホステスの出勤日数を乗じた額にとどまるとして、原告らに対して差額分の納税告知処分及び不納付加算税の賦課決定処分を行ったことから原告らが、その取り消しを求めている事案である。

　本件被告は自ら経営する杉並区のパブクラブを営むX（原告）と同人が代表者を務め、川崎市、品川区など数か所でパブクラブを営むY社（原告）であり、ホステス等を使用し、上記数か所のパブクラブにおいて顧客に対し、接待をして遊興又は飲食をさせることを業とするものである。その経営する各パブクラブで使用する各ホステスに対して、毎月1日から15日まで及び16日から月末までをそれぞれ1期間と定め、本件各集計期間ごとに各ホステスの報酬額を計算し、それぞれ期間ごとの報酬をその月の25日及び翌月10日に各ホステスに支払っていた。各ホステスに支払う報酬の額は、下記の〈ホステスの報酬の額の算定式〉に記載のとおり、ホステスごとに定まる1時間当たりの報酬額に勤務した時間数を乗じて算出された額に一定の手当の額を加算して算出され、またXらは、下記の〈原告の源泉所得税額の算定方法〉に記載のとおり、上記に算出した各ホステスの報酬の額から、出勤日数にかかわらず、5,000円に上記の集計期間の全日数を乗じて計算された金額及び欠勤や遅刻を行った場合に、罰金として課されたペナルティの額等を控除した残額に10％の税率を乗じて各月分の源泉所得税額を算出し、その額に近似する額を各法定期限内までに納付して

いた。

　なお、ペナルティの具体的内容について、遅刻・早退の場合は15分を1単位として500円、当日欠勤の場合は連絡の時間帯により5,000円、8,000円又は1万5,000円、無断欠勤の場合には1万5,000円などというように本件ホステスが一定の契約違反をした場合に、一定額の「罰金」が科されていた。

　それに対し、被告らは、各ホステスの各集計期間中の実際の出勤日数が所得税法施行令322条の「当該支払金額の計算期間の日数」に該当するとして、所得税法205条2項・同法施行令322条により認められる控除額を5,000円に各集計期間中の各ホステスの実際の出勤日数を乗じた金額として、また源泉徴収税額の算定基礎となる課税対象金額からペナルティを控除できないとしてXらに対して源泉所得税について納税の告知及び不納付加算税の賦課決定を行った。

〈ホステスの報酬の額の算定式〉

　　ホステスの報酬額＝a「1時間当たりの報酬額」×b「勤務した時間数」＋
　　　　　　　　　　　c「手当」
　　ホステスの手取り額＝ホステスの報酬額－d「ペナルティ」－e「税、厚生費」
　　　　　　　　　　　－f「日払い」－g「寮費」、「水道光熱費」、「スーツ代」、「送り代」等の金額

a：各集計期間における各ホステスの指名個数等の合計を実際の出勤日数で除して算出した平均指名個数等に応じて決定される金額に精勤手当等を加えて算定される金額
b：原告らが日々管理している、本件各集計期間のうち本件各ホステスが出勤した日におけるそれぞれの勤務時間数の合計
c：本件ホステスが各集計期間において客との同伴出勤をした回数に応じて支給される同伴手当
d：本件各ホステスが欠勤、遅刻等をした場合の「罰金」
e：本件各集計期間における本件各ホステスの報酬の額に11％又は12％を乗じたもので、本件各ホステスの報酬に係る源泉所得税額と厚生費の額とを併

せた概算額
f：本件各ホステスから要望に応じて勤務当日に1万円を限度として仮払いされた金額
g：各項目毎に本件各ホステスが各人で負担すべき金額を原告らが支払ったものであり、本件各ホステスの報酬の額から差し引かれる金額

〈原告の源泉所得税額の算定方法〉
　　各ホステスの源泉所得税額＝（上記ホステスの報酬額－h「所得税法205条2号に規定する政令で定める金額」－上記ペナルティ）×10％

h：5,000円×当該支払金額の計算期間の日数（所得税法施行令322条）

〈参照条文〉
所得税法204条1項6号
　居住者に対し国内において次に掲げる報酬若しくは料金、契約金又は賞金の支払をする者は、その支払の際、その報酬若しくは料金、契約金又は賞金について所得税を徴収し、その徴収の日の属する月の翌月10日までに、これを国に納付しなければならない。
6　キャバレー、ナイトクラブ、バーその他これらに類する施設でフロアにおいて客にダンスをさせ又は客に接待をして遊興若しくは飲食をさせるものにおいて客に侍してその接待をすることを業務とするホステスその他の者のその業務に関する報酬又は料金

所得税法205条2号
　前条1項の規定により徴収すべき所得税の額は、次の各号の区分に応じ当該各号に掲げる金額とする。

二	前条第1項第2号に掲げる司法書士、土地家屋調査士若しくは海事代理士の業務に関する報酬若しくは料金、同項第3号に掲げる診療報酬、同項第4号に掲げる職業拳闘家、外交員、集金人若しくは電力量計の検針人の業務に関する報酬若しくは料金、同項第6号に掲げる報酬若しくは料金又は同項第8号に掲げる賞金	その金額（当該賞金が金銭以外のもので支払われる場合には、その支払の時における価額として政令で定めるところにより計算した金額）から政令で定める金額を控除した残額に100分の10の税率を乗じて計算した金額

所得税法施行令第322条

　所法205条2号（報酬又は料金等に係る徴収税額）に規定する政令で定める金額は、次の表の上欄に掲げる報酬又は料金の区分に応じ、同表の中欄に掲げる金額につき同表の下欄に掲げる金額とする。

法第204条第1項第6号に掲げる報酬又は料金	同一人に対し1回に支払われる金額	5,000円に当該支払金額の計算期間の日数を乗じて計算した金額（当該報酬又は料金の支払者が当該報酬又は料金の支払を受ける者に対し法第28条第1項に規定する給与等の支払をする場合には、当該金額から当該期間に係る当該給与等の額を控除した金額）

2．争　点

　本件の争点は、(1)所得税法施行令322条における「当該支払金額の計算期間の日数」の解釈及び(2)源泉所得税の課税対象金額は各ホステスの総支払金額から遅刻、欠勤等を行った際に科されるペナルティ分を控除した後の金額であるか否かの2点である。

争　点	納税者	課税庁
(1) 所得税法施行令322条の「当該支払金額の計算期間の日数」の意義	所得税法施行令322条の「当該支払金額の計算期間の日数」とは、当該支払金額の計算対象となる起点から満了までの継続した日数であって、本件各ホステスの報酬の計算期間の日数は、本件集計期間の全日数であると主張する。	左記計算期間の日数は、ホステスが実際に出勤した日数と解するのが正当であると主張する。
	①所得税の源泉徴収方式は、租税の自動確定を前提とし、この確定した租税の徴収方法に関する方式にすぎないとし、源泉徴収義務者は、源泉徴収の対象となる所得を支払うに当たって、法に定める各種の所得に応じた計算方法によって徴収すべき税額を計算し、徴収・納付すれば足りるのであるから、ホステス報酬に係る源泉徴収税額の計算も当然画一的・機械的に計算できることが予定されていると解するべきである。また「同一人に対して1回に支払われる金額の計算要素となった期間の日数」とすると、各ホステスの勤務状況を逐一個別的に把握してその責任と判断のもと、徴収税額を計算する必要があるから大変な事務量を負担することになり不都合である。 ②租税法の解釈に当たっては他の法律の解釈に比して一層文理解釈に徹すべしとの要請が強いものである。そして、世間一般で理解されている「期間」の意義については「ある時点からある時点の継続した区分」なのであり、また、租税法の中で「期間の日数」とういう文言が使用されている規定は、いずれも当該期間の「全日数」を意味しており、その一部の日数を意味しているものではない。 ③基礎控除方式による源泉徴収制度は、源泉徴収段階で確定的な税額に近い税額を予定しておらず、還付の手数を省くことを趣旨としており、不足分の納税の可及的防止ではない。 ④源泉徴収における基礎控除額と必要経費との間に何の関係もない。	①源泉徴収制度が設けられた立法の経緯や立法趣旨、関係条文の規定ぶりなどからすれば、基礎控除額には経費的性格が認められる上、個々の具体的な基礎控除額を算定するに当たっても最終的に納付すべき所得税額と源泉徴収額を近似させて両者の差額をなるべく大きくならないようにし、確定申告時において納付する税額を出来る限り減少させることが制度として予定されるのである。 ②所法204条1項6号にいう報酬等は、ホステスの1日1行った業務に係る報酬であり、その報酬等を積み上げていることしか観念できないものである。その1日1日の積み重ねである以上、基礎控除額の基礎となる、その収入を得るための経費も1日1日の業務に係る積み重ねと考えるのが合理的である。 ③確定申告によるホステスからの税収確保は困難であることからホステス報酬を含めた所得全般についての公平な課税を図るために、同種、同額の報酬に対しては同額の源泉徴収額が予定されているのである。

Ⅷ 所得税

(2) 本件各ペナルティの控除の可否	本件各ホステスの報酬に係る源泉所得税の課税対象金額は、本件各ホステスへの総支給額から各ペナルティの額を控除した後の金額であると主張する。	本件各ホステスの報酬に係る源泉所得税の課税対象金額の算定について、本件各ホステスへの総支給額から各ペナルティの額を控除できないと主張する。
		①本件ペナルティは、当該違約が発生した日の報酬を限度に報酬から減算されるにすぎず、報酬の多寡にかかわらず報酬とは別個に約定額の違約金全額が発生するわけでないから報酬の際の減額要素にすぎない。	①ホステス別の報酬支払明細書には、ホステス報酬の総支給額を本件ペナルティの控除前の支給額とし、そこから控除する「控除合計」として当該ペナルティを構成していることからみて本件ペナルティを報酬算定の際の減額要素と認識していなかったことは明らかである。
			②「ペナルティ」の有無にかかわらず、「総支給額」に対する源泉徴収税額相当額をホステスから預り金として控除していることからしても本件各ペナルティは契約違反の場合に定額で課される「罰金」であることが明らかである。

3. 判　旨

〔第一審判旨〕東京地裁　平成18年3月23日判決

請求棄却（納税者敗訴）

(1) 本件の所得税法施行令322条の「当該支払金額の計算期間の日数」の意義について

　① 源泉徴収制度における基礎控除方式の趣旨

　　「源泉徴収制度における基礎控除方式は、手続上の便宜と税収の確保の調整の観点から、いずれ必要となる確定申告時において、還付又は不足分の納税という事務手続をする必要が出来る限り発生しないように、また、発生してもその調整額が低額となるように、源泉徴収の段階で確定的な税額に近い額を源泉徴収税額として徴収するために設けられた制度であるということができる。」

　　「以上の観点から所得税法施行令322条の『当該支払金額の計算期間の日

数』の意義についてみると、ホステス等の個人事業者の場合、その課税所得金額は、その年中の事業所得に係る総収入金額から必要経費を控除した金額（所得税法27条2項）であるから、源泉徴収においても、『同一人に対し1回に支払われる金額』から可能な限り実際の必要経費に近似する額を控除することが、ホステス報酬に係る源泉徴収制度における基礎控除方式の趣旨に合致するというべきである。

そして、本件のように、報酬の算定要素となるのが業務上の拘束を受ける日（本件においては、業務上の拘束を受けていたとしても、欠勤した場合には当該欠勤日における報酬が支払われないこととなるので、実際の出勤日と同義である。）における勤務時間である場合には、当該拘束日（出勤日）についてのみ稼働に伴う必要経費が発生するととらえることが自然であって、これによるのが、非拘束日（非出勤日）をも含めた本件各集計期間の全日について必要経費が発生すると仮定した場合よりも、実際の必要経費の額に近似することになるものと思われる。よって、所得税法施行令322条の『当該支払金額の計算期間の日数』とは、『同一人に対し1回に支払われる金額』の計算要素となった期間の日数を指すものというべきである。そして、本件事案における契約関係を前提とした場合、本件各ホステスに係る所得税法施行令322条の『当該支払金額の計算期間の日数』とは、本件各集計期間の日数ではなく、実際の出勤日の日数であるということができる。」

② ペナルティ控除の可否について

ホステスが欠勤、遅刻等した場合の各ペナルティは、当該違約が発生した日の限度で報酬から減算されるにすぎず、報酬の多寡にかかわらず報酬とは別個に約定額の違約金額が発生するわけではないから、報酬算定の際の減額要素にすぎない旨と原告は主張するが「ペナルティが発生するはずの欠勤時には報酬が発生しない以上、およそ減算要素を規定する意味はなくなることになり、本件各ペナルティを科すことができないという矛盾が生じることになる。………各ペナルティは、原告と各ホステスとの間で定

められた違約金にすぎないというべきであるから、その性質にかんがみれば、各ホステスの事業所得の計算上、必要経費となるべきものではあっても、これを各ホステスの報酬算定の際の減算要素であると解することはできないものといわざるを得ない。」

〔控訴審判旨〕東京高裁　平成18年12月13日判決
請求棄却（納税者敗訴）
控訴審判決と同一の判断を下した上、次の判示を付け加えている。

① 源泉徴収制度の意義と出勤日数の把握
「源泉徴収義務者は、源泉徴収税額を計算するに際しては、1時間当たりの報酬額を算出しなければならないのであるが、この報酬額の算定については、入店もないホステスを除けば、本件各集計期間における本件各ホステスの指名個数等の合計を実際の出勤日数で除して算出する必要があるのであるから、控訴人の主張する計算方式を採用しても、本件各集計期間における本件各ホステスの実際の出勤日数を確定し把握する作業は避けることができないのである。したがって、施行令322条にいう『当該支払金額の計算期間の日数』の意義を控訴人らが主張するように各集計期間の全日数と解しても、また、被控訴人らが主張するように『同一人に対して1回に支払われる金額の計算要素となった期間の日数』と解しても、源泉徴収義務者の源泉所得税額の算定作業に看過し難い差異をもたらすものとは認めることができない。」

② 所得税法施行令322条における「当該支払金額の計算期間」の解釈
「法令の解釈に当たり、原則として文理解釈に徹すべきであるにせよ、法令の文言を変動するあらゆる社会事象に余すところなく対応させることなど立法技術上不可能であるから、当該法令の趣旨・目的を十分に参酌した上で、その法令の文言の解釈を行うべきものであることは、一般に法令の解釈において基本的な遵守事項とされているのであり、このことは租税

法令の解釈においても何ら異なるところはない。

　そして、法におけるホステス報酬等の源泉徴収制度の趣旨・目的をも参酌した上で上記法条〔筆者注：施行令322条〕を解釈すれば、本件各集計期間のうち本件各ホステスの実際の出勤日数と解すべきことに合理性があることは…原判決説示のとおりである。なお、こうした解釈は、『期間』という文言から受ける印象からは外れるところがあるようにも感ぜられなくもないけれども、上記の文理解釈の範囲を逸脱するようなものであるとはいえない。」

　また、施行令322条の計算期間の解釈について同条の括弧書の中にある『当該期間』との『期間』の解釈の異同及びその解釈上の不都合に対して、「それらの各『期間』については同一の条文中にあるからといって当然に同一に解釈しなければならないものとはいえず、それぞれの趣旨・目的に照らして適正に解釈すべきものというべきであるから、上記本文と括弧書きの『期間』の解釈の異同及びその解釈上の不都合を指摘する点は合理性に乏しく、いずれにせよ実際の出勤日数と解する被控訴人らの判断の正当であることを左右するものではない。」

③　基礎控除額と必要経費との関係

　源泉徴収税額の計算に当たり、控除額として定められた金額が低額であり、個人差の大きいホステス報酬については昭和50年以来1度も改正されていないことからみても、必要経費に近似するように定められていたものとはいえないから、ホステス報酬の源泉徴収における控除額と必要経費との間に何らかの関係があるとして控除額算定の計算期間につき実際の出勤日数とするのは違法である旨の原告らの主張に対し「ホステス等の職種の特殊性を踏まえた上で導入されたホステス等に対する源泉徴収制度が税収の確保を図る一方で還付の手数を省くという趣旨に出たものであり、また、必要経費には個人差が大きいことを考えれば、日額として定める控除額を最低限のものにとどめる立法方針を採ることはやむを得ないものとも考えられるのであって、そうした低額の定めがあるからといって、控除額が必

要経費と関連しないものとして定められているなどとは解することはできない。」

〔最高裁判旨〕最高裁第三小法廷　平成22年3月2日判決
原判決破棄（差戻し）

「一般に、『期間』とは、ある時点から他の時点までの時間的隔たりといった、時的連続性を持った概念であると解されているから、施行令322条にいう『当該支払金額の計算期間』も、当該支払金額の計算の基礎となった期間の初日から末日までという時的連続性を持った概念であると解するのが自然であり、これと異なる解釈を採るべき根拠となる規定は見当たらない。」

また「租税法規はみだりに規定の文言を離れて解釈すべきものではなく、原審のような解釈を採ることは、上記のとおり、文言上困難であるのみならず、ホステス報酬に係る源泉徴収制度において基礎控除方式が採られた趣旨は、できる限り源泉所得税額に係る還付の手数を省くことにあったことが、立法担当者の説明等からうかがわれるところであり、この点からみても、原審のような解釈は採用し難い。
　そうすると、ホステス報酬の額が一定の期間ごとに計算されて支払われている場合においては、施行令322条にいう「当該支払金額の計算期間の日数」は、ホステスの実際の稼働日数ではなく、当該期間に含まれるすべての日数を指すものと解するのが相当である。」
「以上と異なる原審の判断には、判決に影響を及ぼすことが明らかな法令違反がある。論旨は理由があり、原判決は破棄を免れない。」

4. 評　釈

　本最高裁判決は、租税法の解釈については、租税法規は、みだりに規定の文言を離れて解釈するべきではないとし、源泉徴収制度における基礎控除方式に

ついては、当該方式をホステス報酬等に採用したのは、できる限り源泉徴収税額の還付の手数を省くことにあるとして「当該支払金額の計算期間の日数」は、当該期間に含まれる全日数であると判示した。

租税法の解釈及び源泉徴収制度における基礎控除方式の観点から本判決を検討を行うこととする。

(1) 租税法の解釈

金子宏東京大学名誉教授は「租税法は侵害規範であり、法的安定性の要請が強く働くから、その解釈は原則として文理解釈によるべきであり、みだりに拡張解釈や類推解釈を行うことは許されない。文理解釈によって規定の意味内容を明らかにすることは困難な場合に、規定の趣旨目的に照らして意味内容を明らかにしなければならない。」と述べている[1]。

租税法の専門家ではない納税者が納税義務を履行するためには条文の文言を読んで、その意味を解釈しなければならない立場におかれた時、条文の文言から到底解釈されない都合のいい解釈を許されては、納税者の予測可能性を奪われてしまう可能性がある。

この点、最高裁も当該内容に沿って判示し、納税者の予測可能性と租税法律主義の観点から、世間一般に理解されている意味に解釈されるべきとの考えから「期間」とは一般的に「ある時点から他の時点までの時間的隔たりといった時的連続性を持った概念」と解するのが自然であると指摘した。

本最高裁判決は、租税法の解釈のあり方は租税法律主義のもとでは、拡張されるべきではないと改めて租税法解釈の基本原理であることを示した判決であったといえる。

(2) 源泉徴収制度における基礎控除方式

原審及び控訴審判決では、ホステス報酬の源泉徴収の基礎控除額には経費的性格が認められ、基礎控除方式は最終的には納付すべき所得税額と源泉徴収税

---

[1] 金子宏『租税法〔第16版〕』108頁（弘文堂／2011年）

額とを近似させる趣旨から設けられたものとしているのに対して、本最高裁判決では、基礎控除方式の趣旨はなるべく還付の手数を省くことにあると判示している。

　ホステス報酬が、源泉徴収の対象範囲に含まれるようになった昭和42年度の税制改正では、それまで採用されていた免税点方式（支払金額が一定限度額以下であれば源泉徴収を要しない方式）から基礎控除方式（支払金額から一定金額を控除した残額に対し税率を適用して課税する方式）に変更された。当該基礎控除額方式を採用された趣旨目的について「昭和42年税制改正のすべて」（国税庁）において「免税点方式では、その限度額を若干でもこえると全体の金額について10％の税率による源泉徴収が行われることとなりますので、還付の手数を省略しようとする本来の趣旨の徹底を欠くきらいがあったのであります。」と記載されている。また、昭和47年度及び昭和50年度の税制改正においては、それぞれ「当該支払金額の計算期間の日数」に乗ずべき1日当たりの金額が2,000円から3,000円、3,000円から5,000円に引き上げられたが、いずれの改正も「ホステスについて還付の事例が増加している現状」に対応するために行われたことが「改正税法のすべて」に記載されている。このことは、計算期間の全日数とした方が、実際日数とするよりも源泉徴収税額は少なくなり、確定申告時の還付の可能性も少なくなるのだから　結果的に還付の手数も省くこととなるという最高裁判決の基礎控除方式の趣旨内容に整合的である。

　また、源泉徴収の対象となるホステス報酬については、最終的に確定申告によって所得税額が確定され、源泉徴収税額との差額については、追納又は還付が行われていることを予定されているのであり、原審の採るような「確定的税額に近似する額を源泉徴収税額にして源泉徴収だけで完結させること」を予定していない。

　所得税法上、納税者自らが、個人が1年間に稼得した所得を10種類に分類した上でこれを総合し、所得控除後の課税総所得金額、課税退職所得金額及び課税山林所得金額に累進税率を適用して所得税額を計算し、納税者が自らその所得金額と税額を確定して申告することを基本としている申告納税制度を採用している。このような申告納税制度のもとでは、納税者が行う申告によって最終

的には納税義務が確定するのであり、源泉徴収制度はその前払であるから、報酬から必要経費に相当する金額を控除して源泉徴収税額を計算することまで予定はされていない。

しかしながら、原審である東京高裁の判決では、あたかも源泉徴収制度が確定申告を行わなくても済むように、又は確定申告時の還付をできるだけ省略するように定められた制度であると解している。このような理解のもとでは、源泉徴収義務者は、なるべく納税義務者の申告を少なくするように支払うべき税額に近似した税額を徴収する義務があると解するもので、申告納税制度及び納税義務者の納税責任を軽視し、税収の確保及び事務の便宜を強調した面が否めない。

本最高裁判決は、納税者が自ら申告を行い最終的に税額を確定させることを前提に、源泉徴収制度の限界を示したといえる。

(3) 源泉徴収制度の意義

源泉徴収による所得税は、その税額が租税法規の定めに従って自動的に税額が確定する租税である（通則法15③三）。その確定税額は、支払われた所得金額と法令の定める税率等から法律上当然決定されるのであるから、当該源泉徴収税額の算出過程は一義的に明確でなければならない。そのため、源泉徴収義務者は、源泉徴収に際して機械的に税額を計算して徴収し納付すれば足りるのである。しかしながら、原審のように、源泉徴収義務者が、源泉徴収税額の算定に当たり、法の趣旨や目的を斟酌して自らのリスクで条文の意味内容を解釈することまで求められ　後日、課税庁から条文の解釈の誤りを指摘されて本税だけでなく附帯税を負担させられるなど、経済的損失をこうむる可能性が大きい。最高裁判決は、このような源泉徴収義務者の負担をかんがみた妥当な判決といえる。

なお、本件の原審のほか、類似事案として東京高裁平成19年１月25日判決では課税庁側が、東京高裁平成19年３月27日判決及び東京高裁平成19年６月12日判決では、納税者側がそれぞれ勝訴している。上記判例のみならず、国税庁及

び国税職員の文献の中にも「当該支払金額の計算期間」が納税者の主張に沿う内容の記載がなされていることも見受けられ、課税庁の見解も一貫していない状況の中で、実務に混乱が生じていたと考えられるが、本最高裁判決はその終止符を打ったという意味で意義が大きいといえる。

5．実務上の対応

　租税法の規定については、規定の趣旨、目的が不明確な条文が多い。このようなことから、できる限り税額を減らしたいとの納税者の意図と税収をなるべく安定的に確保したいとの課税庁の意図が錯綜し、租税法の解釈を双方の都合のいいように解釈され、税務調査でのトラブルに発展するケースが多く散見されている。このような実務上の対立を解決する意味においても、最高裁の判決に示された「租税法規はみだりに規定の文言を離れて解釈すべきではない」という主旨の判示は大きな意義があったといえる。これまでの課税庁が行った拡張解釈や類推解釈に制限が加えられるだけでなく、納税者側も、安易に自己に都合のいいような解釈を行う余地もできなくなるといえ、今後、一層丁寧な解釈が求められると考えられる。

参考文献

・金子宏『租税法〔第16版〕』108頁（弘文堂／2011年）
・橋本守次「ホステス報酬の源泉所得税に係る控除日数の計算方法が争われた事例—平成22.3.2最高裁判決を題材に」『税務弘報』第58巻第10号　139頁～147頁（2010年）
・池本征男「ホステスに支払う報酬につき源泉徴収すべき所得税額の計算」『税務事例』第42巻第5号　8頁～14頁（2010年）
・橋本浩史「ホステス報酬に係る源泉所得税額の計算方法が問題となった事案—最高裁平成22.3.2判決—」『税経通信』第65巻第5号（2010年）

27
実質所得者の判定

横浜地裁　平成19年5月30日判決（納税者敗訴）〔確定〕（平成16年（行ウ）第41号、所得税更正処分等取消請求事件）

〔参照条文〕　所得税法12条（実質所得者課税の原則）、所得税基本通達12-1（資産から生ずる収益を享受する者の判定）、所得税基本通達12-2（事業から生ずる収益を享受する者の判定）、消費税法13条（資産の譲渡等を行った者の実質判定）

ポイント

A社、B社、C社及びD社のそれぞれが中古外車の販売業を行い、申告を行っていたが、実態としてはすべて個人Xの支配下にあり、実質的には収益の帰属はXにあるため、Xの所得で申告するようにY税務署長より更正処分を受けた。本件判決においては、各法人の資金関係・営業活動・組織などの実体や会社としての計算書類の作成、決算・申告等が行われていないこと等を総合的に勘案し、各法人は収益が帰属するだけの実体を欠くと認定し、本件収益はX個人に帰属すると認定している。

本件判決は、実質所得者の判定を行う場合の具体的検討事項を例示したという意味で意義があり、実務上参考になるものと思われる。

1. 事　実

(1) A社はaを、B社はbを、C社はcを、D社はdをそれぞれ代表取締役として設立された。

(2) A社、B社、C社及びD社（以下「本件各法人」という。）はそれぞれ中

古外車の販売を行っており、A社は貸金業を行うこともあった（以下、本件各法人が行っていた中古外車の販売を「本件販売業」、A社が行っていた貸金業を「本件貸金業」という。）。

(3)　原告Xは、本件販売業に係る所得（以下「本件事業所得」という。）及び本件貸金業に係る所得（以下「本件雑所得」という。）を収入金額に含めないで平成6年及び平成7年分（以下「本件係争年分」という。）の所得税の確定申告をした。

(4)　Y税務署長は、本件事業所得及び本件雑所得は、Xに帰属するものと認定して、平成12年4月27日付けで、Xに対し、本件係争年分の所得税について、それぞれ更正処分をするとともに、Xの所得に帰属するにもかかわらず、本件各法人の所得に帰属するかのように仮装していたとして、重加算税の各賦課決定処分（以下、これらの処分を併せて「本件各所得税更正処分等」という。）をし、併せて、本件係争年分の消費税の各決定処分及び重加算税の各賦課決定処分（以下、これらの処分を併せて「本件各消費税決定処分等」といい、本件各所得税更正処分等と併せて「本件各課税処分」という。）をしたところ、Xが、上記本件事業所得及び本件雑所得並びに本件販売業に係る売上は、X個人に帰属するものではないとして、本件各課税処分の取消しを求めた。

(5)　これに関連し、Xは、平成12年3月6日、所得税法238条1項（ただし、平成10年法律24号による改正前の規定）に違反するとして起訴され、平成17年1月25日、横浜地方裁判所は、本件係争年分について、本件各法人が本件販売業を営んでいるかのように装うなどして所得税を免れたとして、Xに実刑判決を言い渡した。

　なお、Xは、同判決を不服として控訴したが、東京高等裁判所は、同年12月21日、Xの控訴を棄却する旨の判決を言い渡し、別件地裁判決は確定した。

2．争点

争点	納税者	課税庁
所得税法12条の趣旨	所得税法12条の解釈については、法律的帰属説と経済的帰属説が対立しているが、経済的帰属説をとると、所得の分割ないし移転を認めることになりやすいのみでなく、法律的安定性が害され、また、経済的に帰属を決定することには実際上多くの困難を伴う等の理由から、法律的帰属説が通説的見解である。Xも法律的帰属説に立ち、本件販売業による所得の帰属は、所得税基本通達12-1、12-2の考察を通して、その収益を受けるべき正当な私法上の権利者は誰であるのか、すなわち法人であるのか個人であるのかの実体の問題に帰着すると解する（消費税法13条についても同様である。）。	実質所得者が誰であるかを判断するに当たっては、単にその取引名義や預金口座名義等の形式的な法形式によって判定すべきものではなく、その実質を総合して判断すべきである。 そして、その実質に従って認定をするに当たっては、事業の主体、資金の出所、事業用資産の管理、収支計算の記帳及び利益金・預金の管理・運用・処分、確定申告状況、行為者の意思及び関係者の認識といった各要素を総合して判定すべきである。そして、以上のことは消費税法13条についても同様である。
本件各法人等の設立経緯と本件販売業の営業実態	A社はXが個人事業として発意して設立したのではないし、B社、C社及びD社はXが個人事業の隠れ蓑として設立したものではない。 本件販売業においては、本件各法人がそれぞれの名前で仕入、輸入申告、通関手続、販売活動、従業員の雇用、古物商の免許取得、訴訟等の対外的対応等を行っていたのであり、X個人がこれらを行ったことはない。顧客、取引先等は、本件販売業の主体は本件各法人と考えていた。	Xは、A社の設立及び経営に必要資金をすべて支出し、平成10年ころからは、事業の最終決定を下し、指揮を執るようになった。 Xは車両の売上金を本件各法人で独自に管理させず、200万円以上の現金はXの意を受けたeの下に集中させ、eはこの売上金を各法人ごとに区別することなく一元的に混同管理し、本件各法人は現場経費等の小口現金を管理するにすぎなかった。 これらの売上金の管理状態からすると、本件各法人が別個の独立した事業主体として本件販売業を行い、その資金を管理していたとは認められず、このことは、本件販売業がX個人事業であるがゆえに、その資金を各法人ごとに管理する必要がなかったことを示している。 本件販売業においては、仕入代金を各法人それぞれの名義で送金して決済していたのではなく、別の法人名義の送金でもって決済し、しかもこの充当関係に関し、貸借による清算を行っていなかったのであり、本件各法人の送金及び決済は各法人ごとに区分されることなく混同して行われていた。このことは、もともと本件各法人が独立し

		た事業主体としての固有の資産を有するものではなかったことを示している。 Xが個人的な支出をした際も、Xが提供した資金との清算を行っておらず、事業資金を管理していたeは本件販売業の利益がX個人に帰属するものと認識していたため、Xの個人的な支出と本件販売業における経費の支払いを区別していなかった。
本件各法人における意思決定状況	本件各法人の営業方針については、X、aらが各法人を訪問し、代表者、責任者とミーティングを行った上で決定しており、Xが独断で決めていたのではない。 Xは、平成4年末以降は、本件各法人の実質的経営者であることを争うものではないが、それはXが本件各法人の経営事項の最終的決定権を有するということである。本件各法人の意思決定状況をみても、Xが個人的に本件販売業を支配しており、X個人が一から十まで運営していて、法人格が形骸化しているような状況ではない。これは我が国の通常の有限会社等の経営者による意思決定状況と同様であり、このような意思決定状況をもって本件販売業を個人事業と評価することはできない。	Xは、常時、各店舗の責任者から車両在庫数量等報告を受け、これを一元的に管理し、直接ブローカーと交渉するなどして仕入の可否を決定しており、Xは本件販売業に係る車両仕入のすべてを把握し、決定していた。 Xはグループ内の従業員を評価して各店舗の店長を決定しており、幹部以外の従業員の昇進等の人事についてもaらの推薦を受けて、Xが最終的に決定していた。
本件販売業による資産・収益の管理・帰属	本件販売業による資産・収益は本件各法人が管理し本件各法人に帰属しており、X個人又はその意を受けたものが資産・収益を管理していたとか、X個人に資産・収益が帰属していたわけではない。	本件販売業の取引等の収支については、これを正確に把握し得る会計帳簿は作成されておらず、各店舗においては輸入車両の本当の仕入値が知らされていないなど、収支計算が不可能であり、本件販売業の収支について把握し得る立場にあったのはXのみであった。そして、本件販売業の売上金は、Xの意を受けてeの下に集められ、混同して仕入代金の決済等に費消された上、本件販売業の拡大のために支出されたほか、Xの個人的な支出にも充てられており、Xが本件販売業の利益金を意のままに管理・処分・運用していた。
本件貸金業に係る所得の帰属	本件貸金業はA社を名義人とし、実際の貸主もA社であり、Xが個人事業として行ったものではなく、利息収入（本件雑所得）はA社に帰属する。	金銭出納帳において管理されている現金は、Xに帰属するものであるから、これから支出された当該貸付金に係る所得はA社に帰属するものではなく、X個人に帰属する。

3. 判　旨

〔第一審判旨〕　横浜地裁　平成19年5月30日判決
　請求棄却（納税者敗訴）

(1)　所得税法12条の趣旨
　「そもそも所得税は担税力のある者に対して負担を求めるものであって、本件販売業のような事業所得については、所得の源泉である事業を行う者に課されるものである。所得税法12条は、『資産又は事業から生ずる収益の法律上帰属するとみられる者が単なる名義人であって、その収益を享受せず、その者以外の者がその収益を享受する場合には、その収益は、これを享受する者に帰属するものとして、この法律の規定を適用する。』と規定しており（なお、所得税基本通達12-2は『事業から生ずる収益を享受する者がだれであるかは、その事業を経営していると認められる者がだれであるかにより判定するものとする。』としている。）、これらの規定は上記の趣旨に解される。」

(2)　営業活動、組織としての実態、利益の帰属等
　「本件販売業における仕入れ、販売、広告等の様々な日常的な取引は本件各法人等の名義を用いて行われており、これらの取引自体による損益がその関係で第一次的に当該各法人等に帰属することは明らかである。
　しかし、本件各法人の実態をみると、各法人等は経費的なものを除き、売上金や利益を自らの判断で管理し、処分することができる状況にはなかったといえ、また、その営業及び人事等は全面的にXの指揮、管理下にあったといえる。そして、本件各法人等では旧有限会社法に定める計算書類等を作成することもなく、そもそも決算が行われていないし、社員総会も開催されておらず、同法が定める法人としての根幹的な手続が全く履践されていない。
　このような本件各法人等の実態にかんがみると、個別の中古外車の販売等に関連する行為、手続は各法人等の名義で行われ、各法人等には相応の従業員がいて、一定の秩序の下に営業活動をしていたといっても、各法人等はそれらの

活動による収益が帰属するものとしての実体を欠くものであって、これらの収益を享受しておらず、結局、本件販売業はこれらを全面的に支配していたXが経営していたものと認めるのが相当である。」

(3) **本件各法人の意思決定状況**

「本件各法人はXとは別の法主体として成立しており、Xが実質的に経営に参加するようになったとしても、本件各法人が実質的に消滅し、事後的にX個人に吸収されてしまうような契機はない旨、Xは主張するが、本件各法人が設立当初から収益が帰属する法人としての実体を有していないとまでいうべき根拠は乏しいものの、Xが経営を掌握する後にあっては、本件各法人は役員でも何でもないXによって全面的に支配され、その経営や人事等の主要なことはすべて部外者であるXが決定している。これは、本件各法人が法人でなく、自らが営業活動等に関する決定をし、その結果としての収益を自らに帰属させるという法人としての実体が失われているのであって、何らかの事情により法人の実態が徐々に変化することはあり得るとし、本件各法人の場合はXが経営に関与するようになったことがこれに当たるといえる。」

(4) **Xは本件販売業に係る利益を得ているか**

「Xは、本件各法人が営業を継続していた過程において、その売上げ等からみるべき個人的な利益は得てはいないが、本件販売業による利益は、順次、まもなく設立された本件各新法人の営業資金として利用されている。これら本件各新法人の設立はXの判断に基づくものであり、このような投資をせずに本件各法人等の残余資産を回収すれば、Xは相当の利益を実現できたはずである。したがって、平成6年及び平成7年に原告が利益を得ていないとはいえないのであり、原告はこの間の利益を本件各新法人に貸し付けるなり、贈与するなりして処分したものというべきである。」

(5) **本件貸金業に係る所得の帰属**

「本件貸金業に係る所得は、もともとXが所有していた5億円の資産を利用

して貸金業を行うことはXが計画していたことであること、貸付けにX自身が関与していること、さらに、本件各法人の収益を享受するものとしての実体にかんがみれば、上記貸付けに係る所得はXに帰属するものと認められる。」

4. 評釈

　本件は、複数の法人を設立し、それら法人の名義で行っていた中古外車の販売業に係る収益等が、各法人に帰属するのか、それとも各法人を実際に支配していた者に帰属するのかが争われた事例である。

(1) **実質所得者課税**

　所得税法12条は「資産又は事業から生ずる収益の法律上帰属するとみられる者が単なる名義人であって、その利益を享受せず、その者以外の者がその収益を享受する場合には、その収益は、これを享受する者に帰属するものとして、この法律の規定を適用する。」と規定しており、消費税法13条は「法律上資産の譲渡等を行ったとみられる者が単なる名義人であって、その資産の譲渡等に係る対価を享受せず、その者以外の者がその資産の譲渡等に係る対価を享受する場合には、当該資産の譲渡等は、当該対価を享受する者が行ったものとして、この法律の規定を適用する。」と規定している。これらの規定はいわゆる「実質所得者課税の原則」を定めたものである[1]。

　「実質所得者課税の原則」の意義については、法律的帰属説と経済的帰属説の2つの見解がある。法律的帰属説は、課税物件の私法上の帰属につき、その形式と実質が相違している場合には、実質に即して帰属を判定すべきであるとする説であり、経済的帰属説は、課税物件の私法上の帰属と経済上の帰属が相違している場合には、経済上の帰属に即して課税物件の帰属を判定すべきとする説である[1]。すなわち、法律的帰属説においては、仮装された法形式と真実の法実質が異なる場合に、真実の法実質によって帰属を判定するのであり、経

---

1) 金子宏『租税法〔第16版〕』161頁（弘文堂／2011年）

済的帰属説においては、法形式と経済的実質が異なる場合に、経済的実質によって帰属を判定するのである。経済的帰属説では、法的安定性を害される可能性があり、又、経済的な帰属を決定するためには困難が伴うため、近年は、法律的帰属説が通説となっている。

本件判決は、法律的帰属説と経済的帰属説のいずれによっているかについて言明していないが、通説である法律的帰属説によっていると考えると、本件事業の法律的形式は、本件各法人が行う事業であるが、様々な事実認定から、法的実質としては、Xが行う事業であると判定されたものと解される。

所得税基本通達12-1では「資産から生ずる収益を享受する者がだれであるかは、その収益の基因となる資産の真実の権利者がだれであるかにより判定すべきであるが、それが明らかでない場合には、その資産の名義者が真実の権利者であるものと推定する。」とされ、同通達12-2では「事業から生ずる収益を享受する者がだれであるかは、その事業を経営していると認められる者（以下「事業主」という。）がだれであるかにより判定するものとする。」とされている。

本件判決は、上記事項の検討を通して、個々の事実についての判断を積み上げることによって、所得税基本通達12-2でいう事業主がX個人であると判示した判決といえよう。

(2) **本判決の事実認定**

本件においては、事実認定において、次のような事項を検討している。

①本件各法人等の設立経緯
②帳簿及び銀行口座
③本件各法人等の資金関係
④本件各法人等の経営に対する原告の関与
⑤支払業務
⑥売上金等の管理状況
⑦本件各法人等から原告に対する利益供与について

本件判決は、所得税基本通達12-2の「その事業を経営していると認められる者がだれであるか」の判定を行う場合の具体的検討事項を例示したとい

う意味で意義があると考えられる。

5．実務上の対応

　本件のように、1人のオーナーが実質的に複数の会社を経営し、個々の会社の社長は別の者という事例は実務上、ありがちなケースである。

　本件の場合、個々の法人ではなく、オーナー個人の事業であるとされたのは、個々の会社について法人税の申告を行っていなかったことも大きく影響していると考えられる。法人税の申告が適正に行われていたとすれば、課税当局もあえてオーナー個人の事業であると主張しなかったかもしれない。

　しかし、本件判決においては、個々の法人が法人税の申告をしていなかったこととは直接関係なく、オーナー個人への帰属が判示されていることから、実務上も、法人税の申告をしていたとしても実質的に個人の事業とみなされる可能性がある。

　これに備えて、実質的オーナーが存在する企業の場合には、本件判決で検討された諸事項について検討し、オーナー個人に帰属すると認定される可能性がないことを確認しておく必要があると考えられる。

参考文献
・米本邦典「実質的所得者の判定」『税務事例』第40巻第1号　29〜34頁（2008年）

28

ストックアワード・プランの所得の種類と収入の時期について争われた事例

大阪地裁　平成20年2月15日判決（納税者敗訴）（平成17年（行ウ）第151号、所得税更正処分等取消請求事件）
大阪高裁　平成20年12月19日判決（納税者敗訴）（平成20年（行コ）第45号、所得税更正処分等取消請求控訴事件）
最高裁第三小法廷　平成21年5月26日決定（不受理・納税者敗訴）〔確定〕（平成21年（行ヒ）第124号、所得税更正処分等取消請求上告受理申立事件）

〔参照条文〕　所得税法36条1項、28条1項、34条1項、30条1項

> **ポイント**
>
> ストックアワードは、自社株式等を取得する権利を無償で付与するインセンティブ制度であり、従業員等のモチベーションを高めるために利用される点、株式の株価が、従業員の受け取る収入額と深く結びついている点で、ストックオプションと同じ制度目的を持っている。しかし、付与された権利内容が異なるために権利を付与された者が、どの段階で収入したかという認識時点については、異なる時点での認識をすべき旨の判断がされており、実務上では収入の認識時点については留意が必要である。
>
> 本件を通して、両制度の具体的な違いを整理するとともに、ストックオプションとは異なるストックアワードをインセンティブプランとして採用する上での実務上の留意点を整理する。

1. 事 実

　国内法人（S社）に勤務していた原告が、親会社（外国法人）であるP社の株式を無償で取得することができる権利（ストックアワード）（以下「アワード」という。）を付与されていたが、当該権利に係る株式を平成12年に売却して得た利益を給与所得として平成12年分の所得税の確定申告をした。同じく平成13年に売却して得た利益を一時所得として平成13年分の所得税として確定申告をした。

　課税庁は、原告は当該権利の権利確定（以下「vest」という。）時に、当該株式の時価相当額の経済的利益を取得したものとして、またこの経済的利益は給与所得に該当するものとして、上記各所得税の更正処分及び過少申告加算税の賦課決定処分をした。

　これに対して原告が、上記各更正処分及び賦課決定処分の取消しを求めた事案である。

本件のアワード・プランについて

① 　P社グループ各社に雇用されるフルタイム、パートタイムの正規従業員を対象とし、アワードが付与される。アワードは、譲渡等が出来ない。

② 　アワードが付与されてから3年が経過した等一定の要件を充足したときに、対象者が選ばれ「vest」される。

③ 　従業員は「vest」により株式（又は証書）の受益所有権を得る。

　「vest」された時に、それまでに累積されていた配当が、対象者に支払われる。

　受託者は、株式（又は証書）の法的所有権を所有するが、従業員の指示に従って行動する。従業員は、受託者に株式の名義変更を依頼、名義変更後に直接株式（証書）の売却を行うことが出来る。

④ 　従業員の雇用終了日に「vest」されていないアワードは、従業員の雇用終了日に関連する配当とともに、何らの補償なしに取り消される。ただし、職務中の死亡、傷害、退職又は情状酌量に値する理由により離職する職員

には諮問委員会の勧告により、例外が設けられている。

⑤ 受託者は、本スキームが、アワード・プラン参加者にとって利益より不利益の大きい規制や税を生じさせる場合には、取消し勧告に基づき取消しを行う。また、この場合には、受託者は、可能であれば代替案を示し、参加者に取消しに対する補償を行う。

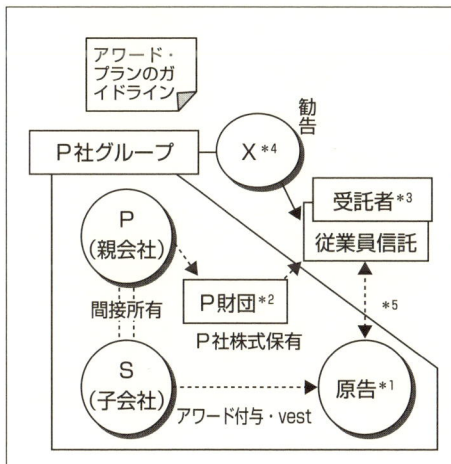

```
┌─────────────────────────────────────────────────┐
│  アワード・                                      │ ＊1 P社と原告との間には雇用関係、委任関
│  プランのガ         勧                           │    係なし。
│  イドライン         告                           │ ＊2 P社株式を保有するP財団の発行する証
│  P社グループ ────→ X ＊4                         │    書が従業員信託に移管され、最終的には
│      │                ↓                         │    P社株式に転換される。
│      │             受託者 ＊3                    │ ＊3 グループから独立しており、アワード・
│      P              従業員信託                   │    プラン参加者の利益において意思決定を
│     (親会社)          ↑                         │    行う。
│      ┊              │                          │ ＊4 諮問委員会が設置され、「vest」対象者
│   間接所有   P財団 ＊2  ＊5                      │    を決定し、職務中の死亡等、退職、情状
│      ┊    P社株式保有                           │    酌量に値する理由により離職する従業員
│      S    ┄┄┄┄┄┄┄→ 原告 ＊1                   │    の例外措置のために受託者に勧告を行う。
│    (子会社)  アワード付与・vest                  │ ＊5 「vest」前のアワード譲渡はできない。
│                                                 │    「vest」した時にアワード付与後の累積
│                                                 │    配当が支払われ、「vest」後は議決権行
│                                                 │    使、売却が可能となる。
└─────────────────────────────────────────────────┘
```

原告へのアワード付与及び原告によるアワード売却の状況

	年月・状況	アワードA	アワードB	アワードC	アワードD
時系列	H8.11	付与	付与		
	取締役就任	↓	↓		
	H9.11	↓	↓	付与	付与
	H10.11	↓	↓	↓	↓
	H12.1	vest	vest	vest	↓	↓
		売却指示	↓	名義書換	↓	↓
	H12.12		↓	売却	↓	↓
	取締役辞任/退社		↓		↓	↓
	H13.1		売却指示		↓	↓
	H13.7				vest	vest
	H13.11				名義書換指示	
判断	原告の確定申告	給与所得	一時所得	給与所得	一時所得	—
	課税庁の更正処分	給与所得	給与所得	給与所得	給与所得	給与所得

　なお、本件でのアワードは、通常報奨と任意報奨の２つの報奨がもうけられているが、権利行使等の条件等については、相違があるものの、最終的な判断に違いがないため、以下は、通常報奨について記載する。

2．争　点

争　点	納税者	課税庁
(1) 本件アワードに係る経済的利益の課税時期について	本件アワードを付与された従業員は、それが「vest」された時点（権利行使可能となった時点）では、無償で権利行使権が与えられたにすぎず、「vest」後に現実に受託者に対して権利行使の申請をし、受託者が株式を売却してその利益を権利者に償還するか又は株式を権利者に付与する手続によって権利行使益を得た時に、当該権利行使益を所得税法36条1項にいう「収入すべき金額」としてその年分の所得税の課税対象とすべきである。	本件アワード・プランに基づき本件アワードを付与された従業員は、アワードの「vest」、すなわち権利確定によって「vest」に係る株式の受益所有権を取得し、当該受益所有権の取得をもって収入の原因である権利が確定的に発生したものというべきであるから、「vest」時における「vest」に係る株式の時価相当額の経済的利益が「vest」時の属する年分の収入すべき金額として所得税の課税対象になる。
(2) 本件アワードに係る経済的利益の所得区分について ①給与所得に該当するか	①給与所得の要件である対価性については、労務の提供があり、その報酬として支払われたものであるという関係が必要であるが、原告とP社との間には、雇用契約も委任契約もなく指揮命令を受けて労務提供をする関係がなく、S社で採用され同社の取締役として労務を提供する立場のみである。子会社への労務提供と親会社に対する労務提供は同じであるとは考えられない。 また、経済的利益の発生原因は株価の上昇によるものであり、原告の精勤と株価の上昇とは直接的に関係しない。したがって、アワードの権利行使益は給与所得ではなく、一時所得である。	①本件各アワードに係る株式取得益は、給与所得に該当する。 　給与所得は、従業員等の地位に基づき給付される役務の対価としての性質を有するものであり、件の場合、給与所得に該当する。 　親会社が子会社の従業員等に当該子会社への精勤の期待を含めた役務提供を評価して、経済的利益を付与した場合には、雇用契約等を前提として付与されるインセンティブ報酬であり、給与所得に該当する。
②退社後のアワード取得益は退職所得か	②本件アワードの権利行使益が一時所得に当たらない場合でも、取締役退任（退社）後の権利行使益は、給与所得ではなく退職所得と解すべきである。原告が退職するに当たってS社に勤務したことの対価として付与されたものであり、退職により一時に受ける給与及びこれらの性質を有する給与として、退職所得に該当する。	②本件アワードは、本件アワード・プランによって初めて給付されるものであり、退職という事実を原因として給付されるものではない。本件アワードによる株式取得益については退職しなくても給付を受けられるものであり、退職という事実が原因になっていないので、退職所得には該当しない。
(3) 国税通則法65条4項にいう「正当な理由」の有無について	本件アワードとストックオプションの取扱いが異なるのであれば、課税庁として法令、通達によりその旨の見解を明らかにすべきであったが、現在に	ストックアワードによる利益が一時所得に当たるとの公的見解が示されたことはなく、そのような立場に立った裁判例もない。また、原告が、税務署

至るまで何の措置も執られていない。原告の責めに帰することができない客観的な事情があり、これによって誤った納税者である原告に過少申告加算税を賦課することは不当又は酷になるので、国税通則法65条4項にいう「正当な理由」が認められるべきである。	職員又は税理士から、直接、ストックアワードによる利益が一時所得に当たるとの説明を受けたこともない。さらに、ストックアワードの制度からみて、ストックオプションとは異なり、客観的に権利確定（vest）の時点で所得が発生することは合理的に理解することができたはずであり「正当な理由」が認められる事情があったといえない。

3. 判　旨

〔第一審判旨〕大阪地裁　平成20年2月15日判決
原告の請求棄却（納税者敗訴）

(1) 本件アワードに係る経済的利益の課税時期について

「所得税法36条1項は、その年分の各種所得の金額の計算上収入金額とすべき金額又は総収入金額に算入すべき金額は、別段の定めがあるものを除き、その年において収入すべき金額（金銭以外の物又は権利その他経済的な利益をもって収入する場合には、その金銭以外の物又は権利その他経済的な利益の価額）とする旨規定し、同条2項は、同条1項の金銭以外の物又は権利その他経済的な利益の価額は、当該物若しくは権利を取得し、又は当該利益を享受する時における価額とする旨規定しているところからすれば、同法は、現実の収入がなくても、その収入の原因である権利が確定的に発生したときは、その時点で所得の実現があったものとして、当該権利発生の時期の属する年分の課税所得を計算するいわゆる権利確定主義を採用しているものと解される。」「vest」後も当該株式の法的所有権が受託者に残るものとされているのは、本件アワード・プランが従業員信託を利用する形で制度設計されていることに伴うものにすぎず、また、本件アワード・プランにおいては、従業員等に辞退する権利があるといっても「「vest」によりその「vest」時に本件アワードに係る株式についての受益所有権を特段の意思表示等を要せずに自動的に取得する仕組みがとられていると解するのが合理的かつ自然であり、受益所有権の取得を従業員等の意思表示等にかからせる仕組みがとられているとは認め難い。」

「本件アワードの「vest」によりその「vest」時に本件アワードに係る株式の受益所有権相当額の経済的利益を現実に取得するものというべきであり、上記のような受益所有権の内容にかんがみると、当該経済的利益は、当該株式の「vest」時における時価相当額であると認められる。」以上より「本件アワードの「vest」時に本件アワードに係るＰ社の株式の時価相当額の経済的利益を取得し、当該経済的利益（当該株式の「vest」時における時価相当額）が所得税法36条1項にいう「収入すべき金額」として当該「vest」時に係る年分の所得税の課税対象になるというべきである。」

(2) **本件アワードに係る経済的利益の所得区分について**

①について

本件アワード・プランは「Ｐ社グループの各社に雇用される従業員等に対する精勤の動機付け（インセンティブ）とすることを企図した従業員報奨制度として設けられたものであって、Ｐ社は、子会社の取締役・従業員である納税者がその職務を遂行しているからこそ、Ｘに対し本件アワード・プランに基づき本件各アワードを付与したものであって、経済的利益（本件各アワードに係るＰ社の株式等の「vest」時における時価相当額）は、Ｘが上記のとおりその職務を遂行したことに対する対価としての性質を有する経済的利益であることが明らかである。したがって、当該経済的利益は、雇用契約又はこれに類する原因に基づき提供された非独立的な労務の対価として給付されたものとして、所得税法28条1項所定の給与所得に当たるというべきである。」

②について

本件アワード・プランは「従業員等の在職中に精勤の動機付けとすることなどを企図して付与されていた本件アワードに関する権利を退職後もその同一性を保持したまま存続させる仕組みがとられているのであって、従業員等の退職に当たり従前付与されていた本件アワードとは別の本件アワードをその時点で新たに付与する仕組みがとられているものではないとこ

ろからして、本件アワード・プランは、あくまでも、上記例外措置を同一の従業員報奨制度に基づく給付の一態様として位置付けていることが明らかで」ある。したがって「当該従業員等がその在職中にその職務を遂行したことに対する対価としての性質を有することは明らかであり、その点において当該従業員等が退職しなかった場合に本件アワード・プランに基づいて与えられたであろう給付と異なるものではない。」すなわち「退職（勤務関係の終了）という事実によって初めて給付されるものであるとの要件を欠くもの」というほかなく「経済的利益が退職所得に当たる旨の原告の前記主張も、採用することができない。」

(3) 国税通則法65条4項にいう正当な理由の有無

P社グループが作成する「ガイドラインには、本件アワードに係る経済的利益の課税対象及び課税時期について、本件アワードの「vest」時にその時における当該アワードに係るP社の株式等の時価相当額の経済的利益が給与所得として課税の対象となる旨が明記されていたものと認められる上、本件各ガイドにおいても、「vest」の際にほとんどの国の参加者はその時の本件アワードの価格に応じた税を支払わなければならない旨明記されていたのであり、少なくとも、上記ガイドラインは、その内容、性格及び作成時期に照らし、P社においてその当時の課税実務をも踏まえて作成されたものと合理的に推認される」。また「ストックオプションにおいては、権利行使をして初めて当該株式に係る配当の受領、議決権の行使及び当該株式の処分等が可能になるものとされているのが通常であると考えられるのであって、本件アワード・プランとはその経済的利益の実現時期や実現方法を異にする制度であると解され、そのことは、本件各ガイドや上記ガイドラインの記載を読めば容易に理解し得るところというべきである。」さらに「原告は、申告に当たり、自ら税理士に相談したり所轄税務署の税務相談を受けたりはしていないというのであるから、真に納税者の責めに帰することのできない客観的な事情があり、過少申告加算税の趣旨に照らしてもなお納税者に過少申告加算税を賦課することが不当又は酷になるものとは認めることができない。」したがって「本件各賦課決定処分について国

税通則法65条4項にいう「正当な理由」があると認めることはできず、本件各賦課決定処分について他の違法事由を認めることもできない。」

〔控訴審判旨〕 大阪高裁　平成20年12月19日判決
被控訴人の請求棄却（納税者敗訴）

すべての争点において、原判決を付加、補正の上引用し、請求棄却をした。

4．評　釈

(1)　本件アワードに係る経済的利益の課税時期について
　① 課税時期
　　所得税法36条1項は「その年分の各種所得の金額の計算上収入金額とすべき金額又は総収入金額に算入すべき金額は、別段の定めがあるものを除き、その年において収入すべき金額（金銭以外の物又は権利その他経済的な利益をもって収入する場合には、その金銭以外の物又は権利その他経済的な利益の価額）とする。」と規定されている。また、同条2項において「前項の金銭以外の物又は権利その他経済的な利益の価額は、当該物若しくは権利を取得し、又は当該利益を享受する時における価額とする」とされている。これらの規定は、現実の収入がなくても、その収入の原因となる権利が確定的に発生したときには、その時点で所得の実現があったものとして、その金額をもって収入とすべき金額とする「権利確定主義」を採用しているものと解されると判示されている。

　　本件ストックアワード・プランでは、次のような従業員信託が組み込まれているため、従業員等の権利の確定時期がいつかが問題となった。

　　親会社であるP社の最大株主であるP財団がP社株式を従業員信託のために所有しており、P財団の証書が従業員信託に移管された。各証書はP社普通株式20株取得することができる権利を表し、最終的には、証書はP財団解散時に、P社株式に転換される。本件の場合、権利の確定時期とし

ては、①アワード付与時、②「vest」時、③法的所有権移転時又は株式売却時が考えられる。

本件においては、アワードを付与された後、3年間の在籍条件など客観的な条件を満たした場合に、諮問委員会の決定により「vest」される。「vest」後は、「vest」時までの累積配当及び「vest」後の配当を受け取ることや、受託者に指示して株式又は証書の売却又は議決権行使ができるようになる。従業員等は「vest」により、証書又は株式の受益所有権を得るが、信託の性格上、証書又は株式の法的所有権は受託者（従業員信託）のもとに残る。法的所有権が従業員等に移転するのは「vest」後、従業員等が受託者に指示して、Ｐ社株式の名義を従業員等に変更したときである。①の時点では従業員等は何らの権利も得られていない。②の時点で、従業員等は「受益所有権」を得て、これ以後、Ｐ社株式の主要な権利又は利益である名義書換請求、配当請求、売却及び議決権行使ができるが、一方で法的所有権はない状態である。③の時点は、従業員等に株式の法的な所有権の変更が行われる時である。

原告は、ストックオプション制度の当時の議論や判断を援用し、ストックオプションは、権利行使価格で自社株式を購入する権利が従業員等に付与され、その後、従業員等の権利行使によって始めて権利行使価格で株式が購入され、権利行使価格と時価との差額である経済的利益が確定するのに対して、ストックアワード・プランでは「vest」時には、無償で一定の権利を行使する地位を取得したものにすぎず、現実に、受託者に対して権利の行使の申請をし、受託者が株式を売却してその利益を権利者である従業員等に付与するなどの手続を行うことにより権利行使益を得たとき（③の時点）に経済的利益が確定するとして、ストックオプションの権利付与とストックアワード・プランの「vest」とを同一の時点と考えた。この主張に対して、Ｐ社株式の主要な権利又は利益である名義書換請求、配当請求、売却及び議決権行使はいずれも「vest」によって可能となること、受託者への株式の売却指示やアワードの放棄の期間制限がないことなどから「vest」時において経済的利益を享受する権利を確定的に取得し、その時

点（②の時点）で所得の実現があったものと判示された。

② 信託制度と課税時期

　本件は信託制度を採用しているため、受益所有権が移転したとしても法的所有権が移転していない場合がある点に事案の特殊性があり、受益所有権の移転のみをもって確定的に権利を取得したと評価できるかが問題となる。

　この点につき、本件地裁判決においては、株式の法的所有権が「vest」時においては受託者に残るものとされているのは、従業員信託を利用する形で制度設計されていることに伴うものにすぎないとされた。

　ストックアワードに関する従業員等が取得する権利と権利行使の関係は、次の図表のようになる。「vest」前は、従業員等は株式等を無償で取得する権利を有するのみで権利行使は認められない。「vest」後においては、法的所有権移転前では、受益所有権の行使が受託者を通じて又は受託への指示により行われ、法的所有権移転後では、株主として権利が直接行使されるという違いはあるものの、収入の認識は、受益所有権相当額の経済的利益を享受する権利を確定的に取得した「vest」時においてなされるべきであるとする本件判決は妥当である。

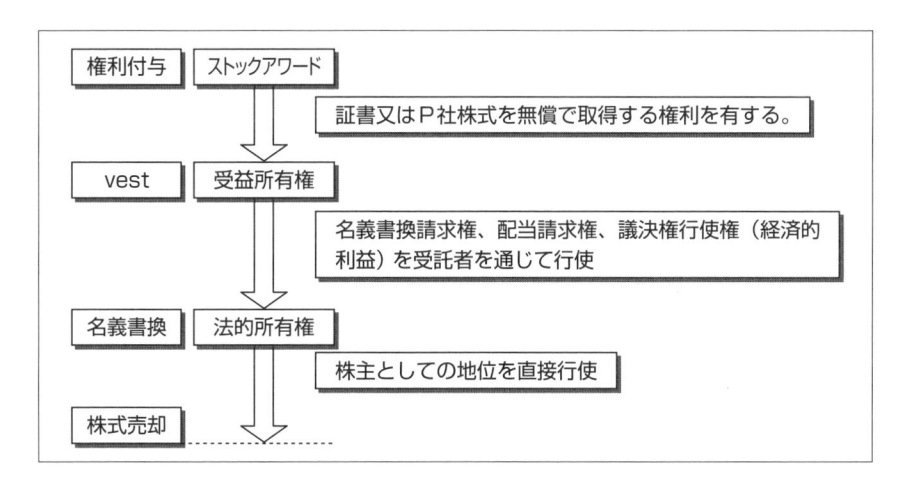

```
権利付与 ─ ストックアワード
              │
              │ 証書又はP社株式を無償で取得する権利を有する。
              ▼
vest    ─ 受益所有権
              │
              │ 名義書換請求権、配当請求権、議決権行使権（経済的
              │ 利益）を受託者を通じて行使
              ▼
名義書換 ─ 法的所有権
              │
              │ 株主としての地位を直接行使
              ▼
株式売却 ┄┄┄┄
```

仮に、信託制度を採用していなかったとすれば「vest」時に従業員等に付与されるのはP社株式そのものであると考えられる。「vest」により、P社株式を無償で譲渡されたと考えれば「vest」時に権利が確定し課税されるのは当然のことといえる。

③　ストックオプションとストックアワードの比較と本件判決

ストックオプションとは、あらかじめ定められた権利行使価額で自社株式等を購入する権利を無償で付与するインセンティブ制度であり、ストックアワードとは、自社株式等を取得する権利を無償で付与するインセンティブ制度である[1]。本件でいうストックオプションは、税制非適格ストックオプションであるため、以下のストックオプションはすべて税制非適格ストックオプションを意味することとする。

ストックアワードは、ストックオプションに比べ、より従業員等にインセンティブを与える効果が高いために、ストックオプションに代わるものとして金融危機以降導入されてきたものである[1]。

両制度とも無償で付与する点では同様であるが、無償で付与する内容が、ストックオプションにおいては「権利行使価額で自社株式等を購入する権利」であるのに対し、ストックアワードでは「自社株式等を取得する権利」である点が異なる。ストックオプションでは、従業員等は権利行使価額で購入しなければならないのに対して、ストックアワードでは、無償交付なのである。

例えば、権利行使価額を100円、権利行使時の時価を120円とするA社株式について、両制度を考えてみる。最高裁第三小法廷平成17年1月25日判決において判示されたストックオプションの取扱いにおいては、権利行使時に20円が経済的利益として課税される。ストックアワードでは「vest」時に120円のA社株式を取得するため、これに対して課税されることになる。

株価が上昇トレンドであれば、両制度ともインセンティブ効果を上げる

---

[1] 杉山靖彦「ストックアワードの活用と税務上の問題点（上）」『税理』第52巻第1号　173頁（2009年）

ことができるが、下降トレンドであると、ストックオプションでは、少なくとも権利行使価額より高い時価にならないと従業員等は権利行使せず、インセンティブ効果を上げることができなくなる。ストックアワードは、株式を購入せず付与されるだけなので株価下落の際にも、ストックオプションよりもインセンティブ効果を上げることができる。

　本件では、原告が、ストックオプションとストックアワードを同列に論じ、どちらも権利行使時に課税すべきと主張した。判決は、ストックオプションにおいては権利行使時点で初めて配当の受領、議決権行使及び当該株式の処分が可能になるが、ストックアワードにおいては「vest」時に可能となり、同列に論じることはできないとして原告の主張を棄却した。

　原告は、ストックアワードにおける権利行使を株式の売却又は名義書換の時点と主張しているが、これは法的所有権移転のみに着目した考え方である。これに対し、判決は、配当の受領、議決権行使及び当該株式の処分等の経済的利益がいつ発生するかという点に着目したものといえる。

(2)　本件アワードに係る経済的利益の所得区分
　① 争点①（給与所得に該当するか）について
　　給与所得は、雇用関係又はそれに類する関係において使用者の指揮・命令のもとで提供される労務の対価である。これは、非独立外的労働ないし従属的労働の対価である。

　　原告が、形式的な雇用関係の有無を基礎として給与に当たるか否かを判定すべきとして主張しているのに対し、付与者である会社と被付与者である従業員等の間に直接の雇用関係や委任契約がないことが給与所得を否定する根拠とならず、また、P社によって、S社の人事の意思決定や、原告の業務内容がP社グループ全体に行われていたという事実関係から、形式的な雇用関係ではなく、実質的な関係から雇用関係の有無が判断すべきとして判示された。

　　また、原告は「課税時期を権利行使可能時（vest時）であるとし、その所得区分が給与所得であるとしても、本件のように、権利行使時における

株式の価格が権利行使可能時における価格より著しく下落した場合には、当該株式をすべて売却しても課税された税金相当額にすら満たないという現象が起きることになり、得た利益以上の課税処分をされることになるから、このような場合には、権利行使可能時に課税された所得税の一部を還付する等の立法措置が講じられなければ不合理である。このような措置は何ら設けられていないから、原告に対する当該課税処分は憲法29条１項（財産権）に違反し、このような税制の不備を補う観点からも、本件に限っては、その課税時期を本件ストックアワードの権利行使時とした上で、その権利行使益を一時所得とするよう、所得税法36条等を合憲的に解釈すべきである。」として主張している。

　これは、資金の運用の成否が納税資金に影響を与え、その結果、本事案に対する特別な取り扱いを求めるものであるが、この納税資金の観点（納税の実効性の担保）に対する主張は、別途検討すべき問題である。しかし、本件では、そもそも所得税としての課税は合理的であり原告の主張は、採用できない旨が判示された。

② 　争点②（退社後のアワード取得益は退職所得か）について

　本件判決は、当該ストックアワード・プランの制度並びにその趣旨から、当該所得は退職所得又は一時所得には当たらないとしている。

　退職所得とは、給与所得を発生させる契約関係を終了させる際に発生する給与をいう。したがって、給与所得と退職所得は、退職の事実の有無にしたがって、支給されるものであるかどうかが判断されるものであり、その性質は、①給与の一部後払い、②長期勤務に対する一種の贈与と考える説もある。そして、退職手当に当たるか否かは、一時に支給され、退職後の生活の糧であり担税力が低いと考えられることから、税率（税負担）が考慮されたものである。

　本件の場合には、退職に当たり本来失効する権利が、納税者から付与者に対する請求の結果「vest」されるに至った。これは、例外的な取扱いであり、退職の事実に基づき支給をしているわけではない点、並びに退職金

を給与所得と区別した制度の目的との整合性を検討し、退職所得ではなく給与所得であると判示された。

(3) 国税通則法65条4項にいう「正当な理由」の有無

過少申告の場合に、国税通則法65条4項の「正当な理由があると認められる」場合には、例外的に過少申告加算税が課されないことになるが、本件がこれに当たるか否かの判断がなされた。

本件が発生した背景として、ストックアワードと類似したストックオプションが、給与所得に当たるか一時所得に当たるかについて、社会的な関心を集めていたところ、ストックオプションでの見解等を引用して、一時所得として申告を行った。一方で、ストックアワードの付与者で作成されていた「ガイドライン」では「vest」時に当該株式等の時価相当額が給与所得として課税対象となる旨が記載されていた点や、納税者が自ら直接に課税庁や税理士への相談を実施していなかった点など、納税者として一時所得として処理をする上で、止むを得ない理由があったと考えられる状況にあったと考えられるに足りる合理的理由がないことから「正当な理由があると認められる」場合とは認められない旨が判示された。

5．実務上の対応

ストックアワードにおいては、従業員等は、3年間勤続等の一定の要件を満たすと、いわば自動的に「vest」され、会社の株式等を得ることになり、その時点で取得益に課税される。しかし、売却するまでは資金の流入はないため、取得益が生じているという意識が薄く[2]、取得益に対する納税資金を確保するところまで思い至らない場合が多いものと考えられる。

株式売却時に「vest」時より株価が上昇していれば問題ないが、株価が著し

---

2) 杉山靖彦「ストックアワードの活用と税務上の問題点（下）」『税理』第52巻第2号　184頁（2009年）

く下落すると「vest」時の株式取得益の税額に満たない利益しか得られず、納税資金確保が困難となるおそれがある[2]。昨今のように、株価の著しい下落が頻発する状況では、ストックアワードで従業員等のインセンティブとするつもりが、かえってマイナスの効果となる可能性も否めない。

　これに対する対策は「vest」後、直ちに少なくとも株式の一部を売却して、税額相当額の現金を確保しておくことである。これで少なくとも取得した全株式を売却しても納税できないという課税上のリスクはすべて回避されることになる[3]。

　今後、ストックアワードを導入しようとする企業には、このような従業員等の納税リスクの存在を説明し、ストックアワードを付与される従業員等に対しては、納税リスクの回避の仕方を周知していく必要があろう。

参考文献

- 金子宏『租税法〔第16版〕』208頁〜209頁（弘文堂／2011年）
- 石原忍「ストックアワードに係る経済的利益の収入帰属時期が争われた事例」『税務事例』第41巻第4号　12頁（2009年）
- 杉山靖彦「ストックアワードの活用と税務上の問題点（上）（下）」『税理』第52巻第1号　172頁、第52巻第2号　178頁（2009年）

3）杉山「前掲185頁」

IX

資産評価

29
社団医療法人の増資に係る出資持分の評価

横浜地裁　平成18年2月22日判決（納税者敗訴）（平成15年（行ウ）第41号、贈与税決定処分等取消請求事件）
東京高裁　平成20年3月27日判決（納税者勝訴）（平成18年（行コ）第88号、贈与税決定処分等取消請求控訴事件）
最高裁第二小法廷　平成22年7月16日判決（納税者敗訴）〔確定〕（平成20年（行ヒ）第241号、贈与税決定処分等取消請求事件）

〔参照条文〕　相続税法9条（その他の利益の享受）、21条の3（贈与税の非課税財産）、22条（評価の原則）、財産評価基本通達194-2（医療法人の出資の評価）

ポイント

本件は、医療法人が定款によって出資持分の払戻しや残余財産分配の対象を運用財産に制限した場合に、当該医療法人の出資持分を運用財産のみを基礎として評価し得るか、定款の定めが評価に影響を与え得るかどうかが争点となっている。

控訴審判決では納税者が敗訴した第一審判決を取り消し、従来の税務解釈と異なる解釈を判示したことから、最高裁判決が注目されていたところ、最高裁では一転、第一審を支持し課税庁側の勝訴となった。

最高裁判決では、財産評価基本通達194-2は、持分の定めのある社団医療法人及びその出資に係る事情を踏まえつつ、出資の客観的交換価値の評価を取引相場のない株式の評価に準じて行うこととしたのであり、この方法によって当該法人の出資を適切に評価することができない特別の事情の存しない限り、これによってその出資を評価することは合理性があるとした。

最高裁判決は現行の課税実務を踏襲するものであるが、医療法人の出資持分の評価の在り方を示したものとして、今後の重要な指標となる判決になると思われ

る。

1. 事 実

　本件は、原告甲らが医療法人Ａ（以下「本件法人」という。）の増資に伴って行った出資について、課税庁が「当該出資を著しく低い価額で引き受け、Ｘから利益を受けたことに係る贈与税の申告書の提出がない。」として、原告らにそれぞれ贈与税決定処分及び無申告加算税の賦課決定処分をしたため、原告らが本件各課税処分の取消しを求めた事案である。

　本件法人は、昭和30年12月7日に設立された医療法人であり、Ｂ病院と福祉ホームＣを掲げる持分の定めのある社団法人であり、原告甲は本件法人の創業者であるＸの長女である原告乙と婚姻し、原告丙は同人らの二女であり、原告丁は同人らの長男である。
　原告甲は、昭和63年5月17日に本件法人の理事長であったＸから本件法人の出資持ち分10口を代金1億1,497万1,180円で譲り受け、同年6月26日に本件法人の理事長に就任した。
　本件法人は、平成9年5月24日に、次のとおり定時社員総会において、出資社員が退社時に受ける財産の払戻し及び解散時の残余財産の配分はいずれも運用財産についてのみできる等の定款変更を可決し、同年8月13日に神奈川県知事より定款変更の認可を受けた。

旧定款（抜粋）
12条　退社した社員はその出資額に応じて払戻しを請求することができる。ただし、除名による退社の場合、出資額に応じた半額とする。
18条　12条に規定する払戻しの請求があった場合は1年以内に先ず運用財産から支弁し、不足のあるときは基本財産を処分して支弁する。
25条　本社団の毎会計年度末に剰余金を生じたときは、その一部又は全部を基本財産に編入し、若しくは積立金とする。

46条 医療法55条1項4号、5号及び6号を除き、前項の規程により解散した場合における残余財産は、清算人が総社員の3分の2以上の同意を得、かつ県知事の許可を得て、その出資額に応じて社員に帰属せしめる。

新定款（抜粋）
12条 退社した社員は退社時の本社団の<u>運用財産をその出資額に応じて払戻しを請求することができる</u>。但し、除名による退社の場合は本文の半額とする。
18条 12条に規定する払戻しの請求があった場合は1年以内に支弁する。
25条 本社団の毎会計年度末に剰余金を生じたときは、その一部又は全部を基本財産に編入し、若しくは積立金とするものとし、配当してはならない。
46条 医療法55条1項4号及び6号を除き、前項の規程により解散した場合における残余財産のうち基本財産は国若しくは地方公共団体に帰属し、社員総会の議決により、県知事の許可を得て帰属先を定める。また、<u>残余財産の中に運用財産がある場合は、運用財産を同様の手続きを経て出資額に応じて社員に配分する。</u>
49条 <u>12条、25条、46条の規程の変更は出来ないものとする</u>。但し、医療法等関係法規の改正、医療制度等の変更があり、これらの条項が違反ないし矛盾することとなる場合はこの限りではない。（下線筆者。以下同。）

　平成10年5月30日の定時社員総会で90口の増資（1口5万円）を決議し、原告らは同年6月9日に出資金の払い込みを行ったものの、増資時の本件法人の運用財産の評価額は約20億円、負債合計額は約38億円であり約17億円の債務超過であったため、純資産価額による評価額は0円であるとして、平成10年分の贈与税の申告をしなかった。
　なお、当該出資当時、基本財産の評価額は24億円であり、本件法人全体の評価額としては7億円余りであった。

氏名	出資口数 （増資前）	出資口数 （増資後）	増資口数	増資金額 （5万円／1口）
X	98	98	0	—
原告 甲	12	35	23	115万円
原告 乙	—	23	23	115万円
原告 丙	—	22	22	110万円
原告 丁	—	22	22	110万円
合計	110	200	90	450万円

これに対し、課税庁は、本件法人の財産全体の評価を前提として、相続税法9条に基づき、平成13年6月1日付で原告らに、それぞれ贈与税決定処分及び無申告加算税の賦課決定処分をした。

2．争点

本件においては、下記以外にも、本件各決定処分に税務上の根拠が示されていないことが違法事由となるかについても争われたが、本書においては、相続税法9条に関する以下の争点のみを取り上げることとする。

争点	納税者	課税庁
(1) 本件出資について医療法人の特質から相続税法9条の適用が排除されるか	医療法人は、基本的に剰余金の配当を明文で禁止する等、営利法人たることを否定されており、非営利性を担保しながら医療の永続性、継続性を確保することを目的とした特別の法人として医療法上設けられたもので、この点において営利法人とは根本的に異なっている。 　そして、本件出資は、上記のような本件法人の永続を求めて行われたものであるのに、本件各決定処分はこれを営利法人に対する出資と同一に扱い、相続税法9条を適用しているが、このような課税処分は、本件法人の公共、公益性及び永続性、さらには本件出資が原告らの私的利益を求めて行われたものではないことを看過しており、違法というべきである。	贈与税の非課税財産を定めた相続税法21条の3は、医療法人の出資者が増資により取得した経済的利益を挙げていない。 　そもそも贈与税の課税対象となる贈与財産には財産権の一切の物及び権利が含まれるため、相続税法が贈与税の非課税財産について列挙している財産を除き、仮に当該財産に公共性、公益性があったとしても、等しく贈与税の課税対象となる。

(2) 本件出資は、相続税法9条にいう「著しく低い価額の対価で利益を受けた場合」に該当するかどうか	新定款では本件法人の資産を基本財産と運用財産に区分し、中途退社や解散の場合に出資者に分配できるのは運用財産のみとされ、解散時の残余財産は国若しくは地方公共団体に帰属すると定められているから、出資者は運用財産の枠内でしか出資の返還を受けられない。 本件法人における出資の評価は運用財産のみについて純資産評価額方式をもって行うべきであり、これによれば本件出資時点における払戻額は0円（計算上はマイナス）であり、被告が主張するような額の経済的利益を得たということもできないし、本件出資について相続税法9条所定の「著しく低い価額の対価」という要件も満たさない。	本件増資のような跛行増資、すなわち、従前の出資割合と異なる出資の割当がされたことにより社員の出資持分の価値に変動が生じた場合についてみると、従前よりも出資持分の割合が減少した出資者の有する出資持分の財産的価値は減少し、従前よりも出資持分の割合が増加した出資者の有する出資持分の財産的価値は増加するから、この両者の間に譲渡契約等がなくとも、一方から他方へ財産的価値の移転があったととらえることができる。 本件増資後における本件法人の出資持分の評価額は財産評価基本通達194-2による類似業種比準価額によって、1口当たり379万3,685円であるところ、原告らは、これを1口当たり5万円の対価で取得したのであるから、相続税法9条にいう「著しく低い価額の対価で利益を受けた場合」に該当する。
(3) 本件出資による所得があるとすれば、一時所得として課税されるべきかどうか	株主等としての地位に基づかないで法人から有利な発行価額による新株等を取得する権利を与えられた場合における所得は「一時所得」とされているから、仮に、原告らの本件増資行為により所得が発生しているとすれば「一時所得」として課税されるべきである。 また、新株引受権に係るみなし贈与は、相続税法基本通達9－4にあるように同族会社のみに適用されるのであり、同族会社ではない本件法人に相続税法9条の適用がないことは明らかである。	医療法人に関する課税関係は、普通法人と同様に考えることができるから、これを本件出資に当てはめると、原告らが本件出資によって取得した経済的利益は、給与所得又は退職所得として与えられたものではなく、本件法人の本件増資後の同族関係者の所有割合は100％であり、株式会社であれば同族会社に該当するから、本件出資については、増資を引き受けなかったXから原告らに贈与があったとみなして贈与税が課されることになるのである。 相続税法9条は、対価を支払わないで、又は著しく低い価額の対価で経済的利益の移転があった場合には、経済的利益を受けた者に贈与税を課すという趣旨であり、これは、法律的には贈与により取得した財産でなくとも、その取得した事実によって実質的にこれらと同様の経済的効果が生ずる場合には、租税回避行為を防止するため税負担の公平の見地から、その取得した財産を贈与により取得したものとみなして贈与税を課すこととされたのである。

3．判　旨

〔第一審判旨〕横浜地裁　平成18年2月22日判決
　原告の請求棄却（納税者敗訴）

(1)　本件出資について医療法人の特質から相続税法9条の適用が排除されるか
　「一定の公益目的ないし政策目的に基づき、贈与税における非課税財産を定めた相続税法21条の3等の規定は、医療法人の出資者が増資により取得した経済的利益を挙げていないし、相続税法その他の法令において上記利益を非課税とする旨の規定は見当たらない。そして、医療法人については、剰余金の配当が禁止されている（医療法54条）等の特殊性は指摘できるものの、法人に対する課税といった面からみても法人税法上は普通法人とされている（法人税法2条9号、5号ないし7号）のであり、本件で問題となっている増資による経済的利益の移転という局面をみれば、営利法人の場合と特段異なった事情があるともいい難い。原告らは、医療法人の非営利性、公共性、公益性あるいは永続性といったことを強調するが、医療法人にそのような質色があるとしても、そのことが上記経済的利益の移転に対する課税を排除すべき理由になるとは解されない。」

(2)　本件出資は、相続税法9条にいう「著しく低い価額の対価で利益を受けた場合」に該当するかどうか
　原告らは出資持分の評価については、新定款に従って運用財産を基に純資産価額方式により行うべきである旨を主張するが「相続税法22条は、財産の価額は特別に定める場合を除き当該財産の取得の時における時価によるべき旨を規定しており、ここにいう時価とは、財産の客観的な交換価値をいうものと解される。
　そうだとすれば、新定款においても、総会の承認を受ければ出資持分の譲渡は可能であり（9条）、その金額についての制限はなく、また、社員が死亡した場合には、その出資持分は相続される（10条）とされているのであるから、

本件法人の出資持分が一定の交換価値を有することは明らかであり、本件法人に運用財産のほかに基本財産が存在する以上は、運用財産のみを基にして出資持分の評価をすべき理由はないものというべきである。これに対して、原告らは、新定款上の上記12条や46条の規定については、その変更を禁止する規定（49条）があり、したがって、これらの規定が今後変更されることはないし、変更した定款が認可されることもないと主張している。

　しかし、社団法人たる本件法人の定款中に一部の規定の変更を許さない旨の規定があったとしても、その社団としての性格に照らすならば、そのような規定が絶対的な拘束力を有するとは解されない。したがって、新定款の12条や46条の規定を将来において変更することは可能であり、同変更は認可されるものと認められるから、原告らの上記主張は採用できない」。

(3) **本件出資による所得があるとすれば、一時所得として課税されるべきかどうか**

　「原告らは、株主等としての地位に基づかないで法人から有利な発行価額による新株等を取得する権利を与えられた場合における所得は一時所得とされているとして、出資持分の場合にも同様に解すべきと主張する。

　しかし、上記の場合における経済的な利益については、事情によって相続税課税の対象となり得ることは既に検討したところである。そして、相続税法基本通達9-4でも、そのような新株引受権が給与所得又は退職所得として所得税の課税対象となる場合を除いて、旧株主と新株を引き受けた者が親族等の関係があり、かつ新株の発行会社が法人税法2条10号に規定する同族会社である場合には、当該経済的利益は相続法9条に基づく課税対象となるとしており、結局、このような課税対象とならない場合が一時所得となるにすぎない。」

　「本件の場合、本件増資を引受けなかったGと原告らとは親族の関係にあり、本件法人は、本件増資の前後を通じて、株式会社であれば同族会社に該当することは明らかであるから、やはり相続税法9条の適用があるということになる。」

　「原告らは、本件法人は同族会社ではないとも主張しているが、医療法人であるから同族会社でないというのであれば、そもそも株式会社の場合を引き合

いに出して論じること自体が矛盾であり、医療法人について相続税法基本通達9-4と同様に考えるというのであれば、それが株式会社であれば同族会社に該当するかどうかという形で適用関係を考えるべきことは当然であるから、そのような議論は到底採用できない。」

〔控訴審判旨〕東京高裁　平成20年3月27日判決
　　原判決棄却（納税者勝訴）

(1)　相続税法第22条にいう時価の意義
　「相続税法22条にいう時価の意義は、課税時期において正常な条件の下に成立する当該財産の取引価格、すなわち、客観的な交換価値をいうものと解するのが相当である。………財産評価基本通達の定める評価の基準によって財産の評価がされ、これに基づいて課税処分がされた場合であっても、上記の評価がされるについて採られた前提が客観的な事実と異なるなどの理由により、上記の評価による価格が客観的な交換価値を上回るときには、当該課税処分は違法となると解するのが相当である（最高裁平成10年（行ヒ）第41号同15年6月26日第一小法廷判決民集57巻6号723頁参照）。」

(2)　社団たる医療法人で出資持分の定めのあるものについて出資をした社員の有する権利の評価
　「相続税法の規定の適用上、相続、遺贈又は贈与により取得した財産が、社団たる医療法人で出資持分の定めのあるものについて出資をした社員の有する権利である場合には、当該権利の法的性質及び内容に即してその評価をすることが必要である」。そして「医療法その他の法令には、社団たる医療法人で出資持分の定めのあるものについて出資をした社員の有する権利について上記各規定のほか、上記の権利に関して直接その内容等を定める特則は存在せず、上記の権利の内容は定款の定めるところによるものと解するのが相当であり、定款に定めのない事項については性質に反しない限り民法の組合に関する規定が準用されると解するのが相当である」。本件法人の新定款の定めによれば「本

件法人の社員は、退社した場合に本件法人の運用財産についてその出資額に応じて払戻しを請求することができると共に、本件法人が解散した場合に残余財産中の運用財産についてその出資額に応じて分配を受けることができるのであって、本件法人の社員たる地位は財産に当たり、その評価は、医療法第54条が医療法人は剰余金の配当をしてはならないと規定していることを踏まえつつ、社員が有する上記の権利の内容に即して行うべきである」。

以上より「本件出資当時の本件法人の出資1口当たりの客観的な交換価値を算定するに当たっては、取引相場のない株式の評価をするについて採られている類似業種比準方式が算定要素とするもののうち配当金額及び年利益金額を考慮する合理性は見いだし難く、基本財産と運用財産とを区分しない同業者を標本として類似業種比準方式によりその交換価値を算定することもその前提を欠くものというべきであり、基本財産と運用財産とを区分せずに純資産価額方式によってその交換価値を算定することもその前提を欠くものというべきであって、運用財産の評価額から負債合計額を控除した額、実際の出資金額等を考慮して本件出資当時の本件法人の出資1口当たりの評価額を算定すべきである。この見地から検討すると、………本件出資当時の本件法人の出資1口当たりの評価額は出資金額である5万円を上回るものではないということができるから、被控訴人が本件出資当時の本件法人の出資1口当たりの評価額を………685万6,700円と算定したことは、客観的な交換価値を上回る過大な評価であるといわざるを得ない」。

「以上によれば、被控訴人が上記の評価に基づいてした本件各処分は、相続税法（平成19年法律第6号による改正前のもの）第9条所定の要件を満たさないのにされたものであり、違法であるというべきである。」

〔最高裁判旨〕最高裁第二小法廷　平成22年7月16日判決

破棄自判（納税者敗訴）

原審の上記判断は是認することができない。その理由は、次のとおりである。
「相続税法22条は、贈与等により取得した財産の価額を当該財産の取得の時

における時価によるとするが、ここにいう時価とは当該財産の客観的な交換価値をいうものと解され、本件法人の出資についても、この観点からその価額が評価されるべきである。」

「出資社員に対する社団医療法人の財産の分配については、剰余金の配当を禁止する医療法（平成18年法律第84号による改正前のもの）54条に反しない限り、基本的に当該法人が定款で定め得るのであって（同法44条、56条）、出資社員が出資額に応じて退社時の払戻しや解散時の残余財産分配を受けられる旨の定款の定めがある場合、これに基づく払戻し等の請求が権利濫用になるなどといった特段の事情のない限り、出資社員は、総出資額中に当該出資社員の出資額が占める割合に応じて当該法人の財産から払戻し等を受けられることとなる（最高裁平成20年（受）第1809号同22年4月8日第一小法廷判決・民集64巻3号登載予定参照）。」出資の権利内容は「自治的に定められる定款によって様々な内容となり得る余地があるものの、その変更もまた可能であって、仮にある時点における定款の定めにより払戻し等を受け得る対象が財産の一部に限定されるなどしていたとしても、客観的にみた場合、出資社員は、法令で許容される範囲内において定款を変更することにより、財産全体につき自らの出資額の割合に応じて払戻し等を求め得る潜在的可能性を有するものである。また、定款の定めのいかんによって、当該法人の有する財産全体の評価に変動が生じないのはいうまでもない。そうすると、持分の定めのある社団医療法人の出資は、定款の定めのいかんにかかわらず、基本的に上記のような可能性に相当する価値を有するということができる」。

「評価通達194-2は、以上のような持分の定めのある社団医療法人及びその出資に係る事情を踏まえつつ、出資の客観的交換価値の評価を取引相場のない株式の評価に準じて行うこととしたものと解される。そうすると、その方法によっては当該法人の出資を適切に評価することができない特別の事情の存しない限り、これによってその出資を評価することには合理性があるというべきである」。

これを本件についてみると「払い戻し等に係る定めの変更を禁止する旨の条項があるが、社団法人の性格にかんがみると、法令において定款の再度変更を

禁止する定めがない中では、このような条項があるからといって、法的に当該変更が不可能になるものではないから上記結論を左右するものではない。また、前記のとおり、基本財産と運用財産の範囲に係る定めは変更禁止の対象とされていないから、運用財産の範囲が固定的であるともいえない。そうすると、本件においては、本件増資時における定款の定めに基づく出資の権利内容がその後変動しないと客観的に認めるだけの事情はないといわざるを得ず、他に評価通達194-2の定める方法で新定款の下における本件法人の出資を適切に評価することができない特別の事情があることもうかがわれない。

したがって、本件において、新定款下での本件法人の出資につき、基本財産を含む本件法人の財産全体を基礎として評価通達194-2の定める類似業種比準方式により評価することには、合理性があるというべきである。

そして、上記の方式に基づく評価によれば、上告人が上記出資の評価を1口当たり379万円と算定したことに違法はなく、これによれば、被上告人らは、本件増資に係る出資の引受けにより、著しく低い価額の対価で利益を受けたということができる。」

4．評 釈

第一審と控訴審では出資持分を評価する上で新定款をどのように解するかの判断を異にしている。第一審においては、定款において出資の払戻し等が運用財産に限られる旨の規定があるとしても、出資持分の評価は運用財産に限定して評価する理由はないと判断したが、一方、控訴審判決では新定款の規定を重視し、運用財産の評価額から負債合計額を控除した額を基準とするのが相当であるとした。これに対し、最高裁では控訴審の解釈を破棄し、定款変更の潜在的可能性を重視し、基本財産を含む法人の財産全体を基礎として評価すべきであるとした。

最高裁がこの様に判断した理由については、確かに本件法人の新定款は県の認可を受けており、法的には効力があると考えられるものの、これを税務上も認めてしまうと法人の意思で変更することができる定款によって出資持分の評

価が定まることになり、本件増資に相続税9条の適用がないとされた場合、医療法人における恣意的な定款変更が横行し、様々な租税回避が可能となってしまうとの判断も働いた可能性があると考えられる[1]。

なお、本件最高裁判決では2名の裁判官（須藤裁判官及び古田裁判官）の補足意見があり、うち古田裁判官は「定款において持分の払戻しが制限されている場合のその価額の評価についてすべての資産を基礎とすることは相当でないとする原審の説示には共感を感じる面もないではない。」としつつも「定款により加えられた払戻しの制限によって課税の基礎となる持分の評額が定まるとすれば、客観的な資産価値がほぼ同じ法人であるにもかかわらず、持分権者の意思により法人ごとに税額差が生じることとなり、課税の公平を欠く結果になるといわざるを得ない」と述べ、課税の公平の観点を重視したものと評価し得る。

ところで、第5次医療法改正により医療法人制度の大幅な改正が行われ、平成19年4月1日以降は出資持分のある医療法人は設立できないこととなった。同日より前に設立された医療法人は、経過措置型医療法人と位置付けられ、本件法人はこの経過措置型医療法人に当たる。新法下で設立された医療法人については、出資持分がないことから相続税は課されない。そして、経過措置型医療法人であっても、定款の変更により出資持分のない医療法人に移行することは可能である（ただし、出資持分のない医療法人に移行した後、再び経過措置型医療法人に戻ることは医療法施行規則により禁止されている。）。もっとも、経過措置型医療法人のシェアは、低下傾向にあるとはいえ未だ9割を占めており、移行時の贈与税課税の問題もあり出資持分のない医療法人への移行は進んでいない。当該問題点に関連し、品川芳宣教授は本件最高裁判決について、「4万数千を超える医療法人の約95％が出資持分を有する経過措置型であるが、その経過措置型医療法人のあり方についても、本件の上告審判決が一石を投じることも考えられる。」と述べている[2]。

---

1) 窪澤明子「最新税務裁判例」『税と経営』第1738号　16頁（2010年）
2) 品川芳宣「医療法人の出資の評価と跛行増資に対するみなし贈与課税」『T&A master』第377号27頁（2010年）

本件最高裁判決においては、社団医療法人の退社社員に対する出資金の返還額についての最高裁平成22年4月8日判決の考え方を前提にしている。当該最高裁判決は租税訴訟に係るものではないが「退社した社員はその出資額に応じて返還を請求することができる。」との定款の定めがある場合、出資社員は退社時に総出資額中に当該出資社員の出資額が占める割合に応じて当該法人の財産から払戻しを受けられることになるとして、出資額相当の払戻ししか認めなかった控訴審判決を破棄したものである。

　当該最高裁判決と本件最高裁判決が続けて医療法人の出資持分の評価について、同じ考えを示したことは注目すべきことであり、今後の参考になるものと思われる。

5．実務上の対応

　本件最高裁判決は、経過措置型医療法人の出資持分の評価の在り方を示したものであり、現行の課税実務を踏襲するものであるが、改めて医療法人の事業承継の難しさを認識させられるものといえる。

　というのも、経過措置型医療法人は法人税法上、普通法人として扱われ、その出資の評価についても営利法人の取り扱いに準じて取り扱われているが、配当が禁止されているという特殊性から類似業種比準価額において配当比準は採用されておらず、配当還元方式の適用も認められていないことから、評価額が高額になる傾向があるからである。また、非上場株式等についての贈与税及び相続税の納税猶予の特例（いわゆる事業承継税制）についても適用が認められていないことも事業承継の障害となる。この様に、経過措置型医療法人においては、株式会社と比べて事業承継対策の手段が限られており、事業承継を困難にしているのである。

　本件控訴審判決が定款変更によって持分の払戻しを制限した場合には、課税上もその制限が有効である旨判断したことに対し、本件最高裁判決では控訴審の判断は是認することができないとして退けたことから、実務上は、出資持分の定めのある医療法人の出資持分の評価について、財産評価基本通達194-2に

従い、定款の定めにかかわらずその所有する財産全体で評価せざるを得ないであろう。

また、本件最高裁判決における出資持分に係る評価の考え方は、定款において出資持分返還額を払込出資額に限定する出資額限度法人の出資持分評価についても同様に当てはまるものと考えられる。

ここで出資額限度法人とは「出資持分の定めのある社団医療法人であって、その定款において、社員の退社時における出資持分払戻請求権や解散時における残余財産分配請求権の法人の財産に及ぶ範囲について、払込出資額を限度とすることを明らかにするもの」（厚生労働医政局長通知第0330049号平成19年3月30日）をいい、定款で出資持分の返還を出資額に制限する法人である。多額の出資持分返還請求により医療法人の存続が危ぶまれることに鑑み、厚生労働省は出資額限度法人を推進していた経緯がある。この出資額限度法人の位置づけは、出資者にとっての投下資本の回収を最低限確保しつつ、医療法人の非営利性を徹底するとともに、社員の退社時等に払い戻される額の上限をあらかじめ明らかにすることにより、医療法人の安定的運営に寄与し、もって医療の永続性・継続性の確保に資するものであることとされている。

本件最高裁判決の考え方に従えば、出資限度額法人において定款上、一般医療法人への後戻り禁止規定の定めがあったとしても法令上後戻りが可能であるため、その出資持分の評価額は出資額ではなく、法人の財産全体を基礎に評価すべきことになる。

したがって、当該考え方を前提として、出資額限度法人が退社社員に対して出資額のみの返還をした場合には、出資持分の評価額と返還額の差額は残余社員に対する利益の移転となり、みなし贈与課税の対象となる（相続税法基本通達9-2）。

当該みなし贈与課税は、法人税法2条10号に定める同族会社の株式又は出資のみを対象とすることから、出資持分を発行する出資限度法人が同族会社に該当しない場合には（例えば、出資者の3人及びその者と親族等特殊関係を有する出資者の出資金の合計額が出資総額の50％以下の場合。）課税の対象とはな

らない。しかし、同族会社である出資限度法人が非同族法人になるためには、例えば、第三者が評価額で増資に応じる一方、払戻しは額面でという条件で引き受けることが必要であり、実務的には困難である。

参考文献

- 品川芳宣 「医療法人の跛行増資に対するみなし贈与課税の適否」『T&A master』第272号（2010年）
- 青木恵一 「医療法人の出資持分評価と額面増資に対する贈与税課税」『税理』第53巻第13号（2010年）

30

非上場株式の時価につき納税者全面勝訴で確定した事案

東京地裁　平成17年10月12日判決（納税者勝訴）〔確定〕（平成15年（行ウ）第214号、贈与税決定処分取消等請求事件）

〔参照条文〕　相続税法7条、財産評価基本通達6項

ポイント

　本判決は、財産評価基本通達に基づき配当還元方式にて評価すべき非上場会社の株式を1株100円（配当還元価額は1株75円）で譲渡した個人間の売買取引について、課税庁は、半年ほど前に行われた金融機関等5社への譲渡価格（1株平均794円）が時価であり、差額は低額譲渡（相続税法7条）に該当するとして贈与税の課税処分を行ったが、東京地裁は、評価通達によるべきではない「特別の事情」があるとは認められないとし、課税処分を取り消す旨の判決を下した事例である。なお、被告が控訴を断念したため、原告（納税者）の勝訴が確定している。

　本判決では、相続税第7条の「時価」は同法第22条にいう「時価」と同じく、財産取得時における客観的交換価値であること、評価通達に定めた評価方法には一般的合理性があること、配当還元方式にも妥当性があること、評価通達の定めとは異なる評価をすることはあり得るとしても、当該方法によらないことが正当と是認される特別の事情が必要であること等が判示されている。

1. 事　実

(1)　課税処分等の経緯

　原告Xは、オーストラリア連邦の国籍を有し、同国に住所を有する外国人で

ある。

　原告Xは、平成7年2月16日付け売買契約により、当時、株式会社T精工（以下「T社」という。）の取締役会長だったA（平成8年3月1日死亡）から、Aが有していたT社の株式63万株（以下「本件株式」という。）を総額6,300万円（1株100円）で譲り受けた（以下「本件売買」という。）

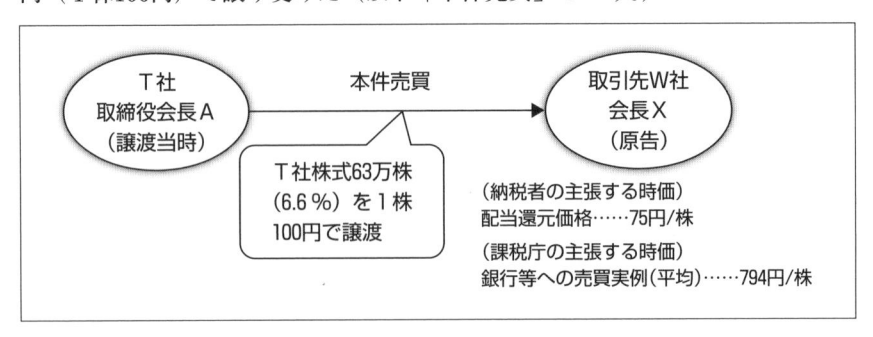

```
┌─────────────────────────────────────────────────────────────┐
│   ┌─────────┐    本件売買      ┌─────────┐                  │
│   │  T社    │ ──────────────→ │取引先W社 │                  │
│   │取締役会長A│    ┌──────┐    │ 会長X   │                  │
│   │(譲渡当時)│    │       │    │ (原告)  │                  │
│   └─────────┘    │        │   └─────────┘                  │
│                  │T社株式63万株│ (納税者の主張する時価)      │
│                  │(6.6%)を1株 │ 配当還元価格……75円/株      │
│                  │100円で譲渡 │                             │
│                  │            │ (課税庁の主張する時価)      │
│                  └──────┘     │ 銀行等への売買実例(平均)…794円/株│
└─────────────────────────────────────────────────────────────┘
```

　被告たる課税庁は、原告Xの上記株式譲受が、相続税法7条の「著しく低い価額の対価で財産の譲渡を受けた場合」に該当すると認定し、平成12年7月18日付けで、同年分贈与税の決定処分（以下「本件決定処分」という。）及び無申告加算税賦課決定処分（以下「本件賦課決定処分」といい、本件決定処分と併せて「本件各処分」という。）を行った。

贈与税の課税価格	431,550,000円
納付すべき税額	290,765,000円
無申告加算税	43,614,000円

　原告Xが本件各処分をいずれも不服として審査請求をしたところ、国税不服審判所長は、これを棄却する旨の裁決をした。そこで、原告Xは東京地裁に対し本件訴訟を提起した。

(2) **本件売買に関連する事実**

　T社は電子秤等の製造販売等を業とする非上場会社であり、従業員数は1,000人を超え、国内に30数箇所の営業所を有し、海外にも工場がある。同社の平成6年末における発行済株式数は960万株、1株当たりの券面額は50円、

資本金の額は4億8,000万円である。T社の関連会社として、TE株式会社（以下「TE社」という。）及びR社がある。

原告XはT社の海外取引代理店であるW社（本店：オーストラリア）の会長職にある。

W社は昭和50年以降、T社製の商品を独占的に販売している。

原告Xは、本件売買と同じ日（平成7年2月16日）付けの売買契約により、Aから、同人の有するTE社の株式900株を総額45万円で、R社（オランダ法人）の株式281株を2万8,100ギルダー（当時のレートで160万6,477円）で、それぞれ譲り受けた。

本件売買及び上記のTE社、R社株式の売買によって、T社、TE社及びR社の株主の株式保有割合は、下記のとおり変動した。

（T社）

	株主	売買前	売買による増減	売買後
①	TE社（同族会社）	21.1%	—	21.1%
②	R社（同族会社）	10.6%	—	10.6%
③	A（譲渡人）	6.6%	△6.6%	—
	Aの親族計	16.2%	—	16.2%
④	原告X	—	+6.6%	6.6%

（TE社）

	株主	売買前	売買による増減	売買後
①	A（譲渡人）	7.5%	△7.5%	—
	Aの親族計	75.0%	—	75.0%
②	原告X	—	+7.5%	7.5%

（R社）

	株主	売買前	売買による増減	売買後
①	A（譲渡人）	37.2%	△25.3%	11.9%
	Aの親族計	47.8%	—	47.8%
②	原告X	—	+25.3%	25.3%

原告Ⅹは、Ｔ社、ＴＥ社及びＲ社の各株式の購入資金として、平成7年3月31日、Ｄ銀行Ｓ支店（国外）から、ＷＦ社名義で6,600万円を借り入れ（以下「本件借入」という。）、同日、Ｄ銀行Ｅ支店（国内）のＡ名義口座の預金口座に各株式の購入代金を送金した。

　Ａは、本件借入に際し、ＷＦ社の債務を連帯保証した。Ａの死亡後は、Ｂ（Ａの長男）が、同一内容の連帯保証契約をＤ銀行との間で締結した。
　一方、Ａは、平成6年中に、Ｔ社株式を以下のとおり金融機関5社に売却している（以下「本件売買実例」という）。

No.	譲渡日付	売却先	譲渡株数	譲渡単価
①	平成6年7月27日	Ｆ銀行	80,000株	793円
②	平成6年7月28日	ＤＣ社（ベンチャーキャピタル）	25,000株	796円
③	平成6年7月28日	Ｍ銀行	25,000株	796円
④	平成6年9月19日	Ｄ銀行	16,000株	793円
⑤	平成6年9月20日	ＴＶＣ社（ベンチャーキャピタル）	64,000株	793円

2．争　点

　Ｔ社は評価通達に規定する大会社であり、かつ、同族株主のいる会社である。ここで、原告Ⅹは同族株主以外の株主に該当するから、評価通達の定めを原則どおり適用した場合は、本件株式の価額は配当還元方式により1株当たり75円と評価されるべきこととなる。この点について当事者間の争いはない。
　本件の主な争いは、本件売買が、評価通達の総則6項に定める「通達の定めによって評価することが著しく不適当と認められる」ケースに該当するか否か、すなわち、本件株式について評価通達に基づく評価方式によらないことが正当と是認されるような「特別の事情」があるかどうか、という点である。
　以下、当該「特別の事情」を根拠づける具体的事実の有無について、納税者及び課税庁の主張を列挙する。

> （参考：財産評価基本通達総則6項）
> 　この通達の定めによって評価することが著しく不適当と認められる財産の価額は、国税庁長官の指示を受けて評価する。

争　点	納税者	課税庁
(1) 原告Xは支配力を有しない株主といえるか	課税庁が主張するような支配的な地位は取得していない。 （主な論拠） 　Aは、自らの保有株式だけではなく、Aの親族や同族会社で固めることで、はじめてT社における安定的な地位を得ていたものであり、Aの親族にとっては他人である原告Xが、わずか6.6％の株式を取得したのみで、Aと同程度の支配力を取得したということはできない。 　現に、Aの死後、後継者としてT社を経営しているのはAの長男Bである。 　また、Aが借入の保証をしたのは、金利等の安い日本の銀行から借り入れるために、日本の銀行と取引のあるAに便宜上保証人になってもらったものに過ぎない。 　原告Xは、自ら金利の返済を行っており、将来元金を弁済する用意もあるから、原告Xが一切の負担を負わずに本件株式を取得したかのような被告の主張は事実誤認である。	原告Xは、T社の事業経営に相当の影響力を与える地位を取得したと認められ、配当還元方式による評価方法を定めた評価通達が予定しているような、事業経営への影響力及び支配力を有しないか、あるいは、極めて影響力の少ない少数株主と同視することはできない。 （主な論拠） 　原告Xは、T社、TE社及びR社の株式売買取引によって、T社におけるAの地位を裏付けていた株式のほとんどを取得し、かつ、T社における個人株主の中で筆頭株主の地位を得ており、保有株式数を見る限り、T社の中心にあったAの地位の後継者たる地位を取得している。 　また、原告Xは、Aから借入の保証という便宜を受けることにより、実質的な金銭的支出を行うことなく本件株式を取得しており、原告XとAとは極めて密接な関係にあったと認められる。
(2) 本件売買に対して形式的に評価通達を適用すると租税負担の実質的な公平を害するといえるか	本件では、実質的な租税負担の公平を害するような「特別の事情」は存しない。 （主な論拠） 　そもそも評価通達が、株式取得者の性質等により異なる評価方法を認めている以上、同じ会社の株式であっても、結果として異なる「時価」が算定されることは制度上予定されている。よって、仮に評価通達に従い算定された「時価」と異なる売買価格で取引した事例があるとしても、それだけで「特別の事情」があるとはいえない。 　また、見返り融資の利息等が入ってくる金融機関と、配当期待しか有しな	本件売買は実質的には贈与に等しく、このような場合にまで評価通達を形式的に適用することは、相続税法7条等の趣旨に反し、租税負担の実質的な公平を害する。 （主な論拠） 　T社は大企業であり、年平均20％の利益配当を行っている優良企業であることから、経営基盤の弱い中小企業にも適用されることを考慮して高い資本還元率（10％）が設定されている評価通達どおりの配当還元方式で株価を算定するなどということは考えられない。 　また、Aの立場からすれば、金融機関も原告Xも共にT社の取引先等で

		い単なる取引先とを同列にとらえることはできない。	あって、原告Xに対してのみ著しく低い価格で株式を譲渡する経済的合理性はない。 　以上のほか、本件売買がA側の相続・事業承継対策の一環として行われたことに照らせば、本件売買は実質的には贈与に等しい。
(3)	本件株式の適正な時価は、金融機関等に対する売買価格の平均額といえるか	金融機関等に対する本件売買実例の価格は、金融機関側の主観的事情に影響された価格であり、また、不特定多数の取引事例ともいえないことから、本件売買実例が適切な売買実例であるとはいえない。 （主な論拠） 　各金融機関等がT社株式をAから譲り受けるに際しては、多額かつ継続的な融資を実施できる等の金融機関側の思惑によって株価が決められたのであり、当事者の主観的要素が強く影響している。 　また、金融機関等に対する本件売買実例のような「個人から法人へ」の株式譲渡の場合には、譲受人は法人税法上の受贈益課税、譲渡人も所得税法59条による「みなし譲渡」課税がされることを念頭に置かなければならないので、課税処分がされないよう安全策として、類似業種比準方式等で算出される価額を設定せざるを得ない。 　本件売買実例は、上記のような特殊なメリットを有する金融機関が買主であるケースに限定されており、不特定の当事者間で行われた取引ではない。また、実質的には、TM系、M系、F銀行の3件に過ぎないから、多数の当事者間で行われた取引とはいえない。	金融機関等に対する本件売買実例価格の平均額（794円）は、譲渡人側の売り申込みという状況を前提として取引が行われている中で、T社の財務諸表に表れた客観的数値を基礎とした合理的手法によって価格が設定されたものであり、株式の客観的価値を適切に反映しているものと認められる。 （主な論拠） 　各金融機関等が参照した類似業種比準方式は、財務諸表の客観的数値を基礎として算出され、取引相場のない株式の評価方法として一般に、広く合理性の認められた手法であって、当事者の主観的要素に影響されるものではない。 　仮に、金融機関側に、T社との取引強化に向けた一般的な期待があったとしても、そのような期待は原告Xも同様であり、株価に影響を与える主観的事情と解する必要はない。 　原告Xは、本件売買実例は実質的には3件に過ぎないと主張するが、多数でないからといって、適正な時価と評価できなくなるものではない。

IX 資産評価

3. 判　旨

〔第一審判旨〕　東京地裁　平成17年10月12日判決
　請求認容（納税者勝訴）

(1)　時価の算定方法（一般論）

　「相続税法7条にいう『時価』とは、同法22条にいう『時価』と同じく、財産取得時における当該財産の客観的交換価値、すなわち、それぞれの財産の現況に応じ、不特定多数の当事者間で自由な取引が行われる場合に通常成立すると認められる価額をいうものと解される。」

　「ところで、財産の客観的交換価値は、必ずしも一義的に明確に確定されるものではないことから、課税実務上は、原則として、評価通達の定めによって評価した価額をもって時価とすることとされている。これは、財産の客観的交換価値を個別に評価する方法をとると、その評価方法、基礎資料の選択の仕方等により異なった評価額が生じることを避け難く、また、課税庁の事務負担が重くなり、回帰的、かつ、大量に発生する課税事務の迅速な処理が困難となるおそれがあること等から、あらかじめ定められた評価方法により画一的に評価する方が、納税者間の公平、納税者の便宜、徴税費用の節減という見地からみて合理的であるという理由に基づくものである。したがって、評価通達に定められた評価方法が合理的なものである限り、これは時価の評価方法として妥当性を有するものと解される。」

　「そして、これを相続税法7条との関係でいえば、評価通達に定められた評価方法を画一的に適用するという形式的な平等を貫くことが実質的な租税負担の公平を著しく害する結果となるなどこの評価方法によらないことが正当と是認されるような特別の事情のない限り、評価通達に定められた合理的と認められる評価方法によって評価された価額と同額か、又はこれを上回る対価をもって行われた財産の譲渡は、相続税法7条にいう『著しく低い価額の対価で財産の譲渡を受けた場合』に該当しないものというべきである。」

　「ところで、評価通達は、………同族株主以外の株主等が取得した株式につ

いては、配当還元方式によって評価することを定めている。この趣旨は、一般的に、非上場のいわゆる同族会社においては、その株式を保有する同族株主以外の株主にとっては、当面、配当を受領するということ以外に直接の経済的利益を享受することがないという実態を考慮したものと解するのが相当である。そして、当該会社に対する直接の支配力を有しているか否かという点において、同族株主とそれ以外の株主とでは、その保有する当該株式の実質的な価値に大きな差異があるといえるから、評価通達は、同族株主以外の株主が取得する株式の評価については、通常類似業種比準方式よりも安価に算定される配当還元方式による株式の評価方法を採用することにしたものであって、そのような差異を設けることには合理性があり、また、直接の経済的利益が配当を受領することに限られるという実態からすれば、配当還元方式という評価方法そのものにも合理性があるというべきである。」

「そうすると、前判示のとおり、原告は………同族以外の株主と評価されるべきなのであるから、評価通達の定めを適用すると、本件株式の価額は、配当還元方式により評価されるべきこととなり、これにより算出される本件株式の価額は、1株当たり75円と認められるから、評価通達に定められた評価方法によらないことが正当と是認されるような特別の事情のない限り、上記評価額を上回る1株当たり100円の対価で行われた本件売買取引は、相続税法7条にいう『著しく低い価額の対価で財産の譲渡を受けた場合』に該当しないことになる。」

(3) 争点(1)について

課税庁は、本件売買により原告がT社に対する支配的な地位を取得した旨を主張する。

しかし「本件売買取引後のT社における株式の保有割合は、TE社、R社、A及びAの親族を併せた合計が47.9パーセントとほぼ全体の半分を占めるのに対して、原告はわずか6.6パーセントの割合にすぎず、また、TE社及びR社における株式の保有割合をみても、AないしAの親族が合計でそれぞれ75.0パーセント、59.7パーセントであるのに対して、原告はそれぞれ7.5パーセント、

25.3パーセントにとどまっているのであるから、このような数値を見る限り、Aの親族でもない原告Xが、T社の事業経営に実効的な影響力を与え得る地位を得たものとは到底認められない」。また「Aの保証を得た経緯について、金利等のコストの安い日本の銀行から借り入れるために、日本の銀行と取引のあるAに便宜上保証人になってもらったものと説明しているところであり、その説明自体に格別不自然、不合理な点はなく、………借入金の利息の返済は原告X自らが行っており、他方保証人であるAないしその相続人が借入金の一部でも現に返済したような事情は認められないから、原告XがA及びAの相続人から保証の便宜を受けることによって、実質的な金銭的支出を行うことなく本件株式を取得したとはいえず、またこのような事実経緯から、XがT社の事業経営に相当の影響力を与え得るほどにAと密接な関係にあったとまでいうことも困難である」。

むしろ、上記の事情に照らせば、原告Xは「当面、配当を受領すること以外に直接の経済的利益を享受することのない少数株主であり、その取得及び保有する株式の評価につき、評価通達の定める配当還元方式が本来的に適用されるべき株主に該当するものというべきである」。

(4) 争点(2)について

課税庁は、T社が高率の利益配当を行っている優良企業であることや、低金利の経済情勢からすると、10％という高い資本還元率が設定されている評価通達どおりの配当還元方式で、株価を算定する経済的合理性がない旨を主張する。

しかし「個々の非上場会社について当該会社に適用すべき最も適切な資本還元率を個別に設定することは極めて困難なことであって、そのためにこそ、課税実務上は、評価通達において一律に10パーセントという基準を設定しているものと解されるのであるから、T社に適用すべき最も適切な資本還元率についての特段の具体的な立証のない本件において、10パーセントという資本還元率を用いることが直ちに経済的合理性を欠くものということもできず、同じ株式の売買取引であっても、その取引に向けられた当事者の主観的事情は様々であるから、株式の譲渡価格が買主ごとに異なること自体は何ら不合理なことでは

ない」。

さらに「売買取引がA側の相続・事業承継対策の一環として行われたということが、本件売買取引が実質的に贈与に等しいとか、贈与税の負担を免れる意図が存したということに直ちにつながるものではない」。

(5) 争点(3)について

課税庁は、本件売買実例におけるT社の株式の売買価額は客観的時価を適切に反映しており、配当還元方式による評価額はこれより著しく低額であるから、このこと自体が特別の事情に当たる旨、主張している。

しかし「仮に他の取引事例が存在することを理由に、評価通達の定めとは異なる評価をすることが許される場合があり得るとしても、それは、当該取引事例が、取引相場による取引に匹敵する程度の客観性を備えたものである場合等例外的な場合に限られるものというべきである」。この点につき「本件売買実例は、実質的に見れば、わずか3つの取引事例というのにすぎず、この程度の取引事例に基づいて、主観的事情を捨象した客観的な取引価格を算定することができるかどうかは、そもそも疑問であるといわざるを得ない（なお、この種の主張は、他の訴訟において課税庁自身がしばしば主張しているものであることは当裁判所に顕著である。）」。

また、類似業種比準式や純資産方式が「評価通達において、同族株主以外の株主が取得した株式の評価方法としては必ずしも適当ではないものとして位置付けられていることは既に指摘したとおりなのであるから、類似業種比准方式や純資産方式が、株式評価方法として一般的な合理性を有しているから、それに基づく価額が、本件株式の価額を決定するに足りる客観性を有するとするのには論理の飛躍がある。むしろ、ここで問題とされるべきなのは、本件売買実例には、同族株主以外の株主として、配当収入以外には期待すべきものがないにもかかわらず、その取得株式を類似業種比准方式や純資産方式に基づいて算定した価額によって評価することが正当化されるほどの客観性が備わっているかどうかという点であるところ、この点を肯定するに足りるだけの事情は認められないものといわざるを得ない」。

「そうすると、本件売買実例におけるＴ社の株式の売買価額が、冒頭で記載したような意味での客観性を備えたものであるとはいえないから、この点に関する被告の主張は前提において失当である」。

4. 評釈

バブル期を境に評価通達６項の適用による課税処分が急増したため、当該課税処分の適否をめぐる裁判例も急増したところ、本判決は当該評価通達に基づく課税処分を取り消したものである。品川芳宣筑波大学名誉教授は、本判決につき、評価通達の「総則６項を適用した課税処分を取り消した最初の判決であり、かつ確定判決であるということで、評価通達の適用において極めて注目される」と評価している[1]。

本件売買の場合、評価通達どおりに評価すれば、原告Ｘが取得したＴ社株式は6.6％に過ぎないことから、原告Ｘは、原則として少数株主であり、配当還元方式によって評価した価格（１株当たり75円）が時価となる。よって、これを若干上回る価格（１株当たり100円）で行われた本件の売買については、相続税法７条の低額譲渡の問題は生じないはずである。しかし、課税庁は、本件の売買につき評価通達の総則６項を適用し、評価通達どおりの評価を行うことが「著しく不適当と認められる」として決定処分を行い、原告はこれを争ったため、総則６項を適用すべき「特別の事情」があるか否かが本事案の主たる争点となった。

結局、第一審で納税者側が全面勝訴し、課税庁は控訴を断念したため、判決が確定したが、その原因は、課税庁側が「特別の事情」を基礎づける事実等につき主張・立証しきれなかったことにある。

すなわち、相続税法上の時価を算定する方式として、評価通達が一般的合理性を有していることは裁判例上も繰り返し確認されてきている[2]。そうすると、

---

1) 品川芳宣「取引相場のない株式の評価と取引別価額－総則６項の適用要件」『ＴＫＣ税研情報』第15巻第１号　43頁（2006年）

本件における原告Xの主張は評価通達どおり配当還元価格（1株当たり75円）が時価という主張であるから、そうではないとする課税庁側で時価が別に存在することを主張・立証しなければならない。そこで論点となるのが評価通達によることが正当でないといえる「特別の事情」の有無である[3]。

もっとも、この「特別の事情」は、本件では配当還元方式によらない「特別の事情」となるため、配当還元方式の趣旨に遡って考える必要がある。配当還元方式は、通常本件のように低い時価が算定されることになるが、その趣旨は、少数株主が同族会社の株式を取得する場合、会社に対する支配がなく、配当によって得られる利益に対する期待しかないためである。そうすると、課税庁としては、この趣旨にそって、原告Xが単なる配当期待だけではなく、T社を実質的に支配していた等の事実の存在を立証して初めて「特別の事情」が認められ、評価通達以外の算定方式が許容されることになる。本件では、課税庁がT社を実質的に支配していた等の事実の存在を立証できなかったことから「特別の事情」の存在は認められず、原則どおり、配当還元方式により評価すべきとされたということである。

5．実務上の対応

本事案は、納税者側が評価通達に定める評価方法に基づいて評価することが妥当であると主張した事案ではあるが、これとは逆に、評価通達に基づいて評価し、取引することが客観的な交換価値を算定しえないと思われる場合もあり得る。もっとも、既述のとおり、評価通達が一般的合理性を有していることは過去の判例上も繰り返し確認されている現状においては、評価通達による価格と異なる価格で取引を行う場合には、納税者側において、評価通達によっては客

---

2) もっとも、評価通達に一般性が認められるからといってすべての場合に形式的・画一の処理が妥当するとは限らず、評価通達は、株式についていえば、株式の評価がいくらかという事実認定の一般的指針を示している、という見解がある。垂井英夫「配当還元価額による譲渡と「通達によらない評価」の可否―東京地裁平成17.10.12判決を素材にして」『税理』第49巻第4号 11頁（2006年）

3) 木山泰嗣「非上場会社の株式の時価が争われた事案～納税者全面勝訴の確定判決」『税と経営』第1578号 12頁～13頁（2006年）

観的交換価値を算定し得ない理由及び取引金額の相当性を証明し得るようにしておく必要がある。

その場合、以下のポイントが参考になろう。

① 評価通達に基づく算定金額から乖離した金額で譲渡等を行う場合には、税務リスクを最小化するため、その金額の根拠となる資料（独立性の高い第三者による株価算定書）を入手すること。特に税務上のリスクが高いと想定される場合は、極力複数の評価人による株価算定書を入手すべきこと。

② 株価算定書には、前提となった事実、基礎資料についての評価、採用した算定方法を選択した理由を説得的に記載すること。

③ 支配的株主か少数株主であるかについては、持株比率以外の要素についても考慮して慎重に判定するとともに、その判定根拠を資料として残すこと。この場合、会社法における支配株主の評価に関する議論が参考になろう[4]。

④ 租税回避目的と認定されないように、なぜその価格でその譲渡等を行ったのかという経済的合理性についても説明し得るようにしておくこと。

参考文献

・川口浩「取引相場のない株式の譲渡」『税理』第49巻第11号　148頁～152頁（2006年）

---

[4] 垂井英夫「配当還元価額による譲渡と「通達によらない評価」の可否—東京地裁平成17.10.12判決を素材にして」『税理』第49巻第4号　13頁（2006年）

31

固定資産税における「適正な時価」の評価方法

東京地裁　平成13年3月30日判決（納税者勝訴）（平成10年（行ウ）第114号、固定資産評価審査決定取消請求事件）

東京高裁　平成14年10月29日判決（納税者勝訴）（平成13年（行コ）第117号、固定資産評価審査決定取消請求控訴事件）

最高裁第二小法廷　平成18年7月7日判決（納税者敗訴）（平成15年（行ヒ）第30号、固定資産評価審査決定取消請求上告事件）

東京高裁　平成19年6月7日判決（納税者敗訴）〔確定〕（平成18年（行コ）第178号、固定資産評価審査決定取消請求控訴事件）

〔参照条文〕　地方税法341条5号、388条、403条

> **ポイント**
>
> 　地方税法上、固定資産税における課税標準は「適正な時価」とされており、当該「適正な時価」は「固定資産評価基準」により決定すると規定されている。
> 　本件では「適正な時価」は客観的交換価値又は収益還元法的価値のいずれを意味するのかが大きな争点とされたが、客観的交換価値である旨が明確に判断された。もっとも、客観的交換価値の中身については特段の言及がなく「適正な時価」の具体的な内容については今後も争われることとなろう。

1. 事　実

　原告は東京都渋谷区に所有する355.09㎡及び50.24㎡の土地（以下、それぞれ「土地1」及び「土地2」という。）につき、平成9年度の土地課税台帳に登録された価格（土地1につき「777百万円」土地2につき「109百万円」）が適正

な時価を上回ると主張し、被告（東京都固定資産評価審査委員会）に対し審査の申出をした。被告は平成10年3月24日に審査申出の棄却を決定したため、原告は棄却決定の取消しを求めて本訴を提起した。

その結果、平成13年3月30日の第一審判決及び平成14年10月29日の控訴審判決のいずれにおいても登録価格を下回る価格認定判決が下された。なお、高裁判決は収益還元価格による固定資産評価に基づいている。

これに対し、上告審は適正な時価は「客観的な交換価値」によって評価すべきものであるから、本件登録価格が客観的な交換価値に基づく価格を上回るものであるかどうかについて審理を尽くすよう平成18年7月7日に原審に差し戻した。

その後、東京高裁において固定資産評価基準（以下「評価基準」という。）の一般的合理性及び本件での基準適合性並びに評価基準等自体が違法である等の特別の事情のないことを認め、鑑定評価額による時価評価を否定した。

そのため、再度上告手続がとられたが、上告不受理により、本件差戻し控訴審判決が確定した。

2. 争 点

本件においては、固定資産税における「適正な時価」につき、客観的交換価値又は収益還元法的価値のいずれを意味するのかが主要争点となっている。なお、この他、登録価格が「適正な時価」を上回るという結論に至った場合、登録価格の一部を取り消すのか、全部を取り消すのか等の争点もあるが、本書においては上記主要争点以外の検討については省略する。

(1) 被告である東京都固定資産評価審査委員会の主張
① 評価基準という定型的・統一的基準により、大量に存在する固定資産の評価を一定の期間内に適正に行い、各市町村内・相互間の固定資産評価の均衡を確保し、評価に関する者の個人差による評価の不均衡が生じるのを防止しようという地方税法の立法趣旨からすると、評価基準自体が違法で

あるというような特別の事情がない限り、評価基準による評価結果は適正な価格とみるべきであり、個別の鑑定による時価の立証は許されない。

② 第一審判決が依拠した不動産鑑定士の鑑定には、算定の前提条件に不合理な面があり、収益価格が低く抑えられているため、不合理である。

③ 固定資産税は資産の所有という事実に着目して課税される財産税であって、資産から生じる現実の利益に着目して課税される収益税とは異なる。このような固定資産税の性格からすると、固定資産の適正な時価は正常な条件の下に成立する当該土地の取引価格、すなわち純粋な客観的交換価値をいうものと解すべきである。したがって、登録価格の上限は収益還元価格に制限されず、これを上回る売買実例価格でも良い。

④ 収益還元法は取引事例を中心とした現在の評価方法に比べて簡易に価格の決定ができるとはいえない。また、収益還元法はその計算に必要とされる収益の見積りが困難であること、資本還元率の設定によっては不合理な結果が導かれること、これを避けるために資本還元率を一定とすると、収益の一定割合を税額とすることとなり、法に定めがないことから採用できない。ゆえに、実態面・手続面でも収益還元法が取引事例を中心とした現在の評価方法に比べて優れているとはいえない。

⑤ 登録価格を売買実例価格によって評価し、税率を1.4％（都市計画税を加えて1.7％）とすると、これによって算定される税額は、その土地の標準的な収益額を上回り、標準的な収益では支払えないということも起こり得よう。その場合、所有者はその土地の収益では賄えない分を、自分の他の所得で支払い、あるいは貯蓄を取り崩して支払うことが求められることもあり得る。しかしながら、それも立法機関が決めたことであるからやむを得ないことである。

⑥ 上記⑤のような結果は不合理であるならば、立法によって、税率を下げることにより不合理な結果を回避すべきであって、登録価格の上限を収益還元価格とする解釈は登録価格を「適正な時価」と規定する地方税法341条5号の明文に反する解釈である。

(2) 原告の主張

土地の固定資産税における「適正な時価」は、収益還元価格によるべきである。

3. 判　旨

〔第一審判旨〕東京地裁　平成13年3月30日判決
請求認容（本件決定の全部取消し）（納税者勝訴）

「本件各土地の適正な時価は、土地1につき412百万円余、土地2につき58百万円余と認められる。固定資産税の登録価格が賦課期日における対象土地の適正な時価以下でないときは違法となり、その違法事由の存在は、本件決定の全部の取消事由となる。」

〔控訴審判旨〕東京高裁　平成14年10月29日判決
請求一部認容（原判決変更）（納税者勝訴）

「固定資産税は財産や収益に着目して課される物税であって、固定資産自体がこれを負担し、当該固定資産によって標準的に得られる収益に課されるものである。したがって、その課税標準である固定資産の適正な時価は、値上がり益や将来の収益の現在価値を含まない、その年度において当該固定資産から得ることのできる収益を基準に資本還元した価格、すなわち、収益還元価格によって算定されなければならない。よって、控訴人（東京都固定資産評価審査委員会）が登録価格についてした審査申出の棄却決定は、土地1につき389百万

円余、土地２につき54百万円余を越える部分につき取り消す。」

〔最高裁判旨〕最高裁第二小法廷　平成18年７月７日判決
　　破棄・差戻（納税者敗訴）

　「土地に対する固定資産税は、土地の資産価値に着目し、その所有という事実に担税力を認めて課する一種の財産税であって、個々の土地の収益性の有無にかかわらず、その所有者に対して課するものであるから、その課税標準とされている土地の価格である適正な時価とは、正常な条件の下に成立する当該土地の取引価格、すなわち客観的な交換価値をいうと解される。
　上記の適正な時価を、その年度において土地から得ることのできる収益を基準に資本還元して導き出される当該土地の価格をいうものと解すべき根拠はない。また、一般に、土地の取引価格は、上記の価格以下にとどまるものでなければ正常な条件の下に成立したものとはいえないと認めることもできない。
　以上と異なる見解に立って、本件各土地の客観的な交換価値を確定することなく、本件決定中本件各土地の前記収益還元価格を越える部分を取り消すべきものとした原審の判断には、判決に影響を及ぼすことが明らかな法令の違反がある。論旨は理由があり、原判決のうち上告人の敗訴部分は破棄を免れない。そして、本件決定に係る本件各土地の価格が同日におけるその客観的な交換価値及び評価基準によって決定される価格を上回るものでないかどうかについて審理を尽くさせるため、本件を原審に差し戻す。」

〔差戻し控訴審判旨〕東京高裁　平成19年６月７日判決
　　請求棄却（納税者敗訴）〔確定〕

　「本件各土地の登録価格は賦課期日における適正な時価を上回るものではなく、本件決定について手続的瑕疵も認められないから、本件決定は適法である。」

以上、おおまかな流れとしては、以下のとおりである。

第一審	本件土地評価の固定資産評価基準への適合性は認めたものの、不動産鑑定士による鑑定評価書の時価（取引事例法）を適正な時価として、本件評価の違法性を認めた。
控訴審	適正な時価は、値上がり益や将来の収益の現在価値を含まない、収益還元価格によって算定されなければならないとした。
最高裁	適正な時価は客観的交換価値であり、収益還元価格とする論拠はない。原審では当該客観的交換価値を確定していないので、審理を尽くさせるため差し戻した。
差戻し控訴審	本件評価は固定資産評価基準等に適合しており、また、評価基準等自体が違法であるなど評価基準等によっては適正な時価を算定することができない特別な事情はないため、本件評価は適正な時価を超えていない。

4. 評 釈

(1) 「適正な時価」とは

「適正な時価」に関しては、固定資産税の法的性質を財産税とする立場からは客観的な交換価値（以下「客観的交換価値説」という。）が、他方、収益税とする立場からは収益還元価格（以下「収益還元価格説」という。）が、それぞれ対立して主張されてきた[1]。

このうち、客観的交換価値説は、本件上告審判決以前においても、多くの下級審判決及び学説で支持されおり[2]、本件の原審判決後に出された最高裁平成15年6月26日第一小法廷判決民集57巻6号723頁（以下「平成15年最高裁判決」という。）において、以下の様に判示して、客観的交換価値説を採用する旨を明らかにしている。

「土地に対する固定資産税は、土地の資産価値に着目し、その所有という事実に担税力を認めて課するものであるから、上記の適正な時価とは、正常な条件の基に成立する当該土地の取引価格、すなわち、客観的な交換価値をいうと解される。」

1）山田俊一「固定資産税における適正な時価」『税研第148号　最新租税判例60』第25巻第3号　185頁（2009年）
2）金子宏『租税法〔第16版〕』579頁（弘文堂／2011年）

このように、平成15年最高裁判決は「適正な時価」について客観的交換価値説を採用した最高裁における初判断としての意義を有する。
　そして、本件上告審判決においても、平成15年最高裁判決を引用し、土地に対する固定資産税は一種の財産税であり「適正な時価」とは正常な条件の下に成立する当該土地の取引価格、すなわち、客観的な交換価値をいうと解されるとし、客観的交換価値説を採用することを明確に判示している。以上のように、本件の上告審判決は、収益還元価値説の余地はないことを明確にすることで、両説の対立に決着をつけたところに意義がある[3]。

(2)　収益還元法は「適正な時価」の算定方法とならないか
　上記のとおり、本件の上告審判決において、固定資産税における「適正な時価」は客観的な交換価値（以下「客観的交換価値」という。）であると明確に判断されたが、収益還元法は、固定資産税における客観的交換価値の算定方法としては採り得ないのであろうか。
　以下、制度的及び実質的観点より考察する。
　① 制度的考察
　　土地に関する評価基準の規定を見るに、直接的に収益還元法的な要素を加味する規定は見当たらない。しかしながら、評価基準が利用する地価公示価格について、その評定においては不動産鑑定士による鑑定評価が利用されており、当該不動産鑑定評価において不動産鑑定士が遵守すべき不動産鑑定評価基準においては、原価方式、比較方式（取引事例比較法）及び収益方式（収益還元法）を併用すべきであるとされている（「総論」第7章第1節「価格を求める鑑定評価の手法」参照）。したがって、固定資産税における客観的交換価値の算定に当たり、間接的に収益還元法が考慮されていることになり、収益還元法が理論的に採り得ないことにはならない。
　　なお、本件上告審判決及び本件差戻し控訴審判決においても、収益還元価格を上限とすべきではないと判断されたのみであり、客観的交換価値の

3）前掲注12　186頁

中身についての言及はなされていない。したがって、本件上告審判決及び本件差戻し控訴審判決においても、収益還元法により算出された価格が客観的交換価値を構成しないとまで判断されたものではないと評価し得る。

② 実質的考察

評価基準が規定している時価（正常売買価格）とは、正常な条件の下において通常成立する売買価格をいい、取引実例価格から投機的要因やその他の不正常要素を排した価格であるとされている。そして、不正常要素を排除した収益還元価格と売買価格とは理論的には一致するものであり、この点からも固定資産税における客観的交換価値の算定方法として収益還元法が排除される根拠は見当たらない。

③ 小括

以上より、収益還元法は、固定資産税における客観的交換価値の算定方法としても採り得るないわけではないものと考える。

(3) **収益還元法の固定資産税課税標準の算定方法としての合理性及び問題点**

収益還元法が固定資産税の課税標準を算定する方法として合理的である論拠については、概ね差戻前の控訴審判旨のとおりであり、税負担の合理性を説明する上で優れているものと考えられる。特に、かつてのバブル期のように投機的要因により売買価格が上昇するような場合において、収益還元法は、当該投機的要因による値上がり益を排除する点で合理性があるといえる。

また、取引事例比較法においては算定の根拠に用いられる現実の取引事例は、不動産市場の特性や売手、買手双方の能力、価値観の多様性、動機の違い等により、それぞれの個別的な事情を抱合するのが通常であるから、事情補正を施したとしてもそれによる算定に自ずと限界があり、この点は取引事例比較法を用いる際の注意として一般に指摘されているところである[4]。収益還元法による場合、当該個別的事情を排除し得る点でも合理性がある。

もっとも、収益還元法は、対象不動産の単年度の収益を還元利回りで除して

---

[4] 日本公認会計士協会　租税調査会研究報告第16号「固定資産税のあり方について」20頁（2006年）

価格を求める方法であるため、取引事例法比較法等と比較して簡易に価格の決定ができないおそれがある。

なお、日本公認会計士協会租税調査会研究報告第16号において「固定資産税の課税執行も、『固定資産評価基準』に従った画一的な評価が課税の公平に優れているからといって、単に過去の固定資産税評価額にとらわれるのではなく、納税者からの申請があれば、国税（法人税、所得税、相続税など）との評価額を比較検討する連絡協議会などを開催して、積極的に『適正な時価』の把握に努め、固定資産税評価額を個別に決定できる制度を創設して課税の公平性を確保することが望まれる。」との提案があり[5]、検討に値するものと考える。

5．実務上の対応

市町村の決定した固定資産の評価額に不服がある場合には、固定資産税課税台帳に価格等が公示された日から納税通知書の交付を受けた日後60日までの間、固定資産評価審査委員会に審査の申し出をすることができる（地方税432条1項）。

当該固定資産評価審査委員会の決定に不服がある場合には、取消訴訟で争うこととなる（地方税法434条1項）が、過去の裁判例によると、裁判所は、評価基準に基づき評価された価格には一定の妥当性があるものと推認する傾向があるため、評価基準以外の評価方法（例えば不動産鑑定士鑑定評価基準）に基づいた評価額を「適正な時価」であると主張する場合には、対象地の個別性等を客観的な証拠に基づき具体的に主張する必要がある。

なお、建物の評価に関する事案ではあるが、仙台地裁判決（平成16年3月31日判決、裁判所ウェブサイト、請求認容）において、評価基準による算定方法は「毎年の減価率が低く、経過年数（耐用年数）後の残価率が高いため、客観的な交換価値を上回るおそれがある」として、当該建物の評価方法に合理性がないと判断した事例もあるため、評価基準の妥当性を争点とすることも考えられる。

5）前掲注15　22頁

参考文献

- 品川芳宣「固定資産税における『適正な時価』の評価方法」『T&A master』第178号　24頁～36頁（2006年）
- 堺澤良「課税標準とされている土地の価格である適正な時価」『税務事例』第40巻第5号　26頁～30頁（2008年）
- 飯塚美幸「評価に不服がある場合の審査請求手続」『税理』第53巻第13号　210頁～221頁（2010年）

X

消費税

32

給与所得と事業所得の区分・外注費の課税仕入該当性について

東京地裁　平成19年11月16日判決（納税者敗訴）
　　　　　（平成18年（行ウ）第213号、消費税及び地方消費税更正処分取消等請求事件）
東京高裁　平成20年4月23日判決（納税者敗訴、上告不受理）〔確定〕
　　　　　（平成19年（行コ）第427号、消費税及び地方消費税更正処分取消等請求事件）

〔参照条文〕　消費税法2条1項12号、所得税法27条1項、28条1項

ポイント

　本件は、電気工事の設計施工業者である原告が、業務従事者に支払った金員を請負契約に基づく外注費として、消費税計算に際し課税仕入れとして計上したところ、課税庁は、当該金員は雇用契約に基づく給与等であり課税仕入れとしては認められないとして否認した事案である。

　第一審及び控訴審裁判所は、給与所得及び事業所得の区分は個々の事案における業務・労務・所得の態様等の客観的事実に即した評価を行うべきとの判断基準を示し、本件では複数の客観的事実から当該金員は給与として認定し、原告側の訴えを棄却した。なお、課税庁は、本件につき源泉所得税に係る納税告知処分等も行っており、それについても本件において争われているが、いずれも所得税法28条1項に規定する給与等に該当するか否かが争点となる。

　外注作業報酬の支払時のポイントとして、請負契約書の締結、作業の代替性、時間的拘束の有無、事業者の指揮監督の有無、資材や作業用具の負担等の客観的事実を慎重に検討し、給与との区分を明確にしておくことが必要となる。

1. 事 実

　電気工事の設計施工を業とするＸ株式会社（原告・納税者、以下「Ｘ社」という。）は、その業務に従事した６人（各支払先）に対して支払った金員を請負契約に基づく外注費に当たるとして、消費税及び地方消費税の確定申告書上、課税仕入れに係る支払対価の額として計上し、消費税及び地方消費税の確定申告を行った。また、Ｘ社は、当該金員の支払いに際し源泉所得税を徴収していなかった。これに対し、課税庁は、当該金員は所得税法28条１項に規定する給与等であって課税仕入れに係る支払対価の額に該当せず、Ｘ社においてその支出に係る源泉所得税を徴収納付しなければならないとして、消費税等に係る更正処分並びに無申告加算税及び過少申告加算税の各賦課決定処分及び源泉所得税に係る納入告知処分及び不納付加算税賦課決定処分をした（以下「本件更正処分等」という。）。

　そこで、Ｘ社が本件更正処分等の取消を求めて本訴を提起したものである。

　その他本件取引の概要は以下のとおりである。

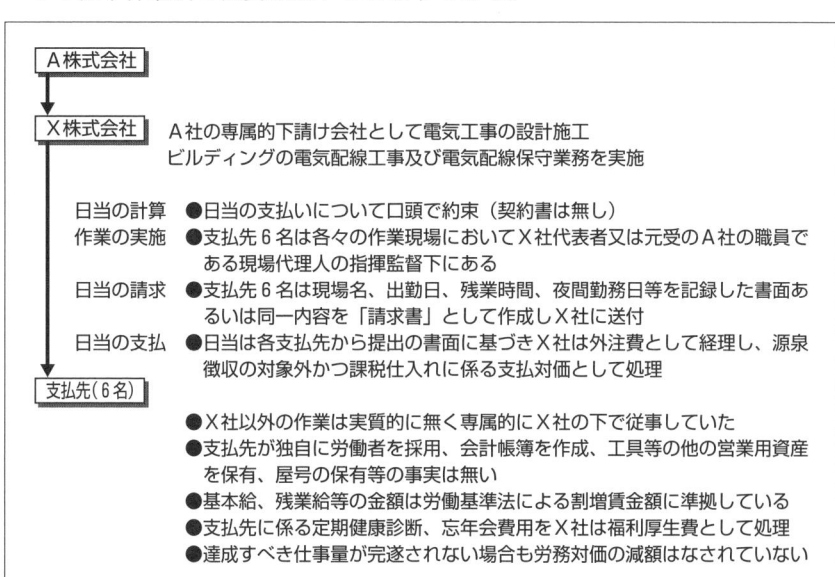

```
┌─────────┐
│ Ａ株式会社  │
└────┬────┘
     ↓
┌─────────┐
│ Ｘ株式会社  │　Ａ社の専属的下請け会社として電気工事の設計施工
└─────────┘　ビルディングの電気配線工事及び電気配線保守業務を実施

　　日当の計算　●日当の支払いについて口頭で約束（契約書は無し）
　　作業の実施　●支払先６名は各々の作業現場においてＸ社代表者又は元受のＡ社の職員で
　　　　　　　　　ある現場代理人の指揮監督下にある
　　日当の請求　●支払先６名は現場名、出勤日、残業時間、夜間勤務日等を記録した書面あ
　　　　　　　　　るいは同一内容を「請求書」として作成しＸ社に送付
　　日当の支払　●日当は各支払先から提出の書面に基づきＸ社は外注費として経理し、源泉
　　　　　　　　　徴収の対象外かつ課税仕入れに係る支払対価として処理
     ↓
┌─────────┐　●Ｘ社以外の作業は実質的に無く専属的にＸ社の下で従事していた
│ 支払先(６名) │　●支払先が独自に労働者を採用、会計帳簿を作成、工具等の他の営業用資産
└─────────┘　　を保有、屋号の保有等の事実は無い
　　　　　　　　●基本給、残業給等の金額は労働基準法による割増賃金額に準拠している
　　　　　　　　●支払先に係る定期健康診断、忘年会費用をＸ社は福利厚生費として処理
　　　　　　　　●達成すべき仕事量が完遂されない場合も労務対価の減額はなされていない
```

2．争　点

争　点	納税者	課税庁
(1) 所得税法上の事業所得と給与所得の区分について（「最高裁昭和56年判決」との関係）	課税庁が先例として主張する最高裁昭和52年（行ツ）第12号同56年4月24日第二小法廷判決（以下「最高裁昭和56年判決」という。）は弁護士顧問料の所得区分が争われた事案であり、過度の課税回避目的が明白であったため、労働者性の認定基準として確立されてきた基準を法解釈の統一性の観点から準用したものにすぎず、本件において先例として準用すべきものではない。 　X社と各支払先との契約は、請負契約として約定されたものであり、雇用関係又はそれに類する関係はない。 　また社会保険、労災保険についても支払先はX社の被保険者ではなく、また、支払先のうち少なくとも3名は事業所得に係る確定申告を行っている。本件更正処分等は、上記のような当事者間の意思又は合意の内容を考慮せず、私的自治を全面的に否定するものであって違法である。	最高裁昭和56年判決では所得税法上の事業所得と給与所得の区分につき、判断の基準を示しており、とりわけ、給与支給者との関係において何らかの空間的、時間的な拘束を受け、継続的な労務又は役務の提供があり、その対価として支給されるものかどうかが重視されなければならない。具体的には以下の事項等を総合考慮して判定すべき。 ①契約の内容が他人の代替を許容するかどうか。 ②個々の作業について指揮監督を受けるかどうか。 ③引渡未了の完成品が不可抗力により滅失した場合等に報酬支払請求権があるかどうか。 ④所得者が材料を提供するかどうか。 ⑤作業用具を供与されているかどうか。
(2) 課税庁が定立した判断基準への当てはめとそれに対する反論	右記②については、元請業者A社の綿密な工程監理と予算監理に従って工事をしているという現代の大規模工事の特殊性に基づくものであり、請負関係と矛盾しない、右記⑤については、各支払先がペンチ、ナイフ及びドライバー等を各自で用意している、右記⑥については、業界の不文律として雇用する従業員が多い方が仕事を受注しやすいためである、また、右記⑦については、X社の経理担当者が誤って福利厚生費として経理処理したものであり、通常は接待交際費として経理処理されている。	本件業務については、①作業内容が他人の代替を容認しないものであること、②各支払先は仕事の遂行にあたり個々の作業についてX社の指揮監督を受けていること、③未引渡の完成品が不可抗力のため滅失した場合において各支払先は納税者に対して報酬請求が可能であること、④各支払先は材料を無償支給されていること、⑤X社は各支払先に作業台等の工具及び作業着を無償貸与していたこと等の事実がある。また、⑥X社が元請けであるA社に対し提出した協力業者従業員名簿に各支払先の名前が記載されていること、⑦各支払先に対する食事代等の負担額を福利厚生費として経理処理している。

3. 判　旨

〔第一審判旨〕　東京地裁　平成19年11月16日判決
　請求棄却（納税者敗訴）

(1)　争点１　所得税法上の事業所得と給与所得の区分について（「最高裁昭和56年判決」との関係）

　所得税法において「およそ業務の遂行ないし労務の提供から生ずる所得が所得税法上の事業所得（同法27条１項、同法施行令63条12号）と給与所得（同法28条１項）のいずれに該当するかを判断するに当たっては、租税負担の公平を図るため、所得を事業所得、給与所得等に分類し、その種類に応じた課税を定めている所得税法の趣旨及び目的に照らし、当該業務ないし労務及び所得の態様等を考察しなければならず、当該業務の具体的態様に応じて、その法的性格を判断しなければならないが、その場合、判断の一応の基準として、事業所得とは、自己の計算と危険において独立して営まれ、営利性及び有償性を有し、かつ反覆継続して遂行する意思と社会的地位とが客観的に認められる業務から生ずる所得をいい、これに対し、給与所得とは、雇用契約又はこれに類する原因に基づき使用者の指揮命令に服して提供した労務の対価として使用者から受ける給付をいうものと区別することが相当であり、給与所得については、とりわけ、給与支給者との関係において何らかの空間的又は時間的な拘束を受け、継続的ないし断続的に労務又は役務の提供があり、その対価として支給されるものであるかどうかが重視されなければならない（最高裁昭和56年判決参照）。」

(2)　争点２　上記判断基準に対する当てはめについて
　①　「そこで検討するに、証拠等………及び弁論の全趣旨によれば、………(1) X社が労務の対価として『外注費』を支払った個人のうち、本件各課税期間においてX社が常用していた者は５人程度であったところ、本件支出金の支払状況………等に照らし、本件各支払先は、いずれもX社において常用していた者に当たる。」

「なお、他方において、本件各支払先が各自に割り当てられた作業を更に下請させたこと、本件各支払先が更に労働者等を使用していたこと、X社における作業のほかに兼業をしていたこと、店舗、事務所又は営業所等を有していたこと、会計帳簿等を作成していたこと、ペンチ、ナイフ及びドライバー等のほかに営業用の資産を有していたこと、いわゆる屋号を有していたことなどの事情が存在したことをうかがわせる主張立証はない。」

② 「本件各支払先の作業時間は、各仕事先において異なることがあるものの、午前8時から午後5時までと決められており、X社が本件各支払先に対して作業を行う現場等を指定し、本件各支払先は、各仕事先において、X社代表者又はA社職員である現場代理人等の指示に従って電気配線工事等の作業を行っていた。」

　「なお、本件各支払先は、仕事を休むときや遅刻をするときには、X社代表者に対し連絡をしており、そのような場合、本件各支払先が自ら代替の作業員等を手配することはなかった。」

③ 本件各支払先の「『残業給』は、『基本給』を時間給に換算した金額のおおむね2割5分となっており、夜間の『基本給』は、通常の『基本給』の5割増しとなっているなど、労働者の時間外労働及び深夜労働について労働基準法等が定める割増賃金額におおむね準じる額となっている（労働基準法37条1項の時間外及び休日の割増賃金に係る率の最低限度を定める政令、労働基準法施行規則20条1項参照）。なお、次のアないしカの各労務費明細書によれば、本件各支払先は、おおむね週休1日か2日程度で作業に従事していたものと認めることができる。また、本件各支払先については、1週間で達成すべき仕事量の定めなどがあるものの、それが達成されなかったからといって、労務に対する対価が減少することはない。」

④ 「前記認定事実及び前記前提事実によれば、本件各支払先は、X社から指定された各仕事先においてX社代表者又はA社の職員である現場代理人の指示に従い、基本的に午前8時から午後5時までの間、電気配線工事等の作業に従事し、1日当たりの『基本給』に従事日数を乗じた金額、約2割5分増しの『残業給』に従事時間を乗じた金額及び5割増しの夜間の

『基本給』に従事日数を乗じた金額の合計額から遅刻による減額分を差し引かれた金員を労務の対価として得ていたこと、この間、X社に常用される者として他の仕事を兼業することがなかったこと、各仕事先で使用する材料を仕入れたことはなかったこと、ペンチ、ナイフ及びドライバー等のほかに本件各支払先において使用する工具及び器具等その他営業用の資産を所持したことはなかったことなどが認められるところ、さらに、X社が本件各支払先に係る定期健康診断の費用を負担していたこと、X社が福利厚生費として計上した費用をもって本件各支払先に無償貸与する作業着を購入していたことなどを総合的に考慮すると、その労務の実態は、いわゆる日給月給で雇用される労働者と変わりがないものと認めることができるから、このような本件各支払先について、自己の計算と危険において独立して電気配線工事業等を営んでいたものと認めることはできない。」

〔控訴審判旨〕　東京高裁　平成20年4月23日判決
　請求棄却（納税者敗訴）〔確定〕

　控訴審では、第一審で説示されたとおりであるとして概ね第一審判決を引用するものであるが、第一判決において言及されていなかった課税の公平につき、以下のとおり判示している。
　納税者は、「『租税負担の公平』の内実は、事業所得として本件支払先に確定申告をさせるよりは給与所得として控訴人から源泉徴収する方が課税しやすいという税務当局側の結論先行の価値判断を理由なく追認するものである旨主張するが、既に説示したとおり、所得税法は事業所得と給与所得とではそれぞれの所得の金額につき異なる扱いをしているのであって（所得税法27条2項、28条2項）、各種所得の種類に応じた課税をすることは、課税の公平を維持する上で不可欠であり、………所論のような課税の便宜等の観点から一義的に所与の結論を導こうとするものでないことは明らかであって、上記主張は失当である」。

4．評　釈

(1) 本件における給与所得と事業所得の区分に係る判断基準

消費税法2条1項12号において、所得税法28条1項（給与所得）に規定する給与等を対価とする役務の提供は、課税仕入れの範囲から除外される旨が規定されている。そのため、消費税法上、役務の提供が課税仕入れから除外される給与等に該当するか否かは、所得税法上の給与等に該当するか否かで判断することとなる。

	金員受領側の 所得税所得区分	金員支払側の 消費税法の取引区分
雇用契約	給与所得	対象外取引
請負契約	事業所得	課税仕入取引

本件判決においては、第一審判決で引用されているように、最高裁昭和56年判決で示された事業所得と給与所得の区分についての判断基準を用いて判断されている。当該最高裁昭和56年判決における判断基準は、以下のとおりである。

① 事業所得とは自己の計算と危険において独立して営まれ、営利性、有償性を有し、かつ反復継続して遂行する意思と社会的地位とが客観的に認められる業務から生じる所得である。
② 給与所得とは雇用契約又はこれに類する原因に基づき使用者の指揮命令に服して提供した労務の対価として使用者から受ける給付であり、とりわけ、給与支給者との関係において何らかの空間的、時間的な拘束を受け、継続的ないし断続的に労務又は役務の提供があり、その対価として支給される点が重視される。

(2) 給与所得と事業所得の区分に関する裁判例等の判断基準

本件判決において主要な争点である給与所得と事業所得の区分について、前述した最高裁昭和56年判決及び当該判決以降における主な同種事案の裁判例等の概要は次のとおりである。

X 消費税

判決・裁決名	争点	判断基準	当てはめ	結果
最高裁昭和56年4月24日判決	納税者（弁護士）が会社から顧問契約に基づいて受け取った顧問報酬につき、納税者は給与所得として申告したが、課税庁は事業所得とする処分を行った。	①事業所得とは自己の計算と危険において独立して営まれ、営利性、有償性を有し、かつ反復継続して遂行する意思と社会的地位とが客観的に認められる業務から生じる所得である。 ②給与所得とは雇用契約又はこれに類する原因に基づき使用者の指揮命令に服して提供した労務の対価として使用者から受ける給付であり、その特徴としてとりわけ、給与支給者との関係において何らかの空間的、時間的な拘束を受け、継続的ないし断続的に労務又は役務の提供があり、その対価として支給されるもの点が重視される。	納税者が締結した顧問契約には勤務時間、勤務場所についての定めがなく、また、この契約はその頃常時数社との間で締結されていた事実関係等のもとにおいては、当該顧問契約に基づき納税者が行う業務の態様は自己の計算と危険において独立して継続的に営む弁護士業務の一態様である。	事業所得（納税者敗訴）
神戸地裁平成元年5月22日判決	納税者（病院）が医大教授に対して支払った指導料について納税者は単なる謝礼であるため報酬等に係る源泉徴収をしたところ、課税庁は給与等に該当するとして給与等に係る源泉徴収をすべきであるとして処分を行った。	給与等とは、雇用契約又はそれに類する関係に基づき、非独立的に提供される役務の対価として、他人から受ける報酬及び実質的にこれに準ずべき給付をいうと解する。	教授が提供した役務の成果は納税者に帰属し、仮に不利益があっても同教授が負担する性質のものではない。その上、同教授が月に何回か納税者の病院に赴き、その交通費も支給されていたことから、その役務は非独立的役務で	給与所得（納税者敗訴）

413

			ある。	
最高裁平成元年6月22日判決（原審：東京高裁昭和63年1月28日判決）	納税者（弁護士）が会社から顧問契約に基づき受領した顧問料を給与所得として、顧問契約終了時に受領した解嘱慰労金は退職所得として申告したところ、課税庁はいずれも事業所得であるとして処分した。	上記最高裁昭和56年4月24日判決と同様の基準を提示。	納税者は顧問契約により顧問先のために常時専従する等、格別の支配、拘束を受けていないことは明らかであり、当該顧問契約に基づき納税者が行う業務の態様は、納税者の自己の計算と危険において独立して継続的に営む弁護士業務の一態様に過ぎない。	事業所得（納税者敗訴）
国税不服審判所平成12年2月29日裁決	納税者（マッサージ店経営者）がマッサージ師に対して支払った外注費につき仕入税額控除の対象として消費税の確定申告したところ、課税庁が当該外注費は給与所得に該当し仕入税額控除をすることはできないとして処分した。	上記最高裁昭和56年4月24日判決と同様の基準を提示。	マッサージ師は納税者の指揮監督ないし組織の支配に服して、場所的、時間的な拘束を受けて継続的に労務を提供し、マッサージ業務に当たり独自に費用を負担していないものと認められるから、納税者とマッサージ師は雇用関係がある。	給与所得・仕入税額控除対象外（納税者請求棄却）

　上記裁判例・裁決のうち、神戸地裁平成元年5月22日判決においては、給与等に関し非独立性の要素のみを判断基準としているものの、その他の裁判例・裁決においては、最高裁昭和56年判決における判断基準と同様の判断基準が用いられていることが上記よりうかがえる。もっとも、近時においては、在宅勤務等労働スタイルが多様化しており、今後は最高裁昭和56年判決における判断基準がそのまま妥当しない事案（例えば、時間的又は空間的な拘束を受けないワークスタイル）も増加する可能性があると考えられ、当該環境の変化に応じた判断基準の定立が求められる。

5．実務上の対応

(1) 消費税法基本通達における判断基準

　納税義務者の区分に関してではあるが、消費税法基本通達1－1－1において、雇用契約か請負契約かの区分が明らかでない場合の判断基準があげられている。その内容は以下のとおりである。

① その契約に係る役務の提供の内容が他人の代替を容れるかどうか。（代替して業務を遂行することができれば雇用）
② 役務の提供に当たり事業者の指揮監督を受けるかどうか。（指揮監督を受ければ雇用）
③ まだ引渡しを了しない完成品が不可抗力のため滅失した場合においても、当該個人が権利として既に提供した役務に係る報酬の請求をなすことができるかどうか。（請求できる場合は雇用）
④ 役務の提供に係る材料又は用具等を供与されているかどうか。（提供されている場合は雇用）

　「雇用」「請負」の区分が不明確な場合は、昭和56年最高裁判決の判断基準に加え、上記判断基準も勘案して、取引実態より総合的に判断することになるものと考えられる。

(2) 所得区分の判断における留意点

　「4．評釈(2)給与所得と事業所得の区分に関する裁判例等の判断基準」で検討したように、昭和56年最高裁判決を基にした「雇用」「請負」の実態に応じた判断が、その後の判例や通達等でも受け継がれている現状においては、消費税の会計処理において「請負」と判断し、外注費を課税仕入処理する場合においては、納税者側にて当該業務が「雇用」であると認定されないように、取引実態、契約形態について十分に配慮しておく必要がある。

　特に、本判決及び上記の裁判等から、実務上の注意すべきポイントとして、

以下の点が挙げられる。

① 取引実態に合わせた契約

　所得区分の判定に当たっては、第一義的には私法上の契約関係が判断基準となる。したがって、例えば、外注費として課税仕入処理をする場合には、請負契約書及び請求書等請負契約を基礎づける書面について支払先との間で締結又は入手しておくことは、所得区分の判定において納税者の主張を受容しやすくなるものと考えられる。もっとも、契約書等が完備されていても実態が契約内容に符合しない場合には、契約書等の存在にかかわらず、取引実態に基づく判断が優先されることには留意すべきである。

② 事実の有無

　請負又は雇用の認定に当たっては、例えば、支払額からの所得税の適切な源泉徴収、社会保険の控除の有無（控除あれば給与）、業務遂行時に身につける名札（支払者の名札を付けて作業の場合は給与）、食事会、慰労会、忘年会費用等の会計処理費目（福利厚生費であれば給与）といった個別・具体的な事実の積み重ねにより総合判断されるため、特に所得区分判断に迷う事案においては、事実の正確な把握に基づいた所得の区分及び事実と会計処理、消費税処理、源泉税処理、社会保険の処理等との整合性の確認も重要となる。

> **参考文献**
> ・林仲宣「給与所得と事業所得の区分―外注費の課税仕入れ」『税法学』第561号 295頁～308頁（2009年）
> ・塚田忠幸編『平成21年版　福利厚生・現物給与の税務』68頁～69頁（大蔵財務協会／2009年）

判例索引

最高裁判所

昭和53年 7 月18日……………………323	平成19年 9 月28日………………42,50,58,63
昭和56年 4 月24日……………………413	平成19年12月11日……………………184,189
昭和60年 3 月27日………………………32	平成20年 6 月 5 日………………………68,78
昭和62年10月30日…………………319,323	平成20年 6 月27日……………………174,180
平成元年 6 月22日……………………414	平成20年 7 月17日………………………259
平成 4 年10月29日…………………198,199	平成20年 9 月12日…………………250,258
平成 5 年11月25日……………………198	平成20年 9 月16日………………………232
平成14年10月15日…………………141,146	平成20年10月28日………………………85,92
平成15年 6 月13日………………………81	平成21年 5 月26日………………………349
平成15年 6 月26日…………………373,399	平成21年 7 月10日……………194,282,289,295
平成16年10月29日…………………205,209	平成21年10月29日…………………………49
平成17年12月19日……………………99,105	平成21年12月 3 日………………………22,30
平成18年 1 月24日	平成21年12月 4 日…………………………49
（オウブンシャ事件）………83,129,136	平成22年 3 月 2 日…………………325,335
平成18年 1 月24日	平成22年 4 月 8 日………………………375
（映画フィルムリース事件）……83,152,157	平成22年 7 月16日…………………366,374
平成18年 3 月 1 日………………………33	平成23年 3 月29日………………………114
平成18年 7 月 7 日…………………394,398	

高等裁判所

広島高裁　昭和59年 1 月25日………218	東京高裁　平成18年 4 月20日………232
東京高裁　昭和63年 1 月28日………414	東京高裁　平成18年 6 月29日……174,180
東京高裁　平成11年 6 月21日……80,161	福岡高裁　平成18年10月24日……282,288
大阪高裁　平成12年 1 月18日……152,156	東京高裁　平成18年12月13日……325,333
東京高裁　平成12年10月20日……205,208	東京高裁　平成19年 1 月25日………338
東京高裁　平成13年 7 月 5 日………148	名古屋高裁　平成19年 3 月 8 日………82
名古屋高裁　平成14年 5 月15日……141,146	東京高裁　平成19年 3 月27日………338
東京高裁　平成14年10月29日……394,397	福岡高裁　平成19年 5 月 9 日………295
大阪高裁　平成15年 5 月14日……99,104	東京高裁　平成19年 6 月 7 日……394,398
東京高裁　平成16年 1 月28日……83,129,135	東京高裁　平成19年 6 月12日………338
東京高裁　平成16年11月17日……262,266	福岡高裁　平成19年 6 月19日……297,303
高松高裁　平成16年12月 7 日……58,62	東京高裁　平成19年 6 月28日………68,76
名古屋高裁　平成17年10月27日……81,93	名古屋高裁　平成19年 7 月26日
名古屋高裁　平成18年 3 月 7 日……250,258	………………………………………184,189

東京高裁	平成19年10月10日	270,274	東京高裁	平成20年10月30日 2,11
東京高裁	平成19年10月25日	22,29	大阪高裁	平成20年12月19日 349,357
東京高裁	平成19年10月30日	308,315	東京高裁	平成21年2月18日 194,198
東京高裁	平成20年3月12日	82,85,91	東京高裁	平成21年7月30日 163,169
東京高裁	平成20年3月27日	366,373	東京高裁	平成22年9月15日 114
東京高裁	平成20年4月23日	406,411	東京高裁	平成23年8月30日 38,47

地方裁判所

東京地裁	昭和40年5月26日	322
大阪地裁	昭和45年5月12日	322
東京地裁	昭和46年3月30日	323
鳥取地裁	昭和57年6月24日	218
名古屋地裁	昭和60年3月25日	317
神戸地裁	平成元年5月22日	413,414
名古屋地裁	平成2年5月18日	317,323
大阪地裁	平成10年10月16日	152,155
水戸地裁	平成11年5月31日	205,208
東京地裁	平成12年2月3日	214
東京地裁	平成12年11月30日	148
福井地裁	平成13年1月17日	141,145
東京地裁	平成13年3月30日	394,397
東京地裁	平成13年11月9日	129,134
大阪地裁	平成13年12月14日	99,102
さいたま地裁	平成16年2月4日	247
松山地裁	平成16年2月10日	58,61
仙台地裁	平成16年3月31日	402
千葉地裁	平成16年4月2日	262,265
名古屋地裁	平成16年10月2日	192
名古屋地裁	平成16年10月28日	81,93,317
名古屋地裁	平成17年3月24日	250,255
東京地裁	平成17年5月13日	232
東京地裁	平成17年7月28日	174,176
東京地裁	平成17年9月30日	68,74
東京地裁	平成17年10月12日	381,387
名古屋地裁	平成17年12月21日	317
熊本地裁	平成18年1月26日	282,286,295
横浜地裁	平成18年2月22日	366,371
東京地裁	平成18年3月23日	325,331
東京地裁	平成18年9月5日	22,26
名古屋地裁	平成18年12月13日	184,188
福岡地裁	平成19年1月16日	297,301
東京地裁	平成19年1月31日	222,226
東京地裁	平成19年4月17日	85,89
さいたま地裁	平成19年5月16日	270,272
横浜地裁	平成19年5月30日	340,344
東京地裁	平成19年6月22日	308,312
東京地裁	平成19年11月16日	406,409
東京地裁	平成19年12月7日	2,9
東京地裁	平成20年2月6日	163,167
東京地裁	平成20年2月15日	194,197
大阪地裁	平成20年2月15日	349,354
東京地裁	平成21年4月28日	114,120
東京地裁	平成21年5月28日	38,43
大阪地裁	平成22年12月17日	277,279
大阪地裁	平成23年6月24日	55
東京地裁	平成23年7月19日	277,278,279
名古屋地裁	平成23年12月14日	277,278,279

編纂プロジェクトチーム構成員

構成員長
　北村　導人（きたむら　みちと）　西村あさひ法律事務所（弁護士・公認会計士）

構　成　員
　石黒　徹哉（いしぐろ　てつや）　税理士法人石黒会計事務所（公認会計士・税理士）
　鈴木　規央（すずき　のりお）　シティユーワ法律事務所（弁護士・公認会計士）
　髙橋貴美子（たかはし　きみこ）　髙橋貴美子法律事務所（弁護士・公認会計士）
　手塚眞佐子（てづか　まさこ）　細井・手塚会計事務所／監査法人五大（公認会計士・税理士）
　中田ちず子（なかた　ちзこ）　株式会社中田ビジネスコンサルティング／中田公認会計士事務所（公認会計士・税理士）

> 著作権法により無断複写複製は禁止されています。

公認会計士による
税務判例の分析と実務対応

平成24年4月25日　初版発行

編　集	日本公認会計士協会東京会編　Ⓒ
発行者	山　崎　彰　三
発行所	**日本公認会計士協会出版局**

〒102-8264　東京都千代田区九段南4-4-1　公認会計士会館
電話　03(3515)1124
FAX　03(5226)3351
URL：http://www.jicpa.or.jp/

Printed in Japan 2012

製版：(有)一　企　画
印刷製本：(株)あかね印刷工芸社

落丁、乱丁本はお取り替えします。
本書に関するお問い合わせは、読者窓口：book@sec.jicpa.or.jpまでお願い致します。

ISBN 978-4-904901-24-3 C2034